Larry Burkett

Die Illuminaten

Larry Burkett

Die Illuminaten

Projektion J Verlag GmbH, Wiesbaden

Titel der Originalausgabe:
The Illuminati

Published by Thomas Nelson Publishers, P. O. Box 14100,
Nashville TN 37214, USA

ISBN 3-925352-80-5

Übersetzung: Christian Rendel
Umschlaggestaltung: Büro für Kommunikationsdesign
Heidenreich, Haltern am See

Gesamtherstellung: Schönbach-Druck GmbH, Erzhausen

2 3 4 5 99 98 97 96

Inhalt

Dank

Dieses Buch ist offensichtlich anders als alle anderen, die ich bisher geschrieben habe. Vor den *Illuminaten* habe ich nur Sachbücher verfaßt. Da ich selbst Leser von Romanen und Erzählungen bin, ist es mein aufrichtiger Wunsch, daß gute, nicht anstößige erzählende Literatur an die Öffentlichkeit gelangt. Ich bin zuversichtlich, daß dies der erste von vielen Romanen ist, die ich schreiben werde. Dank sagen möchte ich meiner Lektorin bei Thomas Nelson Publishers, Janet Thoma, für alle Hilfe und Ermutigung, die sie mir gegeben hat. Ebenso mein Dank an Adeline Griffith für ihr Geschick bei der Bearbeitung und Typographie, und vor allen Dingen an meine Frau Judy für die Toleranz, die sie übte, während ich an diesem Buch (und gleichzeitig an zwei Sachbüchern) arbeitete.

Meine größte Sorge beim Schreiben eines Romans ist, daß jemand zuviel hineinlesen könnte. Es ist klar, daß ich in dieser Geschichte ein möglichst realistisches Szenario verwendet habe. Dennoch ist sie rein fiktiv, einschließlich der Figuren, Ereignisse und des zeitlichen Ablaufs. Niemand sollte meinen, sie sei in irgendeiner Hinsicht prophetisch. Soviel ich weiß, habe ich eine Gabe für die Lehre, ein Talent zum Schreiben und keinerlei prophetische Fähigkeiten über die eines jeden Christen hinaus.

In erster Linie bin ich zuversichtlich, daß Sie am Lesen dieses Buches ebensoviel Freude haben werden wie ich daran, es zu schreiben.

In Christus,
Larry Burkett

Prolog

Der Zusammenbruch Amerikas

Am 16. Februar 2001 beraumte der Präsident der Vereinigten Staaten von Amerika eine außerordentliche Pressekonferenz im Weißen Haus ein, um seinen Erlaß zur Auflösung des Kongresses zu erläutern. Wie üblich versammelte sich die Hälfte der Medienleute im Weißen Haus, während die andere Hälfte sich auf den Senat konzentrierte.

Der hastig eingerichtete Presseraum im Senatsgebäude war prall gefüllt mit Journalisten. Die letzten acht Jahre waren ein Traum für die Medien gewesen. Zuerst hatte die Depression von 1996 Millionen von Amerikanern zu Demonstrationen auf die Straßen getrieben, als sie erleben mußten, wie ihre Häuser beschlagnahmt und ihre Geschäfte ruiniert wurden. Dann, im Jahr 2000, wurde der liberale Senator Mark Hund ins Präsidentenamt gewählt, was einen klaren Auftrag an die Regierung beinhaltete: Richtet die Wirtschaft wieder auf und stoppt die zügellose Verbrechenswelle, die das Land überrollte.

Hunts Reformen brachten ihn in Konflikt mit dem Kongreß, da die Mittel für wichtige Dienste drastisch gekürzt wurden. Nun hatte Präsident Hunt den beispiellosen Schritt getan, den Kongreß aufzulösen.

»Zehn Sekunden. Stand-by. Kamera läuft.«

»Guten Abend, Amerika. Hier ist World News Network. Wir senden live aus dem Sitzungssaal des Kongresses, wo erst zum zweitenmal innerhalb der letzten hundert Jahre das Haus beschlossen hat, dem Präsidenten den Fehdehandschuh hinzuwerfen und ihm ausdrücklich das Mißtrauen auszusprechen. Ein solcher Beschluß wurde 1974 schon einmal gefaßt, doch der damalige Präsident Richard Nixon trat von seinem Amt zurück, bevor es zur Abstimmung über das Mißtrauensvotum kam. Es gibt allerdings bisher keinerlei Anzeichen dafür, daß Präsident Hunt einen Rücktritt in Erwägung zieht. Er hat sogar den Kongreß geradezu davor gewarnt, ein Mißtrauensvotum gegen ihn anzustrengen.

Neben mir steht Senator John Grant, der Führer der Opposition im Senat und stärkste Gegner Präsident Hunts.

Senator Grant, wie denken Sie über den Schritt des Präsidenten. Ist er verfassungsgemäß?«

»Der Präsident hat sich auf den Haushaltsausgleich-Zusatz berufen und den Kongreß praktisch geschlossen. Das ist eine völlig unverantwortliche Entscheidung.«

»Bitte erläutern Sie den Haushaltsausgleich-Zusatz, Senator.«

»Das ist der von der vorigen Regierung verabschiedete Verfassungszusatz, wonach der Präsident über ein Vetorecht verfügt, um den Fluß der Geldmittel durch die Regierung zu kontrollieren. Zum ersten Mal wurde er eingesetzt, um die Guthaben der Vereinigten Arabischen Staaten einzufrieren, nachdem sie 1997 in Israel einmarschiert waren.«

»Wie hat Präsident Hunt dieses Gesetz verwendet?«

»Er hat heute angekündigt, daß die Finanzierung der Geschäfte des Kongresses für die Dauer des laufenden Steuerjahres ausgesetzt wird.«

»Was genau bedeutet das?«

»Es bedeutet, daß wir während der nächsten fünf Monate nicht arbeiten können. Und es bedeutet, daß der Präsident die Zügel dieser Regierung allein in der Hand hält, da der Kongreß seine Rechnungen nicht bezahlen kann.«

»Das ist wieder einmal die gute alte ›Goldene Regel‹, nicht wahr, Senator?«

»Bitte?«

»‹Wer das Gold hat, macht die Regeln.‹«

»Nun, der Präsident mag dieser Ansicht sein, aber ich werde ihm zeigen, daß er damit völlig falsch liegt. Ich glaube, es gibt im Kongreß genügend Stimmen, die ihn dafür zur Rechenschaft ziehen wollen. Sein Verhalten ist eindeutig verfassungswidrig.«

In seinem Ohrhörer empfing der Kommentator die Bemerkung seines Regisseurs: »Bleib dran. Das ist der beste Stoff seit der Nixon-Untersuchung. Unser Insta-Pol zeigt, daß über siebzig Prozent aller Amerikaner uns jetzt zuschauen. Moment mal. Wir haben eine Presseerklärung aus dem Weißen Haus. Stand-by, wir schalten zum Weißen Haus ...«

»Senator Grant, wir erhalten soeben eine dringende Mitteilung aus dem Weißen Haus. Bitte bleiben Sie noch ein wenig bei uns, während wir unseren Zuschauern diese neuesten Informationen weitergeben.«

Die lebensgroßen Monitore im Presseraum erwachten zum Leben. Auf den Bildschirmen erschien das vertraute Gesicht von Linda Lipsey, der WNN-Korrespondentin im Weißen Haus.

»Ich stehe hier im Presseraum des Weißen Hauses, wo der Präsident in wenigen Augenblicken zur Nation sprechen wird«, berichtete sie. Noch während sie sprach, öffnete sich die Tür zwischen dem Presseraum und dem Oval Office, und Präsident Hunt, flankiert von Geheimdienstagenten, schritt hindurch. Der Raum, in dem schon so viele Pressekonferenzen mit anderen Präsidenten stattgefunden hatten, schien ein Eigenleben zu entwickeln, als die Journalisten und ihre Crews sich auf der Suche nach den besten Kamerapositionen durcheinanderschoben.

Präsident Mark Hunt trug seinen üblichen grauen Slap-Brothers-Nadelstreifenanzug. Mit seinem schwarzen, nur an den Schläfen leicht angegrauten Haar sah er aus wie die Hollywood-Version eines Politikers. Stille kehrte im Raum ein, als der Präsident an das Podium mit dem vertrauten Präsidentenemblem darauf trat.

Cal Rutland, der allgegenwärtige Assistent des Präsidenten, nahm seinen Platz links hinter dem Podium ein. Linda überkam ein unwillkürlicher Schauder. Sie hatte für ihren Sender über drei Präsidenten berichtet und immer gut mit ihren Pressesprechern zusammengearbeitet, doch Rutland war irgendwie anders. Seine kalten, toten Augen waren Schatten des Bösen ohne ein Zeichen von Leben. *Oder vielleicht ohne Seele*, dachte sie.

Das übliche Gepränge rund um die Pressekonferenzen des Präsidenten fehlte diesmal völlig. Offensichtlich spürte jeder der versammelten Pressevertreter den Ernst der Situation. Spannung lag über dem Raum.

Ernst begann Präsident Hunt: »Meine Damen und Herren, was ich Ihnen zu sagen habe, ist für unsere Nation von entscheidender Bedeutung. Ich wollte, daß das amerikanische Volk diese Mitteilung direkt erhält. Deshalb habe ich diese Konferenz einberufen.

Wie Sie wissen, Mitbürgerinnen und Mitbürger, liegt unsere Nation in einem verzweifelten Kampf um ihr wirtschaftliches Überleben. Als Ihr Präsident habe ich die Vollmacht, den Haushaltsausgleich-Zusatz einzusetzen, um die Stabilität unseres Geldsystems wiederherzustellen. Erstens habe ich das Finanzministerium angewiesen, alle Regierungsausgaben einzufrieren, bis ein neuer Haushaltsentwurf vorliegt, der mit unseren Einnahmen und Ausgaben übereinstimmt. Zweitens habe ich die Einrichtung eines neuen elektronischen Zahlungssystems namens ›Data-Net‹ angeordnet, das unsere Währung wieder stabilisieren wird. Ohne dies könnte, wie mir meine Berater sagen, die gesamte Wirtschaft zusammenbrechen. Doch selbst mit diesen Maßnahmen haben wir die Krise noch nicht hinter uns. Angesichts der Eskalation der Spannungen im Nahen Osten und des katastrophalen Anstiegs der Ölpreise stehen wir vor der Möglichkeit einer weltweiten Depression.

Offensichtlich fehlt dem Kongreß der Wille oder der Mut, sich mit dieser Krise auseinanderzusetzen, trotz meiner beständigen Warnungen, daß schnelles Handeln vonnöten sei.«

rand namens Jeff Wells, kam zu einer völlig anderen Schlußfolgerung. Ausgehend von einer abweichenden, einzigartigen Perspektive sagte er voraus, das große Beben werde zwischen Januar und Mai 1999 mit einer Stärke von mindestens 8,2 unterhalb der japanischen Inseln stattfinden.

Als Dr. Jack Rhinehart, der Projektleiter, Jeffs Studie vor dem versammelten Team zurückgab, konnte er sich seinen Sarkasmus nicht verkneifen. »Nun, es scheint, als ob unser junger Mr. Wells am Ende doch fehlbar ist. Nach seinen Berechnungen, oder besser gesagt Fehlberechnungen, findet das Erdbeben nächstes Jahr statt, und zwar ungefähr viertausend Meilen westlich von hier. Daß es nicht so kommen wird, ist unser Pech, zumal er das Epizentrum nach Tokio verlegt statt nach San Francisco, wo die korrekten Gleichungen es ansiedeln.«

Jeff errötete, als die ganze Gruppe in Gelächter ausbrach, doch er nahm den Spott nicht übel. Dann blickte er auf seine Berechnungen, raffte seinen Mut zusammen und sagte: »Tut mir leid, Sir, aber ich habe recht. Die anderen Berechnungen sind falsch.«

Professor Rhinehart wirbelte zu ihm herum, und seine Augen blitzten zornig auf. »Sagen Sie, für wen halten Sie sich eigentlich, junger Mann? Diese Gleichungen stammen aus dem Computerzentrum des Livermore-Laboratoriums. Wollen Sie ernsthaft behaupten, daß Ihr Programm richtig und deren Programm falsch ist?«

Zu Rhineharts äußerster Verblüffung antwortete Jeff: »Ja, Sir, das will ich. Sehen Sie, ich habe einige Variablen eingebaut, um zusätzliche geologische Faktoren zu berücksichtigen. Meiner Meinung nach gibt es in früheren Untersuchungsreihen Anzeichen dafür, daß sich im Primärplattenbereich unter Japan etwas Großes zusammenbraut.«

»Woher wollen Sie das wissen?« fragte der Professor. Kaum waren die Worte über seine Lippen, bereute er sie schon. Plötzlich klang er wie der Student und Jeff wie der Lehrer.

Jeff antwortete leise, aber selbstbewußt: »Ich habe beim Aufstellen der Gleichung bemerkt, daß es möglicherweise einen zusätzlichen Faktor gibt, der nicht berücksichtigt wurde. Meine Gleichung weist darauf hin, daß das nächste große Beben erheblich stärker ausfallen wird als erwartet und über den zusammenlaufenden Platten im Pazifik angesiedelt sein wird. Das ist mehr oder weniger direkt unter Tokio. Vielleicht könnten Sie das in Livermore überprüfen lassen.«

Die ganze Gruppe brach in brüllendes Gelächter aus. Der Gedanke war lächerlich: Eines der führenden Computerzentren der Welt, berühmt für seine hervorragende Ausrüstung zur Aufzeichnung und Voraussage von Erdbeben, sollte seine Programmgleichung überprüfen, weil ein junger, angehender Dozent meinte, sie sei falsch. Professor Rhinehart war der einzige, der nicht mitlachte.

Mit immer noch zornblitzenden Augen fuhr Rhinehart Jeff an, um ihn einzuschüchtern. »Ich mache Ihnen einen Vorschlag, Herr Meisterprogrammierer. Ich lasse Ihre Gleichungen in Livermore überprüfen. Wenn sie sich als falsch erweisen, werden Sie sich vor dieser Gruppe entschuldigen.«

Nach einer kurzen Pause fragte Jeff vorsichtig: »Und wenn ich nun recht habe?«

»Was haben Sie gesagt?« knurrte Rhinehart und knallte die Akten vor sich auf den Tisch.

»Was ist, wenn meine Analyse stimmt, Sir? Werden Sie die Behörden informieren, damit entsprechende Vorbereitungen getroffen werden können? Ein Erdbeben dieser Stärke in Japan wird eine recht beträchtliche Flutwelle auslösen.«

»Ich werde persönlich die Presse über Ihre elektrisierende Offenbarung unterrichten«, schnappte Rhinehart zurück. »Ich selbst habe an dem fraglichen Programm mitgearbeitet; daher weiß ich, daß es nicht falsch sein kann. Wir hatten fast dreißig Mathematiker, die mit uns zusammenarbeiteten und jede mögliche Abweichung überprüften.«

»Dann begreife ich nicht, wie sie das hier übersehen konnten«, sagte Jeff. »Ich habe eine Untersuchung über Schwerkrafteinflüsse auf die Kreisbahnen von Satelliten gefunden, verfaßt von Dr. Landill von der JPL-Raumfahrtabteilung. Aus seinen Berechnungen geht klar hervor, daß Veränderungen in der Schwerkraftverteilung der Erde Kursabweichungen bei den niedrigeren Erdsatelliten bewirken. Also habe ich die Kreisbahnveränderungen solcher Satelliten über dem Westpazifik in die Gleichung mit eingebracht. Ich halte die Ergebnisse für ziemlich schlüssig.«

Professor Rhinehart beendete das Treffen, indem er wütend die Papiere in seine verbeulte Aktentasche rammte. Er war es leid, das Gerede über das Genie Jeff Wells, dessen IQ reichlich über dem Maximum von 180 lag, das von konventionellen Tests erfaßt wurde. Der Klatsch am Fachbereich verstärkte noch den Mythos vom jugendlichen Genie. Es ging das Gerücht, daß Wells mit zwölf Jahren bereits eine vollständige, computerisierte Sternkarte entwickelt hatte.

Als einer der Physikprofessoren erwähnt hatte, er habe ein von Jeff geschriebenes Programm gesehen, das die Umlaufbahnen sämtlicher künstlichen Satelliten berechnete, hatte Professor Rhinehart erwidert: »Na und? Das hat die Gruppe im Raketenantriebslabor auch gemacht.« Daraufhin hatte der Kollege erwidert: »Ja, aber Wells hat sein Programm geschrieben, als er fünfzehn war, aufgrund von Informationen aus Zeitschriften, und das an einem PC!«

Rhineharts negative Einstellung rührte zu einem Großteil daher, daß er selbst als Student am Cal Tech und dann später als Mitglied der Forschungsabteilung ein aufsteigender Stern gewesen war. Er verspürte keine Lust, das Rampenlicht mit irgend jemandem zu teilen. So erhob das »grünäugige Monster« sein Haupt, als Wells gewonnen wurde, um seine Doktorarbeit am Cal Tech zu schreiben.

»Er hatte als Kind bessere Voraussetzungen als ich«, sagte Rhinehart abwehrend, wann immer jemand im Aufenthaltsraum der Fakultät Wells´ Fähigkeiten rühmte. »Seine Mutter war eine Wissenschaftlerin und Beraterin der Präsidenten Kennedy und Johnson. Mit ihr als Tutorin konnte er nur Erfolg haben.«

Je mehr er mit Jeff Wells zu tun hatte, desto elender fühlte sich Rhinehart, weil er in seinem Innern wußte, daß Wells ihm intellektuell haushoch überlegen war. Dieser Bursche hatte die einzigartige Gabe, äußerst komplizierte Gleichungen in seinen Programmen so sehr zu vereinfachen, daß sie so ziemlich auf jedem Computer liefen, zu dem er Zugang hatte.

Rhinehart hatte alles in seiner Macht Stehende getan, um Wells aus dem geologischen Forschungsprojekt herauszuhalten. Die endgültige Auswahl hatte jedoch die Fakultät getroffen, und Jeff Wells war der erste Student, der ausgewählt wurde, den älteren Wissenschaftlern zu assistieren. Da er sich damit zufriedengeben mußte, daß er Wells´ Zuteilung zu dem Projekt nicht verhindern konnte, verlegte sich der Professor darauf, Jeff das Leben so schwer wie möglich zu machen – eine Aufgabe, für die Jack Rhinehart eine überaus große Begabung mitbrachte.

Jetzt habe ich ihn, dachte Rhinehart mit klammheimlicher Freude, als er sich eilends daranmachte, aus Wells´ bisher einzigem Fehler das größtmögliche Kapital zu schlagen. Er rief seinen Kollegen Dr. William Eison in Livermore an. »Bill, hier ist Jack Rhinehart. Ich brauche Ihre Hilfe.«

»Schön, Sie zu hören, Jack«, sagte der bullige Mathematiker am anderen Ende der Leitung. Insgeheim dagegen dachte er: *Was der Bursche wohl will? Ich hatte gehofft, ich wäre ihn los, nachdem er ans Cal Tech gegangen war.*

»Einer unserer Doktoranden hat unsere seismologischen Gleichungen durch die Computer der Universität laufen lassen und ist zu abweichenden Ergebnissen gekommen. Es ist klar, daß er einen Fehler gemacht haben muß und meine Gleichungen korrekt sind, aber mir wäre es lieb, wenn Sie die Sache durch Ihr System laufen lassen könnten.«

Klar, mit anderen Worten, es geht ein neuer Stern auf am Horizont, und Sie wollen sein Licht so schnell wie möglich löschen, ergänzte der Wissenschaftler in Livermore insgeheim. »Okay, Jack, ich werde Gerta mit Ihren Zahlen füttern, aber wir haben das Programm bereits auf Herz und Nieren überprüft. Wenn es einen Fehler hätte, müßten wir ihn längst gefunden haben, denke ich. Was glaubt Ihr Pfiffikus denn entdeckt zu haben. Haben wir mal wieder übersehen, daß der St. Helens ausbricht?« fragte Eison.

»Nein, aber hören Sie sich das an! Seiner Meinung nach zeigen die Gleichungen, daß das große Beben Anfang nächsten Jahres Japan treffen und ungefähr bei acht liegen wird.«

»Sie machen Witze! Ich lasse seine Zahlen zweimal durchlaufen. Wenn er recht hat, ziehe ich nach Arizona und kaufe mir ein Strandgrundstück!«

»Sie wollen doch wohl nicht sagen, daß Sie es für möglich halten, daß seine Zahlen stimmen, oder?« fragte Rhinehart ungläubig.

»Höchstwahrscheinlich nicht«, erwiderte der übergewichtige Wissenschaftler, während er sich den Gürtel über dem Schmerbauch zurechtzerrte. *Ich muß endlich mal mit dieser Diät anfangen*, dachte er. *Zuviel Kantinenessen*. »Aber wer kennt sich bei diesen Computern schon aus? Im Grunde traue ich ihnen immer noch nicht. Eines Tages werden wir von einem von diesen Dingern unsere Befehle bekommen, wenn wir nicht gut aufpassen.«

»Wahrscheinlich«, stimmte Rhinehart zu. »Idiot«, fügte er laut hinzu, nachdem er den Hörer aufgelegt hatte.

Zwei Tage später wurde Jack Rhinehart durch das elektronische Schrillen seines Telefons aus einem tiefen Schlaf geweckt. »Ja, wer ist da?« knurrte er in den Hörer.

»Rhinehart, hier ist Eison. Dieser Junge, von dem diese Zahlen stammen ... wer ist das?«

»Ein Doktorand namens Jeff Wells. Warum? Ist das ein Grund, morgens um sechs hier anzurufen?«

»Wir befassen uns jetzt seit zwanzig Stunden mit diesen Zahlen, und wir finden keinen Fehler in seiner Logik. Sieht aus, als ob Ihr Pfiffikus die größte seismologische Entdeckung seit der Erfindung des Seismographen gemacht hätte.«

Rhinehart fuhr senkrecht im Bett hoch. »Wollen Sie damit sagen, daß Sie seinen Berechnungen Glauben schenken?« rief er. »Aber das ist doch Unsinn. Er hat keine blasse Ahnung von Erdbeben.«

»Vielleicht nicht, aber eines kann ich Ihnen sagen: So etwas von Durchblick habe ich in meinen zweiundsechzig Jahren noch nicht erlebt. Wir brauchen ihn so schnell wie möglich hier. Einige unserer Jungs haben noch nicht ganz begriffen, wie seine Gleichung funktioniert. Es scheint, als ob er eine dreidimensionale Beziehung aufgestellt hat.«

»Eine dreidimensionale Gleichung? Das ist unmöglich«, stotterte Rhinehart.

»Sagen Sie nie ›unmöglich‹«, erwiderte Eison verächtlich. »Schon Einstein hat in seinen letzten Tagen an dreidimensionalen Gleichungen gearbeitet, aber er hat alles kodiert, so daß niemand bisher in der Lage war, seine Aufzeichnungen zu knacken. Vielleicht ist Ihr Junge der erste. Wie auch immer ... wir schicken unseren Jet hinunter zum John-Wayne-Flughafen und holen ihn in einer Stunde ab. Sorgen Sie dafür, daß er dort ist.«

Niedergeschlagenheit überrollte den sehnigen Wissenschaftler, als er diese Neuigkeit hörte. *Ein dummer Grünschnabel bekommt die Anerkennung, die mir zusteht*, dachte er, während er seine dicke Brille aufsetzte. »Ich komme mit ihm zu euch rauf, Bill.«

»Tut mir leid, wir brauchen im Moment nicht noch mehr Leute, und sobald sich diese Neuigkeit herumspricht, werden uns die Reporter und die Politiker die Tür einrennen.«

Nachdem er aufgelegt hatte, saß Rhinehart in benommener Stille da. Dann rief er einen seiner Laborassistenten an und beauftragte ihn, Wells über das wartende Flugzeug zu informieren. Wütend rammte er den Hörer auf die Gabel. »Es gibt keine Gerechtigkeit«, stöhnte er, »nicht die geringste Gerechtigkeit.«

Der Flug zum Livermore-Laboratorium würde Jeff Wells´ Leben für immer verändern. Während der nächsten drei Tage wurde er mit Fragen darüber bombardiert, wie er die Quantengleichungen erzeugt hatte, die er brauchte, um all die Milliarden von Einzeldaten zu integrieren, die er in seinen Berechnungen verwendete.

Jeff verbrachte viele Stunden an dem großen Konferenztisch im »Denktank« in Livermore und versuchte, den zehn besten Physikern der Forschungsabteilung seine Gleichungen zu erklären. Oft warfen sie frustriert die Arme in die Luft und verlangten, daß Jeff sein Konzept an der Tafel grafisch veranschaulichte. Meistens rief das jedoch nur noch mehr Frustration hervor.

Bei einer dieser Befragungen stand Jeff auf und stützte sich auf den Tisch. Seine breiten Schultern ließen ihn eher wie einen Football-Spieler als wie einen Wissenschaftler aussehen. »Ich kann Ihnen nicht erklären, was ich selbst nicht verstehe«, sagte er höflich. »Irgendwie sehe ich einfach Probleme in mehr als einer Dimension. Ich muß darüber nicht nachdenken. Normalerweise kommen mir die Gleichungen einfach so in den Sinn.«

»Aber das verstehe ich nicht, Dr. Wells«, sagte einer der sichtlich frustrierten Mathematiker mürrisch, während er sich in seinem Sessel vorbeugte. »Wer hat Ihnen das beigebracht?«

»Niemand, denke ich«, antwortete Jeff und ließ sich wieder in seinen Sessel sinken. »Und ich bin kein Doktor. Nennen Sie mir einfach Jeff.«

Der rotgesichtige Wissenschaftler lehnte sich zurück und bemühte sich, das Feixen auf den Gesichtern einiger seiner weniger steifen Kollegen zu übersehen.

Der Schwerpunkt der Besprechung verlagerte sich von den Fragen an Jeff über seine Formel auf seine Gründe für die Voraussage, daß das Beben so dicht bevorstehe und sein Epizentrum in der Nähe Tokios haben werde. Er erläuterte seine Berechnungen vor der kleinen Gruppe von Wissenschaftlern, die fasziniert aufnahmen, was sie hörten und sahen.

Jeff drückte auf einen Knopf, der in die Tischplatte eingelassen war, und eine verborgene Computertastatur schwang heraus. Als er die Befehle einzugeben begann, die sein Programm aufriefen, war im Raum nichts zu hören außer dem mechanischen Klappern der Plastiktasten. Im Gleichklang mit seinen Bewegungen teilte sich die Wand am anderen Ende des Raumes und gab den Blick auf einen wandgroßen Computerbildschirm frei.

Gemeinsam mit Jeff hatte Dr. Eison mehrere Tage daran gearbeitet, Jeffs Programm so zu modifizieren, daß es auf dem gigantischen Cray-Computersystem mit dem Spitznamen »Gerta« lief.

Der Bildschirm, der fast die gesamte Wand einnahm, erwachte zum Leben. Ein elektronisches Abbild der Erde erschien in allen Farben: Die Ozeane waren in einem hellen Blauton dargestellt, die Landflächen variierten zwischen Grün und Braun. Die bekannten geologischen Problemzonen erschienen als rote, gepunktete Linien, und kleine, schimmernde Satelliten umkreisten den Globus in allen Höhen und Richtungen.

Jeff begann sein Programm zu demonstrieren, während Dr. Eison den Gedanken erläuterte, aus Abweichungen in den Umlaufbahnen der Satelliten Rückschlüsse auf Veränderungen im Magma der Erde zu ziehen. Am Ende der dreißigminütigen Sitzung waren alle Anwesenden zu Gläubigen geworden.

Später am gleichen Tag wurde Jeff gebeten, seine Demonstration vor der gesamten wissenschaftlichen Belegschaft von Livermore und den eingeladenen Reportern zu wiederholen.

»Niemand kann den Zeitpunkt eines größeren Erdbebens mit absoluter Sicherheit voraussagen«, sagte Jeff, während er sich an die Computertastatur setzte und erneut begann, sein Programm zu starten. »Die Schwierigkeit besteht darin, daß die Kräfte dadurch frei werden, daß die Oberflächenplatten der Erde aneinander entlanggleiten. Durch Reibung können sich die Kräfte aufbauen und plötzlich entladen oder springen, so ähnlich, wie wenn sie mit einem Stück Kreide unter Druck über eine Tafel fahren. Manchmal gleitet die Kreide glatt dahin, aber manchmal kratzt oder springt sie auch.«

Als er hörte, wie Dr. Eison sich räusperte und die gerunzelten Stirnen einiger der anwesenden Seismologen sah, merkte er, daß er einen Fauxpas begangen hatte; er hatte ein kompliziertes technisches Thema auf laienhafte Begriffe reduziert. Bei der Presse kam das gut an, aber es verärgerte diejenigen, die davon lebten, die Dinge kompliziert zu halten.

»Wie auch immer«, fuhr er fort, »Dr. Landill vom JPL-Laboratorium hat während der letzten beiden Jahrzehnte winzige Veränderungen in den Umlaufbahnen mehrerer Satelliten dokumentiert, die anders als durch Schwankungen im Gravitationsfeld der Erde nicht zu erklären sind. Diese Veränderungen wurden für zufällig gehalten und weitgehend ignoriert, außer von den Satellitenbeobachtern. Ich kam auf den Gedanken, sie könnten mit Erdbeben auf der Oberfläche zusammenhängen und programmierte deshalb eine Gleichung, die diese Veränderungen mit den bekannten Epizentren früherer Erdbeben in Beziehung setzt.«

»Unmöglich«, protestierte einer der Wissenschaftler, der die vorausgegangene Sitzung verpaßt hatte. »Wir versuchen hier seit Jahren, eine derartige Datenmenge zu sammeln und zu verarbeiten. Wir schaffen es nicht einmal auf dem Cray 1612, und der hat dreißig Millionen Megabyte RAM.«

»Ich glaube, jetzt können Sie es«, erwiderte Jeff zuversichtlich, während er auf die »Enter«-Taste der großen Tastatur drückte. Sofort erschient auf dem Großmonitor an der Wand ein maßstabgetreues, dreidimensionales Abbild der Erde, wie schon in der vorherigen Demonstration. Mit jedem Tastendruck wurde das Bild durch neue Einzelheiten angereichert. Schließlich begannen plötzlich Satelliten den Globus zu umkreisen, jeder auf seiner eigenen, einzigartigen Umlaufbahn.

Während Jeff sein Programm bediente, erschienen wieder die roten Linien auf der Oberfläche der Erde. »Diese Linien stellen die bekannten aktiven Erdbebenzonen dar«, erläuterte er den Reportern und Wissenschaftlern, die bei der vorherigen Sitzung gefehlt hatten. »Achten Sie darauf, wie die Umlaufbahnen der Satelliten sich beim Überfliegen der Problemzonen verschieben.«

Am dramatischsten waren diese Verschiebungen bei den Satelliten in niedriger Höhe; die weiter entfernten zeigten die geringste Reaktion.

»Ich habe die Abweichungen der Umlaufbahnen übertrieben dargestellt, um sie besser meßbar zu machen«, erläuterte Jeff. »Die Umlaufbahnen, die Sie auf dem Bildschirm sehen, sind mit einem

Faktor von zehn hoch vier verstärkt.« Selbst die stoischsten unter den Wissenschaftlern starrten verblüfft auf den Computerbildschirm, der die Umlaufbahnen mehrerer hundert Satelliten, über die Erdbebenzonen in der Erdoberfläche gelegt, grafisch darstellte. Jeder von ihnen erkannte, daß das, was er hier sah, für die Geologie ebenso revolutionär war wie die Kernspaltung für die Physik.

»Wie können wir sicher sein, daß Ihr Programm diese Veränderungen zutreffend abbildet und sie nicht einfach erzeugt?«

»Diese Möglichkeit kam mir auch in den Sinn«, antwortete Jeff geduldig. »Deshalb habe ich die Gleichung auf einige seismische Aktivitäten der Vergangenheit angewendet, um die Ergebnisse zu verifizieren.«

Mit einigen raschen Bewegungen seiner Finger auf den Tasten aktivierte Jeff ein Unterprogramm. Auf dem Bildschirm erschien statt der Totalansicht der Erde der Kontinent Asien. Eine dunkelrote Linie dominierte die Landschaft.

»Dies ist der Schauplatz des Pekinger Erdbebens von 1996«, sagte er, immer noch Befehle eingebend. »Es hatte eine Stärke von 6,7 und kostete ungefähr 1,5 Millionen Menschenleben. Wie Sie sehen, stellt der Bildschirm das tatsächliche Datum und die tatsächliche Stärke dar. Soweit handelt es sich um historische Daten, die aus den seismographischen Einrichtungen des betroffenen Gebietes stammen. Jetzt werden wir das Programm zurückfahren und nur die Daten benutzen, die vor dem 16. November 1996 bekannt waren – dem tatsächlichen Datum der Katastrophe.«

Während Jeff die Befehle eingab, notierte sich ein Beobachter im Hintergrund des Raumes ein Memo an seinen Chef. »Senator Mark Hunt. Ich glaube, ich habe den richtigen Mann für die Analyse der Fähigkeiten von Computern gefunden. Es ist Jeff Wells, ein Student am California Institute of Technology. Sie werden in Kürze über seine Arbeit lesen. Cal.« Er machte sich im Geist eine Notiz, das Memo so bald wie möglich zu faxen.

Jeff stellte seinem Programm ausschließlich die vor dem tatsächlichen Erdbeben in China bekannten Informationen zur Verfügung und ließ es laufen. Die Ergebnisse waren nicht eindeutig. Dann blendete er ein weiteres überlagerndes Bild ein, das die Satelliten enthielt, die über die Region hinwegzogen. »Dies sind Daten aus Dr. Landills Beobachtungen«, bemerkte er. Plötzlich erwachte sein Programm zum Leben. Auf dem Bildschirm blinkte ein Warnzeichen auf, mit einem Pfeil der direkt auf Peking deutete. Das Programm zeigte eine stetig steigende Wahrscheinlichkeit eines größeren Erdbebens, das bis zu zwei Jahre im voraus absehbar war. Je dichter sich das Programm an das Datum der Katastrophe herantastete, desto präziser wurden die Berechnungen, bis einen Monat vor dem Beben das Warnzeichen eine Stärke von 6,5 bis 6,8 auf der Richterskala ankündigte. Die Umlaufbahn eines niedrig kreisenden amerikanischen Spionagesatelliten vollführte in der verstärkten Darstellung des Programms eine wackelnde Bewegung.

Schließlich demonstrierte Jeff sein Programm noch anhand der Daten für einige weitere, schwächere Erdbeben. »Bei kleineren Beben ist es nicht ganz so akkurat«, entschuldigte er sich. Einige der weniger steifen Wissenschaftler schmunzelten.

»Genausogut könnte sich Leonardo für die Pinselstriche bei der Mona Lisa entschuldigen«, murmelte einer von ihnen, und der ganze Raum brach in Gelächter aus – mit ein paar Ausnahmen.

»Mit ein paar Verfeinerungen können wir, glaube ich, sowohl den Zeitpunkt als auch die Stärke größerer Erdbeben akkurat voraussagen«, ergänzte Dr. Eison, der neben Jeff saß. »Wir werden von diesem Programm-Prototyp ausgehen und die Einzelheiten ausarbeiten. Jetzt zeigen Sie ihnen das Eigentliche, Jeff«, sagte er ernst.

Jeff ließ seine Finger über die Tastatur fliegen und hielt vor dem letzten Tastendruck inne.

»Meine Damen und Herren«, verkündete Dr. Eison, »was Sie jetzt sehen und hören werden, ist von Mitarbeitern meines Stabes bereits überprüft und verifiziert worden. Es darf in der unmittelbaren Zukunft nicht veröffentlicht werden. Diese Verantwortung kommt Präsident Kilborne und seinem Sicherheitsberater zu. Sie werden Nachricht erhalten, sobald die Information freigegeben ist. Okay, Jeff. Machen Sie weiter«, schloß er, während er sich setzte.

Der Bildschirm zeigte wieder die globale Ansicht der Erde. Das Bild rotierte langsam und fuhr erst auf den nordamerikanischen Kontinent und dann auf die USA zu. Schließlich füllte der Staat Kalifornien den gesamten Sieben-Meter-Bildschirm aus.

Jeff drückte einige weitere Tasten, und kleine rote Linien erschienen an den Umrissen des Staates.

»Dies sind die Erdbebenzonen«, erklärte Dr. Eison. »Im Augenblick ist ihnen kein Intensitätswert zugeordnet.«

Jeff drückte weitere Tasten, und die roten Linien nahmen hellere oder dunklere Schattierungen an. Die hellste Linie erschien im unteren Drittel des Staates, sehr nahe an Los Angeles; eine zweite sehr helle Linie im oberen Drittel nahe San Francisco.

»Das obere Bild ist die Erdbebenzone von San Francisco«, erläuterte Dr. Eison. »Bisher wurde allgemein angenommen, daß die Pazifikplatte hier reißen werde. Darum haben wir auch die Evakuierungsübungen auf dieses Gebiet konzentriert. Bitte, Jeff.«

Jeff veränderte die Darstellung, so daß der Staat Kalifornien über das Bild der gesamten Erdkugel gelegt erschien. Plötzlich erschienen Satelliten, die in jeder erdenklichen Richtung darüber hinwegkreuzten.

»Diese Satelliten wurden uns freundlicherweise von den Russen, den Chinesen, den Libyern und den Japanern zur Verfügung gestellt«, sagte Dr. Eison sarkastisch. Gelächter erfüllte den Raum.

Alle Satelliten sackten und wackelten, als sie Kalifornien überquerten. Es sah aus, als ob ein gewaltiger Magnet sie davon abzuhalten versuchte, hier entlangzufliegen. Das Programm konzentrierte sich auf die nördliche Zone und begann Berechnungen aufzulisten. Voraussichtlicher Eintritt eines Bebens: 1999; Ort: San-Francisco-Zone; Stärke: 5,6 bis 5,8; geschätzter Schaden: minimal.

Ein unterdrückter Seufzer erscholl von denen im Raum, die Verwandte und Freunde in der Bucht hatten. Für diese Gegend war schon seit so langer Zeit ein größeres Beben angekündigt, daß jeder glaubte, das Ende könne jederzeit kommen, doch ein Erdbeben von 5,8 war für dieses Gebiet nicht mehr als ein Schreckschuß; es würde vielleicht ein paar Gebäude wackeln lassen, aber kaum mehr.

Ohne ein Wort zu sagen winkte Dr. Eison Jeff zu, fortzufahren. Das Programm fuhr nun auf die andere Seite des Pazifik zu, nämlich auf den südlichen Teil Japans, wo sich eine weitere hellrote Linie zeigte. Wieder begannen die Berechnungen: Voraussichtlicher Eintritt eines Bebens: 1999; Ort: Tokio; Stärke: 8,2 bis 8,4; geschätzter Schaden: 2,3 bis 2,5 Millionen Tote.

Die erstickten Aufschreie der Nichtwissenschaftler im Raum klangen wie eine Szene aus einem Horrorfilm, doch während sie noch zu erfassen versuchten, was sie gerade gesehen hatten, fuhr das Bild noch näher heran. Der Bildschirm zeigte eine Grafik der Stadt Tokio, wie sie unmittelbar nach dem Erdbeben aussehen würde. Im Innenstadtbereich waren praktisch keine Gebäude mehr intakt. Im Umkreis von vierzig Meilen zeigte das Programm eine gewaltige Wüste von Bränden und Zerstörung an.

Die nächste Einblendung lautete: Voraussichtliche Nachbeben: 6,5; 6,3; 6,0; 5,4; 4,9; 3,5 während der folgenden zweiundsiebzig Stunden. Tokio voraussichtlich unbewohnbar für mindestens zwölf Monate.

Die anwesenden Wissenschaftler und Journalisten hatten die Tragweite des Ganzen noch nicht verarbeitet, als sich das Bild schon wieder veränderte.

Tsunami im Pazifikbecken erwartet. Höhe: 100 m. Geschwindigkeit: 300 bis 400 Meilen/Stunde. Voraussichtliches Ziel: Philippinen und Westküste der USA. Flutwelle an der kalifornischen Küste voraussichtlich 5 bis 6 m Höhe.

»Das Erdbeben wird eine Flutwelle auslösen – einen sogenannten Tsunami – die sich mit einer Geschwindigkeit von dreihundert bis vierhundert Meilen pro Stunde über den Pazifik bewegen wird«, erklärte Dr. Eison. »Sie wird die Philippinen und Kalifornien mit der Gewalt einer Multi-Megatonnen-Bombe treffen. Die aufgestaute Welle wird die kalifornische Küste treffen und landeinwärts überfluten. Sie wird den südlichen Küstenabschnitt mindestens eine Meile landeinwärts praktisch auslöschen.«

»Doktor, sind Sie sich darüber im klaren, was Sie da sagen?« rief einer der Reporter. »In dem Gebiet, das Sie beschreiben, leben dreißig Millionen Menschen!«

»Das ist mir nur zu bewußt«, antwortete Dr. Eison ernst. »Ich würde mir wünschen, daß wir uns irren, aber ich glaube es nicht.«

»Was planen Sie?« fragte ein anderer Reporter. »Ich wohne in L.A., und einige Millionen unserer Leser ebenfalls.«

»Das ist wirklich nicht meine Verantwortung. Das ist eine Entscheidung für den Gouverneur und den Präsidenten.«

Das ist unsere Chance, Gouverneur Crow aus dem Rennen zu drängen, dachte Cal Rutland, Assistent des Präsidentschaftskandidaten Mark Hunt. *Alles, was wir brauchen, ist eine Desinformationskampagne ...*

Kapitel 2

Die Illuminaten

Als die Nachricht von der bevorstehenden Flutwelle, die Kalifornien überschwemmen würde, die Medien erreichte, reagierte die Öffentlichkeit erwartungsgemäß – mit Panik und Empörung. Gouverneur Crow solle etwas unternehmen, verlangte die Presse. Doch es gab nichts, was Gouverneur Jerry Crow hätte tun können, um die Naturkatastrophe zu verhindern, und seine Popularität sackte dramatisch ab; genau das, was sich Mark Hunts Wahlkampfkomitee erhofft hatte.

Als engagierter und wortgewandter Verfechter der Rechte Homosexueller hatte Crow die Hoffnung, der erste Homosexuelle zu werden, der sich unter dem Banner einer der großen Parteien um die Präsidentschaft bewarb. Seine erfolgreiche Initiative, den steuerfreien Status der meisten religiösen Institutionen Kaliforniens aufzuheben, hatte ihm landesweite Anerkennung eingetragen. Und seine Eingabe an das FCC, das Bundesmedienkomitee, sämtlichen religiösen Rundfunkanstalten in Kalifornien die Lizenzen zu entziehen, hatte ihn auf die Startrampe zum Weißen Haus gebracht. Als das FCC seiner Eingabe stattgab, gingen die meisten Sender in die Hände der Gay-Power-Gruppen über. Dieselbe Strategie wurde im ganzen Land dazu eingesetzt, die mehreren Tausend religiösen Rundfunkanstalten, die bis dahin bestanden, auszuhebeln. Da die meisten dieser Sender nun von Homosexuellengruppen kontrolliert wurden, verfügte Crow über ein nationales Forum.

Obwohl es erst drei Wochen her war, daß die Informationen aus Jeffs Programm veröffentlicht worden waren, schien es für Crow wie eine Ewigkeit. Wo immer er hinkam, waren Journalisten und fragten ihn, was er gegen die Krise zu unternehmen gedenke. Der Druck warf ihn zurück auf sein altes Fluchtverhalten: Kokain.

Was denken diese Idioten, was ich gegen ein Erdbeben tun könnte? dachte Crow wütend, als er nach einem schweren Kokainrausch mit dröhnendem Schädel erwachte. Er hatte sich bereit erklärt, die Gewohnheit abzulegen, als er sich um die Präsidentschaft bewarb; seine Berater hatten ihm erklärt, das Land sei noch nicht bereit für einen Präsidenten, der Drogen nehme. *Das werde ich ändern*, beschloß er, während er eine weitere Dosis des weißen Puders in die

Nase sog. *Ich werde Drogen legalisieren und die Steuereinnahmen dazu verwenden, mehr Unterkünfte für Obdachlose zu bauen. Wir werden sogar*, dachte er in einer genialen Eingebung, *die ganzen nutzlosen Kirchengebäude als Obdachlosenunterkünfte nutzen.* »Ich werde es diesen frommen Heuchlern zeigen«, sagte er laut. »Sie sind gegen jeden Fortschritt.«

Später am Vormittag, als der Gouverneur mit einem Assistenten über das Erdbeben sprach, witzelte er: »Vielleicht wäre es gar nicht so schlecht, die Hälfte der Leute in Südkalifornien los zu sein.« Der Assistent zuckte zusammen und sagte: »Wiederholen Sie das lieber nicht in der Öffentlichkeit, Gouverneur. Eine Menge Wähler in Südkalifornien würden Ihnen da nicht zustimmen.«

»Die sind doch nichts als ein Haufen Verrückter«, rief er. »Was erwarten die denn von mir? Glauben die denn, wir könnten einem Erdbeben einfach sagen, daß es uns in Ruhe lassen soll? Ich glaube, Hunt nutzt die Sache aus, um mich in ein schlechtes Licht zu stellen. Warum trifft diese Flutwelle nicht Virginia?«

Der Assistent wandte verächtlich seinen Blick von dem drogenumnebelten Gouverneur ab. Rutland hatte recht, Hunt war der bessere Kandidat. Der Gouverneur war ein widerlicher Repräsentant der Homosexuellenbewegung. Vielleicht bei der nächsten Wahl ...

Wie bei den meisten Krisen in Amerika erlahmte auch hier das Interesse innerhalb weniger Wochen nach der ersten Aufregung. Mehrere bekannte Wissenschaftler widersprachen den Voraussagen, die Jeffs Programm gemacht hatte, und verwiesen auf Fehler in der Logik, insbesondere was die Auswirkungen auf die Satellitenumlaufbahnen anging. Gouverneur Crow stürzte sich sofort auf diese Ansichten und beklagte sich bei jedem, der ihm zuhörte, das Ganze sei nichts als eine Verschwörung, um seinem persönlichen Ansehen zu schaden.

»Wir werden uns nicht von unseren Bemühungen ablenken lassen, in dem Gebiet, in dem das Erdbeben erwartet wird, Menschenleben zu retten«, verkündete er. »Aber wir können einfach nicht unzählige Millionen Dollar ausgeben, nur auf das Wort eines leicht neurotischen College-Studenten hin.«

Dann, am 12. Mai 1999, traf ein Erdbeben mit einer Stärke von 5,4 die kalifornische Küste, etwas nördlich von San Francisco. Da aus diesem Gebiet Hunderttausende von Bürgern evakuiert worden waren, gab es praktisch keinen Verlust an Menschenleben außer den wenigen Obdachlosen, die sich in den verlassenen Gebäuden häuslich niedergelassen hatten. Es gab sogar nur wenige Gebäudeschäden, da nach dem Beben von 1996, das mehrere Bürogebäude zum Einsturz brachte und Hunderte von Menschenleben kostete, neue Bauvorschriften erlassen worden waren.

Sofort ließ Gouverneur Crow über die lokalen Radio- und Fernsehsender eine Erklärung verbreiten, die den Standpunkt bekräftigte, den er zu dem angeblichen Erdbeben in Japan eingenommen hatte. »Wie Sie sehen, war unsere Planung völlig angemessen. Unsere Evakuierung hat Hunderten Menschen das Leben gerettet, und das Erdbeben fand genau dort statt, wo unsere Experten es vorausgesagt hatten. Dank der Führung Jerry Crows können die Kalifornier heute nacht ruhig schlafen.«

In einem Bürogebäude der Regierung in Washington D.C. begann das Telefon in Dr. Lowes Büro zu schrillen, sobald die Nachricht über das Beben in Kalifornien bekannt wurde. Dr. Lowe, ein leitender technischer Berater im Stab Präsident Kilbornes, ergriff den Hörer und hörte: »Doktor, hier ist Cal Rutland. Ich nehme an, Sie haben die Nachrichten über das Erdbeben in Kalifornien gesehen?«

»Ja, das habe ich«, erwiderte der Wissenschaftler. Er trug ein Tuxedo-Jackett, denn er war im Begriff, an einem formellen Bankett für den japanischen Botschafter im Weißen Haus teilzunehmen.

»Sind Sie immer noch sicher, was das andere Ereignis angeht?« fragte Rutland. Er bezog sich auf ein Gespräch, das sie am Tag nach der Pressekonferenz in Livermore geführt hatten.

»Ja. Ich bin sogar gerade dabei, für den Präsidenten einen Bericht über die Notwendigkeit einer Evakuierung der südkalifornischen Küstenregion abzufassen. Ich finde keinen Fehler in Wells´ Voraussage einer pazifischen Flutwelle.«

»Wir sind der Meinung, daß das nicht im Interesse unseres Kandidaten liegt, Dr. Lowe. Uns wäre es lieber, wenn Sie dem Präsidenten signalisieren könnten, daß Sie mit Wells´ Schlußfolgerungen nicht übereinstimmen.«

»Aber dieser Bericht ist schlüssig«, argumentierte Lowe. »Wenn dieses Beben die japanischen Inseln trifft, bekommen wir eine Welle an der Westküste, die dem Untergang Pompejis gleichkommt.«

»Doktor, manchmal müssen die Wenigen zum Wohle der Vielen geopfert werden. Denken Sie an die Gruppe, der Sie Ihre Loyalität geschworen haben. Uns kommt die Verantwortung zu, eine bessere, gesichertere Welt für die zukünftigen Generationen zu bauen. Wenn der Gouverneur sich weigert zu handeln und der Präsident untätig bleibt, wird die Unterstützung für Senator Hunt steigen.«

»Aber ich werde in der wissenschaftlichen Welt erledigt sein, wenn sich herumspricht, daß ich diese Daten ignoriert habe«, entgegnete Lowe, während er sich in seinen alten Ledersessel fallen ließ.

»Wenn die Fakten bekannt werden, wird es so aussehen, daß Sie dem Präsidenten sofortiges Handeln nahelegten, er aber nicht auf Ihren Rat hörte. Dafür werden wir sorgen. Sie werden vollkommen entlastet dastehen. Sagen Sie einfach niemandem etwas – schicken Sie nur dem Präsidenten ein streng vertrauliches Memo.«

»Das wäre Ihnen möglich?« fragte der Wissenschaftler verblüfft.

»Es gibt nicht viel, was wir nicht tun können, Doktor. Wir haben uns seit sehr langer Zeit auf diese Wahl vorbereitet. Länger, als ein Außenstehender es sich vorstellen kann.«

Lowe erschauderte unwillkürlich, als er Rutlands Plan hörte. Die Zerstörung, die ein Tsunami dieser Größenordnung anrichten würde, war nahe zu unberechenbar. »Sind Sie sich in bezug auf dieses Erdbeben absolut sicher?« fragte Rutland kalt.

»Niemand kann absolut sicher sein, wenn es um so etwas wie ein Erdbeben geht«, antwortete Lowe vorsichtig. Jahre politischen Taktierens hatten ihn Zurückhaltung gelehrt. »Aber ich habe die Daten aus Wells´ Programm sehr sorgfältig überprüft, und ich glaube, es ist akkurat – sogar brillant.«

»Hoffen wir, daß Sie recht haben, Doktor. Wir können uns im Augenblick nicht leisten, Gouverneur Crow zu einem aussichtsreichen Kandidaten zu machen. Wir stehen zu dicht vor dem Ziel«, sagte Rutland scharf.

»Ich verstehe«, versicherte ihm Lowe. »Ich strebe dieses Ziel ebenso an wie Sie.«

»Vergessen Sie nicht, daß die Bruderschaft keinen Spielraum für Fehler läßt!« sagte Rutland kalt.

Rutland repräsentierte eine Gruppe, die bereits dreihundert Jahre zuvor in Europa gegründet worden war, und die Gruppe, aus der sie entstanden war, war sogar noch etliche Jahrhunderte älter – sie stammte aus der Zeit, als das römische Reich nicht viel mehr war als ein paar lose verbundene Stämme.

Die ursprüngliche Gruppe war als die Druiden bekannt gewesen. Sie waren die Adelsschicht unter den Händlern des Nahen Ostens, die sich aus Stämmen streunender Banditen rekrutiert hatten. Die Druiden wurden zu einer bösartigen Geheimbruderschaft, deren Ziel darin lag, das Leben ihrer Mitglieder um jeden Preis zu erhalten. Nichts war in ihrer Vorstellung von »Ethik« unmöglich, einschließlich Mord, Entführung und Sklaverei.

Später schrieben die einfachen Leute, über die sie herrschten, den Druiden eine geradezu übernatürliche Aura zu. Ihr Reichtum und ihre Macht gaben ihnen die Möglichkeit, außerhalb der Grenzen des Gesetzes zu arbeiten. Wer sich ihnen entgegenstellte, verschwand einfach, um nie wieder gesehen zu werden. So entstanden Gerüchte, die Druiden hätten die Macht, Menschen verschwinden zu lassen. Als sich die Geschichten von Generation zu Generation weiterverbreiteten, wurden sie ausgeschmückt und übertrieben. Schließlich setzte man die Druiden mit Dämonen und Göttern gleich.

Die Männer, die von Generation zu Generation die Führungspositionen erbten, waren einander so ähnlich, daß sie wie reinkarnierte Abbilder ihrer Vorgänger wirkten. So entstand auch die Legende vom ewigen Leben der Druiden: der Reinkarnation. In Wahrheit war es nur die völlige Hingabe an dieselbe Organisation und die Jahrhunderte harte Ausbildung, durch die die Gruppe so gleichförmig und scheinbar reinkarniert wirkte. Doch diese Legenden erwiesen sich als nützlich für die Zwecke der Männer, die der Organisation dienten, und wurden deswegen erhalten und gefördert.

Als Europa sich zum beherrschenden wirtschaftlichen Zentrum der zivilisierten Welt entwickelte, sahen die Druiden ihren Einfluß schwinden, da wenige Europäer sich für den Aberglauben des Nahen Ostens interessierten oder sich davon beeindrucken ließen. Um ihren Einfluß in Europa auszudehnen, änderten die Druiden ihren Namen in »Freimaurer« um und übernahmen viele der Rituale und religiösen Traditionen der christlichen Kirchen. Diese Rituale, vermischt mit östlicher Mystik, führten dazu, daß sie sofort auf große Akzeptanz stießen.

Binnen kurzer Zeit wurden viele führende Persönlichkeiten der Gesellschaft in den Orden der Freimaurer gelockt, und diese wiederum brachten viele aus der nächst niedrigeren sozialen Schicht mit sich, die erpicht auf den Kontakt zur Elite waren. Aus den Freimaurern ging eine kleine Gruppe von führenden Köpfen hervor, die die Aufrichtung einer neuen Weltordnung anstrebten. Man nannte sie die »Illuminaten« oder die »Erleuchteten«; später würden sie schlicht als »Die Bruderschaft« bekannt sein. Jedes Mitglied dieser Gruppe wurde aus der größeren Gruppe der Freimaurer sorgfältig ausgewählt. Jeder repräsentierte innerhalb seiner jeweiligen Disziplin die höchste Autoritätsebene. So gehörten der Gruppe nicht nur führende Persönlichkeiten der Politik, sondern auch der Religion, der Wirtschaft, der Wissenschaften und des Militärs an.

Die Gruppe florierte in Europa von der Zeit kurz nach Christus bis ins fünfzehnte Jahrhundert. Als die Neue Welt entdeckt wurde und die Wege nach Amerika sich eröffneten, wurden führende Mitglieder der Freimaurer mit den ersten Pilgern entsandt, um von Anfang an auf dem neuen Kontinent Fuß zu fassen.

Zur Zeit des amerikanischen Unabhängigkeitskrieges gehörten die meisten führenden Männer Amerikas zu den Freimaurern. Im

Laufe der Jahrhunderte erstarkten und vergingen ganze Länder und ihre Herrscher, doch die Freimaurer florierten. In Amerika dehnte sich die Bewegung schließlich bis in die unteren Bevölkerungsschichten aus, und Millionen von Arbeitern wurden für den Orden der Freimaurer gewonnen, so daß ihre Akzeptanz in einer demokratischen Gesellschaft gesichert war.

Doch an der Spitze stand stets, nur den wenigsten bekannt, die herrschende Gruppe, die sich »Die Bruderschaft« nannte. Diese Gruppe traf Entscheidungen darüber, welche Kriege geführt und wie sie finanziert wurden. Zur Zeit des ersten Weltkrieges war ihre wirtschaftliche Macht bereits so groß, daß die Gruppe nur Gelder und Unterstützung verschieben mußte, um Regierungen zu kippen. Generationen gingen dahin, und die alte Linie starb aus, doch noch immer blieb die Bruderschaft bestehen.

Nun, beinahe zweihundertfünfzig Jahre, nachdem Amerika zu einer Nation geworden war, verfügte die Bruderschaft über mehr Macht als je zuvor, und ihr ursprüngliches Ziel wurde mehr und mehr Wirklichkeit: ein weltweit einheitliches Wirtschaftssystem, kontrolliert von dieser schattenhaften Gruppe der einflußreichsten Männer (und nun auch Frauen) der Welt.

Jahrhundertelang hatte die Bruderschaft gelehrt, daß ein Erwählter oder »Führer« sich erheben würde, um die Welt zu einer einzigen wirtschaftlichen Einheit zu verbinden. Mehrere Male in der Geschichte waren Männer aus dem innersten Kreis der Bruderschaft in höchste Machtpositionen aufgestiegen. Im zwanzigsten Jahrhundert waren die Herausragendsten Beispiele Lenin, Hitler und Mao Tse-tung. Doch die Zeit war noch nicht reif gewesen für ein einheitliches Weltsystem, und jeder von ihnen war zu seiner Zeit gescheitert.

Daß Stalins Säuberungen in Rußland darauf abzielten, den Orden der Freimaurer auszurotten, die seine Machtstellung gefährdeten, ahnten nur wenige Zeitgenossen. Sein Versuch, der Bruderschaft einen vernichtenden Schlag zu versetzen, verurteilte den Kommunismus dazu, in der Vergessenheit zu versinken, als die Bruderschaft eine wirtschaftliche Attacke gegen die Partei dirigierte. Als in den späten achtziger Jahren ein weiterer sowjetischer Führer in den inneren Kreis aufgenommen wurde, waren die Wirtschaften Rußlands und Chinas buchstäblich zugrunde gerichtet. Unter der Kontrolle der Bruderschaft gelangte die russische Wirtschaft wieder zur Blüte.

In Amerika entwickelte sich die Bruderschaft parallel zu der in Europa. Wegen der enormen wirtschaftlichen Macht der Vereinigten Staaten wurde es für die Bruderschaft notwendig, noch eine weitere Gruppe einflußreicher Persönlichkeiten zu organisieren, die dem innersten Kreis als Berater dienten. Diese Gruppe erhielt den Namen »Rat für auswärtige Beziehungen«. Mit der Zeit gelangte der Rat, der sich aus einigen der am besten ausgebildeten Geister Amerikas zusammensetzte, zu einer halboffiziellen Funktion, in der sie nicht nur der Bruderschaft, sondern auch den amerikanischen Präsidenten als Berater dienten.

So entwickelte sich weltweit ein System von Regierungen innerhalb der Regierungen, deren letztendliches Ziel darin bestand, eine Machtbasis zu bilden, von der aus der »Führer« die ganze Welt würde beherrschen können.

Im Computerraum des Luftwaffenstützpunkts Andrews entwickelte Jeff Wells ein Programm, das die Auswirkungen des Tsunamis auf die kalifornische Küste berechnen sollte. Als er die Ausdrucke las, wünschte er sich, er hätte nicht hingeschaut. Er überprüfte seine Gleichungen doppelt und dreifach, da niemand seine Voraussagen ernstzunehmen schien.

Die Küstengebiete Südkaliforniens und Mexikos sollten evakuiert werden, hatte er zu Dr. Eison gesagt. Er war sicher, daß Eison mit seinen Berechnungen übereinstimmte, doch selbst er hatte es versäumt, etwas deswegen zu unternehmen.

Hier lungere ich herum, dachte Jeff, *versteckt in einer Regierungseinrichtung, isoliert von der Presse und ihren Fragen. Es sieht fast so aus, als ob jemand will, daß es zur Katastrophe kommt.* Er wurde unsanft in die Wirklichkeit zurückgeholt, als jemand ihn ansprach. »Mr. Wells?«

»Ja«, antwortete Jeff, aus seinen Gedanken aufgeschreckt.

»Kommen Sie mit mir«, sagte Rutland. Es war eher ein Befehl als eine Bitte.

»Wohin denn? Ich habe eine Menge Arbeit«, erwiderte Jeff abwehrend, während er bereits aufstand. Etwas in Rutlands Augen ließ ihn unwillkürlich gehorchen. Und ohne ein weiteres Wort hielt Rutland ihm die Tür auf, klar andeutend, daß er sofort aufzubrechen wünschte.

»Ich hätte gern ein paar Antworten«, sagte Jeff mit soviel Nachdruck, wie er aufbringen konnte. »Warum werde ich aufgehalten?«

»Sie werden alle Fragen beantwortet bekommen«, sagte Rutland mit dem Anschein der Höflichkeit. Doch seine Augen übermittelten eine andere Botschaft; er hatte offensichtlich keinerlei Absicht, die Angelegenheit zu diskutieren.

Jeff folgte Rutland in einen anderen Teil des Gebäudes zu einem Büro, in dem Senator Mark Hunt hinter einem großen Schreibtisch in einem schwarzen Ledersessel saß und ihn erwartete. Als sie eintraten, sagte der Senator: »Ah, der junge Mr. Wells, nehme ich an.«

»Ja«, erwiderte Jeff, der den Senator sofort erkannte. Während der letzten Monate hatte er, wie jedermann im Land, viel über Senator Hunt in den Zeitungen gelesen. Die Medien präsentierten ihn meistens als die Antwort auf alle Probleme der Nation.

Nach dreißig Monaten Rezession und bei mehr als zwanzig Millionen arbeitslosen Amerikanern war ein Regierungswechsel sicher, und die aussichtsreichsten Bewerber waren Senator Hunt und Gouverneur Crow. Den Zeitungen zufolge hatte Präsident Kilborne immer noch eine Chance, aber nur, wenn in der Wirtschaftsentwicklung eine unerwartete Wende eintrat. Persönlich mochte Jeff Kilborne. Er hatte eine Menge guter Ideen, aber er war so gehandikapt durch Staatsschulden, daß viele mit weiteren fünf Jahren Rezession rechneten, bevor die Wirtschaft anfangen würde, sich zu erholen.

Jeff wurde mit einem herzlichen Lächeln begrüßt, und Senator Hunt winkte ihm, sich auf den Sessel vor dem Schreibtisch zu setzen. Cal Rutland nahm am anderen Ende des Raumes Platz wie ein unbeteiligter Beobachter.

»Ich vermute, Sie wissen, wer ich bin, Jeff?«

»Ja, Sir«, sagte Jeff offen und entspannte sich ein wenig angesichts der persönlichen Wärme in Hunts Lächeln und Gebaren.

»Ich will Ihnen nichts vormachen, Jeff ... äh, darf ich Sie Jeff nennen?«

»Sicher«, erwiderte der junge Wissenschaftler.

»Gut! Wie ich höre, sind Sie so eine Art Computercrack. Stimmt das, Jeff?«

»Nun, ich weiß nicht, Senator Hunt«, sagte Jeff zögernd.

»Bitte nennen Sie mich Mark. Und seien Sie nicht so bescheiden. Ich mag Leute, die die Besten sind in dem, was sie machen. Wenn ich dieses Land aus dem Chaos herausführen soll, in dem es steckt, werde ich Männer brauchen, die Zutrauen zu ihren Fähigkeiten haben.« Er warf seinem Assistenten am anderen Ende des Raumes einen Blick zu und ergänzte: »Cal meint, Sie sind der Beste in dem, was Sie tun. Oder Sie werden es zumindest sein.« Cal drehte sich ein wenig in seinem Sessel, schwieg jedoch.

»Ich brauche Ihre Hilfe, Jeff«, fuhr Hunt fort. »Wenn ich zum Präsidenten gewählt bin, werden wir das Wirtschaftssystem dieses Landes aus dem finsteren Mittelalter herausführen müssen, und dazu müssen wir alle zusammenarbeiten. Wir können nicht länger die Köpfe in den Sand stecken.«

»Aber Sena- ... äh, Mark, ich verstehe nichts von Wirtschaft. Sie haben doch sicherlich Berater, die ...«

Hunt ließ ihn nicht ausreden. »Ich habe jede Menge Leute, die verstehen, wie die Wirtschaft bisher funktioniert hat, Jeff. Doch diese veralteten Ideen können wir nicht mehr gebrauchen. Wir müssen entweder innovativ werden, oder wir sinken zu einer Wirtschaftsmacht dritten Ranges herab. Meine Regierung wird die besten Köpfe an den wirtschaftlichen Modellen arbeiten lassen. Was ich am meisten brauchen werde, ist Ihr Computerhirn. Wie Cal mir erzählt, haben Sie die Jungs in Livermore ganz schön ins Staunen gebracht.«

»Nun, ich weiß nicht, Sir. Diese Leute wollten nicht glauben, was mein Programm voraussagt.«

»Idioten, Jeff. Denken Sie daran. Das sind Idioten! Das ist dieselbe Mentalität, die dieses Land am Boden zu halten versucht. Ich möchte, daß Sie alles über die Funktion des Weltbanksystems lernen, was es darüber zu wissen gibt. Dann möchte ich, daß Sie ein Computersystem entwerfen, das alle Computer auf der Welt miteinander verbindet.«

Jeff war nicht sicher, ob er richtig gehört hatte. »Alle Computer zu einem gemeinsamen Datennetz verbinden? Aber dazu brauchte man einen Computer, der größer wäre als ...«

Hunt unterbrach ihn. »Es ist mir egal, was Sie dazu brauchen, Jeff. Die Leute, die bei der Weltbank arbeiten, sind genau solche Idioten wie die, die Sie in Livermore gesehen haben. Dr. Eison und ein paar weitere aufgeklärte Geister werden mitarbeiten. Ihre Aufgabe wird es sein, sie zu einem Team zusammenzuschweißen, und Cal wird sich um die anderen kümmern«, sagte er mit einem Blick durch den Raum zu Rutland.

»Sehen Sie, Jeff, jeder, mit dem wir bisher gesprochen haben, hat uns gesagt, daß wir einen Computer brauchen, den es noch gar nicht gibt, um das zu tun, was ich will. Aber machen wir uns darum jetzt keine Sorgen. Ich möchte, daß Sie jetzt ein Programm entwerfen, das das ›Data-Net‹ zum Laufen bringt.«

»Das ›Data-Net‹?«

»Ja, so werden wir das System nennen. Ich möchte, daß McDonald´s in Moskau mit dem McDonald´s in Paducah kommunizieren kann wie ich mit meiner Bank. Und ich möchte, daß jede Transaktion durch eine zentrale Schnittstelle hier in den USA läuft. Kriegen Sie das hin?«

»Ich weiß nicht, Senator Hunt«, erwiderte Jeff. Er fühlte sich bei der formelleren Anrede wohler. Es fiel ihm schwer, jemanden vom Status des Senators beim Vornamen zu nennen. »Aber ich würde gerne ein paar Daten sehen, um das abzuschätzen. Vielleicht von der Federal Reserve.«

»Wir haben noch etwas Besseres für Sie, Jeff«, sagte der Senator lebhaft, während er sich erhob und den Schreibtisch umrundete. Er machte vor Jeff halt und lehnte sich an die Tischkante. »Wir haben Ihnen bereits die Vollmacht verschafft, das bestehende Weltbanksystem in Brüssel zu untersuchen, das seinerzeit in den Sechzigern von der Kennedy-Regierung eingerichtet wurde. Sie haben vollen Zugang zu allen Aufzeichnungen.«

»Das haben Sie fertiggebracht?« Jeff war sichtlich beeindruckt.

»Sie werden feststellen, daß wir einen Menge fertigbringen, Jeff. Viele Leute in aller Welt halten es jetzt für an der Zeit, alles miteinander zu verbinden. Sie müssen nur Ihr Gehirn auf dieses Problem ansetzen.«

»Ich gebe nur eines zu bedenken«, warf Cal Rutland plötzlich von seiner Beobachterposition am anderen Ende des Raumes ein. »Erwähnen Sie niemandem gegenüber, daß Sie mit dem Senator zusammenarbeiten. Wenn die Presse das herausfindet, wird sie ein Riesenthema daraus machen.«

Hunt richtete sich auf, kehrte um den Schreibtisch zu seinem Sessel zurück und sagte mit einem verächtlichen Blick auf Cal: »Wenn Sie mich hätten ausreden lassen, wäre ich darauf noch zu sprechen gekommen.«

Ein kurzer Blick auf den Assistenten des Senators zeigte Jeff etwas wie einen Schimmer von Haß in jenen dunklen Augen. Jeff wurde ein wenig nervös und rieb unwillkürlich die Hände gegeneinander. Etwas kam ihm in den Sinn, das er oft seinen Vater hatte sagen hören, als er noch ein Kind war: »In der wirklichen Welt fressen die großen Fische die kleinen ...«, und dann fügte er hinzu: »... es sei denn, der kleine Fisch ist ein Piranha.« Jeff hatte den Verdacht, daß Cal Rutland zu den Piranhas gehörte.

Etwas anderes fiel ihm ein. »Ich habe da nur ein Problem, Senator. Ich habe immer noch Kurse am Cal Tech, die bald wieder anfangen.«

»Jeff, wenn ihr vorausgesagtes Erdbeben eintrifft, kann ich Ihnen, glaube ich, einen Doktortitel aufgrund Ihrer Arbeit garantieren. Das heißt, falls dann vom Cal Tech noch etwas übrig ist.«

Noch während er sprach, wußte Mark Hunt, daß er zuviel gesagt hatte. Ein Blick auf den Gesichtsausdruck seines Assistenten sagte ihm, daß seine leichtfertigen Bemerkungen bei der Bruderschaft nicht gut ankommen würden. Er versteifte sich etwas und dachte: *Na und? Ich bin der einzige aussichtsreiche Kandidat, den sie haben.*

»Dann glauben Sie also tatsächlich daran, daß die Flutwelle Kalifornien treffen wird?« fragte Jeff vorsichtig.

»Ich sagte Ihnen doch, daß ich an Sie glaube, Jeff. Wenn Sie es also sagen, dann glaube ich es.« Noch während er sprach, erinnerte er sich an ein Treffen mit Kilborne, bei dem er dem Präsidenten versichert hatte, Jeffs Voraussage sei nicht glaubwürdig. Bei der Pressekonferenz heute abend mit den Japanern würde er Kilborne die ganze Last aufladen.

»Warum sagen Sie das dann nicht Präsident Kilborne?« platzte Jeff in einem unerwarteten Aufwallen von Mut und Leidenschaft heraus.

»He! Moment mal, Jeff«, erwiderte Hunt schnell mit einem Seitenblick auf Rutland, der inzwischen in eine andere Richtung schaute. »Ich habe es dem Präsidenten gesagt, aber niemand will es glauben.«

»Aber das kann einer Million Menschen oder mehr das Leben kosten«, beharrte Jeff, während vor seinem geistigen Auge die Computeranimation des landeinwärts tosenden Tsunami ablief. »Und was ist mit den Japanern?«

»Wir werden sie erneut warnen, Jeff, aber im Augenblick sind alle fest entschlossen, zu glauben, das Beben von San Francisco sei das ›Große‹ gewesen.«

»Das ist lächerlich«, sagte Jeff abwehrend. »Mein Programm hat klar vorausberechnet, daß ungefähr zwölf Tage vor der Plattenverschiebung unter Japan ein kleineres Beben stattfinden würde.«

»Zwölf Tage!« schnappte Hunt. »Haben Sie sonst noch irgend jemandem davon erzählt?«

»Ja, natürlich. Ich habe es Dr. Eison in Livermore gesagt.«

»Na, dann bin ich sicher, daß es der Präsident ebenfalls weiß«, sagte der Senator, bemüht, ruhig zu bleiben. »Vielleicht wollen sie Ihnen einfach nicht glauben, Jeff.« Innerlich hatte das Herz des Senators einen Sprung gemacht. Hätte das Erdbeben vor der Pressekonferenz mit den Japanern stattgefunden, so hätte er den entscheidenden Vorsprung verloren gehabt. Dann wurde ihm klar, daß die Konferenz für genau zehn Tage nach dem kalifornischen Beben angesetzt war. Irgendwo in sich spürte er einen Hauch der Unsicherheit. *Sie haben es gewußt, aber sie haben es mir nicht gesagt*, dachte er. *Sie müssen den Zeitpunkt für das Treffen heute abend absichtlich so gelegt haben. Sie kontrollieren auch Kilbornes Terminkalender!*

Cal Rutland war aufmerksam genug, um zu wissen, was dem Senator durch den Kopf ging. Er stand rasch auf und sagte zu Jeff: »Nun, wir sollten Sie nicht zu lange von Ihrer Arbeit abhalten.« *Soll sich Hunt doch wundern, wieso er nicht über den Zeitpunkt des zweiten Erdbebens informiert wurde*, beschloß er im Stillen. *Die Bruderschaft hat noch mehr Überraschungen für diesen aufgeblasenen Idioten parat.* Nach ein paar eiligen Abschiedsworten wurde Jeff aus dem Büro des Senators komplimentiert, während der Senator für Kilbornes Empfang sein Dinnerjackett überstreifte.

Am nächsten Morgen wurde in der Zeitung über die Pressekonferenz berichtet, der wissenschaftliche Berater des Präsidenten, Dr. Robert Lowe, habe öffentlich seinen Rücktritt erklärt, nachdem er deutlich gemacht habe, er habe Präsident Kilborne dringend die Evakuierung der kalifornischen Küste nahegelegt. Der Artikel erwähnte auch, Senator Mark Hunt habe den Präsidenten persönlich gedrängt, zu handeln, solange noch Zeit sei, um die Bevölkerung Kaliforniens und die Japaner zu warnen.

Der Präsident habe entgegengehalten, weder sein wissenschaftlicher Berater noch Hunt hätten ihm zu verstehen gegeben, daß das von dem Cal-Tech-Studenten Jeff Wells geschriebene Programm glaubwürdig sei. Doch den anwesenden Reportern seien mit den Initialen des Präsidenten abgezeichnete Dokumente zur Verfügung gestellt worden, die bewiesen, daß Dr. Lowe den Präsidenten mindestens zweimal von der drohenden Gefahr unterrichtet habe.

In einer Zeitung hieß es in dem Bericht: »Präsident Kilborne stürmte aus dem Konferenzsaal und stand zu einer Stellungnahme nicht zur Verfügung. Von mehreren Kongreßmitgliedern wurde nahegelegt, der Präsident solle zurücktreten, falls die angekündigte Flutwelle die kalifornische Küste treffen sollte. Die jüngsten Meinungsumfragen zeigen, daß ungefähr siebzig Prozent der Amerikaner im Augenblick der Ansicht sind, daß die Katastrophe bevorsteht. Sowohl Präsident Kilborne als auch Gouverneur Crow liegen jetzt mindestens zwanzig Prozentpunkte hinter Senator Hunt.«

Kapitel 3

Die Katastrophe bricht herein

Haru Ashimo, Leitender Ingenieur bei Nippon Industries in Tokio, amüsierte sich stets über die Ausländer, die zum ersten Mal in Japan waren und einen der vielen Erdstöße erlebten. Erdstöße, die den meisten Amerikanern eine Herzattacke verschafften, ließen die Japaner in ihren Hochhäusern kaum zusammenzucken. Besucher aus dem Westen wurden blaß vor Furcht und schrien: »Was ist denn los?« Die Japaner dagegen saßen normalerweise nur steif in ihren Sesseln und warteten, bis das Beben nachließ. Wenn einer viel unter dem Einfluß des Westens war, erlaubte er sich vielleicht allenfalls eine scherzhafte Bemerkung: »Ich weiß nicht, ich weiß nicht. Kommt mir vor wie ein Erdbeben« – und duckte sich dann gespielt schutzsuchend unter seinen Schreibtisch, um sofort wieder aufzutauchen, während ihre westlichen Kollegen sich unter Tischen und Bänken verkrochen. Die Japaner waren viel zu höflich, um darüber zu lachen, doch ihr Lächeln verriet dennoch, wie sehr sie sich über den Anblick amüsierten. Wenn das Zittern nachließ, kamen die Westler hochrot im Gesicht unter ihren Tischen hervor, während die Japaner gelassen ihrer Arbeit nachgingen.

Als am 25. Mai die Erdstöße begannen, saßen die meisten der stoischen Japaner nur seelenruhig da oder sammelten allenfalls die losen Gegenstände von ihren Tischen ein, damit sie nicht herunterfielen. Sie hatten schon viele Beben hinter sich und akzeptierten sie als alltägliche Ereignisse. Normalerweise dauerten die Stöße höchstens ein paar Sekunden. Die »erdbebensicheren« Gebäude schwankten auf ihren gewaltigen Rollenfundamenten und kamen dann wieder in ihrer normalen Stellung zur Ruhe.

An diesem Dienstagmorgen jedoch schien das Gebäude auf dem Nippon Industrial Complex stärker zu schwanken als sonst. Statt der üblichen Fünf-Sekunden-Beben, die schnell nachließen, wurde dieses allmählich stärker. Doch das Nippon-Gebäude, eines der sichersten in Tokio, war erst vor zwei Jahren nach den höchsten Maßstäben für Erdbebensicherheit errichtet worden, so daß sich die darin arbeitenden Menschen völlig sicher fühlten.

Innerhalb von zehn Sekunden wankte und bockte das Gebäude wie ein wilder Stier, und zum ersten Mal war auf den Gesichtern der japanischen Mitarbeiter ein Ausdruck von Furcht zu erkennen.

»Mein Gott, das Haus kippt um!« schrie Kimo Sarusso, einer der Ingenieure, über das Getöse des Bebens hinweg.

»Ruhe!« schnappte Ashimo von seinem Platz hinter dem Schreibtisch des leitenden Ingenieurs aus. »Dieses Gebäude ist so konstruiert, daß ein Erdbeben ihm nichts anhaben kann. Es wird nicht versagen.«

Die Erdstöße kamen jetzt mit solcher Intensität, daß es schien, als würde das ganze Gebäude in den Weltraum geschossen. Plötzlich erschien ein Riß in der Außenwand, wo die Fenster mit den tragenden Konstruktionen zusammenliefen. Zehn Sekunden später war das zwanzigstöckige Gebäude zu einem riesigen Haufen aus Geröll und zerschmetterten Leibern geworden.

Draußen auf den Straßen versuchten Menschen verzweifelt, den herabfallenden Trümmern der einstürzenden Gebäude auszuweichen. Doch es gab keine sichere Zuflucht. Riesige Betontrümmer krachten auf Tausende von Menschen herab, die instinktiv ihre Arme hochrissen, um ihre Köpfe zu bedecken.

Oben zersplitterten die Fenster und überschütteten die Passanten unten mit rasiermesserscharfen Glasscherben. Ganze Straßen wurden Stockwerke hoch emporgehoben und stürzten wieder herab, Autos und Lastwagen wurden durch die Luft geschleudert, als wären sie Kinderspielzeuge. Auf dem internationalen Flughafen von Tokio wurden Jumbojets auf der Startbahn in die Höhe gestoßen wie von einer unsichtbaren Hand. Wie abgeschossene Vögel krachten die riesigen 797s wieder auf den Asphalt herab.

Delta Flug 44 befand sich im Anflug auf Tokio, als die erste Erschütterungswelle über die Stadt hereinbrach. Als die Fluglotsin Mira Akai ihren Radarschirm erlöschen sah, war sie geistesgegenwärtig genug, ihr Mikrofon einzuschalten und zu rufen: »Delta 44, brechen Sie sofort den Landeanflug ab und drehen Sie auf 213!«

John Grey, der Kapitän der Boeing 797, startete sofort durch. Es schien eine Ewigkeit zu dauern, bis die großen Triebwerke in Fahrt kamen. Durchs Fenster sah er, wie sich die Landebahn aufbäumte und seinem Flugzeug entgegenwölbte. Wie in Zeitlupe wuchs ein Berg aus Asphalt auf ihn zu.

»Roger, Klappen einziehen!« rief Kapitän Grey seinem Kopiloten zu. Die vielen Stunden im Simulator zahlten sich nun aus, als der Kopilot sofort auf den Befehl des Kapitäns reagierte und den Hebel für die Landeklappen bis zum Anschlag zurückschob. Das Flugzeug hob die Nase und begann langsam zu steigen.

»Volle Kraft«, befahl Kapitän Grey. »Gib Feuer!«

Wieder reagierte der Kopilot wie angewiesen und schob die Triebwerksregler vor in die Notfallposition.

Die riesigen Turbinen, die das landende Flugzeug antrieben,

hatten sich nun zu siebzig Prozent ihrer vollen Leistung emporgearbeitet, und die Maschine stieg rüttelnd zum Himmel empor.

»Hoffentlich bricht sie uns nicht auseinander«, schrie Grey über das Heulen der Triebwerke hinweg, während er die Maschine nach rechts abdrehen ließ, um dem aufsteigenden Berg der Landebahn auszuweichen.

Das Flugzeug hatte gerade den Rand der Landebahn hinter sich gelassen, als der Boden zu einer Fontäne aus Erde und Trümmern barst. Die riesige Düsenmaschine vibrierte, als der explodierende Boden sie traf, doch sie setzte ihren Steigflug über das Chaos fort.

»Danken wir Gott, daß uns das Pflaster nicht getroffen hat«, sagte der Kapitän, während er sich den Schweiß von der Stirn wischte. »Das wäre wie Maschinengewehrfeuer gewesen.« Er lehnte sich hinter dem Steuer zurück, als die Maschine weiter aufstieg, mittlerweile in sicherer Höhe über dem Chaos unter ihnen.

»Mann, noch näher möchte ich nicht an ein Erdbeben herankommen«, sagte sein Kopilot, während er seine Hände ausschüttelte. Er hatte die Hebel so fest umklammert, daß er kaum noch die Finger bewegen konnte.

»Ja«, stimmte Grey zu, »aber denken Sie an die armen Teufel da unten.« Er deutete durchs Fenster auf den Boden unter ihnen. Es sah aus, als hätte sich ein riesiger Pflug mitten durch den belebtesten Flughafen der Welt gegraben.

Die Maschine überflog in westlicher Richtung das Stadtgebiet von Tokio, und Crew und Passagiere wurden zu Zeugen eines der wildesten Schauspiele unbezähmbarer Naturgewalten. Jedes Gebäude in der Innenstadt schwankte, und Hunderte von älteren Häusern waren bereits zu Trümmerhaufen zusammengesunken, umgeben von Staubwolken, die in manchen Gebieten die Skyline verschleierten. Brücken, die Tokio mit seiner Versorgungsleitung von Autobahnen verbanden, waren eingestürzt und hatten Hunderte von Fahrzeugen ins Meer geschleudert. Der Tunnel, der die Hauptinsel mit den äußeren Inseln verband und dessen Bau beinahe zwölf Milliarden Dollar verschlungen hatte, war aufgebrochen und saugte das Seewasser ein wie ein gigantischer Badewannenabfluß.

»Die armen Teufel«, sagte Kapitän Grey noch einmal verzweifelt. »Was für eine furchtbare Art zu sterben – gefangen in einem Tunnel unter dem Meer!«

Das Beben dauerte sieben Minuten und erreichte im Epizentrum eine maximale Stärke von 8,6. In jenen sieben Minuten kamen drei Millionen Menschen in Tokio und der näheren Umgebung ums Leben, und etliche weitere Millionen wurden verletzt. Das Finanzzentrum der Welt war buchstäblich seiner gesamten

Energieversorgung und seiner Kommunikationsverbindungen beraubt; die Weltmärkte waren dem Chaos ausgeliefert.

Während der nächsten fünf Tage würden Nachbeben die Insel erschüttern, weiteren Schaden anrichten und die Rettungsmaßnahmen erschweren. Doch in jenen ersten sieben Minuten wurde Eigentum im Wert von beinahe vier Billionen Dollar vernichtet. Etliche der größten und forschrittlichsten Fabriken der Welt lösten sich in Geröll auf.

Zu diesem Zeitpunkt ahnten nur wenige, daß sich unter dem Pazifik eine noch größere Katastrophe zusammenbraute. Durch Erdbeben erzeugte Flutwellen hatte es schon zuvor in der Geschichte gegeben, doch noch niemals in der Größenordnung wie durch das Beben von Tokio. Die Historiker berichteten von einem Tsunami, der im Jahre 1792 über die Philippinen hereingebrochen war, nach dem Ausbruch eines Unterwasservulkans im Pazifikbecken, nördlich des Philippinen-Grabens. Die Höhe der Welle über den Untiefen des Chinesischen Meeres wurde auf hundert Meter geschätzt, und sie bewegte sich mit einer geschätzten Geschwindigkeit von zwei- bis dreihundert Meilen pro Stunde fort. Etliche Schiffe auf See gingen verschollen und wurden nie wieder gesehen; offensichtlich waren sie der gewaltigen Welle zum Opfer gefallen. Nur der spärlichen Bevölkerungsdichte auf den Philippinen war es zu verdanken, daß die Zahl der Toten lediglich zwanzigtausend betrug.

Zwei Eigenschaften des Bebens in Japan verbanden sich nun und führten auf der anderen Seite des Pazifik zu einer Katastrophe. Erstens war die Plattenverschiebung so massiv und gewaltsam, daß das Volumen der unter Wasser verschobenen Landmassen auf sechs Billionen Kubikmeter geschätzt wurde. Diese gewaltige Masse schob, als sie ihre Position verlagerte, eine unermeßliche Menge Wasser vor sich her. Zweitens bewegte sich die Landmasse genau in der Richtung, die Jeffs Programm vorausberechnet hatte: von den japanischen Inseln aus nach Osten, auf den Westen der Vereinigten Staaten zu.

Als diese Wassermasse sich über den Meeresboden schob, erschien auf der Oberfläche nur eine leichte Dünung, doch unter der Oberfläche fegte eine siebenhundert Meter tiefe und vierhundert Meilen breite Flutwelle mit einer Geschwindigkeit von mehreren Hundert Meilen pro Stunde durch den Pazifik. Obwohl die Nachrichtendienste durch Beobachter aus der Luft wie den Flug 44 über das Erdbeben in Tokio informiert wurden, erschien nirgendwo in den berichten ein Hinweis auf die Katastrophe, die sich dem amerikanischen Festland näherte. Ein nukleares U-Boot der Enterprise-Klasse, das 150 Meter unter dem Meeresspiegel eine Übung absolvierte, berichtete über die unterseeische Druckwelle, doch die Übertragung dauerte nur zwölf Sekunden, bevor das U-Boot in Stücke zerbrach. Unter Wasser installierte Sonargeräte, die der Überwachung des Verkehrs auf dem Pazifik dienten, zeichneten die Geräusche der zerschmetterten, auf den Meeresboden sinkenden Hülle auf. Außerdem empfingen sie die Geräusche zweier weiterer U-Boote in der Nähe, die auseinanderbrachen wie Spielzeugmodelle.

Als die Unterwasserwelle die seichten Gebiete nahe der kalifornischen Westküste erreichte, staute sich das Wasser auf und begann sich den Weg zur Oberfläche zu erzwingen. Milliarden Tonnen Wasser, vorwärtsgetrieben mit einer Geschwindigkeit von vierhundert Meilen pro Stunde, wuchsen dreihundert Meilen vor der Küste zu einem gigantischen Tsunami an.

Im Wetterradarturm in Point Magoo, Kalifornien, absolvierte Frances Akins ihre stündliche Überprüfung der Wetterbedingungen auf dem Pazifik, bevor sie den Seewetterbericht übertrug. Am Himmel war keine nennenswerte Anhäufung von Cumulonimbus-Wolken zu sehen oder Gewitterbomben, wie der lokale Fernseh-Wettermann Bill Frank sie beharrlich nannte.

Ich frage mich, wieso sie den Wetterbericht im Fernsehen immer von solchen Witzbolden moderieren lassen, dachte Frances, als sie die Wetterbildschirme überprüfte. *Ich bin sicher, der ist in der dritten Klasse zweimal hängengeblieben.* Dann, als sie noch einmal auf den Radarschirm blickte, sah sie plötzlich etwas auf dem Schirm auftauchen.

»Was zum ...?« rief sie, als das Bild auf dem Schirm sich zu einem Berg im Westen zu entwickeln schien.

»Was gibt´s denn, Frances?« fragte Andy Maury, der Leiter der Station. Andy hatte die Leitung der Wetterstation von Magoo übernommen, nachdem die Marine im Zuge der Sparmaßnahmen der Kilborne-Regierung beschlossen hatte, die Einrichtung zu schließen. Er hatte dreißig Jahre Erfahrung als Meteorologe, einschließlich seiner dreiundzwanzig Jahre bei der Marine, die er zumeist auf großen Flugzeugträgern verbracht hatte. Er war nicht nur der Direktor, sondern auch Miteigentümer der heute privaten Wetterstation, die ihre Informationen an die lokalen Fernsehsender und an verschiedene Marineeinheiten verkaufte.

»Du solltest dir das hier mal anschauen, Andy«, sagte Frances, während sie an den Bildschirm klopfte – eine charakteristische Reaktion, die noch aus den Tagen stammte, als Radarschirme mit Vakuumröhren bestückt waren. In einer Welt der integrierten Schaltkreise und Flüssigkristallbildschirme bewirkte das Klopfen wenig, außer daß man dadurch die Frustration ein wenig abladen konnte.

»Ich glaube, der Doppler flippt aus«, sagte Frances. »Er zeigt einen Berg an, der aus dem Ozean wächst.« Noch während sie sprach, wurde das Bild größer; es sah aus, als wäre der Mount Rushmore in den Pazifik verpflanzt worden und jage nun auf die kalifornische Küste zu.

»Da soll mich doch ...« sagte Andy Maury. »Was haben wir denn da?« In seinem Kopf klingelte ein Alarm. Irgendwann in der Vergangenheit hatte er schon einmal ein ähnliches Bild gesehen. »Hast du in letzter Zeit mal den Abtaster nachjustiert?« fragte er, obwohl er wußte, daß Frances es erst kürzlich getan haben mußte.

»Natürlich!« antwortete sie beleidigt. »Das mache ich vor jeder Abtastung.«

»Ich weiß, ich weiß, Frances, aber ich mußte trotzdem fragen«, sagte Andy entschuldigend. Er kannte Frances: Sie war eine fähige Meteorologin und reichlich empfindlich in bezug auf die Tatsache, daß sie die einzige Frau in einer Crew von zehn Männern war.

»Ich weiß, Andy«, sagte sie versöhnlich. »Aber es hat alles noch gestimmt, als ich mit der Zwölf-Uhr-Abtastung begann.«

Zusätzlich zu der normalen meteorologischen Radarausrüstung verfügte die Magoo-Station über eine hochmoderne Laseranlage, genannt *Weather Wizard*. Obwohl die Anlage noch neu war, konnte eine geübte Bedienerin wie Frances einen Sturm auf dem Pazifik, der sich dem Festland näherte, auf ein paar Meter genau bestimmen. Dieser Anlage wandten sie sich nun zu.

»Kurb'le den Laser hoch und richte ihn auf deinen Berg«, schlug Maury vor. »Wahrscheinlich ist es nur ein falsches Echo, aber ich möchte sichergehen.«

Innerlich war der Stationsleiter bei weitem nicht so gelassen, wie er sich nach außen hin gab. *Ich weiß, daß ich so etwas schon einmal gesehen habe*, dachte er, und seine Gedanken überschlugen sich auf der Suche nach der Antwort. *Komm schon, spuck´s aus*, peitschte er auf sein mühsam tastendes Gedächtnis ein. *Dieses Muster kenne ich irgendwoher*. Im Stillen betete er, es möge sich nur um einen schlichten Gerätefehler handeln, doch tief in seinem Innern spürte er eine wachsende Unruhe.

Frances ließ den *Weather Wizard* rasch die Selbsttests durchlaufen. Das System war dazu konstruiert, Windhosen und andere Wettererscheinungen zu verifizieren, die feste oder flüssige Partikel enthielten, wie etwa Regen oder Hagel. Sein Nutzen für die Entdeckung von Regengewittern, Gewitterwolken, Tornados und dergleichen war in der Meteorologie unerreicht.

»Er ist justiert und einsatzbereit«, verkündete Frances, während sie die Abtastkontrolle auf weite Entfernung umschaltete.

Im nächsten Augenblick erschien auf dem Bildschirm dasselbe Bild, das auch auf dem Doppler zu sehen war. Der automatische Alarm des Lasersystems ließ seinen kreischenden Pfeifton erschallen, der auf ein größeres Hindernis im Abtastungsbereich hinwies.

»Es ist ein Tsunami!« schrie Maury, als das Bild, das nun auf beiden Schirmen erschien, in seinem Geist einrastete. »Ich habe so etwas schon einmal bei der Marine gesehen, als es auf dem chinesischen Festland ein Erdbeben gab. Schau dir an, wie groß das Ding ist! Es muß fast hundert Meter hoch sein.«

»Ein Tsunami!« wiederholte Frances, während sie sich die Bedeutung des Wortes bewußt zu machen versuchte. »Wie kann ein Tsunami einfach aus dem Nichts auftauchen?«

»Er stammt von dem Erdbeben in Japan«, rief Maury, während er nach dem Telefon griff. »Ich rufe mal Los Angeles International an und höre, was die wissen.« Noch während er sprach, tippte er die Nummer des Nationalen Wetterdienstes auf dem Flughafen von L.A. ein. Die gelassene Begrüßung aus dem Tower verriet Maury, daß man dort nichts von der möglichen Katastrophe ahnte.

»L.A. Wetter. Robert Atkins am Apparat.«

»Bob, hier ist Andy in Point Magoo. Habt ihr etwas auf eurem Langstreckenradar, ungefähr auf 210?«

»Ja, haben wir, Andy. Aber wir dachten, wir hätten ein Streubild im System und haben auf eine Reichweite von fünfundsiebzig Meilen heruntergeschaltet. Warum fragst du?«

»Weil das, was ihr gesehen habt, kein Streubild ist!« Maury schrie regelrecht in den Hörer. »Das ist ein Tsunami, der aufs Festland zukommt!«

»Ein Tsunami? Das ist unmöglich«, erwiderte der Leiter des Nationalen Wetterdienstes für das Gebiet von Los Angeles. »Das Ding tauchte erst vor ein paar Minuten plötzlich auf unseren Schirmen auf. Es muß eine Streuung sein.«

»Und ich sage dir, es ist echt, Bob. Es kommt von diesem Erdbeben in Japan, denke ich. Kam vermutlich unter Wasser angerollt, bis es das seichte Gebiet erreichte. Das Ding wird in weniger als einer Stunde bei uns sein. Ihr müßt alle Flugzeuge so schnell wie möglich in die Luft bringen!«

Einige Sekunden lang saß Atkins an seinem Schreibtisch, ohne zu antworten. Wollte Maury ihn auf den Arm nehmen? Es war nicht seine Art, etwas Unprofessionelles zu sagen oder zu tun. Aber ein Tsunami?

»Hör mal, Andy, ich bin dir dankbar, daß du anrufst, aber du irrst dich bestimmt. Wie könnte ein Tsunami den ganzen Pazifik überqueren, ohne daß wir etwas davon merken? Außerdem wären wir schon längst gewarnt worden.«

»Bob, du mußt mir glauben! Es ist ein Tsunami! Der größte, von dem ich je gehört habe, und bei seiner gegenwärtigen Geschwindigkeit wird er in siebenundvierzig Minuten auf unsere Küste treffen. Erinnerst du dich nicht an die Zeitungsberichte über die Möglichkeit einer Flutwelle nach dem japanischen Erdbeben? Offensichtlich hatten die recht, und das Ding hier ist das Ergebnis.«

»Das war doch nur eine wilde Theorie von so einem College-Grünschnabel, Andy. Unsere Jungs in Washington haben gesagt, das könnten wir vergessen.«

»Du brauchst nur deinen Radar wieder auf lange Reichweite zu stellen und das Ding zu verfolgen, und du wirst es glauben! Du mußt sofort alle Maschinen in die Luft bringen und dann zusehen, daß du mit deinen Leuten dort wegkommst!«

»Ja, na gut, schönen Dank für den Tip, Andy. Ich werde sehen, was ich tun kann«, sagte Atkins, während er sich in seinem Sessel zurücklehnte. *Ich sehe mich schon im Kreuzverhör in Washington, wenn ich aufgrund eines Hinweises, daß uns eine Flutwelle treffen könnte, den Flughafen von Los Angeles räume,* dachte er und nippte an seinem Kaffee. *Ich wäre ja schön blöd, so etwas zu machen, drei Jahre vor dem Ruhestand.* Seine Gedanken wanderten zu dem Haus, das er und seine Frau Sara gerade unten in San Diego gekauft hatten. *Nicht direkt am Strand,* sinnierte er, *aber nahe genug dran, um am Meer spazierenzugehen, wann immer wir Lust dazu haben.*

»Warte, Bob!« rief Maury, als die Leitung verstummte. Er wußte, daß sein Gegenüber in der Wetterstation am Flughafen ihn nicht mehr hörte. Er legte auf und versuchte sich klarzuwerden, was jetzt zu tun sei.

Die nächsten zwanzig Minuten waren die reine Frustration. Andy Maury versuchte jeden anzurufen, den er beim Washingtoner Wetterdienst kannte, doch er erreichte nichts als ein »Ich richte ihm aus, daß sie angerufen haben, sobald er zurückkommt, Mr. Maury«. Alles Beschwören und Fluchen brachte auch nur eine der Sekretärinnen dazu, von ihrer normalen Routine abzuweichen. Sein Geschrei über einen Tsunami hätte genausogut eine beiläufige Warnung vor einem bevorstehenden Gewitter sein können. Nichts, was er sagte, beeindruckte die Leute. *Natürlich nicht,* dachte er sarkastisch. *Die wohnen ja auch dreitausend Meilen vom Pazifik entfernt.*

Maury war nicht der einzige, der versuchte, die Nation zu warnen. Im Büro des Präsidenten in Washington D.C. klingelte das Telefon. Clarence Barrett, der Terminsekretär des Präsidenten, nahm den Anruf entgegen: »Präsident Kilbornes Büro.«

»Clarence, hier ist Andrew. Ich muß sofort den Chef sprechen!« Verteidigungsminister Andrew Singer, als ehemaliger Vorsitzender des Komitees der Truppenkommandeure ein Mann, der nicht zum

Zaudern neigte, war von Kilborne dazu ausgewählt worden, wieder etwas Disziplin in die demoralisierten Reihen des Militärs zu bringen, das durch Haushaltskürzungen stark geschrumpft war. Kürzlich hatte er versucht, so etwas wie eine Geheimgesellschaft, die sich offenbar unter seinen einflußreichsten Kommandeuren gebildet hatte, zu entlarven. General Gorman, der jetzige Chef des Kommandostabes, hatte berichtet, daß mehrere Offiziere von höchstem Rang außerhalb des normalen Dienstprotokolls geheime Zusammenkünfte abhielten. Hätte er nicht gewußt, daß es sich um die Führungsriege des amerikanischen Militärs handelte, wäre er auf den Gedanken gekommen, die Anfänge eines Militärputsches vor sich zu haben, wie er dem Präsidenten vor einiger Zeit erklärt hatte. Doch darum ging es nicht bei diesem Anruf. Er hatte gerade die Nachricht erhalten, daß eines seiner Atom-U-Boote im Pazifik untergegangen war. Noch beängstigender war der Bericht über verlorengegangene U-Boote der Russen und Chinesen, die vermutlich sein U-Boot beschattet hatten.

»Worum geht es, Andrew? Er ist gerade in einer Konferenz mit einer Gruppe von Senatoren.«

»Sie müssen ihn herausholen! Eines unserer U-Boote ist gesunken, und zwei andere ebenfalls – ein russisches und ein chinesisches.«

»Ich hole ihn!« sagte Barrett sofort. *Was jetzt?* rätselte er. *Der Präsident hat in den letzten Tagen schon mehr schlechte Nachrichten erhalten, als er verkraften kann; jetzt fehlt nur noch der dritte Weltkrieg.* Ihn schauderte bei dem Gedanken. Die Spannungen in der Welt hatten einen nie gekannten Höhepunkt erreicht, seit die Wirtschaftsdepression eingesetzt hatte. Clarence Barrett tippte den Unterbrechungs-Code ein, der für Nachrichten von höchster Priorität vorbehalten war.

Präsident Kilborne beugte sich zu seinem Haustelefon hinüber, froh um die kurze Unterbrechung der verbalen Auspeitschung, die er gerade von führenden Senatoren erhielt, weil er Bob Lowes Erdbebenwarnungen ignoriert habe. Es schmerzte ihn immer noch, wie Lowe ihn hereingelegt hatte. »Ja, Clarence, was gibt es?« flüsterte er in den Hörer. Dann wurde ihm klar, daß er nicht zu flüstern brauchte, weil ohnehin nur er seinen Sekretär hören konnte.

»Mr. President, Andrew Singer ist auf der roten Leitung. Ich glaube, Sie sollten mit ihm reden. Es ist dringend.« Barretts Tonfall gab die Beunruhigung wieder, die ihm der Verteidigungsminister vermittelt hatte.

Der Präsident betätigte die Stummschaltung und wandte sich an die Senatoren. »Es tut mir leid, Gentlemen, Sie müssen mich für ein paar Minuten entschuldigen.« Noch während er sprach, geleitete Barrett, der die Bürotür geöffnet hatte, die irritierten Senatoren aus dem Oval Office.

»Ich komme wieder, Mr. President«, sagte der Senator aus Ohio sehr barsch. »Sie werden mir einige Erklärungen geben müssen, wenn Sie auf meine Unterstützung Wert legen.«

Kilborne seufzte, als er auf den Sprechknopf drückte. *Vielleicht will ich deine Unterstützung gar nicht*, dachte er. *Vielleicht bin ich diesen Job sowieso leid.*

»Was gibt es, Andrew?« fragte der Präsident, während er sich innerlich auf weitere schlechte Nachrichten gefaßt machte. *Vielleicht brauche ich mir um die nächste Wahl keine Gedanken zu machen*, überlegte er. *Noch so eine Katastrophe wie diese Pressekonferenz, und die Demokraten werden mich wahrscheinlich lynchen.*

»Wir haben im Pazifik ein bewaffnetes U-Boot verloren, Mr. President. Und die Russen und die Chinesen haben ihre U-Boote verloren, die unserem folgten.«

Plötzlich war Kilborne hellwach. »Gab es einen Austausch?« Ein Austausch von Feindseligkeiten zwischen Kriegsschiffen war ein anderes Wort für eine Atomschlacht.

»Nein, Sir. Davon ist nichts bekannt, und die Monitore der Strahlungssatelliten zeigen keine Anzeichen für eine Atomexplosion.«

»Gott sei Dank«, sagte Kilborne sichtlich erleichtert. »Aber was war dann los?«

»Wir wissen es nicht, Sir«, erwiderte der Ex-General, der beinahe doppelt so alt war wie der Präsident. »Soweit ich feststellen kann, haben wir von unserer U-Boot-Besatzung einen Notruf empfangen, in dem es hieß, sie seien in irgendeine Art unterseeischer Strömung geraten. Das nächste, was wir hörten, war das Auseinanderbrechen des Bootes. Die Chinesen äußern sich wie üblich im Augenblick überhaupt nicht. Sie haben gerade erst ein Drittel ihrer gesamten U-Boot-Flotte verloren, also sind sie vermutlich stinkwütend. Wir haben ihnen bereits durch die üblichen Kanäle die Versicherung zukommen lassen, daß wir ihr Boot nicht versenkt haben.«

Gott sei Dank war es kein Austausch, dachte Kilborne, während er sich zusammenzureimen versuchte, was das bedeuten konnte. In diesem Augenblick unterbrach ihn erneut sein Sekretär über die Sprechanlage.

»Mr. President, Dr. Patrick Holmes ist auf Leitung zwei. Er sagt, es sei äußerst dringend. Ich habe ihm gesagt, daß Sie gerade mit General Singer sprechen, und er meint, es ginge um dieselbe Sache.«

Dr. Holmes, der Leiter des Ozeanographischen Komitees der

Vereinigten Staaten, dem die Koordination der Verwaltung der Weltmeere durch die Industrienationen oblag, war der kenntnisreichste Regierungsbeamte, was die internationale Nutzung der Ozeane betraf. Seine Behörde betrieb Hunderte von Überwachungssatelliten und unterseeische Verschmutzungsdetektoren, um zu überprüfen, wer seinen Abfall in die Ozeane leitete und wer mehr Fischfang betrieb, als ihm zustand. Das Komitee war eine Art Kartell über die Ozeane und kontrollierte die Nutzung der allgemein zugänglichen Seegebiete. Holmes verfügte auch über die besten Kontakte zu den verschiedenen wissenschaftlichen Gruppen der einzelnen Länder. Soeben hatte er eine dringende Nachricht von der Überwachungsstation vor der Westküste der Vereinigten Staaten erhalten.

»Hier spricht der Präsident«, sagte Kilborne langsam und bedächtig, als er auf Leitung zwei seines Privattelefons umschaltete.

»Mr. President, ich habe gerade von unserer Überwachungsstation im Ostpazifik erhalten, daß ein hundert Meter hoher Tsunami auf die kalifornische Küste zujagt. Er wird in weniger als dreißig Minuten auftreffen.

»Was! Sind Sie sicher, Patrick?« schrie der Präsident unwillkürlich auf.

»Ganz sicher, Mr. President«, sagte der junge Ozeanograph. »Die Welle hat den Pazifik in den Gräben durchquert, bis sie das seichte Küstengebiet erreichte. Jetzt staut sie sich auf. Die Oberflächenwelle kommt mit über dreihundert Meilen pro Stunde heran.«

»Genau, wie Wells´ Programm es voraussagte!« rief Kilborne wütend. »Kein Wunder, daß Lowe mir den Dolchstoß verpaßt hat. Er muß für Hunt gearbeitet haben. Was schlagen Sie vor, Patrick?«

»Nichts. Es gibt nichts, was wir jetzt noch tun könnten.«

Kapitel 4

PANIK

»Ich will, daß alle Radio- und Fernsehstationen in Südkalifornien eine Katastrophenwarnug geben«, instruierte Präsident Kilborne am Telefon seinen Leiter für zivile Verteidigung, Craig Newball.

»Weshalb, Mr. President?« fragte der erschrockene Newball, während seine Füße vom Schreibtisch auf den Boden herabfielen.

»In weniger als zwanzig Minuten wird ein Tsunami etwas oberhalb von Los Angeles auf die kalifornische Küste auftreffen«, schnappte Kilborne ungeduldig. »Fordern Sie jeden, der die Möglichkeit dazu hat, auf, sich ins Landesinnere zurückzuziehen. Und Craig ...«

»Ja, Mr. President«, erwiderte Newball atemlos.

»Ich will sofort ein volles Kontingent von Leuten von der zivilen Verteidigung in Kalifornien mobilisiert haben. Rufen Sie Crow an und sagen Sie ihm, er soll die Nationalgarde ausrücken lassen. Wenn er Ihnen Schwierigkeiten macht, sagen Sie ihm, daß ich sie der Bundeshoheit unterstelle, wenn es nicht anders geht.«

Crow haben sie auch ganz schön hereingelegt, dachte Kilborne. *Wer immer sie sind ...*

Zehn Minuten lang gaben einige Radio- und Fernsehstationen in Südkalifornien Katastrophenalarm, doch beinahe drei Viertel der Sender wollten ihr normales Programm nicht für die Botschaft unterbrechen. Ein paar Diskjockeys hielten das Ganze für einen aufwendigen Scherz und ignorierten es einfach, und viele der Zuhörer meinten, es handele sich nur wieder einmal um einen Test des Katastrophenwarnungssystems. Im Grunde spielte es auch keine Rolle, denn die Kalifornier, die den Sendungen Glauben schenkten, saßen kaum in ihren Autos, als die gigantische Flutwelle über das Küstengebiet hereinbrach.

Als die Welle mit ihrer unglaublichen Gewalt und ihren Tonnen von Treibgut die Küste traf erzitterten die Berge landeinwärts bis nach San Bernardino. Die »Queen Mary« und die »Queen Elizabeth II«, die als schwimmende Casinos im Hafen von Los Angeles vor Anker lagen, wurden emporgeschleudert und meilenweit landeinwärts getragen, zusammen mit Tausenden anderer Schiffe und Boote. Das Geräusch der Welle ließ einem das Mark gefrieren. Alles, was sich in ihrem Weg befand, wurde hinweggefegt. Gebäude und Wohnhäuser brachen unter Milliarden Tonnen Wasser zusammen, die mit fast dreihundert Meilen pro Stunde landeinwärts brodelten.

Die Welle drang beinahe drei Meilen weit ins Landesinnere vor, bevor sich die wütende Flut an den Hügeln und Tälern brach, die den Großraum Los Angeles umgeben. Weiter südlich in den weniger dicht besiedelten Küstenortschaften, überlebte kaum ein Mensch den donnernden Salzwasserstrom. Als das Wasser zurück in den Ozean floß, schwemmte es Häuser, Autos und Menschen mit sich; nur wenige wurden je wieder aus den Tiefen des Pazifik geborgen.

Noch weit im Norden, in San Francisco, stieg der Ozean um fast vier Meter an und verursachte schwere Schäden an empfindlichen ökologischen Systemen. In der Bucht von San Francisco entstand ein geschätzter Schaden von drei Milliarden Dollar. Etwa dreitausend Menschen starben, doch angesichts der gewaltigen Zahl der Toten in Südkalifornien nahm davon kaum jemand Notiz außer den Freunden und Angehörigen.

Aus allen Teilen des Landes sowie aus Kanada und Europa flogen Katastropheneinsatzteams ein. Um die Banden von Plünderern in Schach zu halten, die das Katastrophengebiet anlockte, wurden aus Einheiten der Nationalgarde aus dem ganzen Land zivile Verteidigungsarmeen gebildet. Die Kämpfe zwischen diesen zivilen Truppen und den schwerbewaffneten Banden wurden so intensiv, daß Einheiten der US-Armee eingeflogen werden mußten, um die Truppen der Nationalgarde zu verstärken. Südkalifornien verwandelte sich in ein Kriegsgebiet. Präsident Kilborne autorisierte die Truppen, jeden zu erschießen, der dabei beobachtet wurde, wie er plünderte oder einen anderen Bürger belästigte. Bürgerrechtsgruppen, allen voran die *National Civil Liberties Union*, schrien auf, dieses Handeln verletze grundlegende Menschenrechte. Doch angesichts der Verwüstungen hatten dafür nur wenige Amerikaner ein offenes Ohr.

Als die Plünderer ihr Territorium auf die angrenzenden Staaten ausdehnten, schien ein Bürgerkrieg um die Kontrolle des Gebietes zu drohen. Unter den verängstigten Bürgern gab es eine derartige Nachfrage nach Maschinenpistolen, daß sie zur härtesten Währung des Tages avancierten. Eine M-19-Automatik wurde auf dem Schwarzmarkt für bis zu zehntausend Dollar feilgeboten.

Aus der Luft betrachtet sah die Küste Kaliforniens von unmittelbar nördlich von Los Angeles bis südlich von San Luis Obispo aus, als ob dort eine Atomexplosion stattgefunden hätte. Alle Gebäude, die einst Firmen und Wohnungen beherbergt hatten, waren entweder ins Meer geschwemmt worden oder auf einer Länge von mehreren Hundert Meilen vor der Küste liegengeblieben, wo sie die mit Hilfsmaterialien einlaufenden Schiffe vor schwierige Navigationsaufgaben stellten. Piraten sowohl mexikanischer als auch amerikanischer Herkunft terrorisierten die Küste in zu Kampfmaschinen umgerüsteten Schnellbooten. Schiffe, die sich der kalifornischen Küste näherten, waren in ständiger Gefahr, geentert und geplündert zu werden. Die US-Marine mußte schwerbewaffnete Boote bereitstellen, die zum Schutz der Hilfsschiffe vor der Küste patrouillierten. Dennoch kam es immer wieder zu kleinen Seeschlachten, und oft konnten die Piratenboote mit der Feuerkraft der Patrouillen mithalten. Selbst der Einsatz mehrerer größerer Marineschiffe schreckte die Piraten nicht ab. Ihre kleineren Boote waren zwar den Kreuzern nicht gewachsen, doch durch ihre Geschwindigkeit und Wendigkeit waren sie schwer zu treffen.

Rund um die Uhr sättigte das Fernsehen die amerikanischen Zuschauer mit Bildern von der verwüsteten Westküste. Die Schuld an der Katastrophe wurde einhellig Präsident Kilborne und Gouverneur Crow zugeschoben. Jeden Abend brachten die Nachrichtensendungen Interviews mit führenden Politikern, die Kilbornes Rücktritt forderten. Für Kilborne war es fruchtlos, auch nur zu versuchen, in der Öffentlichkeit zu erscheinen. Freunde und Angehörige der kalifornischen Opfer versammelten sich vor dem Weißen Haus und schrien ihm obszöne Beleidigungen zu, wann immer er sich sehen ließ. Die Medien verweigerten dem Präsidenten jegliche Sendezeit; er war praktisch ein Mann ohne Land.

Als er sah, wie es Kilborne erging, versuchte Crow, dem Präsidenten die alleinige Schuld zuzuschieben, und verstieg sich sogar zu der Unterstellung, kalifornische Regierungsbeamte hätten die bevorstehende Katastrophe auf Anweisung des Präsidenten vor der Öffentlichkeit geheimgehalten. Beide Männer sanken in den Meinungsumfragen ins Bodenlose.

Senator Mark Hunt verkündete der Nation regelmäßig, jetzt werde ein starker Präsident gebraucht, der das Land aus den wirtschaftlichen Krisen führen könne, die die Naturkatastrophe mit sich bringe. In einem Interview in der Sendung »Führende Köpfe«, die nie dagewesene Einschaltquoten erreichte, sagte er: »Liebe Mit-Amerikaner, wir stehen vor einer Zeit größter Gefahren. Der Mann, der dieses Land in den kommenden Jahren führen wird, wird entweder ein Erlöser oder ein Teufel sein. Im Augenblick sind der Regierung die Mittel zum Handeln ausgegangen. Jahre, sogar Jahrzehnte des Mißbrauchs öffentlicher Gelder haben das reichste Land der Erde in den Bankrott geführt. Ich möchte an dieser Stelle sagen, daß ich nicht glaube, daß Präsident Kilborne, ein langjähriger Vorkämpfer der Demokratischen Partei, die Menschen dieses

Landes absichtlich getäuscht hat. Doch es fehlen ihm einfach die Führungsqualitäten, um mit dieser Situation fertigzuwerden. Seine Unentschlossenheit hat mehr als eine Million Menschenleben gekostet; weitere Unentschlossenheit könnte uns unsere Freiheit kosten.

Ich habe im Senat einen Gesetzentwurf eingebracht, um den Besitz von Feuerwaffen zu verbieten. Ich erkenne an, daß die Verfassung den Amerikanern das Recht gibt, Waffen zu besitzen und zu tragen, doch unsere Gründungsväter können dabei nicht daran gedacht haben, daß einmal bewaffnete Banden von Verbrechern unter dem Schutz der Verfassung ihre Nachbarn ausplündern und vergewaltigen würden. Mir ist auch klar, daß es eine Interessen-Lobby gibt, die sich gegen mein Gesetz wehren wird. Ihnen möchte ich sagen: Gehen Sie nach Kalifornien, und dann lassen Sie uns weiter über das Recht zum Waffentragen reden. Was ist mit den Rechten ehrlicher Bürger, die von bewaffneten Verbrechern terrorisiert werden?

Als Präsident werde ich die Armee autorisieren, jede Person festzunehmen und einzusperren, die eine gegen Menschen verwendbare Waffe bei sich trägt. Ich werde in unserer großartigen Nation Recht und Ordnung wiederherstellen.«

Im Anschluß an Hunts Fernsehrede brachten die Sender Szenen von den neuen Kampflinien in Kalifornien, in denen bewaffnete Banditen eine Stadt angriffen. Frauen und Kinder wurden niedergemäht; grauenhafte Bilder fluteten in die amerikanischen Wohnzimmer. Geschickt zwischen die anschaulichen Szenen eingestreut kamen Vor-Ort-Interviews mit hysterischen Müttern, die tote und verwundete Kinder auf den Armen trugen. »Helft uns! Wir müssen *alle* Waffen loswerden!« schrien die Mütter.

In einem anderen Beitrag befragte Mark Hunt einen bekannten Psychiater über den Vorschlag, alle Feuerwaffen zu verbieten. »Ich glaube, daß der psychologische Vorteil auf seiten der Öffentlichkeit liegen wird. Die Verbrecher werden wissen, daß das Tragen von Feuerwaffen zu ihrer Verhaftung und Verurteilung führen wird. Ich würde sagen, daß damit ein entscheidender Gewinn für alle Amerikaner erreicht wäre.«

Die abendliche Insta-Pol-Meinungsumfrage zeigte, daß überwältigende achtundachtzig Prozent der amerikanischen Zuschauer für den Gesetzentwurf des Senators waren. Senat und Repräsentantenhaus wurden von Anrufen überflutet, in denen die sofortige Verabschiedung gefordert wurde. Innerhalb von zwei Wochen war das Verbot jeglichen Besitzes von Feuerwaffen Gesetz geworden. Kilborne legte sein Veto ein und sagte, er halte die Vorlage für verfassungswidrig.

Als die neuen Ergebnisse der Meinungsumfragen eingingen, wurde deutlich, daß Senator Hunts überragender Vorsprung alle anderen Kandidaten für die bevorstehenden Vorwahlen praktisch ausgeschaltet hatte. Es war eindeutig, daß Mark Hunt der nächste Kandidat der Demokraten für das Amt des Präsidenten der Vereinigten Staaten sein würde. Je fester die Wirtschaftsdepression die Nation umklammerte und je gewalttätiger das Verbrechen wurde, desto mehr Amerikaner waren davon überzeugt, daß das Land einen starken, dynamischen Führer brauchte, der die Ordnung wiederherstellen konnte.

Die einzige offene Frage in Hunts Wahlkampf war die seines Kandidaten für das Amt des Vizepräsidenten. Cal Rutland hatte Hunt geraten, die Auswahl seines Partners noch hinauszuzögern. Er brauchte keinen starken Kandidaten, da er ohnehin in allen Meinungsumfragen meilenweit voraus lag, und ein schwacher Kandidat konnte sich schädlich auswirken, bevor Kilborne und Crow in den Vorwahlen ausgeschaltet waren.

Diese Frage war Gegenstand eines Gesprächs zwischen Hunt, Rutland und zwei Mitgliedern einer Gruppe von Investoren, die Hunts politische Karriere während der letzten drei Jahre unterstützt hatten. Cal Rutland nannte sie die »Bruderschaft«. Das Treffen fand in Hunts geräumigem Sommerhaus in Boone, Nordkarolina, statt.

»Senator, wir sind sehr zufrieden mit der Art und Weise, wie Sie sich in den Medien präsentiert haben. Sie werden die volle Unterstützung der amerikanischen Öffentlichkeit haben, wenn Sie ins Weiße Haus einziehen«, bemerkte der Industrielle Jason Franklin.

»Danke«, sagte Hunt, während er den älteren Mann musterte, den er nur dem Ruf nach kannte. Er war der Vorsitzende der Franklin-Stiftung, die in aller Welt Firmenanteile im Wert von über zwei Billionen Dollar besaß. Es war schon das Gerücht umgegangen, Franklin selbst sei tot, weil nur sehr wenige Menschen ihn während der letzten zehn Jahre zu Gesicht bekommen hatten. Hunt empfand unwillkürlich Ehrfurcht. Er wußte, daß ein Wort dieses Mannes ganze Völker in den Ruin stürzen konnte, von überdurchschnittlichen Politikern ganz zu schweigen. Nun wußte er, wer in den letzten drei Jahren seinen Wahlkampf finanziert hatte. Franklin war sein Mäzen.

»Ich muß Ihnen sagen, daß ich mich sowohl geehrt fühle als auch ein wenig verblüfft bin, Sie zu sehen, Sir. Ich habe Gerüchte gehört, Sie seien verstorben.«

»Wie Sie sehen, Senator, waren die Berichte über meinen Tod stark übertrieben, um einen berühmten Schriftsteller zu zitieren.«

Hunts lautes Auflachen verriet die Unsicherheit, die er in der Gegenwart seines neu entdeckten Mentors empfand.

»Ich möchte Ihnen jemanden vorstellen, der ein echter Fan von Ihnen ist, Senator. Eigentlich war sie es, die mich dafür gewonnen hat, Ihren Wahlkampf zu unterstützen.«

Hunt blickte auf. Er konnte kaum einen Ausruf unterdrücken, als das Licht auf die schönen Züge der Frau fiel. Sie war offensichtlich älter als Hunt, doch ihre Haut war faltenlos und ihre Züge glatt und makellos. Er erkannte sie sofort, doch die Bilder, die er gesehen hatte, wurden ihr kaum gerecht.

»Mrs. Alton, es ist mir eine große Freude, Sie kennenzulernen«, sagte Hunt mit seinem charmantesten Lächeln. *Kathy Alton!* sinnierte er. Obwohl ihr Mann, der Astronaut Oberst Lee Alton, als Leiter der gemeinsamen Expedition der Amerikaner, Sowjets und Japaner zum Mars 1995 den Tod gefunden hatte, war es eigentlich Kathy Alton gewesen, die das Raumfahrtprogramm gerettet hatte. Ihre Appelle an die Fernsehzuschauer in aller Welt, nicht zuzulassen, daß der Tod ihres Mannes die Weltraumforschung zum Erliegen brachte, hatte das Blatt gewendet. In den letzten Augenblicken, als die Sauerstoffversorgung der Mars-Astronauten zur Neige ging, war Kathy Alton auf Sendung gewesen und hatte erklärt, der Tod ihres Mannes sei ein akzeptables Opfer, wenn dafür künftige Generationen die Sterne erforschen könnten.

Doch das war gewesen, bevor die große Depression über die Welt hereingebrochen war. Jetzt war das Geld in den USA und in Rußland so knapp, daß alle Mittel für die Weltraumforschung gestrichen worden waren. Die USA hatten alle Hände voll zu tun, um die Räder der Regierung am Laufen zu halten angesichts um ein Drittel verminderter Staatseinnahmen und immer höher steigender Schulden.

Dennoch hatten die Amerikaner die Witwe Oberst Lee Altons zum Symbol für Mut und Charakterstärke erhoben. In dieser Generation, die wenig Anlaß hatte, in Hochrufe auszubrechen, zog sie immer wieder große Menschenmengen an, wenn sie das Land bereiste. Ohne Frage war Kathy Alton die bekannteste und bewundertste Frau Amerikas.

Hunt schreckte aus seinen Gedanken, als er Jason Franklin sagen hörte: »Senator, Mrs. Alton ist auf meine Bitte hier, um eine wichtige Frage zu besprechen. Wie Sie ja wissen, haben wir eine Menge Zeit und Geld in Ihren Wahlkampf investiert.«

»Ich weiß all das zu schätzen, was Sie getan haben, Mr.

Franklin. Ich wußte, daß hinter der Kampagne ein Unterstützer stand, aber ich hatte keine Ahnung, wer es war.«

»Wenn ich ›wir‹ sage, spreche ich von der Bruderschaft, nicht von mir selbst.«

Plötzlich ging Hunt eine neue Erkenntnis auf. »Die Bruderschaft! Dann gehören Sie zur Bruderschaft?«

»Sagen wir einfach, daß ich mit ihren Zielen übereinstimme, Senator. Doch noch wichtiger wäre es mir, zu wissen, ob Sie das tun.«

»Ich weiß nicht ganz, was Sie meinen«, erwiderte Hunt, der jetzt vorsichtig seine Worte wählte. Er hatte immer angenommen, die Bruderschaft sei eine Gruppe von Philanthropen, die ihren Einfluß auf die Regierung festigen wollte, doch Franklin hatte es nicht nötig, seine Ziele durch eine Gruppe zu verfolgen. Er war der einflußreichste einzelne Mann der Welt.

»Zu den Zielen der Bruderschaft gehört es, ein weltweites Geldsystem und einen völlig offenen Weltmarkt zu schaffen.«

»Mit diesem Ziel stimme ich ohne Frage überein«, erklärte Hunt, vielleicht ein wenig zu enthusiastisch. »Wir müssen die USA wieder zur Stellung einer wirtschaftlichen Weltmacht führen.«

»Die Zeiten, in denen diese Nation oder irgendeine andere Nation die Welt wirtschaftlich beherrschen konnte, sind vorbei, Senator Hunt!« erwiderte Franklin trocken. »Es ist an der Zeit, daß die USA begreifen, daß wir ein einziges Weltsystem sind, nicht eine Nation, die sich selbst die Nächste ist.«

»Aber ich sehe nicht, wie das möglich wäre«, wandte Hunt ein. »Die Amerikaner werden sich nie mit einer untergeordneten Rolle in ...«

»Sie werden sie akzeptieren müssen, weil sie keine Wahl haben!« fuhr Franklin dazwischen. »Und Sie werden ihnen diesen Gedanken verkaufen, und wir werden für die nötige Motivation sorgen.«

Hunt stand da und versuchte, die Zurechtweisung in Franklins Ton zu verdauen. Es war lange her, seit man ihn zuletzt ausgescholten hatte wie einen Schuljungen. Selbst wenn er etwas hätte sagen wollen, wäre ihm im Augenblick nichts eingefallen. Und der Ausdruck auf Franklins Gesicht war unmißverständlich; er wollte und erwartete keine Erwiderung.

»Worüber ich mit Ihnen sprechen möchte, Senator, ist Ihr Partner im Rennen – der Kandidat für das Amt des Vizepräsidenten. Ich hätte einen Vorschlag dazu.«

Hunt, plötzlich wachsam geworden, erkannte, daß Franklin niemand war, der einen beiläufigen Vorschlag machte. Er war es gewohnt, daß seine Vorschläge verwirklicht wurden.

»Ich möchte, daß Sie Mrs. Alton als Ihre Partnerin im Rennen in Betracht ziehen.«

»Mrs. Alton!« platzte Hunt heraus. »Aber sie hat keinerlei politische Erfahrung.«

»Das ist heutzutage geradezu ein Vorzug«, bemerkte Cal Rutland. »Sie schleppt keinen politischen Ballast mit sich herum.«

Hunt hielt einen Moment lang inne, um nachzudenken. Es war offensichtlich, daß Cal schon vor diesem Treffen über Kathy Alton Bescheid wußte. Doch er hatte die Information nicht weitergegeben. Daran erkannte Mark Hunt, daß seinem Assistenten ein erheblich höheres Gewicht zukam, als er bisher geahnt hatte. Außerdem wurde ihm klar, daß er dabei war, in die Ecke gedrängt zu werden.

»Ich werde darüber gründlich nachdenken müssen, Mr. Franklin«, erwiderte Mark Hunt mit seinem lange einstudierten Politikerlächeln.

»Tun Sie das, Senator«, antwortete Franklin mit nur leicht verschleierter Verärgerung. »Aber ich rechne damit, innerhalb der nächsten zwei Tage Ihre Antwort zu hören. In der Zwischenzeit schlage ich vor, daß Mrs. Alton und Sie ein wenig Zeit miteinander verbringen, um sich besser kennenzulernen. Sie kann Ihnen von großem Nutzen sein.«

Soweit es Franklin anging, war die Sache geregelt, das war Hunt klar. Er hatte das unangenehme Gefühl, daß eine Falle zugeschnappt war und er darin saß. Welche Verbindung zwischen Kathy Alton und der Bruderschaft bestand, durchschaute er noch nicht, aber er wußte, daß sie Teil eines größeren Planes war, den er erst noch kennenlernen mußte.

Als der Senator und sein Assistent später zurück nach Washington flogen, versuchte Rutland, Franklins Vorschlag zu unterstützen.

»Sehen Sie es doch einmal so, Senator. Kathy Alton wird unweigerlich ein großer Pluspunkt für Sie sein. Erstens ist sie eine sehr bekannte Frau, die keine Verbindung zur Politik hat. Zweitens hat sie Einfluß beim mächtigsten Mann von Amerika.«

»Sagen Sie mir etwas, Cal. Wußten Sie, daß Franklin sie als meine Partnerin haben wollte?«

»Ja, das wußte ich«, gab Rutland ungerührt zu.

»Warum haben Sie mir das dann nicht vor dem Gespräch gesagt, anstatt mich blind hineintappen zu lassen?«

»Das konnte ich nicht, Senator. Ich hatte Anweisung, meinen Mund zu halten.«

Nach einer kurzen Pause fragte Hunt langsam und bedächtig: »Für wen arbeiten Sie, Cal? Für die oder für mich?«

»Für beide, Senator«, entgegnete er. »Ich gehöre zu Ihrem Team, aber wir beide gehören zum Team der Bruderschaft.«

»Schön. Sie können die Bruderschaft informieren, daß ich nicht irgendein Lakai bin, dem man sagen kann, was er zu tun hat. Ich werde Mrs. Alton nicht nehmen«, erklärte Hunt.

»Das sollten Sie sich lieber noch einmal gründlich überlegen«, erwiderte Rutland kalt, den Blick in Hunts Augen verankert. Die durchdringenden Augen Rutlands hatten etwas Dringliches an sich. »Das wäre ganz und gar keine kluge Entscheidung. Ihr Wahlkampf ist von der Bruderschaft mit großem Aufwand finanziert worden, und ein Nein würde sie nicht gut aufnehmen.«

»Was können sie in diesem Stadium schon noch tun?« fragte Hunt, der sich durchbluffen wollte, wie er es während seiner politischen Karriere immer getan hatte. »Ich bin ihr Kandidat. Kilborne und Crow sind durch die Sache mit dem Erdbeben ausgeschaltet.«

»Senator, die Ziele der Bruderschaft sind wichtiger als ein einzelner Mensch, Sie und ich eingeschlossen. John Kennedy glaubte, sich gegen die Bruderschaft durchsetzen zu können, und wurde eines Besseren belehrt – auf die harte Art!«

Bei Rutlands letzter Bemerkung fühlte Hunt seinen Mut in sich zusammenfallen. Sein Assistent wußte genau, daß sein Chef seine gesamte politische Karriere nach dem Idol seiner Jugend modellierte. Die beiläufige Mitteilung hatte den gewünschten schockierenden Effekt. *Konnte es sein, daß Jack Kennedy von der Bruderschaft ausgeschaltet worden war? War das überhaupt möglich?* fragte sich Hunt. *Ja*, entschied er, *es war möglich. Das würde die ganze Desinformation über das Attentat erklären, und die Tatsache, daß so viele Zeugen auf rätselhafte Weise ums Leben gekommen waren.*

»Sehen Sie es als einen positiven Schritt«, fuhr Rutland fort, ohne auf eine Antwort von Hunt zu warten. »Kathy Alton wird keine Bedrohung ihrer Machtstellung im Weißen Haus darstellen. Sie wird Ihrer Regierung lediglich eine neue Dimension hinzufügen – die Frauen Amerikas. Ihr Einfluß wird die arbeitenden Frauen für Ihre Programme gewinnen. Sie werden die Hilfe dieser Frauen brauchen, um Veränderungen zu erreichen.«

»Vielleicht haben Sie recht, Cal«, hörte Hunt sich sagen. Er wußte, daß er geschlagen war. Dann fügte er in einem Versuch, noch etwas von seinem Stolz zu retten, hinzu: »Außerdem wird es sich in den Zeitungen bestimmt nicht schlecht machen, wenn ich die erste weibliche Vizepräsidentin in meinem Team habe, nicht wahr?«

Im Schlafabteil des großen Jets lächelte Kathy Alton, die das Gespräch über einen Monitor verfolgte. *Er ist ein echter Politiker,* dachte sie. *Seine Überzeugungen halten genau so lange, wie er keinen Widerstand spürt. Er wird ein unerträglicher Chauvinist sein, da bin ich sicher. Lee würde staunen, wie weit sein Opfer mich gebracht hat und welcher Weg noch vor mir liegt.* Einen Augenblick lang überfiel sie von neuem die Trauer über Lees Tod. Dann, mit einer durch jahrelange Indoktrination gestählten Entschlossenheit, rief sie sich in Erinnerung, daß er ein notwendiges Opfer für den Fortschritt gewesen war.

Drei Tage später wurde Kathy Alton der Öffentlichkeit als Mark Hunts Partnerin im Rennen präsentiert.

Kapitel 5

Die Wahl

Mit dem überraschenden Schritt, Kathy Alton noch vor den Vorwahlen der Demokraten als seine Partnerin im Rennen zu präsentieren, machte Senator Hunt die letzten Hoffnungen auf eine erneute Nominierung Präsident Kilbornes zunichte. Selbst die hartnäckigsten Verbündeten des Präsidenten verließen das sinkende Schiff und versuchten sich mit Hunts Mannschaft zu einigen.

Die amerikanischen Wähler waren der harten Zeiten überdrüssig und durch die landesweit zunehmende Gewalt verschreckt und hofften auf eine neue Führung. Täglich wurden sie mit Bildern von Plündereien und zivilem Ungehorsam bombardiert, und täglich überflutete Mark Hunt die Rundfunkwellen mit Versprechungen besserer Zeiten und eines Endes der Gewalt in Amerika – genau das, was das amerikanische Volk hören wollte. Als der wirtschaftliche Niedergang sich fortsetzte und die Staatseinnahmen immer weiter sanken, sah sich Washington zu weiteren Haushaltskürzungen gezwungen. Und mit jeder neuen Kürzung durch die Kilborne-Regierung wurde Hunts Position gestärkt.

Die meisten Amerikaner sahen in der Nominierung Mark Hunts als Kandidat der Demokraten die lang erwartete Antwort auf ihre vielen Probleme. Die Wirtschaftsdepression wirkte sich besonders verheerend auf die unter Fünfzigjährigen aus, die niemals wirklich schwere Zeiten erlebt hatten. Die Depression von 1929 war für sie nicht mehr als ein Kapitel in ihren Wirtschaftskunde-Lehrbüchern. Und die Rezession von 1994 war durch massive staatliche Förderungsmaßnahmen abgemildert worden. Für diese Leute war es eine Selbstverständlichkeit, daß eine Regierung während einer Rezession die Arbeitslosen anzustellen hatte. Das hatte auch gut funktioniert, solange das Geld aus Japan und der Europäischen Gemeinschaft reichlich eingeflossen war.

Nur wenige amerikanische Arbeiter begriffen die Tatsache, daß zwar Geld hereinfloß, dafür aber viele amerikanische Industrien in europäischen und japanischen Besitz übergingen, besonders in japanischen. Im Jahre 1995 gehörten bereits fast die Hälfte aller amerikanischen Firmen den Japanern. »Na und?« hatten die Politiker gesagt. »Schließlich beschäftigen sie immer noch amerikanische Mitarbeiter und bringen der amerikanischen Wirtschaft mehr Geld ein.«

Der Tag der Abrechnung begann im Januar 1996, als die Saudis verkündeten, ihnen ginge das Öl aus, und den Grundpreis um fünfzig Dollar pro Barrel erhöhten. Da die Hälfte der verfügbaren Ölreserven durch den atomaren Fallout der israelischen Bomben verseucht war, die im Krieg von 1994 auf Irak und Iran herabgeregnet waren, kontrollierten die Saudis achtzig Prozent der Ölreserven im Nahen Osten. Die Europäische Gemeinschaft hatte Zugang zu dem Öl an den Nordküsten Englands und Frankreichs, doch andere Länder mußten ihr Geld zusammenkratzen, um Angebote für das Öl machen zu können, das sie benötigten.

Japan überbot die Vereinigten Staaten und gewann um Längen. Die Folge war ein doppelter Schlag für die amerikanische Wirtschaft. Erstens wurde die verfügbare Ölversorgung um vierzig Prozent reduziert, und es traten sofort Rationierungen in Kraft. Private Fahrzeuge wurden auf vierzig Liter Benzin pro Monat beschränkt, und die Preise schossen auf fast $1,70 pro Liter hoch. Das löste eine Inflationsrate von dreißig Prozent im Jahr aus, die viele Firmen, Altersversorgungen und die Sozialversicherung praktisch spurlos verschwinden ließ. Die Alten strömten *en masse* zurück auf den Arbeitsmarkt. Der Wettlauf um die Stellen zwischen Jungen und Alten wurde zu einem politischen Problem.

Als nächstes begannen die Japaner, systematisch konkurrierende Industrien in den USA zu schließen und die Stellen ihren japanischen Arbeitern zukommen zu lassen, indem sie die Produktion zurück in ihre eigenen Fabriken zu Hause verlagerten. Als die Öffentlichkeit sich dieser Strategie bewußt wurde, waren bereits die meisten großen Industriezweige verloren, und die einzigen verfügbaren Stellen lagen im schlechter bezahlten Dienstleistungsbereich. Das Ergebnis war ein verheerendes Stocken der amerikanischen Wirtschaft, die praktisch jede Nation außerhalb der Europäischen Gemeinschaft und des Asiatischen Dreiecks mit sich herabzog. Die Japaner begannen einen systematischen Preiskrieg, um sowohl aus den USA als auch aus Europa Firmen abzusaugen. Innerhalb eines Jahres hatten sie den Weltmarkt für Autos, schwere Maschinen, Flugzeuge und Rüstungsgüter praktisch erobert. Die Folge war eine Arbeitslosigkeit von fast fünfundzwanzig Prozent in den USA.

Der nächste Schlag für die Wirtschaft kam, als die Japaner allmählich ihre Kredite an die amerikanische Regierung zurückzogen, wobei sie sich auf die Notwendigkeit beriefen, den Handel innerhalb des Asiatischen Dreiecks zu entwickeln. Ohne dieses Geld, mit dem sie bisher die stetig wachsenden Defizite abgedeckt hatte, sah sich die Regierung zu massiven Kürzungen gezwungen. Es wurde der Ruf nach einem neuen Verfassungszusatz laut, der den Haushaltsausgleich-Zusatz aufheben sollte, doch irgendwie brachte der Kongreß nie den nötigen Schwung auf, das durchzusetzen.

Der verzweifelte Finanzbedarf veranlaßte die Kilborne-Regierung dazu, eine Gesetzesvorlage zu unterstützen, um den steuerfreien Status aller gemeinnützigen Gruppen aufzuheben, einschließlich sämtlicher religiöser Organisationen – ein Schritt, der auf Vorschlag und mit Unterstützung der *National Civil Liberties Union* und der meisten anderen liberalen Gruppen erfolgte. Die Vorlage wurde als Gesetz verabschiedet, obwohl die Kirchenführer heftig Widerspruch einlegten. Als Folge gerieten sofort alle kirchlichen Gemeinschaften in wirtschaftliche Schwierigkeiten.

Führende Christen protestierten gegen die Maßnahmen der Regierung und kündigten Streiks und Massendemonstrationen an. In den Kirchen und Gemeinden im ganzen Land fanden Treffen statt, bei denen der zunehmende Trend zur Entrechtung der Christen diskutiert wurde. Anerkannter Führer der Protestbewegung war Pastor John Elder aus Atlanta, Georgia. Als Pastor einer Baptistengemeinde mit zehntausend Mitgliedern und weltbekannter Fernsehprediger wurde Elder der herausragende Sprecher der evangelikalen Gemeinschaft.

Für Elder waren Kontroversen nichts Neues. Er hatte drei der größten Anti-Abtreibungs-Demonstrationen in Washington organisiert und geleitet. Außerdem hatte er eine sehr effektive Basisorganisation gegründet, das *Constitutional Rights Committee* (CRC), um Politikern entgegenzutreten, die sich aktiv antichristlich verhielten. Mindestens sechs liberale Senatoren und zehn Kongreßabgeordnete waren aufgrund seiner Bemühungen aus dem Amt gewählt worden.

Der Gnadenstoß versetzten die Japaner der amerikanischen Wirtschaft, als sie von den USA die Rückzahlung von Krediten in Höhe von fast drei Billionen Dollar verlangten. Sie erklärten öffentlich, daß sie sofortige Bezahlung erwarteten, sobald die amerikanischen Anleihen fällig würden, da sie das Geld brauchten, um Tokio nach dem Erdbeben wiederaufzubauen. Diese Ankündigung stürzte den amerikanischen Aktienmarkt in den tiefsten Abgrund seit dem Zusammenbruch von 1996. Die Finanzmärkte in aller Welt reagierten mit Panik, da sie die Zahlungsunfähigkeit der USA befürchteten.

In einer besonderen Pressemitteilung verkündete Senator Mark Hunt, er habe einen Plan, um dieser jüngsten Forderung der Japaner zu begegnen, und sei sicher, eine für beide Seiten befriedigende Einigung erzielen zu können. Angesichts der feindseligen Atmosphäre, die sich zwischen beiden Ländern aufgebaut hatte, seit die USA die meisten japanischen Produkte mit Handelsbeschränkungen belegt hatten, hatte die Mehrzahl der Beobachter für diese Idee nur Spott übrig. Zwei Tage später erklärte der japanische Finanzminister Isochi Yamore, ein Kompromiß liege im Bereich des Möglichen. Die japanische Regierung beschloß, die endgültige Entscheidung bis nach den Wahlen in Amerika zu verschieben. Die Nachricht kam zwei Tage vor den Vorwahlen. Niemand außerhalb der schattenhaften Gruppe, die sich die Bruderschaft nannte, ahnte, daß Yamores Handeln die Folge einer persönlichen Unterredung mit Jason Franklin gewesen war.

In den Vorwahlen wurde Kilborne von Senator Hunt vernichtend geschlagen. Der Druck der Öffentlichkeit war so stark, daß nicht ein einziger Delegierter es wagte, auf dem Parteitag den Präsidenten zu unterstützen. Als die Wahl im November bevorstand, brauchte Hunt nur noch einen schwachen Kandidaten der Republikaner zu schlagen, um das höchste Amt des Landes zu erringen.

Die Präsidentenwahl war nicht nur ein Wählerauftrag; sie war ein Ultimatum an den Kongreß. Hunt erhielt sechsundneunzig Prozent der Stimmen. Noch nie war ein Präsident mit so großem Vorsprung gewählt worden. »Tut etwas!« war die nachdrückliche Forderung der amerikanischen Wähler. Kilborne tat den ungewöhnlichen Schritt, sofort von seinem Amt zurückzutreten und Hunt den Weg zu ebnen, seine Regierungstätigkeit in Washington aufzunehmen. Zwar wurde Kilbornes Vizepräsident vereidigt, bis zum Januar einer Übergangsregierung vorzustehen, doch in Wahrheit waren die Zügel der Macht bereits in Hunts Hände übergegangen.

Im Januar wurde Mark Hunt als vierundvierzigster Präsident der Vereinigten Staaten vereidigt. Zwei Millionen jubelnde Bewunderer waren zu dem Ereignis in die Hauptstadt gekommen. Die Ernennung Kathy Altons zur ersten weiblichen Vizepräsidentin wurde von Frauen in aller Welt begrüßt. Selbst Hunt mußte zugeben, daß die Wahl Mrs. Altons eine kluge Entscheidung war. Sie folgte seiner Wahlkampfstrategie genau und schloß sich stets seinem Urteil an, wenn eine neue Frage diskutiert wurde. Das einzige, was Hunt lästig fand, war die Art, wie die Reporter auf sie flogen. Wenn sie beide zusammen interviewt wurden, war es, als existierte er gar nicht. Seine Lösung für dieses Problem bestand darin, sie an die abgelegenen Orte zu schicken – dorthin, wo er selbst sowieso nicht hingehen wollte. Und überraschenderweise erhob sie nie Einwände dagegen.

Hunt eignete sich bald eine Routine an, Mrs. Alton ausreichend Publizität zuzugestehen, um sie in der Öffentlichkeit in Erinnerung zu halten, anders jedoch hinter den Kulissen. *Außerdem,* sinnierte er, während er auf der Bühne zu ihr hinüberblickte – ein Bild der Anmut und Schönheit – *fängt sie an, sich für mich zu erwärmen.*

Wäre er in der Lage gewesen, Kathy Altons Gedanken zu lesen, so hätte er seine Einstellung zu ihr vielleicht noch einmal überprüft. *Ein echter Showman,* dachte sie, als er bei einer Pressekonferenz in Washington über die Bühne stolzierte. *Er kommt sich unbesiegbar vor.* Sie lachte leise, als er, offensichtlich für ihre Augen, hin- und herstolzierte. *Er wird es schon noch lernen.*

Die immer schlechter werdende Wirtschaftslage bot den Liberalen den benötigten Katalysator, um ihre Angriffe gegen die Christen zu verstärken. Während der ersten sechs Monate der Regierung Hunts verzeichnete Elder einen alarmierenden Trend zu einer immer christenfeindlicheren Haltung der Medien. Jeder Anschein der Objektivität wurde aufgegeben, besonders bei der größten und einflußreichsten Rundfunkanstalt, dem World News Network.

Was bis dahin nur eine »Situation« gewesen war, entwickelte sich zu einer Krise, als die Rundfunkbehörde FCC das Verbot aller christlichen Sendungen über Radio und Fernsehen bestätigte. Der letzte Schlag kam, als die Regierung beim Kongreß eine Vorlage durchsetzte, durch die der gesamte Besitz und die Einkünfte aller kirchlichen Gemeinschaften mit Steuern belegt wurden. Elder ließ alle Zurückhaltung fallen und rief seine Anhänger auf, Demonstrationen gegen dieses schreiend verfassungswidrige Vorgehen zu organisieren.

Da er keinen Zugang zu irgendwelchen öffentlichen Medien mehr hatte, griff John Elder auf seine einzige Möglichkeit zurück: Er organisierte Basiskomitees, um die Christen auf dem Laufenden zu halten. Er und seine Gruppe begannen mit der Herausgabe wöchentlicher Rundbriefe, in denen die Zeiten und Orte der Protestmärsche bekanntgegeben wurden. Gekürzte Versionen dieser Briefe wurden in Tausenden von Gemeinden im ganzen Land in den Gemeindebriefen verteilt.

Elder kam zu dem Schluß, daß die Zeit reif sei für eine Massendemonstration gegen die Washingtoner Politiker. Im Vorlauf wurden in Tausenden von Gemeinden kleinere Planungstreffen angesetzt.

Tony Moran war einer der Gruppenleiter, dessen Aufgabe es war, die Beteiligung seiner Gemeinde zu koordinieren. Er erhielt einen dringenden Anruf aus John Elders Hauptquartier, in dem er angewiesen wurde, für denselben Abend ein Planungstreffen anzuberaumen. Elder war von seinen Kontaktleuten in Washington benachrichtigt worden, Präsident Hunt habe beschlossen, das sogenannte »Crack-Babys-Gesetz« zu unterzeichnen, durch das die Bürgerrechte von Säuglingen aufgehoben wurden.

»Informieren Sie Ihre Gruppe, daß wir nächsten Samstag in Washington aufmarschieren«, sagte Randy Cross zu Moran. Cross war einer der leitenden Mitarbeiter in John Elders *Constitutional Rights Committee* (CRC).

»Ich weiß nicht, ob wir unsere Gruppe so schnell mobilisieren können«, sagte Moran. Innerlich hatte er das unangenehme Gefühl, daß es kein Zurück mehr geben würde, wenn sie einmal an die Öffentlichkeit getreten waren. Er war sich ganz und gar nicht sicher, ob er bereit oder willens war, diesen Schritt zu tun.

»Wenn wir jetzt nicht handeln, wird es zu spät sein«, warnte ihn Cross. »Wenn die Crack-Babys-Vorlage verabschiedet wird, wird man sofort mit der Verarbeitung der Kinder beginnen. John meint, wir müssen sofort handeln!«

Tony Moran legte den Hörer auf. Seine Hand zitterte von der Furcht, die er in sich aufsteigen fühlte.

»Was ist los, Tony?« fragte Susan Moran ihren Mann, als sie sein aschgraues Gesicht sah.

»Das Komitee will, daß wir ein dringendes Treffen einberufen, um für Samstag einen Marsch auf Washington zu planen.«

»Wir wußten, daß wir irgendwann Farbe bekennen müssen«, sagte seine Frau und legte ihre Arme um ihn.

Die nächsten drei Stunden verbrachte Susan damit, alle Mitglieder der CRC-Gruppe ihrer Gemeinde anzurufen. Das Treffen wurde für sieben Uhr an diesem Abend anberaumt.

»Ich glaube, wir sollten heute abend lieber nicht hingehen«, sagte Tony, als seine Frau ihren letzten Anruf hinter sich gebracht hatte. »Wir gehen ein furchtbares Risiko ein.«

»Irgendwann müssen wir Farbe bekennen, Tony«, erwiderte sie, während sie sich zum Essen setzten. »Erst sind die christlichen Radiosendungen verboten worden, dann die Fernsehsendungen. Dann kam die Besteuerung des Eigentums der Gemeinden, und jetzt dieses entsetzliche Crack-Babys-Gesetz. Wer weiß, was als nächstes kommt? Vielleicht werden sie es noch für verfassungswidrig erklären, Zeugnis zu geben.«

»Du verstehst nicht«, sagte Tony grimmig. »Erinnerst du dich an Robert Barnes? Er ist diese Woche in seiner Firma gefeuert worden, weil er darauf bestand, in seiner Mittagspause in der Bibel zu lesen. Wir kommen so schon kaum zurecht. Wie soll das werden, wenn ich meine Arbeit verliere?«

»Ich glaube nicht, daß eine Stellung wichtiger ist als ein Menschenleben, Tony. Außerdem sind wir schließlich keine Anarchisten. Wir versuchen nur, diejenigen zu schützen, die sich selbst nicht verteidigen können.«

Susan Moran hörte sich zuversichtlicher an, als ihr zumute war.

Der Trend zur religiösen Intoleranz war ihr nicht entgangen, selbst in ihrer Nachbarschaft. Je stärker die Regierung diese Haltung legitimierte, desto offener kam sie zum Vorschein.

Ob so wohl auch die Judenverfolgung in Deutschland angefangen hat? sinnierte sie. *Wurden sie auch erst einmal an den Rand der Gesellschaft gedrängt, bis niemand mehr es bemerkte, als sie verschwanden?*

Zur gleichen Zeit, als die Morans sich auf das Treffen mit ihrer Gruppe vorbereiteten, fand im Weißen Haus ein anderes Treffen statt, das tiefgreifende Auswirkungen auf ihre Zukunft haben würde.

»Ich kann einfach nicht glauben, was in diesem Bericht steht, Cal«, bemerkte Präsident Mark Hunt, während er das Dokument studierte, das vor ihm auf dem Schreibtisch lag.

»Glauben Sie es, Mr. President. Das FBI verfügt über sichere Erkenntnisse darüber, daß die religiöse Lobby als Teil ihres Widerstandes gegen Ihr Crack-Gesetz Attentate auf Regierungsangehörige plant.«

»Aber bei ihren früheren Protestaktionen sind sie nie gewalttätig geworden. Sie schreien und geifern jede Menge, aber am Ende passen sie sich an«, sagte der Präsident und las das Dokument noch einmal von vorne. Es ging darin um Mitglieder einer religiösen Gruppe, die sich *Constitutional Rights Committee* nannte und Anschläge auf mehrere führende Senatsmitglieder und Bundesrichter plante. Des weiteren war davon die Rede, daß das FBI einen geplanten Anschlag auf Präsident Hunt aufgedeckt habe, falls dieser das sogenannte »Crack-Babys-Gesetz« unterzeichne.

Das Gesetz über humanitäres Handeln, in religiösen Kreisen »Crack-Babys-Gesetz« genannt, war eine Vorlage, für die sich Hunt schon als Senator eingesetzt hatte. Fast zwölf Millionen Babys, die in den vergangenen zehn Jahren als Kinder von Crack- und Kokainsüchtigen geboren worden waren, lebten als Mündel der Regierung; ihr Unterhalt verschlang jedes Jahr über achtundvierzig Milliarden Dollar an Steuergeldern. Hunt war ehrlich überrascht gewesen, daß sich unter den Christen ein solcher Aufschrei erhoben hatte, als er zum ersten Mal ein Gesetz vorschlug, durch das diese Babys zum Wohle anderer Menschen verwendet werden konnten, die sonst keine Hoffnung hatten. Nach seinen Informationen war es unbestreitbar, daß diese Crack-Babys über weniger Lernfähigkeit verfügten als ein Schimpanse. Und abgesehen von ein paar radikalen Tierschützern scherte sich niemand darum, daß Schimpansen zum Wohl der Menschheit benutzt wurden. Die Verwendung der Organe der Crack-Babys würde nicht nur vielen todkranken Menschen helfen, sondern der Regierung überdies mehr als sechs Milliarden Dollar Einnahmen im Jahr bringen und die

Verschwendung von fast fünfzig Milliarden Dollar für ihren Unterhalt und ihre Pflege abstellen.

Praktisch das ganze Land befürwortete das Gesetz, nur die Christen nicht. Es war ihnen gelungen, das Gesetz im Kongreß zu bremsen, doch eines seiner Wahlkampfversprechen war es gewesen, diese Vorlage als Gesetz zu verabschieden, was er nun durch eine Präsidentenanordnung sofort zu erfüllen gedachte. Die Prozedur an den Crack-Babys würde auf humane Weise vonstatten gehen. Diejenigen, die als geistig behindert diagnostiziert waren, würden in Regierungskrankenhäuser gebracht werden, wo man ihnen komainduzierende Medikamente verabreichen würde. Von dort würde man sie zu Organbanken in aller Welt transportieren, wo ihre Organe produktiven Menschen dazu verhelfen würden, ein nützliches Leben zu führen.

Hunt knallte den Bericht auf Thomas Jeffersons Schreibtisch, den nun schon viele Präsidenten benutzt hatten. »Ich will, daß das veröffentlicht wird, Cal. Lassen Sie es an die Presse durchsickern, aber so, daß es nicht so aussieht, als ob es von uns stammt. Aber machen Sie es bekannt!«

»Das werde ich, Mr. President«, versprach Rutland und nahm den Bericht vom Schreibtisch. *Perfekt*, dachte er, während er das Dokument zurück in die Mappe mit der Aufschrift »Streng geheim« legte. *Ich wußte doch, wie er auf die Passage über sein Gesetz reagieren würde.* Rutland lächelte, als er sich die Reaktionen vorstellte, wenn die Presse darüber berichtete. *Die religiösen Fanatiker können protestieren, soviel sie wollen – je mehr sie protestieren, desto mehr werden sie als schuldig erscheinen. Solange wir die Medien kontrollieren, wird die Öffentlichkeit das, was wir sagen, als die Wahrheit akzeptieren.*

Kapitel 6

DIE VERHAFTUNGEN

»John! Das wirst du nicht glauben! Komm her! Schnell!«

Pastor John Elder wußte, daß seine Frau sich die Morgennachrichten ansah. Die neuesten Nachrichten und der aktuelle Wetterbericht waren für sie eine tägliche Routine vor dem Frühstück. Meistens war Julia Elder eine typische Baptistenpredigerfrau, doch in letzter Zeit hatte sich ihr Leben verändert. Als Pastorenfrau war sie an ein Leben im »Goldfischglas«, in den Grenzen ihrer Gemeindemitgliedschaft gewöhnt, doch seit ihr Mann durch die Proteste gegen die Regierung noch stärker ins Licht der Öffentlichkeit gerückt war, war ihr »Goldfischglas« erheblich größer geworden.

»Was ist los, Liebling?« fragte er. »Tritt das Wettermädchen mal wieder oben ohne auf?«

Die Bemerkung sollte ein Scherz sein, doch Julia war nicht in Stimmung für Scherze. Gallenbittere Angst stieg in ihrer Kehle auf. »Komm lieber her, John. Du bist im Fernsehen.«

Elder lief ins Wohnzimmer. Als er durch die Tür kam, hörte er den WNN-Sprecher sagen: »Der FBI-Bericht besagt, daß eine religiöse Untergrundgruppe namens *Constitutional Rights Committee* oder CRC, angeführt von Pastor John Elder, einem Baptistenprediger aus Atlanta, Georgia, mehrere Politiker, die den Lehren der Gruppe entgegenstehen, mit Anschlägen bedroht. Elder, der einer Organisation von zehntausend Mitgliedern vorsteht, hat in der Vergangenheit viele Protestaktionen initiiert, darunter auch den berüchtigten ›Mitternachtssturm‹ auf den Kongreß.«

»Das ist eine Lüge!« rief Julia Elder. »Wir hatten mit dem Einbruch ins Kongreßgebäude nichts zu tun. Das waren nicht unsere Demonstranten.«

»Natürlich nicht«, versuchte Elder sie zu beruhigen. »Mach dir deswegen keine Sorgen, Liebes.« Es überraschte ihn nicht, daß man seiner Gruppe die Schuld zuschob. Er hatte sowohl die Politiker als auch die Presse ziemlich verärgert, als er mehrere Tausend friedliche Demonstranten in einem Protestmarsch auf Washington gegen die himmelschreienden Angriffe der Regierung auf die religiösen Freiheiten angeführt hatte.

Die Desinformation war entstanden, als die verhafteten Vandalen behaupteten, CRC-Mitglieder zu sein. Später erfuhr Elder, daß sie als Gegenleistung dafür von der *National Civil Liberties Union* Anwälte gestellt bekamen. Alle Festgenommenen wurden zu geringen Geldbußen und Bewährungsstrafen verurteilt. Einige echte CRC-Mitglieder dagegen, die am Rande des Demonstrationszuges in ein Handgemenge mit der Polizei geraten waren, wurden verhaftet, wegen tätlichen Angriffs angeklagt und zu drei Jahren Gefängnis verurteilt. Dazu erhielt das CRC ein dauerhaftes Demonstrationsverbot, und als Organisator der Gruppe war Elder zu neunzig Tagen Gefängnis wegen Mißachtung des Gerichts verurteilt worden. Alles, was die Öffentlichkeit zu sehen bekam, waren kurze Fernsehausschnitte von den CRC-Mitgliedern, die die Polizisten schubsten. Was die Medien nicht zeigten, war, daß die Polizisten gerade zuvor mit Gummiknüppeln auf die Marschierer eingeschlagen hatten.

Elders starrte gebannt auf den Fernseher. Ein Reporter fragte einen Staatsekretär aus dem Justizministerium, wie die Regierung reagieren würde.

John Elder sah sein eigenes Gesicht in einer Ecke des Bildschirms auftauchen, während der junge Justizbeamte antwortete: »Wir werden dieses *Constitutional Rights Committee* sehr genau beobachten. Im Augenblick kann ich noch nichts über unsere Pläne sagen, aber wir nehmen diese Drohungen zweifellos sehr ernst. Es ist erwiesen, daß Pläne für Anschläge auf Regierungsmitglieder vorliegen. Diese Gruppe hat bereits gezeigt, daß sie, wenn nötig, nicht vor Gewalt zurückschreckt, um ihre Ziele zu erreichen. Wir haben Hinweise darauf, daß ihre Mitglieder in Guerilla-Taktiken ausgebildet werden.«

Auf dem Bildschirm erschien ein Waldgebiet, in dem bewaffnete Männer und Frauen offenbar mit Nahkampftraining beschäftigt waren.

»Lügen, Lügen! Das sind nicht unsere Leute«, protestierte Julia.

»Beruhige dich, Julia. Wir wußten doch, daß es nicht leicht sein würde. Denk immer an das, was ich den Leuten aus unserer Gruppe immer wieder sage. Die Politiker sind nicht unsere Feinde, selbst wenn sie gegen uns sind. Unser Feind ist der Meisterbetrüger.«

Tränen stiegen in Julias Augen auf, ihre Stimme brach, und sie kämpfte um ihre Fassung. »Vielleicht, John, aber du wirst derjenige sein, der die volle Wucht zu spüren bekommt.«

»Viele von Gottes Leuten werden die volle Wucht zu spüren bekommen, Julia. Ich bin nur zufällig im Augenblick die Galionsfigur. Denk daran, daß Petrus und Johannes sich darüber freuten, daß sie für würdig befunden wurden, für den Herrn zu leiden.«

»Ja, aber ich denke auch daran, daß Petrus gekreuzigt und Johannes verbannt wurde«, gab Julia zurück. Ein Hauch ihres üblichen Humors kehrte zurück.

»Ich wünschte, daß wir ebenso würdig gefunden würden«, sagte John mehr zu sich selbst, als er in seinen Lieblingssessel sank und seine Aufmerksamkeit wieder der Nachrichtensendung zuwandte. »Manchmal glaube ich, es wäre leichter, zum Märtyrer zu werden, als gegen diese Politiker zu kämpfen.«

»Hier ist Nathan Mather in Detroit; ich stehe vor dem Gebäude der Stadtverwaltung«, sagte der Live-Reporter. »Nur dreihundert neue Stellen im öffentlichen Dienst stehen in dieser Stadt mit einhunderttausend Arbeitslosen zur Verfügung, und zehntausend haben sich um diese Stellen beworben. Wie mir der Leiter des öffentlichen Dienstes soeben sagte, kommen gemäß dem neuen Stellenvorranggesetz nur Arbeitnehmer über fünfundsechzig für diese Positionen in Frage.«

Mather trat auf einen der jüngeren Männer in der Schlange zu und fragte ihn: »Sir, ist Ihnen bekannt, daß die ausgeschriebenen Stellen nur an über Fünfundsechzigjährige vergeben werden?«

»Ja, ich habe davon gehört, aber ich werde trotzdem in der Schlange bleiben. Ich habe eine Frau und vier Kinder zu versorgen.«

»Wie denken Sie über die Arbeitsmarktpolitik, seit die japanischen Autohersteller Detroit verlassen haben?«

»Sie stinkt zum Himmel. Hunt hat versprochen, uns zu helfen. Ich habe auf seine Versprechungen gehört und für ihn gestimmt; jetzt erwarte ich von ihm, daß er Wort hält.«

»Nun, wie Sie wissen, stellt die ältere Generation heute die Mehrheit der Wähler in unserem Land. Meinen Sie nicht, daß es schwierig sein wird, für eine neue Arbeitsmarktpolitik Unterstützung zu finden, die jüngere Arbeitnehmer bevorzugt?«

Der junge Mann zögerte einen Moment, richtete sich dann hoch auf und sagte voller Überzeugung: »Vielleicht, aber ich will Ihnen etwas sagen: Diese sogenannten älteren Arbeitnehmern haben uns diese Suppe eingebrockt, und jetzt wollen sie, daß wir sie auslöffeln. Das kann doch nicht richtig sein! Sie haben vielleicht die Mehrheit, aber wir haben die Macht. Hunt muß handeln.« Er schaute weg von dem Reporter und direkt in die Kamera: »Hören Sie mich, Präsident Hunt? Tun Sie endlich etwas!«

Beunruhigt wandte sich John Elder vom Fernseher ab. »Offenbar ist jetzt jeder gegen jeden. Die Jungen gegen die Alten, die Schwarzen gegen die Latinos, die Christen gegen die Nichtchristen. Wenn das so weitergeht, sitzt unser Land wirklich in der Klemme. Die ganze Situation erinnert mich an das, was ich über Deutschland vor dem zweiten Weltkrieg gelesen habe. Die Inflation lag bei tausen Prozent pro Monat, und die Arbeitslosigkeit bei fast vierzig Prozent. Die Menschen waren reif für einen politischen Erlöser.«

»Aber mit unserer Wirtschaft ist es doch noch nicht so schlecht bestellt, oder?« fragte Julia. Sie war nicht sicher, ob sie sich selbst oder ihren Mann zu überzeugen versuchte. Sie wußte, daß John mehr Geschichtskenntnisse besaß als die meisten Leute aus seiner Generation.

»Unsere Wirtschaft befindet sich in einer Depression, und es geht stetig weiter bergab. Die Amerikaner haben schon immer daran geglaubt, die Regierung hätte so etwas wie einen Flaschengeist, den sie nur heraufzubeschwören brauchte, damit er sie aus wirtschaftlichen Schwierigkeiten befreie. Jetzt wissen sie es besser. Als Präsident Kilborne bekanntgab, daß die Bundesversicherungsgesellschaft die Bankkonten nicht mehr absichern konnte, stürmten die Konteninhaber die Banken, um ihr Geld abzuheben, nur um zu entdecken, daß kein Geld mehr da war. So sahen viele ältere Menschen ihre Lebensersparnisse sich in Luft auflösen und mußten sich wieder Arbeit suchen. Alles, was diese Arbeitsmarktpolitik bewirkt hat, ist, die jüngeren Leute zu entfremden, die sich ohnehin vor Steuern kaum retten können. Es ist nur eine Frage der Zeit, bis unserer Regierung endgültig das Geld ausgeht. Dann müssen sie entweder welches drucken oder es ganz abschaffen.«

»Aber eigentlich soll das doch durch den Haushaltsausgleich-Zusatz verhindert werden, oder nicht?« fragte Julia.

»Theoretisch ja, aber den meisten Amerikanern ist nicht klar, was es bedeutet, wenn uns tatsächlich das Geld ausgeht. Millionen Arbeitsplätze gingen verloren, und in den Städten käme es zum Aufruhr. Ich weiß nicht, was man dagegen tun kann, aber ich garantiere dir, daß die Regierung im Moment fieberhaft nach einem Weg sucht, das Kaninchen aus dem Hut zu zaubern.«

»Das verstehe ich nicht«, sagte Julia. »Die Regierung kann sich doch nicht einfach über die Verfassung hinwegsetzen. Das würde der Oberste Gerichtshof nicht zulassen, oder?«

»Julia, wir wissen nicht, wie weit Politiker wie Hunt gehen, um sich selbst in ein günstiges Licht zu rücken. Vielleicht ist selbst der Oberste Gerichtshof jetzt nicht mehr in der Lage, ihn zu stoppen. Möglicherweise steckt er sogar mit hinter den Bestrebungen, die Regierung zu unterwandern.«

»Was meinst du damit? Du hast schon mehrmals solche Andeutungen gemacht.«

»Die Angriffe gegen die Christen nehmen seit Hunts überragendem Wahlsieg immer mehr zu. Unsere Leute in Washington glauben, daß es innerhalb der Regierung eine Geheimgesellschaft gibt, die sowohl hinter den Angriffen als auch hinter Hunts Wahl steht.«

»Was ist das für eine Gesellschaft? Hat sie irgend etwas damit zu tun, daß man dir vorwirft, Anführer einer subversiven Gruppe zu sein?«

»Ich weiß nicht, aber offenbar verfolgt sie die Strategie, den Haß gegen die Christen zu schüren.«

Julias Stimme zitterte vor Emotion, als sie sagte: »Ich kann gar nicht glauben, daß wir in so einer Lage stecken. Wir sind hier doch in Amerika und nicht in China!«

Bevor ihr Mann antworten konnte, ertönte vor dem Haus das Geräusch bremsender Reifen. Julia spähte durch die Jalousien und sah mehrere Männer in dunklen Anzügen aus zwei schwarzen Limousinen steigen. Hinter ihnen bog ein Ü-Wagen vom Channel-Six-Fernsehen in die Einfahrt ein; mehrere Leute sprangen heraus und begannen, ihre Kameraausrüstung aufzubauen. Einer der dunkel gekleideten Männer schrie den Fernsehleuten etwas zu, und die Kamera wurde schnell an den Rand der Einfahrt der Elders versetzt.

Zwei Männer nährten sich der Haustür, während ein weiterer ums Haus herum in den Garten ging. Julia blieb beinahe das Herz stehen, als ihr klar wurde, daß die Männer offenbar das Haus umzingelten.

»John, komm her und schau dir das an«, flüsterte sie, während ihr die Knie weich wurden.

»Was ist, Liebling«, fragte er, als er ihr blasses Gesicht sah. »Was stimmt nicht?«

Noch bevor Julia antworten konnte, barst die Haustür auf, und zwei Männer mit Maschinenpistolen riefen: »John Elder? FBI! Sie sind festgenommen!«

Das Letzte, woran Julia sich erinnerte, war der entsetzte Gesichtsausdruck ihres Mannes – dann nur noch Dunkelheit. Sie sackte zu Boden, und als John versuchte, sich um seine Frau zu kümmern, versperrte ihm einer der Männer den Weg und drängte ihn gegen die Wand. Mit einem raschen Griff wurden ihm Handschellen und ein Würgekragen um den Hals und die Handgelenke angelegt. John war klug genug, nicht an dem Kragen zu zerren. Er hatte mit dieser Vorrichtung bereits Bekanntschaft geschlossen, als er bei Demonstrationen gegen Abtreibungskliniken festgenommen worden war.

Wenige Minuten später zeigten die Nachrichtensender Bilder von dem »als Terrorist verdächtigten« John Elder, wie er von FBI-Agenten, die »ihm seit mehreren Tagen auf der Spur gewesen waren«, ins Polizeihauptquartier gebracht wurde.

Nach der Nachrichtensendung versammelten sich mehrere Hundert Mitglieder der CRC-Gruppe von Atlanta im Gemeindehaus. Entsetzen und Ungläubigkeit lag auf den Gesichtern. Alles redete durcheinander, bis Bill Frost, der Bezirksleiter des CRC, aufstand, um zu sprechen. »Ich weiß, daß Sie sich alle Sorgen um Pastor Elder machen. Wir leben in einer schweren Zeit. Wenn einem Mann Gottes so etwas geschehen kann, dann kann es jedem von uns geschehen.«

»Wo ist der Pastor jetzt?«

»Wir wissen es nicht. Alles, was wir wissen, ist, daß er aus dem Stadtgefängnis an einen anderen Ort gebracht wurde, nach dem der Richter eine Kaution abgelehnt hatte.«

»Wie kann er das tun? Ich dachte, jeder hätte ein Recht darauf, gegen Kaution auf freien Fuß gesetzt zu werden.«

»Man wirft ihm vor, Kopf einer terroristischen Vereinigung zu sein, so daß der Richter eine Kaution verweigern kann.«

»Terroristische Vereinigung!« rief jemand aus dem Hintergrund. »Meinen Sie diese Vorwürfe aus dem Fernsehen?«

»Offenbar«, sagte Frost. Der Zorn in seiner Stimme war unüberhörbar. »Unsere Anwälte arbeiten bereits daran. Wir wissen nicht, was der nächste Schritt sein wird. Sobald eine Anklage gegen den Pastor erhoben wird, können wir mehr sagen.«

»Was ist mit Julia?« fragte eine der Frauen. »Wo ist sie?«

»Ihr wird nichts vorgeworfen, soweit wir wissen. Sie ist bei der Stürmung ihres Hauses in Ohnmacht gefallen. Sie ist unverletzt, aber wie ich höre, steht sie unter Beruhigungsmitteln. Es war ein traumatisches Erlebnis für sie.«

Es würde noch mehrere Tage dauern, bis irgend jemand vom CRC wieder etwas von John Elder hörte. Und die Nachricht, die dann kam, veränderte ihrer aller Leben für immer.

Kapitel 7

Der Verkauf der Nation via Data-Net

Drei Tage nach Elders Verhaftung gab Präsident Hunt der Nation bekannt, die Japaner hätten ihre Forderung nach Rückzahlung von beinahe drei Billionen Dollar, die die USA ihnen schuldeten, erneuert. In einer Sonderbotschaft aus dem Weißen Haus kündigte er eine Live-Pressekonferenz an, allerdings ohne Frage-Antwort-Teil.

Als die Journalisten und Fotografen in den Pressesaal strömten, trat der Präsident durch die Verbindungstür zum Oval Office ein. Diesmal fehlte das übliche Fanfarensignal bei seinem Erscheinen. Das übliche Kontingent von Geheimdienstleuten und der immer wachsame Cal Rutland begleiteten den Präsidenten, als er seine Position hinter dem Plexiglas-Podium einnahm.

»Meine Damen und Herren, liebe Mit-Amerikaner, wir stehen vor der schwersten finanziellen Krise, die unsere Nation je erlebt hat. Während ich mich bemüht habe, das wirtschaftliche Chaos abzuwenden, vor dem unser Land steht, haben andere sich bemüht, meine Anstrengungen zu unterminieren und die Notlage der arbeitenden Amerikaner zu verschlimmern.

Das Erdbeben, das die Inseln Japans getroffen und dort solch verheerende Zerstörung angerichtet hat, vernichtete auch einen Großteil unserer Produktionskapazität und kostete viele Menschenleben. Wie Sie wissen, verlangten die Japaner vor einiger Zeit die Rückzahlung aller Kredite, erklärten sich dann jedoch bereit, mit meiner Regierung zu verhandeln. Nun erneuern die Japaner ihre Forderung, daß wir die in den letzten dreißig Jahren erhaltenen Kredite unverzüglich zurückzahlen. Um das zu tun, müßten wir jedes Stück Eigentum in unserem Land mit Hypotheken belasten. Es würde unsere Nation in den wirtschaftlichen Ruin stürzen und die Depression um mindestens zehn Jahre verlängern. Wir würden praktisch zu Sklaven ausgerechnet der Nation, die wir nach dem zweiten Weltkrieg wiederaufzubauen halfen.

Als Ihr Präsident kann ich das nicht zulassen. Mit meiner Wahl verbindet sich der Auftrag, Gesetz und Ordnung und ebenso die wirtschaftliche Stabilität unseres Landes wiederherzustellen. Wir haben den ersten Schritt zu Wiederherstellung von Gesetz und Ordnung getan, indem wir dem organisierten Terrorismus einen schweren Schlag versetzt haben. Jetzt ist unser dringendstes Bedürfnis, die wirtschaftliche Stabilität wiederherzustellen. Wie viele von Ihnen wissen, haben die Japaner beschlossen, ihre größten Unternehmen auf amerikanischem Boden zu schließen, um Arbeitsplätze für ihre Landsleute zu erhalten. Sie haben einen durchgängigen Mangel an Anteilnahme oder Mitgefühl für die Arbeitnehmer dieser Nation bewiesen, die große Opfer gebracht haben, um ihnen zu helfen, als es ihnen schlecht erging. Deshalb habe ich im Einvernehmen mit mehreren führenden Mitgliedern des Kongresses entschieden, das Omnibus-Banken-Gesetz von 1983 anzuwenden und alle Rückzahlungen von Auslandsschulden auszusetzen.

Lassen Sie mich mit allem Nachdruck betonen, daß dadurch die Guthaben amerikanischer Bürger in keiner Weise gefährdet sind. Ich habe das Schatzamt angewiesen, alle Guthaben amerikanischer Bürger hundertprozentig zu stützen. Diejenigen, die bei dem kürzlichen Bankenzusammenbruch ihre Ersparnisse verloren haben, werden voll entschädigt werden. Bis die Wirtschaft sich erholt hat, werden Abhebungen nur in begrenztem Maß möglich sein, aber kein Amerikaner wird auch nur einen Cent verlieren. Darauf gebe ich Ihnen mein Wort. Für Inhaber großer Guthaben können die Maßnahmen vorübergehende Unannehmlichkeiten mit sich bringen, aber denken Sie daran, daß es zum Wohle der ganzen Nation geschieht. Dr. Russell Siever, der frühere Finanzminister, wird der Arbeitsgruppe vorstehen, die diese Maßnahmen überwachen wird. Bitte hören Sie jetzt Dr. Siever zu dem Verfahren, wie das Bankengesetz eingesetzt wird.«

Als der Präsident die Plattform verließ, begann jemand zu klatschen. Dann brach die ganze Versammlung einschließlich der Geheimdienstleute in donnernden Applaus aus.

Im Büro des Pressesekretärs zeigte die Insta-Pol-Auswertung, daß dreiundachtzig Prozent der Befragten die Entscheidung des Präsidenten unterstützten. »Wir haben es geschafft!« rief Ross Newton, der Pressesekretär. »Die Öffentlichkeit hat es geschluckt. Hunt könnte vergammelte Fische als Deodorant verkaufen.«

Russell Siever trat ans Podium und begann seine einstudierte, dreißigminütige Präsentation. »Lassen Sie mich sagen, daß ich voll hinter der Entscheidung des Präsidenten stehe. Es ist die Verantwortung der Regierung, die Interessen ihres eigenen Volkes an die erste Stelle zu setzen. Zu lange haben wir zugelassen, daß durch Privatinteressen Geld und Arbeitsplätze aus unserem Land abgezogen wurden. Ohne die Großzügigkeit des amerikanischen Volkes würden diese anderen Länder immer noch im finsteren Mittelalter leben.« Wieder wurde die Rede von spontanem Applaus unterbrochen.

»Für den durchschnittlichen amerikanischen Arbeitnehmer wird es keine spürbaren Veränderungen geben. Sie werden immer noch in der Lage sein, ihre Rechnungen zu bezahlen und normale Geschäfte abzuschließen, doch jede größere Geldbewegung wird verboten sein, es sei denn, es handelt sich um eine interne Transaktion wie den Kauf eines Hauses oder Autos oder die Bestellung geschäftsbezogener Materialien.

Alle Bewegungen über zehntausend Dollar werden nur mit Genehmigung des Federal-Reserve-Komitees oder seiner offiziellen Vertreter möglich sein. Um die Schwarzmarktaktivitäten gewisser Interessengruppen zu unterbinden, müssen alle Transaktionen von heute an per Scheck oder Kreditkarte vorgenommen werden. Bis zum Freitag dieser Woche müssen alle Bürger ihr Bargeld einreichen. Die Beträge werden ihren Scheckkonten gutgeschrieben. In wenigen Wochen werden alle Konteninhaber eine Scheckkarte erhalten, die es ihnen erlauben wird, ihre Zahlungen ohne Scheckformulare abzuwickeln.

Die Einführung dieses Systems wird nicht nur den Fluß des Geldes aus unserem Land heraus stoppen, sondern auch bewaffnete Raubüberfälle, den Handel mit illegalen Drogen und Geldwäschen durch kriminelle Kräfte unterbinden. Als zusätzliche Sicherung werden die Scheckkarten eine persönliche Nummer und später auch einen Fingerabdruck des Besitzers tragen, so daß sie im Falle eines Verlustes oder Diebstahls überwacht werden können. Denken Sie daran, daß all dies nur zur Ihrem Schutz dient.

Wir sind entschlossen, die wirtschaftlichen Probleme unseres Landes zu lösen. Dies ist nur der erste Schritt von vielen, die der Präsident angeregt hat, um die Arbeitslosigkeit in Amerika zu beseitigen und diese Nation wieder zur wohlhabendsten der Welt zu machen.«

Der Bildschirm der Zählkonsole im Büro des Pressesekretärs erlosch und flackerte wieder auf, als die Daten der letzten Insta-Pol eingingen. »Der Wert ist fünfundsechzig Prozent«, teilte Ross Newton über die Sprechanlage dem Büro des Präsidenten mit. »Das reicht für ein Mandat aus, Sir. Nur zweiundzwanzig Prozent waren dagegen, und dreizehn Prozent sind noch unentschlossen. Drei zu eins. Das ist ein Startschuß!«

Später traf Jeff Wells mit Präsident Hunt, Cal Rutland und Russ Siever im Oval Office zusammen, um die letzten Einzelheiten für das Data-Net-System zu besprechen. Jeff reichte dem Präsidenten einen Stapel Akten, bevor er sich setzte. »Ist das System startklar, Jeff?« fragte der Präsident, während er die Papiere durchblätterte.

»Ja, Sir. Wir haben das Programm mehrere Male getestet. Die Sache erwies sich im Grunde als viel einfacher, als wir gedacht hatten, Mr. President. Mit Hilfestellung einiger IBM-Ingenieure ist es uns gelungen, mehrere ihrer neuen 1520-Modelle zusammenzuschalten.«

Cal Rutland, der sonst selten Komplimente machte, fügte hinzu: »Jeff ist zu bescheiden, Mr. President. Die Leute bei IBM sagten, dieses Programm sei der innovativste Ansatz für ein Netzwerk, den sie je gesehen hätten. Es ist unmöglich, die Codes zu knacken, und es kann Millionen von Eingaben gleichzeitig verarbeiten.«

»Der Schlüssel waren im Grunde die Laser-I/O-Kanäle«, sagte Jeff bescheiden. »Zusammen mit den neuen Blasenspeichermedien von ICAN geben sie dem 1520 die Möglichkeit, fast unbegrenzte Datenmengen zu speichern. Die Maschine kann sogar ihre eigenen Fehler korrigieren und beschädigte Schaltkreise reparieren, indem sie sie umgeht. Es ist wie ...«

»Okay, okay. Ich weiß schon, was Sie meinen.« Es ärgerte Hunt, daß er nie auch nur die Grundbegriffe der Computertechnik begreifen konnte. *Na und?* dachte er. *Dafür kontrolliere ich die Jungs, die die Dinger zum Laufen bringen. Das ist noch besser.*

»Wann werden wir so weit sein, daß wir uns an das System der Federal Reserve anschließen können?« fragte Russell Siever Jeff barsch. »Ich möchte so bald wie möglich beginnen.«

»Wir sind schon dabei«, erwiderte Jeff ein wenig brüsk. Er mochte Sievers nicht besonders, obwohl er nicht wußte, warum. Vielleicht war es die Art, wie er mit anderen Leuten umging – als ob sie tief unter ihm stünden. Ausgenommen freilich Rutland, vor dem jeder sich zu fürchten schien. *Vielleicht ist es das,* dachte Jeff. *Vielleicht verletzt er meinen Stolz.* Doch tief innen wußte er, daß es etwas anderes war.

Seine Gedanken wanderten fast ein Jahr zurück zu der Zeit, als er begonnen hatte, das Data-Net auf die Beine zu stellen.

Das Programm mußte Zehntausende verschiedener Systeme miteinander verbinden, so daß jeder Computer auf der Welt, der an das System angeschlossen war, mit jedem anderen kommunizieren konnte. Während der ersten Monate schien die Aufgabe unmöglich, zumindest beim gegenwärtigen Stand der Technik.

Eines Abends hatte er mit seiner Assistentin Karen Eison, der Tochter von Dr. William Eison, über das Problem gesprochen. Karen war ein echter Gewinn für seine Arbeit. Sie war eine der wenigen, außer Dr. Eison selbst, die seine Logik zu begreifen schienen. Sie waren sich begegnet, als er mit dem Stab in Livermore zusammenarbeitete, und er hatte bald Respekt für sie gewonnen. Als

Dr. Eison Karen als Jeffs Laborassistentin vorgeschlagen hatte, nachdem Hunt ihn beauftragt hatte, das Data-Net-System zu entwickeln, hatte er bereitwillig zugestimmt. *Vielleicht zu bereitwillig*, dachte er später. Er hatte in seiner augenblicklichen Lebensphase keinen Freiraum für emotionale Verwicklungen. Doch ihre Beziehung hatte sich auf durch und durch professioneller Ebene entwickelt. Sie war eine der kompetentesten Programmiererinnen, mit denen er je zusammengearbeitet hatte, selbst wenn sie sein System nicht immer ganz durchschaute. Aber das taten ohnehin nur wenige.

Karen ihrerseits hatte ganz andere Pläne für die Beziehung als Jeff. Fast von dem Augenblick an, als sie sich zum ersten Mal begegnet waren, war sie hoffnungslos in ihn verliebt gewesen. Sie wußte, daß er brillant war. Er mußte es sein, wenn er ihrem Vater solchen Respekt einflößte, der immerhin auf dem Gebiet der Informatik die meisten anderen Wissenschaftler um Haupteslänge überragte. Einmal hatte sie ihren Vater zu einem Mitarbeiter sagen hören: »Dieser Junge läßt mich wie einen Hacker aussehen. Er hat eine Begabung für Computer wie Mozart für die Musik. So jemand wie er wird nur alle hundert Jahre geboren.«

Doch was sie sofort angezogen hatte, war Jeffs Persönlichkeit. Er war scheu und empfindsam, doch er stellte sich jedem der seine Arbeit in Frage stellte, einschließlich ihres Vaters. Das Beste war, daß er sie aufgrund ihrer eigenen Fähigkeiten akzeptierte, nicht nur wegen ihres Vaters. Die meisten Männer, die sich für sie interessierten, waren voll Ehrfurcht vor dem berühmten Dr. Eison und suchten auf dem Umweg über sie nur seine Anerkennung. Die Folge war, daß sie nichts mit ihnen zu tun haben wollte.

Zum ersten Mal war sie es, die sich für einen Mann interessierte, doch Jeff schien von ihren wahren Gefühlen nichts zu bemerken. Sie konnte Situationen einfädeln, in denen sie allein waren, so oft sie wollte, er sprach nie über etwas anderes als über die Arbeit.

Er war begabt; daran gab es keinen Zweifel. Obwohl sie einen Magistergrad in Mathematik hatte, konnte sie manche seiner Gleichungen kaum verstehen. Seine Lösung für das Netzwerkproblem war schlichtweg genial. Sie hatte von Anfang an geglaubt, daß das, was er zu tun versuchte, unmöglich sei. Ohne Jeff davon zu erzählen, hatte sie über diesen Gedanken mit ihrem Vater gesprochen. Er hatte gesagt: »Wir sind wahrscheinlich noch ein Jahrzehnt von dem Stand der Technik entfernt, der das möglich machen würde, Karen. Und Gott sei Dank dafür. Ich bin ganz und gar nicht sicher, ob wir die Weisheit besitzen, mit einer solchen potentiellen Macht umzugehen. Die Fähigkeit, jeden Menschen auf der Welt zu numerieren und zu überwachen, bedeutet, daß die Macht, die Welt zu beherrschen, allzu leicht in die falschen Hände geraten kann.«

Obwohl sie es nie sagte, war sie insgeheim ebenfalls dankbar, daß das Data-Net die gegenwärtigen technischen Möglichkeiten noch zu überfordern schien. Die Ereignisse der letzte Jahre hatten ihr Zutrauen in das grundlegende Gute im Menschen erschüttert, einschließlich des Guten in den Menschen des Landes, das sie liebte.

Der Durchbruch kam, als sie und Jeff zusammensaßen und über das Problem diskutierten. »Die eingehenden Daten aus allen Teilen der Welt zu überwachen und zu verarbeiten erfordert Millionen, wenn nicht Milliarden von Eingangskanälen«, sagte Jeff zum zehnten Mal an diesem Abend. »Selbst wenn es einen Computer gäbe, der die Daten intern verarbeiten könnte, würde ihn der Engpaß bei den Input/Output-Kanälen hoffnungslos bremsen. Dazu brauchte man einen I/O-Prozessor, der mit Lichtgeschwindigkeit arbeitet, und dann einen noch schnelleren Hauptprozessor.«

»Noch schneller als das Licht? Das ist unmöglich«, erwiderte sie.

»Nein – zumindest theoretisch nicht«, korrigierte sie Jeff und nahm seinen Zeichenstift zur Hand. »Das einzige uns bekannte Ding im Universum, das sich schneller bewegt als das Licht, ist der magnetische Fluß.«

»Wie bei einem Magneten?«

»Genau. Erinnerst du dich an das Prinzip des magnetischen Flusses? Damit ein Magnet existieren kann, müssen die Feldlinien von einem Pol zum anderen reichen, und zwar gleichzeitig. Theoretisch bedeutet das, daß die Linien sich durch das ganze Universum und wieder zurück bewegen, und das, ohne Zeit dafür in Anspruch zu nehmen.« Während er sprach, zeichnete Jeff einen Magneten mit den sich immer weiter ausdehnenden Feldlinien an die Tafel. »Wenn diese Linien sich verändern«, sagte er, während er ein paar davon mit der Hand auslöschte, »zum Beispiel durch die Nähe eines anderen Magneten, der das Feld durchquert, würde sich die Veränderung im selben Augenblick im ganzen Universum widerspiegeln.«

»Die Theorie verstehe ich«, antwortete Karen. »Worauf willst du hinaus?«

Jeffs Verstand arbeitete jetzt mit voller Geschwindigkeit. »Wenn wir einen modulierten Laser-I/O verwenden, kommen die Eingangssignale mit Lichtgeschwindigkeit herein. Wir könne einfach die Lichtimpulse kodieren, um die Quelle zu identifizieren. Das gleiche gilt für die Ausgangssignale. Und was ist, wenn wir dann die ganzen Daten in einem Magnetblasenspeicher verarbeiten?

Die Input/Output-Fähigkeiten wären ausreichend, und der Speicherplatz und die Prozessorkapazität unbegrenzt. Bei IBM wird seit mehr als zehn Jahren mit Flußspeicher experimentiert, es könnte also theoretisch funktionieren. Wenn ich mein Programm für einen Cray 1520 schreibe, müßten weniger als hundert zusammengeschaltete Maschinen ausreichen.«

»Hundert!« stieß Karen hervor. »Hundert Computer? Das wäre das größte System der Welt – mit einem Faktor von zwanzig!«

»Wahrscheinlich eher mit einem Faktor von fünfzig«, berichtigte Jeff. »Ein bißchen Konstruktionsarbeit ist dazu schon notwendig, aber es könnte funktionieren.«

Die nächsten Monate waren mit langen Tagen und noch längeren Nächten gefüllt, in denen Jeff den staunenden Ingenieuren begreiflich zu machen versuchte, was er brauchte. Zuerst sagten auch sie, es sei unmöglich. »Selbst die Komponenten für den Laser-I/O müßten erst noch erfunden werden«, sagten die IBM-Ingenieure kopfschüttelnd. Doch Jeff war bereits zu dem Schluß gekommen, daß das lasergestützte Kommunikationssystem von AT&T International sich perfekt für seine Zwecke modifizieren ließ.

Mit dem vollen Einfluß und der Macht der Regierung im Rücken gelang es Jeff, Teams von IBM- und Cray-Ingenieuren zur gemeinsamen Arbeit an dem Projekt zu bringen. Innerhalb von vier Monaten hatten sie ein funktionierendes Modell zusammengeschaltet, und innerhalb von sechs Monaten befand sich Jeffs Programm im Stadium der Fehlerprüfung.

Obwohl immer noch einige rauhe Kanten zu glätten waren, ging nach wenig mehr als einem Jahr das größte, schnellste Computersystem der Welt an die Leitung und verarbeitete über die Zentralbanken Daten aus mehreren Tausend Firmen. Schon bald würden praktisch alle Geschäfte, Schnellrestaurants Banken und Firmen im Land eine einzige Schnittstelle durchlaufen: Data-Net. Buchstäblich jede Transaktion in Amerika konnte überwacht und aufgezeichnet werden. Es fehlte nur noch die Abschaffung aller Bargeldtransaktionen, die Präsident Hunt geschickt eingefädelt hatte. In einem Schritt, den die überwiegende Mehrheit der Amerikaner unterstützte, wurde eine neue, bargeldlose Wirtschaft eingeführt.

Jeffs Gedanken kehrten abrupt in die Gegenwart zurück, als Russell Siever ihn zum zweiten Mal fragte: »Also, ist das System jetzt einsatzbereit oder nicht?«

»Es ist einsatzbereit«, antwortete Jeff, immer noch mit einem unbehaglichen Gefühl. »Oder wird in etwa einer Woche sein.«

»Gut. Es wird also nicht mehr lange dauern, bis wir das System an die Leitung gehenlassen«, sagte der Präsident. »Jeff, ich möchte, daß Sie die Probleme im Griff behalten. Wir stehen im Kontakt zu Repräsentanten der Europäischen Gemeinschaft, und sie sind bereit, daß System zu übernehmen. Sind Sie sicher, daß wir damit fertigwerden?«

»Ja, Sir«, antwortete Jeff. Innerlich beschäftigte er sich immer noch mit einem ungreifbaren Nagen in seinem Unterbewußtsein. *Was ist es*? fragte er sich. Um den Präsidenten auf den neuesten Stand zu bringen, sagte er: »Ich habe bei dem Datenverarbeitungssystem für die EG eng mit Dr. Thornton zusammengearbeitet. Er ist begeistert von der Aussicht, in einem gemeinsamen Währungssystem arbeiten zu können. Das wird den Handel zwischen den USA und Europa enorm erleichtern.«

»Wie steht es mit den asiatischen Märkten, Russ?« wandte sich der Präsident an seinen Wirtschaftsberater.

»Die Japaner kochen immer noch vor Wut über Ihre Ankündigung. Sie sagen, sie werden gegen das System kämpfen, solange die USA ihre Guthaben einfrieren.«

»Sie werden schon noch umdenken«, meinte Cal Rutland kalt. »Sie brauchen nur die richtige Motivation.«

Jeff warf der rechten Hand des Präsidenten einen Blick zu und sah, wie er seine Lippe kaum merklich hochzog. Ob es der Anflug eines Lächelns oder ein Zähnefletschen war, konnte er nicht ausmachen. Nach seinem bisherigen Verhalten zu urteilen, war es wohl eher ein Zähnefletschen. Bevor er etwas sagen konnte, erhob sich der Präsident und beendete damit die Besprechung.

Kapitel 8

ATTENTAT

Zwei Tage nach der Besprechung mit Jeff Wells über den Einsatzbeginn von Data-Net traf sich Russell Siever mit Cal Rutland, um eine sich abzeichnende Änderung der Haltung des Obersten Gerichtshofes zu Sievers Lieblingsprojekt zu erörtern: der Steuergerechtigkeits-Vorlage. Siever hatte die Vorlage persönlich für die Regierung entworfen. Sie war sein Beitrag zur Anti-Christen-Kampagne. Er war aschfahl, als er in Rutlands Büro stürmte.

»Ich habe von unserem Kontakt im Stab von Richter Bowman erfahren, daß er möglicherweise gegen die Steuergerechtigkeits-Vorlage stimmen wird. Haben Sie davon irgend etwas gehört?« fragte Siever mit zusammengepreßten Zähnen.

»Sieht aus, als würde er das sicher tun«, erwiderte Rutland gelassen. »Allerdings nur, wenn er dem Gericht dann noch angehört.«

Siever stutzte einen Moment, dann sagte er: »Bowman hat keine Rücktrittsabsichten. Und er sieht aus, als ob er hundert wird.«

»Vielleicht ist seine Gesundheit nicht so gut, wie sie erscheint. Es könnte sogar durchaus sein, daß er bereits todkrank ist.«

Siever erbleichte. »Wir können nicht einfach einen Richter des Obersten Gerichtshofes ausschalten. Der Aufschrei in der Öffentlichkeit würde uns alle erledigen!«

»Wir können alles tun, was notwendig ist. Vergessen Sie das nicht!« erwiderte Rutland kalt. »Das hier ist kein Spiel. Wir brauchen die Kontrolle über den Gerichtshof, um Phase zwei einzuleiten.«

Während der nächsten Tage wurde in den Medien mehrfach berichtet, Richter Bowman würde gemeinsam mit den Richtern Hartman und Kinney für das sogenannte »Steuergerechtigkeits-Gesetz« stimmen. Nichts hätte weiter von der Wahrheit entfernt sein können. Richter Bowman war bereits zu dem Schluß gekommen, daß die Besteuerung von Kircheneinnahmen das Prinzip der Trennung von Kirche und Staat verletzte. Doch wie es seine Art war, weigerte er sich, Interviews zu geben oder die bevorstehende Entscheidung öffentlich zu erörtern. »Mit Bowmans Stimme steht es fünf zu vier gegen die Vorlage«, informierte Bowmans Assistentin Marcia Harms Cal Rutland. »Morgen soll die Anhörung stattfinden.«

»Sind Sie sicher, daß er gegen die Vorlage stimmen wird?« fragte Rutland sachlich.

»Absolut«, erwiderte sie. »Wir mußten sogar Marshalls Argumentation gegen die Besteuerung von Kircheneigentum in Virginia für ihn aus den Archiven fischen. Er will diesen Fall zum Anlaß nehmen, um auch das Besitzsteuergesetz für ungültig zu erklären.«

Rutland legte den Hörer auf und wählte Jason Franklins Privatnummer. Franklin erwartete seinen Anruf.

»Sie hatten recht«, sagte Rutland, nachdem er das Einschalten des Verzerrers gehört hatte.

»Ist alles vorbereitet?« fragte der alte Industrielle ohne eine weitere Antwort.

»Morgen«, erwiderte Rutland. Dann informierte er Franklin über die Einzelheiten des Plans. Als die Leitung am anderen Ende verstummte, legte er auf.

Gemäß ihrer jahrelangen Gewohnheit trafen die Richter des Obersten Gerichtshofes um sieben Uhr morgens in ihren Büros ein. Sie verbrachten etwa eine Stunde damit, die Tagesordnung durchzugehen und sich von ihren Assistenten über anwendbare Gesetze und frühere Gerichtsentscheidungen informieren zu lassen. An diesem Morgen trafen drei Richter – Hartman, Bowman und Kinney – beinahe zur selben Zeit ein. Ihre Chauffeure setzten sie vor dem Richtereingang ab und fuhren weiter zum Parkplatz des Gerichtsgebäudes, um zu warten, bis sie gerufen wurden, um die Richter wieder nach Hause zu fahren.

Richter Bowman war der Senior des Obersten Gerichtshofes; er war vor drei Jahren noch von Präsident Kilborne eingesetzt worden. Mit damals siebzig Jahren war er der älteste Kandidat für den Obersten Gerichtshof in der Geschichte gewesen. Doch seine unerschütterliche Treue zur Verfassung hatte den Senat für ihn gewonnen und seine Bestätigung sichergestellt. Gemeinsam mit Kinney und Hartman war er die richtungweisende Kraft innerhalb des Gerichtshofes, die sich weder den Liberalen noch den Konservativen beugte. Ihre Entscheidungen zu verschiedenen Fragen waren mal »liberal«, mal »konservativ«, und sie standen selten alle drei auf derselben Seite. Das einzige Thema, über das sie sich einig zu sein schienen, war die potentielle Zerstörung der Privatsphäre, die durch das neue bargeldlose System entstand, das die Hunt-Regierung einführen wollte. Es war kein Geheimnis, das Bowman nur darauf wartete, bis die erste diesbezügliche Klage durch die untergeordneten Gerichte vor den Obersten Gerichtshof kam.

Kinney und Hartman hatten kürzlich die christliche Lobby erzürnt, indem sie sich bei der Besteuerung von Kircheneigentum auf die Seite der Regierung stellten. In ihrer Mehrheitsentscheidung stellten sie fest, daß die Verfassung die Besteuerung von Kircheneigentum nicht ausdrücklich verbot, vorausgesetzt daß bei allem besteuerten Eigentum innerhalb der Gemeinschaft dasselbe Maß angelegt wurde. Es erschien wahrscheinlich, daß Hartman und Kinney dieselbe Argumentation auf die Besteuerung des Kircheneinkommens anwenden würden. Bowman würde das Zünglein an der Waage sein. In der Presse waren Meldungen lanciert worden, die den Eindruck erweckten, er stünde auf der Seite der liberaleren Elemente im Gerichtshof. Das erzürnte viele christliche und quasi-christliche Gruppen, einschließlich des streitbaren *Constitutional Rights Committee.* Kürzliche Interviews mit angeblichen Mitgliedern dieser Gruppen wiesen auf die zunehmende Forderung nach aktivem Widerstand hin. Den Berichten zufolge waren Vergeltungsdrohungen die Antwort auf die Verhaftung John Elders.

Als Richter Bowman, der als letzter eintraf, aus seinem Wagen stieg, sah er nichts von den beiden bewaffneten, maskierten Männern, die zu beiden Seiten des Gebäudes aus ihrer Deckung hervorkamen und mit automatischen Maschinenpistolen das Feuer eröffneten. Die drei Richter wurden niedergemäht, wo sie standen. Sie waren beinahe sofort tot.

Kaum hatten die Schüsse begonnen, als die Sicherheitsbeamten aus dem Gebäude stürmten. Mehrere von ihnen wurden von den Attentätern niedergemäht, doch der Vorteil lag auf seiten der Polizisten. Als weitere bewaffnete Wachmänner erschienen, stürmten die beiden Maskierten auf einen wartenden Wagen zu. Der Wagen raste die Pennsylvania Avenue entlang, als mehrere schwerbewaffnete Sicherheitsbeamte – Angehörige der Eliteeinsatzgruppe, die zum Schutz der Washingtoner Regierungsbeamten abgestellt war – auf die Straße traten. Sie sandten einen Kugelhagel in das beschleunigende Fahrzeug, in dem der Fahrer sofort den Tod fand; der Wagen geriet außer Kontrolle, raste in ein parkendes Auto und ging in Flammen auf. Innerhalb von Sekunden verwandelte sich das Fahrzeug der Attentäter in ein Inferno.

Wenige Minuten später klingelte im Pressebüro des Weißen Hauses das Telefon. Während im Hintergrund Sirenen aufheulten, hörte Cal Rutland die Stimme am anderen Ende sagen: »Erledigt. Der Wagen ist mitsamt Insassen ausgebrannt.«

Rutland legte auf. *Zeit für Phase zwei,* sagte er lautlos zu sich selbst.

Die Nachrichtenmedien brachten unzählige Bilder von den Richtern, wie sie auf dem Bürgersteig vor dem Gebäude des Obersten Gerichtshofes lagen. Danach folgten Bilder von dem ausgebrannten Fahrzeug, in dem die beiden Attentäter und ihr Fahrer den Tod gefunden hatten.

Der Nachrichtensprecher von WNN befragte einen der vielen Washingtoner Polizeivertreter am Tatort: »Stimmt es, daß Verbindungen zwischen den Attentätern und dem CRC bestehen – der militanten religiösen Gruppe, die in letzter Zeit Drohungen gegen Regierungsbeamte ausgesprochen hat?«

»Ich kann zu dem Fall im Augenblick keinen Kommentar abgeben«, erwiderte der Beamte.

»Rechnen Sie in Kürze mit Verhaftungen?« fragte der Nachrichtensprecher nach typischer Reporterart. »Gibt es irgendeinen Zusammenhang zwischen der Verhaftung John Elders und diesem Attentat?«

»Ich kann dazu nichts sagen. Mr. Elder wurde gestern auf Anweisung des Bezirksrichters auf freien Fuß gesetzt. Wir werden Mitglieder seiner Gruppe über seinen gegenwärtigen Aufenthaltsort befragen.«

Tatsächlich war John Elder am Tag zuvor unter Auflagen freigelassen worden.

Zuerst dachte er, die Regierung hätte eingesehen, daß sie kein Material für eine Anklage gegen ihn habe. Doch das wahre Motiv erfuhr er nur zu bald.

Noch bevor das Interview zu Ende war, zeigte Insta-Pol an, daß achtundsiebzig Prozent aller Befragten John Elder und das CRC für die Verantwortlichen hielten.

Später am gleichen Tag fand in Elders Gemeinde in Atlanta ein eilends einberufenes Treffen statt. »John, was ist los?« fragte Bill Frost. »Es scheint, als ob die ganze Regierung über uns herfällt. Warum?«

»Ich weiß es nicht, Bill. Aber du erinnerst dich doch, daß wir schon über eine mögliche Verfolgung gesprochen haben. Wir haben zu einigen Themen unpopuläre Standpunkte vertreten, und immer wenn ein Land in Schwierigkeiten gerät, suchen die Politiker sich Sündenböcke.«

»Ich glaube, ich habe bisher nie die Bedeutung dieses Wortes richtig verstanden«, sagte Ann Boatman unter Tränen. »Wie können die Leute das zulassen? Wir sind doch auch Amerikaner und versuchen nur, zu tun, was richtig ist.«

»Ich nehme an, die gleiche Frage haben sich auch die Juden in Deutschland gestellt«, sagte Elder. »Das scheint so eine Massenhysterie zu sein, die in Zeiten wie diesen überhand nimmt. Die Leute wollen einfach jemanden haben, dem sie die Schuld an ihren Problemen zuschieben können.«

»Was ist mit den Attentaten, John? Das ist eine ernste Sache.

Man hält uns für eine Art Terroristengruppe. Durchaus möglich, daß sie erst schießen und dann nach den Fakten fragen.«

»Es ist schon schwer, das alles zu glauben. Sofort nach diesem Treffen werde ich mich den örtlichen Behörden stellen.«

»Aber John, du wirst bereits verdächtigt. Ich weiß nicht, ob sie diesmal überhaupt eine Kaution zulassen werden« wandte Archie Warner ein, ein Anwalt, der das CRC vertrat. »Ich konnte es gar nicht glauben, als sie dich nach der letzten Festnahme nach Washington verfrachtet haben. Die Verhandlung hätte in Atlanta stattfinden müssen.«

»Das war komisch«, stimmte Elder zu. »Ich kann dir sagen, eine Zeitlang habe ich dort richtig Angst gekriegt. Sie haben mich behandelt, als wäre ich John Dillinger.«

»Wer?« fragte Ann.

»Mach dir keine Gedanken«, sagte Elder mit einem Grinsen. »Wahrscheinlich bist du zu jung, um dich an ihn zu erinnern.«

»Weißt du, John, ich glaube, jemand in der Regierung hat dir das angehängt. Sie wollten, daß du in Washington bist, während der Anschlag stattfindet. Also hat man dich einfach verhaftet, nach Washington verfrachtet und unmittelbar vor dem Anschlag freigelassen«, sagte Warner, während er rastlos den Tisch umkreiste.

»Der Gedanke ist mir auch gekommen, Arch. So unglaublich es erscheint, ich muß dir zustimmen.«

In diesem Augenblick klingelte nebenan im Büro das Telefon.

»Ich gehe ´ran«, sagte Frost. »Ich habe einen Freund in Washington gebeten, anzurufen, falls er irgend etwas hört.«

Er nahm den Hörer ab und sagte: »Hier ist Frost.«

»Bill, hier ist Sam. Du bist in Gefahr. Das Justizministerium hat soeben Haftbefehl gegen Elder und alle Bezirksleiter des CRC erlassen, auch gegen dich. Man wirft euch terroristische Aktivitäten vor, und die Polizei ist angewiesen, euch ohne Kaution festzuhalten – unbegrenzt. Doch jetzt hör dir das an: Es besteht auch eine gerichtliche Anordnung, das CRC zu schließen und das gesamte Eigentum des CRC als Beweismaterial zu beschlagnahmen. Bill, ich fürchte, hier ist bis in die höchsten Ebenen hinein etwas faul. Würde mich nicht wundern, wenn sie euch falsches Beweismaterial unterschieben.«

»Was schlägst du vor, Sam?«

»Sorge dafür, daß eure Leute sich der örtlichen Polizei in Atlanta stellen. Hier ist die Situation so heiß, daß es zu einem Zwischenfall kommen könnte, wenn die FBI-Leute die Verhaftungen vornehmen. Eine spezielle Anti-Terror-Truppe ist ausgeschwärmt. Die ganze Situation hier in Washington ist chaotisch. Es sieht hier aus wie irgendwo im Nahen Osten. Mein Gott, drei Richter niedergeschossen, direkt vor dem Obersten Gerichtshof!«

Bill Frost war sichtlich erschüttert, als er den Hörer auflegte. Er war seit mehr als dreißig Jahren Anwalt, und er konnte einfach nicht glauben, was er gerade gehört hatte. *Die Regierung der Vereinigten Staaten lancierte falsche Anschuldigungen gegen eine führende religiöse Persönlichkeit* – es war fast zu ungeheuerlich, um es zu glauben. Dann ging es ihm auf: Es war zu ungeheuerlich, um es *nicht* zu glauben. Die meisten Amerikaner würden die Anschuldigungen der Regierung als Tatsachen akzeptieren, so wie im Moment im Lande die Stimmung gegenüber religiösen Gemeinschaften aussah. Die Christen hatten einige unpopuläre Standpunkte bezogen und sich mächtige Feinde gemacht, besonders in den Medien.

Ein Netz wurde von ihren Feinden gesponnen. Je mehr sie dagegen ankämpften, desto mehr würden sie sich darin verfangen. »Bis in die höchsten Ebenen hinein«, hatte Sam gesagt. *Ich frage mich, wie hoch die Ebene tatsächlich ist*, dachte er bei sich.

Er sah die Furcht auf den Gesichtern der meisten anderen in der Gruppe. Sie waren die Leiter des CRC, die die landesweite Organisation aufgebaut haben, um die christlichen Gemeinden miteinander zu verbinden. *Hier geht es nicht mehr um die akademische Ausübung der Redefreiheit*, dachte er. *Die Wirklichkeit hat diese Gruppe eingeholt. Wie viele wohl in der Lage sein werden, das durchzuhalten?*

Nachdem Frost hastig die Neuigkeiten weitergegeben hatte, stand John Elder auf.

»Freunde, das ist das, wovor wir alle uns am meisten gefürchtet haben. Die Verfolgung ist vielleicht ein wenig früher eingetreten, als ich vorausgesehen habe, aber sie ist da. Jetzt muß jeder von euch entscheiden, wem ihr an diesem Tag folgen wollt. Es sieht schlecht für uns aus, aber der Herr ist immer noch bei uns. Denkt daran, nicht die Leute, die uns zu vernichten versuchen, sind unser Feind; es ist der Feind Christi. Diese Schlacht ist von Anbeginn der Zeit geplant. Wir sind nur die Fußtruppen. Faßt Mut und verleugnet nicht, was ihr als die Wahrheit erkannt habt. Gott wird siegen, selbst wenn wir scheitern. Laßt uns beten ...«

Mehr als eine Stunde lang leitete der Pastor seine angeschuldigten Leiter im Gebet. Nachdem die anderen gegangen waren, saßen Elder, Frost und Warner fast eine weitere Stunde im Büro des Pastors und warteten auf einen Rückruf von einem Freund, den Archie im Polizeipräsidium von Atlanta angerufen hatte. Er hatte seinen Freund darum gebeten, dafür zu sorgen, daß die örtliche Polizei sie in Gewahrsam nahm, bevor die Bundesbeamten vom FBI ihre Haftbefehle ausführen konnten.

»Ich muß euch etwas erzählen, daß ich noch niemandem außer Julia erzählt habe«, sagte Elder zu seinen Freunden. »Ich hatte immer zuviel Angst davor, daß die Leute mich für einen Spinner oder Schlimmeres halten.

Als ich ein Kind war, habe ich jahrelang immer wieder mit weit offenen Augen im Bett gesessen, als wäre ich in Trance. Meine Mutter hat mir erzählt, daß meine Augen sich genauso bewegten, als ob ich ein Geschehen beobachtete, das vor mir ablief. Doch wenn ich dann aufwachte, konnte ich mich an nichts erinnern.

Das ging eine ganze Weile so – bis ich dreizehn war. Dann setzte ich mich eines Nachts auf und begann zu schildern, was ich sah. Meine Mutter war auf diesen Moment vorbereitet und konnte alles, was ich sagte, auf Band aufzeichnen. Ich möchte euch das gerne vorspielen.«

Elder öffnete seine Schreibtischschublade und zog eine Kassette hervor.

»Ich habe eine Kopie vom Original gemacht«, erklärte er, während er das Band in den Kassettenrecorder auf seinem Schreibtisch einlegte. »Vergeßt nicht, die Sache ist fast vierzig Jahre her.« Das Band begann zu rollen, und die Männer lauschten auf die Stimme eines kleinen Jungen, der von Tausenden von Christen erzählte, die wegen ihres Glaubens verhaftet und eingesperrt wurden, und von Zehntausenden anderen, die sich vor der Polizei versteckten. Es kam zu Prozessen, in denen religiöse Führer aus aller Welt gegen die Beschuldigten aussagten, besonders gegen einen – einen Pastor, der als ihr Führer bekannt war.

Elder hielt das Band einen Augenblick an und erklärte: »Der Pastor in meinem Traum wurde des Hochverrats gegen die Regierung angeklagt und zum Tode verurteilt. Er wurde vor einen sehr mächtigen Mann gebracht, der zum Führer der Vereinigten Staaten geworden war, obwohl er nicht der Präsident war. Dieser Mann war berühmt als ein großer Friedensstifter, dem es gelungen war, die Welt vor der Vernichtung zu bewahren, doch er war der Feind des Volkes Gottes und hatte es darauf abgesehen, sie einzusperren oder zu vernichten.« Dann ließ er das Band weiterlaufen.

Die Stimme auf dem Band begann einen zweiseitigen Dialog:

»Ich habe die Macht, Sie freizulassen«, sagte der Mann zu dem Pastor. »Dazu müssen Sie sich nur zur Treue mir gegenüber verpflichten.«

»Niemals«, erwiderte der Pastor. »Sie sind ein Feind meines Gottes und deshalb mein Feind.«

»Dann werde ich Sie und alle, die zu Ihnen gehören, vernichten«, drohte der Führer. »Sie sind ganz und gar in meiner Gewalt, und ich allein habe die Macht über Leben und Tod.«

»Niemals!« wiederholte der Pastor.

Das Band endete damit, daß der Junge aus seinem Traum erwachte und die Mutter ihm erzählte, was sie gehört hatte.

»Der Traum kehrte nie wieder«, sagte Elder. »Ich habe mich oft gefragt, ob es wirklich nur die Einbildung eines kleinen Jungen oder eine Vorwarnung Gottes war.«

»Vielleicht war es deine Einbildung in Verbindung mit den biblischen Geschichten, die deine Mutter dir erzählt hatte«, meinte Warner, der nüchterne Anwalt.

»Vielleicht«, antwortete Elder. »Aber weißt du, meine Eltern waren nicht gläubig, und ich hatte zu dieser Zeit noch nie die Bibel gelesen. Erst als ich dieses Band hörte, fing ich an, nach Antworten zu suchen. Dadurch wurde ich Christ, und später Pastor – vielleicht der Pastor aus meinem Traum!«

Das Klingeln des Telefons unterbrach ihr Gespräch. Warner nahm den Hörer ab. »Warner hier«, meldete er sich.

»Hör zu, Arch, die Sache ist wirklich ernst. Das FBI hat gegen deinen Pastor einen Haftbefehl, der sich liest wie ein Marschbefehl der Mafia – ›tot oder lebendig‹, heißt es hier. Die anderen werden wegen Verschwörung gesucht. Übrigens stehst du nicht auf der Liste, aber Frost.«

»Was sollen wir tun?«

»Ich habe mit einem befreundeten Kriminalbeamten geredet, der bereit ist, Elder und Frost in Gewahrsam zu nehmen, nachdem ich ihm versichert habe, daß Elder nicht gefährlich ist. Das ist er doch nicht, oder?«

»Absolut nicht. Ich sitze gerade neben ihm. Er ist so ziemlich der sanftmütigste Terrorist, dem du je begegnen wirst«, sagte Warner mit einem schwachen Lächeln.

»Ihr müßt ihn so schnell wie möglich dort heraus und ins Präsidium bringen. Die FBI-Leute haben etwas Schwierigkeiten, unseren Richter hier davon zu überzeugen, daß diese Leute in eine Verschwörung zum Sturz der Regierung verwickelt seien, aber wenn er es nicht tut, suchen sie sich einen Bezirksrichter, der ihre Washingtoner Haftbefehle beglaubigt.«

»Warte vor dem Präsidium auf uns. Wir sind in dreißig Minuten dort«, sagte Warner und legte auf.

»Komm, John, wir müssen hier ´raus«, sagte Warner nervös. »Sobald die Regierung erfährt, daß eine Menge anderer Leute wissen, daß du in Gewahrsam bist, wird sie erheblich leiser treten.«

Innerhalb einer Stunde saßen Elder, Frost und sechs weitere CRC-Mitglieder, deren Namen auf dem Haftbefehl standen im Stadtgefängnis von Atlanta in Schutzhaft. Die FBI-Beamten brauchten weniger als zwölf Stunden, um einen Bundesrichter dazu zu bringen, die Verhafteten in ihr Gewahrsam zu überstellen.

Elder wurde in einem wartenden Auto weggebracht. Frost und die anderen wurden zusammen zu einem wartenden Lieferwagen geführt.

Kapitel 9

Kontrolle über die Wirtschaft

Die Ereignisse liefen so schnell ab, daß die meisten Amerikaner kaum damit Schritt halten konnten. Auf allen Sendern wurden die abendlichen Nachrichtensendungen auf eine volle Stunde verlängert und erzielten gewaltige Einschaltquoten. Alle Sender stritten um die neuesten Einzelheiten über die Wirtschaftssituation, die Attentate und die Aushebung der religiösen »Terroristen«.

Die Amerikaner strömten zu ihren Banken, um ihr Bargeld gegen Gutschriften einzutauschen. Um diesen Prozeß zu fördern und etwaigen Widerstand zu reduzieren, kam Russell Siever mit einer genialen Idee: Der Tausch wurde mit einem Gewinn für die Leute gekoppelt. Für jeden abgegebenen Dollar bekamen die Kontoninhaber einen fünfzigprozentigen Bonus gutgeschrieben. Das brachte jeden Widerstand gegen das neue System zum Erliegen.

Die Drogenhändler, die es gewohnt waren mit großen Mengen Bargeld umzugehen, hatten ein Problem: Wie sollten sie ihr Bargeld eintauschen, ohne daß das Finanzamt auf ihre illegalen Geschäfte aufmerksam wurde? Auch dafür fand Siever schnell eine Lösung. Er entwarf ein Amnestie-Programm, aufgrund dessen sie einen einmaligen Austausch vornehmen konnten, ohne daß irgendwelche Fragen gestellt wurden. Die Klügeren unter den Dealern erkannten die Zeichen der Zeit und ergriffen die Gelegenheit, ihre Gewinne einzustreichen. Nach der Abschaffung des Bargeldes würde der Verkauf illegaler Drogen sehr schwer sein.

Interviews in den Medien mit geläuterten Drogenhändlern halfen, der Öffentlichkeit das bargeldlose System schmackhaft zu machen. Kurz nach einem Interview mit zehn geläuterten Dealern in den WNN-Nachrichten schoß die Akzeptanz des Data-Nets auf über neunzig Prozent empor. Hätte die Insta-Pol-Umfrage auch die Gruppe der Christen in ihre Statistik aufgenommen, was sie wohlweislich nicht tat, hätte sich dort eine überwältigende Ablehnung des Systems gezeigt. Die Christen fürchteten die Kontrolle, die ein solches System er Regierung in die Hand gab; doch da sie von den Medien ignoriert wurden, verhallten ihre Stimmen ungehört.

In einer Sendung der WNN-Abendnachrichten wurde das Thema der bargeldlosen Wirtschaft von Mitgliedern der *National Civil Liberties Union* (NCLU) diskutiert, die sich besorgt über das

Mögliche Eindringen in die Privatsphäre äußerten. Russell Siever vertrat den Standpunkt der Regierung.

»Dr. Siever, wie können wir sicher sein, daß die Regierung dieses System nicht gebrauchen wird, um die Bürger zu überwachen? Schließlich bringt es eine gewaltige Macht mit sich, alles Kaufen und Verkaufen kontrollieren zu können, oder nicht?« fragte Fred Lively, der Vorsitzende der NCLU.

»Das ist richtig, Fred, und das ist uns nur zu bewußt. Aber vergessen Sie nicht, daß wir eine Demokratie sind und das dieses Land von seinem Volk durch Wahlen beherrscht wird. Jeder Politiker, der versucht, die Freiheit des amerikanischen Volkes zu beschneiden, würde sich sehr schnell draußen vor der Tür wiederfinden.«

»Aber was ist mit den Rechten von Minderheiten?«

»Nun, wenn sie damit Drogenhändler, Kriminelle und Anarchisten meinen, dann werden die es freilich schwer haben, denn wir werden in der Lage sein, ihnen das Handwerk zu legen. Damit wir das tun können, müssen uns die ehrlichen Leute dieses Landes eine gewisse Flexibilität zugestehen. Aber ich kann Ihnen eines versprechen, Fred, und Sie kennen mich gut genug, um zu wissen, daß ich meine Versprechen halte: Wenn Sie oder irgendein anderes Mitglied der NCLU je einen Mißbrauch dieser Vollmachten beobachten, werde ich Ihnen helfen, den Präsidenten darauf aufmerksam zu machen. Aber denken Sie auch an die positive Seite. Kriminelle werden nicht mehr in der Lage sein, ehrliche Geschäftsleute auszurauben, die für ihr Geld hart arbeiten. Wenn kein Bargeld mehr in den Kassen ist, kann ein Dieb allenfalls einen Datenspeicher erbeuten, oder vielleicht einen Kühlschrank, falls er mit so einem Ding auf dem Rücken rennen kann.«

Lively lachte herzlich. Er war gründlich darauf vorbereitet worden, welche Fragen er dem Budgetmanager der Nation stellen sollte. Seine Anweisungen von der Bruderschaft waren klar: »Stellen Sie die Fragen, und dann sprechen Sie sich für das Programm aus.«

Die Insta-Pol-Umfrage zeigte, daß fast hundert Prozent der Zuschauer Dr. Siever und das neue Geldsystem unterstützten.

Innerhalb eines Monats war alles Bargeld eingetauscht, und das Data-Net-System arbeitete auf vollen Touren, nachdem es anfangs nur ein paar geringfügige Schnitzer gegeben hatte. Manchmal hängten sich die Kassencomputer beim Zugang zum Zentralcomputer auf, weil die Telefonleitungen überlastet waren. Sobald jedoch neue Leitungen installiert waren, funktionierte das System erheblich besser.

Die Geschäftsleute schätzten das neue System sehr, weil sie auf diese Weise ihre Einnahmen ohne Zeitverlust verbuchen konnten. Diejenigen freilich, die nicht über Kassencomputer verfügten, mußten erst Gutschriftenformulare ausfüllen, bevor sie bezahlt werden konnten. Diese Verzögerung zwischen dem Verkauf und der Verbuchung des Gewinns stellte sicher, daß auch sie sich rasch an den Zentralrechner anschließen würden. Ein gewaltiger Vorteil des neuen Systems war die Möglichkeit, sofort festzustellen, ob ein Kunde zahlungsfähig war oder nicht. Falls nicht, wurde die Transaktion unterbrochen, während der Kunde sich einen Kredit von der Zentralbank beschaffte. Diese Kredite wurden genau überwacht, und die Raten wurden automatisch jeden Monat vom Konto des Kunden abgebucht. Es sah tatsächlich so aus, als ob bei diesem Verfahren alle Beteiligten die Gewinner wären.

Die Umstellung auf ein umfassendes elektronisches System war erstaunlich einfach. Die meisten Leute empfanden jede Änderung als Verbesserung gegenüber dem Status quo. Die emotionale Belastung für die dreißig Prozent der Arbeitnehmer, die ohne Stellung waren, hatte entsetzliche Auswirkungen. In den meisten Städten war die Verbrechensrate gegenüber dem vorangegangenen Jahrzehnt um mehrere Hundert Prozent angestiegen. Selbstmord breitete sich aus wie eine Epidemie, besonders unter jungen Leuten. Ein Umstand, von dem der größte Teil der Öffentlichkeit nichts ahnte, war, daß der Übergang zu einem elektronischen Zahlungssystem zwar den Drogenhandel gebremst, aber keineswegs die Nachfrage nach Drogen in den Innenstädten verringert hatte. Die Folge war eine neue Verbrechenswelle durch Jugendbanden, die alles, von Fernsehern bis zu Autos, stahlen und gegen Drogen eintauschten. Sogleich waren die Medien bei der Hand, der Hunt-Regierung vorzuwerfen, sie tue nicht genug gegen das Verbrechen und die Arbeitslosigkeit.

»Ich weiß nicht, was die noch von mir wollen!« sagte Präsident Hunt wütend, während er die Zeitung auf den Frühstückstisch knallte. »Wie soll ich den Leuten Arbeit verschaffen? Die Regierung ist pleite!«

Cal Rutlands ausdrucksloses Gesicht zeigte keinerlei Regung, doch innerlich lächelte er, denn er wußte, daß die Zeit fast reif war für die nächste Phase. »Mr. President«, begann er in seinem üblichen, herablassenden Tonfall.

Hunt warf seinem Assistenten einen Blick zu. *Schon die Art, wie der diesen Titel benutzt, ist eine Respektlosigkeit*, dachte er. *Er benimmt sich, als wäre er der Präsident und ich sein Lakai.* Mark Hunt dachte schon seit einiger Zeit über Möglichkeiten nach, den »Schatten« loszuwerden, wie andere Mitarbeiter des Stabes Rutland nannten. Er wußte, daß er vorsichtig sein mußte. Rutland war ein direktes

Verbindungsglied zur Bruderschaft, und der wollte er sich jetzt noch nicht entgegenstellen. *Aber sobald es möglich ist, lasse ich ihn fallen*, versprach er sich entschlossen.

»Ja, Cal, was gibt es?« fragte er mit unterdrückter Verärgerung.

Rutland schien Hunts Gereiztheit nicht zu bemerkten. »Dr. Siever hat eine Idee, die sich als nützlich erweisen könnte. Er hat um einen Termin in dieser Woche gebeten.«

»Vereinbaren Sie sofort ein Treffen«, befahl der Präsident. *Siever ist ein guter Mann*, dachte er. *Er weiß, wo sein Platz ist.*

»Ja, Sir«, erwiderte Rutland mit gespielter Unterordnung.

Seit seiner Verhaftung war John Elder von einer Strafanstalt in die andere verlegt worden. Nach seinem Gewahrsam bei der örtlichen Polizei hatte das FBI die Kontrolle übernommen und ihn in das Bundesgefängnis in Atlanta überführt. Dort wurde er einer Leibesvisitation unterzogen, mußte sich duschen und wurde mit grober Gefängniskleidung ausgestattet.

Als der verantwortliche FBI-Agent die Zelle betrat, fragte ihn Elder: »Wann kann ich meinen Anwalt sprechen?«

»Halten Sie den Mund!« befahl der Agent. »Sie werden einen Anwalt sehen, wenn wir es sagen.«

»Wir sind hier immer noch in Amerika, oder nicht?« erwiderte Elder scharf.

Der Agent packte Elder an dem Würgekragen, der eigens für den Umgang mit widerspenstigen Gefangenen konstruiert war, und zog ihn auf die Beine. Der Schmerz war fast unerträglich. Schon der leiseste Zug nach oben an dem Kragen zog die Arme des Gefangenen nach hinten und zwang sein Genick in eine Stellung, in der es fast zu brechen drohte.

»Mister, es sind Mistkerle wie Sie, die das System ausnutzen, um nach Hilfe zu schreien, nachdem sie unschuldige Menschen umgebracht haben. Wenn es nach mir ginge, würde ich ihnen jetzt gleich den Hals brechen!« drohte der Agent, dann ließ er den Kragen los.

Nach Luft schnappend fiel Elder zu Boden. Das gleiche hatte er schon während der Abtreibungsproteste durchgemacht. Als er wieder einen klaren Kopf bekam, betete er: *Gott, gib mir Kraft, das Leiden zu ertragen, und die Gnade, vergeben zu können.*

Während der nächsten drei Stunden wurde Elder von drei FBI-Agenten eingehend zu den Anschlägen auf die drei Richter verhört. Standhaft stritt er jede Beteiligung an den Ereignissen und jedes Mitwissen ab. Immer wieder brach der verantwortliche Agent in Drohungen aus. Elder zweifelte nicht daran, daß er es ernst meinte. Nur die Gegenwart der anderen Agenten ersparte ihm weitere Mißhandlungen während des Verhörs.

In einem Nebenraum fragte der FBI-Direktor von Atlanta, Robert Jenkins, den Washingtoner Direktor: »Wie wollen Sie mit einem solchen Verhör den Mann überführen? Ihre Leute haben so ziemlich jedes verbriefte Bürgerrecht verletzt.«

»Schauen Sie, was Sie betrifft, existiert Elder überhaupt nicht«, sagte der andere Mann. »Sie verstehen offenbar nicht. Seine Organisation hat drei Richter am Obersten Gerichtshof auf dem Gewissen. Wenn die damit davonkommen, haben wir Anarchie in diesem Land.«

»Ich bin nicht so sicher, daß die Art, wie er behandelt wird, keine Anarchie ist«, meinte Jenkins. »Wenn wir kein Rechtsstaat sind, sind wir gar nichts.«

»Verschonen Sie mich mit Ihrem Gejammer. Kommen Sie mit nach Washington und schauen Sie sich an, wie es dort aussieht. Dann können wir weiter über Bürgerrechte reden. Wir stehen an der Schwelle zu einer Revolution in diesem Land, und Gruppen wie das CRC wollen uns über die Klippe springen lassen.«

»Dann bringen Sie ihn aus Atlanta fort. Ich werde weitere Brutalitäten gegen einen Gefangenen in meinem Bezirk nicht dulden. Mir ist egal, was ihm vorgeworfen wird.«

»Wir werden ihn verlegen, aber erst, wenn ich Nachricht von der Zentrale habe.«

Elders Anwalt Archie Warner hatte inzwischen die notwendigen Eingaben an das Bundesgericht gemacht, um ein Habeascorpus für die Freilassung von John Elder und der anderen sechs Verhafteten zu erwirken. Nachdem er die Eingabe geprüft hatte, forderte der Richter den Anwalt des FBI auf, die Gründe darzulegen, warum die Männer nicht auf freien Fuß gesetzt werden sollten.

Der Anwalt präsentierte die von Präsident Hunt unterzeichnete Anweisung, in der die sieben Männer als Terroristen bezeichnet und die Bundesbehörden angewiesen wurden, sie ohne richterlichen Beschluß festzuhalten. Sie sollten isoliert werden, bis der Präsident etwas anderes verfügte. Die Quintessenz war, daß Hunt eine Anordnung unterzeichnet hatte, in der ihnen gemäß einem Gesetz von 1862, das ursprünglich entworfen worden war, um die Sklavereigegner während des Bürgerkrieges unter Kontrolle zu bringen, die Bürgerrechte aberkannt wurden. Präsident Lincoln hatte es benutzt, um beim Ausbruch der Feindseligkeiten die Regierung von Virginia zu verhaften und einzusperren.

»Dieser Fall ist meiner Jurisdiktion entzogen worden«, erklärte der Richter wütend und schlug mit dem Hammer auf den Tisch.

»Warten Sie!« sagte Warner. »Gegen diese Männer ist weder

eine formelle Anschuldigung vorgebracht noch eine Klage vor irgendeinem Gericht erhoben worden.«

»Bringen Sie den Fall vor den Obersten Gerichtshof«, sagte der FBI-Anwalt kalt, schloß seine Aktentasche und ging.

»Das ist unglaublich«, rief Warner ihm nach. »Das kann nicht sein.«

Am gleichen Nachmittag machte Archie Warner sich daran, so viele CRC-Mitglieder in Atlanta wie möglich zu kontaktieren. Er war beeindruckt von dem effizienten Kommunikationssystem, das die Gruppe untereinander aufgebaut hatte. Innerhalb von fünf Stunden waren über achttausend Personen erreicht und zu einem Treffen gerufen worden. Was jedoch niemand in der Gruppe ahnte, war, daß Hunderte ihrer Telefonanschlüsse angezapft und abgehört wurden. Die Information über das Treffen erreichte auf einer speziellen Leitung sofort das Weiße Haus: Cal Rutlands Privatnummer.

Rutland nahm die Nachricht über das Treffen mit untypischer Erregung auf. *Perfekt,* dachte er. *Jetzt ist es Zeit, die Trumpfkarte auszuspielen.* Er nahm den Hörer ab und wählte eine Nummer, die er auswendig kannte.

Im Arbeitszimmer von Jason Franklin klingelte das Telefon. Er nahm den Hörer ab, sagte aber nichts.

»Das Treffen findet heute abend um sieben statt. Fragen Sie den Führer, ob ich Judas aktivieren soll.«

Franklin wandte sich an einen anderen Mann im Zimmer und gab die Nachricht weiter. Amir Hussein, innerhalb der Bruderschaft als der Führer bekannt, erwiderte: »Tun Sie das sofort.«

Nachdem Franklin den Befehl an Rutland weitergegeben hatte, erhob sich Hussein, um zu gehen. »Es hat also begonnen, nach all den Jahren«, sagte er zu Franklin. »Unsere Position wird bald gesichert sein.

Aber täuschen Sie sich nicht«, warnte Hussein. »Der Feind, gegen den wir kämpfen, wird sich nicht leicht geschlagen geben. Wir müssen seine Anhänger vollkommen entmutigen und unschädlich machen. Es sind schwache, furchtsame Leute, die alles stehen und liegen lassen, sobald sich der Wind gegen sie wendet. Doch die Führungsriege muß zerstreut und unglaubwürdig gemacht werden. Die Anarchie muß regieren, bevor die neue Ordnung aufgerichtet werden kann.«

Amir Hussein war in Israel als Sohn einer israelischen Mutter und eines irakischen Vaters geboren worden. Seine Mutter war gerade fünfzehn gewesen, als sie von einem irakischen Stoßtrupp gefangengenommen wurde, der Vorstöße nach Israel machte. Nach sechs Monaten Gefangenschaft hatte man sie freigelassen – als entdeckt wurde, daß sie schwanger war. Der Vater des ungeborenen Kindes war Achmed Hussein, der Kommandant des Lagers, in dem sie gefangen gewesen war.

Saulif, die Mutter Amirs, wurde zu einer Ausgestoßenen innerhalb ihres eigenen Volkes, gemieden selbst von ihrer eigenen Familie. Als Kind wurde Amir, damals bekannt unter dem Familiennamen seiner Mutter, Flome, von anderen jüdischen Kindern gnadenlos verfolgt.

Seine Mutter starb, als er zwölf war, und Amir wurde zu einem Straßenbettler. Alle, die ihn kannten, spürten, daß er kein gewöhnliches Kind war. Er verfügte über die Schlauheit eines Mungos und das Temperament einer Kobra. Mit sechzehn war er der anerkannte Führer der Straßenbanden in den besetzten Gebieten Palästinas und versorgte die Araber dort mit illegalen Waffenlieferungen. Mit zwanzig hatte er sich durch Schmuggel von Waffen und Sprengstoff aus Syrien und Irak nach Israel ein beträchtliches Vermögen erworben.

Nach einer massiven Aktion gegen die Araber in den besetzten Gebieten wurde er vom israelischen Geheimdienst Mossad festgenommen. Nur die Tatsache, daß er ein Halbjude war, bewahrte ihn vor einer sofortigen Hinrichtung. Er wurde des Landes verwiesen mit der Drohung, sofort hingerichtet zu werden, falls er je wieder auf israelischem Boden angetroffen würde.

Amir wanderte nach Amerika aus wo er den größten Teil seines Vermögens investiert hatte, und nahm den Namen seines Vaters Hussein an. Von den USA aus führte er seine Waffengeschäfte fort. Seine Verbindungen waren sogar so wertvoll, daß die CIA ihn oft zu verdeckten Operationen im Nahen Osten und Afrika heranzog. Mit fünfunddreißig galt Amir Hussein als einer der wohlhabendsten und einflußreichsten Männer der Erde.

Innerhalb der Bruderschaft war Hussein nur durch seinen Ruf bekannt. Doch den größten Teil seines Reichtums setzte er ein, um die Interessen der Bruderschaft und die Idee einer einheitlichen Weltregierung voranzubringen, zu deren Oberhaupt, wie er erklärte, er selbst bestimmt sei.

Hussein hatte nur zwei Leidenschaften: einen tiefen Haß auf Christen und Juden und eine völlige Hingabe an die Aufgabe, das Reich Satans auf Erden aufzurichten. Dazu hielt er es für das Beste, sich im Hintergrund der Bruderschaft zu halten und Jason Franklin als seinen Sprecher einzusetzen – vorläufig.

»Es ist Zeit, Phase zwei einzuleiten«, sagte Hussein zu Franklin.

»Ich werde mich darum kümmern«, antwortete Franklin gehorsam.

Später an jenem Abend sprach in einem anderen Teil von Atlanta Archie Warner vor den versammelten Mitgliedern des *Constitutional Rights Committee.* »Wir müssen eine landesweite Demonstration gegen die illegale Verhaftung von John Elder und sechs unserer Bezirksleiter organisieren. Sie sind fälschlich der Anarchie beschuldigt worden, und die Bundesgerichte wollen niemanden zu ihnen vorlassen. Unsere einzige Möglichkeit zu helfen liegt darin, die Öffentlichkeit darauf aufmerksam zu machen.«

»Warten Sie mal!« protestierte eines der Mitglieder. »Erinnern wir uns daran, was John uns sagte, nachdem er zum ersten Mal festgenommen wurde. Wir dürfen ihnen keine Provokation liefern. Die Regierung ist auf einen Kampf aus, und auf der Straße können wir nicht gewinnen.«

»Was sollen wir denn dann tun?« rief ein anderer aus der Gruppe. »Sollen wir sie etwa im Gefängnis verrotten lassen?«

Binnen kurzem schrie in der Gruppe alles durcheinander.

»Halt!« bellte Warner vom Podium. »Wir können die Nachricht nur verbreiten, wenn wir Protestmärsche im ganzen Land organisieren. Wir dürfen nicht nur lokal handeln, sonst werden die Medien es ignorieren, und es werden nur noch weitere Mitglieder verhaftet werden. Gibt es eine Möglichkeit, mit anderen Gemeinden und Gruppen im Land in Verbindung zu treten?«

Mehrere Leute hoben die Hände und berichteten über persönliche Kontakte, die sie in anderen Städten hatten. Amelia Frost, die früher als Sekretärin für John Elder gearbeitet hatte, stand auf und ergriff das Wort.

»Pastor Elder hat mir Anweisungen gegeben, wie wir zu all den anderen Gruppen im Land Kontakt aufnehmen können, falls wir in eine Situation wie diese kommen sollten.«

Warner schaltete sich wieder ein und sagte: »Amelia, kommen Sie und alle anderen, die Kontakte haben, doch bitte nach vorn.« Kurz darauf hatten sich mehr als fünfzig Leute versammelt und begannen sich darüber auszutauschen, wie sie mit anderen CRC-Gruppen in den ganzen USA in Verbindung treten könnten. Sie wurden rasch in Kontaktgruppen aufgeteilt, und Freiwillige wurden beauftragt, die gesammelten Personen anzurufen. Jede Gruppe hatte eine Liste von fast hundert Personen, die anzurufen waren und von denen jeder wiederum das gleiche tun sollte.

Nach dem Ende des Treffens sprach Warner mit einigen der Gruppenleiter. »Ich bin beeindruckt, wie gut John diese Gruppen organisiert hat. Es ist, als hätte er damit gerechnet, verhaftet zu werden.«

»Das hat er auch«, sagte einer der Männer. »Er hat erwartet, daß eine Verfolgung kommen würde. Danken wir Gott, daß der Pastor so sehr auf Organisation und Jüngerschaft baute. Wir sind bereit zum Handeln.«

Quer durchs ganze Land liefen die Telefonanrufe bei führenden Christen an allen Orten. Es war im voraus entschieden worden, daß die ersten Protestmärsche in der folgenden Woche stattfinden sollten. Die Organisatoren rechneten damit, daß im ganzen Land etwa drei Millionen Christen auf die Straßen gehen würden. Eine Großdemonstration war für Washington geplant, wo mindestens zweihunderttausend Menschen aus der Umgebung zum Capitol marschieren sollten.

Ohne daß die Organisatoren etwas davon ahnten, wurde die Nachricht von den Demonstrationen sofort an das FBI in Washington weitergegeben. Im ganzen Land wurden die Behörden unterrichtet, die Demonstranten hätten nötigenfalls vor, in den Städten gewaltsam zu protestieren. Praktisch überall, auch in Washington, wurden die Genehmigungen für die Demonstrationen verweigert. Als diese Information das Hauptquartier in Atlanta erreichte, wurden Besprechungen abgehalten, um über die nächsten Schritte zu beraten.

»Uns bleibt keine Wahl, als die Demonstrationen trotzdem durchzuführen«, sagte Archie Warner zu den versammelten Leitern. »Wir haben immer noch keine Nachricht von John und den anderen. Wenn wir nichts tun, wird die Regierung glauben, sie könne mit so etwas davonkommen.«

»Sie haben recht«, stimmten mehrere andere zu. »Wir können nicht einfach herumsitzen und nichts tun.«

»Aber wenn wir ohne Genehmigung demonstrieren, spielen wir ihnen direkt in die Hände«, widersprach Bob Bierson, einer der Organisatoren. »John hat uns immer ermahnt, das Gesetz nicht in unsere eigenen Hände zu nehmen, sondern es Gott zu überlassen.«

»Schön und gut«, sagte Warner, »aber ich kann Ihnen sagen, daß Politiker nichts verstehen außer Zahlen. Wenn man nicht protestiert, hören sie nicht zu. Das nächste Mal könnte es einen von Ihnen treffen. John würde keinen von uns im Gefängnis sitzen lassen, ohne alles zu tun, um ihm zu helfen, oder?«

»Nein, bestimmt nicht«, stimmte die Gruppe zu. Eine überwältigende Mehrheit entschied sich dafür, die Protestmärsche stattfinden zu lassen. Auf Warners Vorschlag wurden die Demonstrationen um eine weitere Woche verschoben, um den Gruppen mehr Zeit für die Organisation zu lassen; und wieder lief die Nachricht durch das ganze Land.

Später am Nachmittag klingelte im Büro von Cal Rutland in Washington das Telefon.

»Rutland«, meldete sich der Assistent.

»Die Sache läuft Ihrer Anweisung gemäß.«

»Gut. Sie sind sicher, daß sie die Demonstrationen durchführen werden?«

»Ja. Die Gruppe ist fest entschlossen zu den Protestaktionen, mit oder ohne Genehmigung«, sagte Warner zitternd.

»Exzellent«, sagte Rutland und legte auf. »Exzellent.«

Er wählte die Privatnummer von Jason Franklin.

Dieses Mal meldete sich eine Stimme, die er nur zu gut kannte. Es war der Führer, Amir Hussein. »Guten Abend, Cal«, sagte die Stimme mit ihrem schweren Akzent. »Sind wir bereit?«

»Phase zwei ist vorbereitet. Die Protestaktionen sind für nächsten Freitag geplant«, versicherte ihm Rutland.

»Sehr gut. Führen Sie sofort den Judas-Plan durch.«

Damit verstummte die Leitung. Als Rutlands den Hörer auflegte, dachte er: *Mit Vergnügen ... sofort.*

Später traf sich Präsident Hunt mit seinen Spitzenberatern. Die Diskussion drehte sich um die Empfehlung, die dem Präsidenten gerade von Russell Siever gereicht worden war.

»Das kann ich nicht machen, Russ«, wehrte Hunt ab. »Wenn ich versuche, dem Kongreß den Geldhahn zuzudrehen, zerren die mich aufs Schafott.«

»Keineswegs, Mr. President«, entgegnete Siever. »Der Haushaltszusatz gibt Ihnen die Möglichkeit, Ihr Veto gegen jegliche Ausgaben einzulegen, wo immer es notwendig ist, um den Haushalt auszugleichen.«

»Aber dieser Verfassungszusatz war nie dazu gedacht, den Kongreß dichtzumachen«, sagte Hunt mit etwas weniger Nachdruck. »Was meinen Sie, Pat?«

Justizminister Patrick McMillan saß einige Augenblicke schweigend da, bevor er antwortete. »Legal dürfte es sein, Mr. President, aber es wird im Kongreß für den größten Aufruhr sorgen, den Sie je gesehen haben.«

»Andererseits wird es dem Kongreß die klare Botschaft übermitteln, daß Sie mit harten Bandagen kämpfen können, wenn es um Geldzuwendungen geht«, meinte Siever zuversichtlich und sah Hunt an. Er fragte sich, ob Hunt clever genug war, um den Dunstschleier zu durchschauen, den sie um ihn legten. Wahrscheinlich nicht, schloß er. Was sie planten, war so radikal, daß niemand darauf kommen konnte.

»Ich weiß nicht, Russ«, sagte Hunt zum vierten Mal. »Den Kongreß zu suspendieren ... das ist noch nie gemacht worden.«

»Wir leben in schwierigen Zeiten, Mr. President. Es ist einiges an Phantasie notwendig, um die notwendigen Veränderungen herbeizuführen.«

»Ich sehe Grants Gesicht vor mir«, sinnierte Hunt, der sich allmählich für den Gedanken erwärmte. »Er wird einen Schlaganfall kriegen.«

Siever und Rutland wußten, daß sie gewonnen hatten. Der Präsident war durch und durch Politiker. Er konnte sich einfach keine Gelegenheit entgehen lassen, dem Kongreß einen Denkzettel zu verpassen.

»Schließlich könnte ein Sabbatjahr keinem von denen schaden, oder?« lachte Hunt beim Gedanken an Senator John Grants Reaktion. Sein alter Rachegeist würde ein ungeheures Geschrei erheben.

»Wann wäre der richtige Zeitpunkt dafür?« fragte Hunt mit wachsender Begeisterung.

»Nun, zuerst müßten Sie Ihre Kandidaten für den Obersten Gerichtshof bestätigen lassen«, sagte der Justizminister, während er sich den Vorschlag durch den Kopf gehen ließ. »Da das nur der Senat tun kann, muß er dazu noch in Betrieb sein. Danach wird das Gericht mit den von Ihnen eingesetzten drei neuen Mitgliedern Ihre Maßnahmen bestätigen.«

»Genial!« sagte Hunt und schlug McMillan auf den Rücken. »Der Senat bestätigt die Männer, die ihn daraufhin in Urlaub schicken werden – das ist genial. Grant wird ein Magengeschwür kriegen.«

»Wie stehen die Chancen, daß der Senat alle drei bestätigen wird?« fragte Hunt seinen Justizminister.

»Billings und Stroud sind sicher, denke ich. Wir müßten die Bestätigung Anfang nächster Woche bekommen. Cummings wird es vermutlich nicht schaffen. Aber das macht nichts, wir haben ja Anderson als Ersatz.«

»Wird das kein Problem geben? Was ist, wenn er gegen diese Sache mit den Kongreßgeldern stimmt?«

»Es ist Mrs. Anderson, Sir. Sie ist die Bezirksrichterin aus Mississippi. Ich bezweifle, daß sie sich auf die Seite des Kongresses stellen wird. Doch selbst wenn sie das tun sollte, haben wir immer noch die Mehrheit der Stimmen.«

Der Präsident stotterte ein wenig über seinen Lapsus herum. »Ich habe keinen Einwand ... wenn wir immer noch die Mehrheit im Gerichtshof haben.«

»Das werden wir«, versicherte ihm Siever. McMillan bestätigte das mit einem Nicken.

»Wie steht es mit der Terroristenangelegenheit?« fragte Hunt nach einem Blick auf den Bericht des FBI.

»Wir haben die Führer der Gruppe aus Atlanta dingfest gemacht«, erwiderte McMillan vorsichtig. Er hatte Rutland informiert, daß Hunt dem FBI-Bericht nicht ganz traute.

»Sind sie bereits unter Anklage gestellt worden?« fragte Hunt.

»Nein, Sir. Wir hielten es für besser, sie festzuhalten, bis wir die anderen führenden Leute im ganzen Land eingekreist haben. Im gegenwärtigen Klima könnte diese Sache wirklich übel werden.« Der Justizminister begann zu schwitzen. Er wußte, daß sie sich juristisch auf gefährlichem Boden bewegten. Rutland hatte ihn angewiesen, Elder nach Washington zu überführen und ihn bis auf weiteres in Einzelhaft zu halten.

»Hören Sie, wir sind hier nicht in Rußland, Pat«, sagte der Präsident wütend. »Ich will, daß diesen Leuten ihr Recht auf einen Anwalt und auf einen ordentlichen Prozeß nicht vorenthalten wird. Mein Festnahmebefehl bedeutete nicht, daß Sie die Leute unbegrenzt festhalten können.«

»Nein, Sir, wir wollen nur sichergehen, daß das FBI sich nicht plötzlich einer Armee von Terroristen gegenübersieht, wenn es die führenden Köpfe einzukreisen versucht.«

»Halten Sie mich über die Sache auf dem laufenden, Pat!« sagte Hunt mit Nachdruck. »Ich habe nichts dagegen, dem Kongreß ein wenig die Luft abzudrehen. Aber ich will nicht, daß dieses Land zu einem Polizeistaat wird.«

»Ja, Sir, wir werden Sie auf dem laufenden halten. Es kann nicht mehr lange dauern.«

»Sorgen Sie dafür!« befahl Hunt. Irgend etwas am Rande seines Bewußtseins irritierte ihn, aber er konnte seine Gedanken nicht darauf konzentrieren. Dieser paranoide Terroristenwahn in den Medien machte ihm Sorgen. Außer den Drohungen und den Morden an den Richtern sah er keinerlei Hinweise auf die Tätigkeit einer terroristischen Organisation. Die FBI-Berichte waren vage und, wie er argwöhnte, fingiert. *Ob Randall wohl zur Bruderschaft gehört?* dachte er. Schon der Gedanke, daß sein FBI-Direktor Mitglied der Bruderschaft sein könnte, alarmierte ihn. *Wenn das stimmt, kann ich keinem Wort mehr trauen, das ich lese!*

In einer Besprechung, die später an diesem Tag im Haus Jason Franklins stattfand, sagte Cal Rutland: »Wir werden ein wenig schneller vorgehen müssen, als wir geplant haben. Offenbar ist unser Präsident nicht ganz so beschränkt, wie wir dachten.«

»Wir stehen dicht davor, den Sack zusammenzuschnüren. Wir dürfen nichts übereilen, sonst ziehen wir die Aufmerksamkeit auf uns«, sagte Franklin, der nervös auf und ab marschierte. »Was meint Siever?«

»Er sagt, die meisten nötigen Faktoren sind startbereit. Die Europäer finden Wells´ Programm hervorragend. Sie meinen, es könne nicht nur innerhalb von Monaten, sondern innerhalb von Wochen weltweit eingeführt werden«, berichtete Rutland, und es klang dabei sogar eine leise Andeutung von Respekt in seiner Stimme mit.

»Weiß Wells, wie das System verwendet werden soll?« fragte Hussein.

»Er ist ein heller Bursche«, antwortete Rutland. »Ich bin sicher, er ist clever genug, um es sich auszurechnen. Aber im Moment ist er vollkommen in die technischen Einzelheiten vertieft. Er wird uns keine Schwierigkeiten machen. Sobald das System läuft, haben wir mehrere Leute, die in der Lage sind, es zu verwalten.«

»Das ist im Moment unser einziger Schwachpunkt«, sagte Hussein, der am Fenster stand und hinaus in den Regen schaute. »Sagen Sie Siever, er soll Wells gut im Auge behalten.«

»Was ist mit den Demonstrationen«, fragte Fred Lively von der NCLU. »Können wir sicher sein, daß sie diese Woche beginnen?«

»Judas berichtet, daß alles normal vorangeht«, sagt Rutland kalt. Er hatte keine Achtung vor dem dürren Anwalt, der auf eigenartige Weise wie eine Leiche aussah. *Auf die NCLU kommt auch noch eine Überraschung zu,* dachte er. *Es ist eigentlich zum Lachen. Diese Leute zerstören das einzige System, das sie jemals tolerieren würde.*

»Sind Sie sicher, daß Judas liefern kann?« fragte Lively in befehlendem Ton. Er hatte große Pläne, wenn diese ganze Sache in Schwung kam. Er würde ein Teil des neuen Systems sein, ein Gründervater sozusagen. Außerdem würde er die Macht haben, seinen Erzfeinden, den Christen, eine echte Lektion zu erteilen. *Gott, wie ich sie hasse. Nein, halt,* dachte er, *nicht Gott ...* er glaubte nicht an Gott. *Jedenfalls hasse ich sie.*

»Judas wird liefern. Die Sache ist seit langer Zeit geplant«, sagte Rutland herablassend.

»Ist alles bereit?« fragte Archie Warner die Organisatoren der Kundgebung. Sie hatten sich für die Bezeichnung »Kundgebung« entschieden, weil sie nicht wollten, daß ihre Gruppen als Demonstranten angesehen wurden.

»Ich denke schon«, erwiderte Bob Bierson. »Ich wünschte nur, wir könnten mit Pastor Elder reden. Ich bin immer noch nicht sicher, ob er das befürworten würde.«

»Nun, wir können ihn und die anderen schließlich nicht einfach im Gefängnis verrotten lassen, ohne etwas zu unternehmen, oder?« Manchmal wünschte sich Warner, er hätte sich auf die ganze Sache nie eingelassen. Er erinnerte sich an die Zeit, als Elder zum ersten Mal an ihn herangetreten war und ihn um seine Hilfe gebeten hatte. John war ein erfolgreicher Pastor mit einer eigenen, landesweit ausgestrahlten Fernsehsendung gewesen. Er begann gerade seine Kampagne gegen die Regierung und brauchte juristische Beratung bei seinen Eingaben. Damals hatte Warner diese Arbeit gern angenommen. Er war seit fast fünfundzwanzig Jahren in Atlanta als Anwalt tätig und im Grunde nicht auf einen grünen Zweig gekommen. Das Geld, das er vor der Depression am Immobilienmarkt investiert hatte, war längst verloren.

Kaum hatte er für Elder gearbeitet, wandte sich sein Geschick zum Guten. Unglaublicherweise trat die Immobilienfirma Jason Franklins an ihn heran, damit er einige Transaktionen für sie tätigte. Bis zu dieser Zeit war Jason Franklin für Warner beinahe eine mythologische Figur gewesen. Er konnte es sich leisten, die besten Anwälte zu beschäftigen, und Warner machte sich keine Illusionen, daß er dazugehörte. Der Stundenlohn von zweihundert Dollar, den Franklin ihm zahlte, half Warner, finanziell zu überleben.

Als Franklins Buchhalter wegen der Abwicklung eines Auslandgeschäfts über mehrere Millionen Dollar an ihn herantrat, war er zunächst skeptisch. Warum wollten sie ihn und nicht jemanden, der Erfahrungen im internationalen Recht hatte? Dann sagte man ihm, daß an der Transaktion einige kolumbianische Banken beteiligt seien, und ihm wurde klar, das es vermutlich um Drogengelder handelte. Zuerst lehnte er ab, doch als Franklin daraufhin auch seine anderen Aufträge zurückzog, war er wieder da, wo er angefangen hatte – pleite. Also nahm er die Arbeit an. Das Honorar für das erste Projekt betrug beinahe zweihunderttausend Dollar, mehr als doppelt so viel, als er bisher in seinem besten Jahr verdient hatte. Schnell beruhigte er sein Gewissen über die Herkunft des Geldes und gewöhnte sich an den Lebensstil, den er sich immer gewünscht hatte.

Dann, zwei Jahre später, hatte Franklin ihn zu einem Treffen nach Jekyll Island beordert, um eine neue Tätigkeit mit ihm zu erörtern. Was er dort hörte, war ein sichtlicher Schock für ihn. Man glaubte, eine Gruppe von Terroristen, die sich *Constitutional Rights Committee* nannte, operiere unter dem Deckmantel einer christlichen Organisation. Ihr Führer sollte der bekannte Fernsehprediger John Elder sein.

Das FBI wollte diese Gruppe aus ihrer Deckung zwingen, erzählte man Warner, und sie dazu bringen, offen gegen das Gesetz zu verstoßen. Um das zu erreichen, würde man das CRC und seinen Leiter John Elder unter Druck setzen. Da Warner schon für Elder gearbeitet hatte, sollte er sich zur Verfügung stellen, die Gruppe juristisch zu vertreten.

Bald darauf stellte man Warner Zehntausende von Dollars zu Verfügung, die er dem CRC zuleiten sollte. Elder glaubte, Warner zapfe seine reichen Freunde an, um die verzweifelt benötigten Geldmittel zu beschaffen. Doch dann begann der Kampf mit der Regierung und mit dem Finanzamt bezüglich der Steuerbefreiung der Gruppe, und man betrachtete das Geld als von Gott geschickt.

Hin und wieder erhielt Warner Namen von Personen, die von Elder als Spender in den einzelnen Bezirken angeworben werden sollten. Warner wies ihn auf diese Leute hin und erwähnte, sie stünden der Sache der Christen nahe. Die Höhe ihrer Spenden verschaffte ihnen dann schnell führende Positionen in den einzelnen Gruppen. Als der steuerfreie Status der Kirchen und Gemeinden in Gefahr geriet, waren sie die ersten, die mehrere Hunderttausend Dollar in einen Verteidigungsfundus einzahlten. Warners Firma stand an der Spitze der Verteidigung – immer sorgfältig darauf achtend, zu verteidigen, aber nicht zu gewinnen.

Jeder dieser führenden Leute gewann einen festen Platz in den Gemeinden oder anderen Elementen von Elders Organisation; dann warben sie wiederum weitere Männer und Frauen an, die auf niedrigeren Ebenen arbeiteten. Innerhalb von zwei Jahren hatten sie das CRC auf allen Ebenen unterwandert und nahmen praktisch an allen Planungen teil. Ihr Codename war »Judas«.

Dieser internen Unterstruktur würde bei den geplanten Demonstrationen eine entscheidende Rolle zukommen. Warner wußte, daß das, was sie zu tun vorhatten, zur Verhaftung oder gar zum Tod von Hunderten, vielleicht Tausenden unschuldiger Menschen führen konnte. Sein Gewissen plagte ihn, doch er wußte, daß er in einem sehr fein gesponnenen Netz gefangen war. Wenn er nicht ins Gefängnis wollte, mußte er weitermachen. Außerdem wußte er nur zu gut, wozu Franklin imstande war, wenn man seine Pläne durchkreuzte.

Kapitel 10

Die Unruhen

Am Freitag, dem zwölften Oktober, sollten die landesweiten Kundgebungen stattfinden. Der Gedanke war, die Aufmerksamkeit auf die Lage der Christen im allgemeinen und John Elders und der anderen Verhafteten im besonderen zu lenken. Einigen wenigen Gruppen war es gelungen, Genehmigungen zu erhalten, doch in den meisten Städten hatten die Behörden sie verweigert. Da die Medien ihnen wenig bis gar keine Sympathie entgegenbrachten, liefen die Beschwerden der Gruppen ins Leere. Es gab ein paar Artikel, in denen es hieß, eine neo-nazistische Organisation oder eine religiöse Protestgruppe hätten keine Demonstrationsgenehmigung erhalten. Meist wurde dies von der Behauptung begleitet, die betreffende Gruppe wolle gegen Farbige, Juden oder andere ethnische Gruppen demonstrieren. Angesichts der sich jeden Tag verschlimmernden Depression und der steigenden Arbeitslosenzahl gab es in der Öffentlichkeit nur wenige Sympathisanten. In der Bevölkerung machte sich eine zunehmende Verachtung für alles breit, was mit dem Christentum zu tun hatte.

Um fünfzehn Uhr östlicher Zeit begannen sich die Kundgebungen zu organisieren. Um fünfzehn Uhr dreißig hatten sich in sechzig Städten im ganzen Land fast drei Millionen Teilnehmer versammelt. In jeder Stadt traten den mit verschränkten Armen marschierenden Demonstranten Hundertschaften knüppelschwingender, schutzhelmbewehrter Polizisten entgegen, verstärkt durch Einheiten der Nationalgarde, die gewarnt worden waren, die Demonstranten hätten vor, die Städte zu plündern.

In Atlanta marschierte die Gruppe mit Transparenten mit Aufschriften wie »Wo ist John Elder?« oder »Religiöse Freiheit« die Peachtree Street entlang. Die Gruppe von Atlanta sang die »Battle Hymn of the Republic«, als sie ihren Marsch begann, doch sie war kaum zehn Meter vorwärtsgekommen, als die Polizei sie aufforderte, sich zu zerstreuen, andernfalls würden sie festgenommen. Die fast hunderttausend Demonstranten ignorierten die Warnungen und marschierten *en masse* weiter voran. Daraufhin feuerte die Polizei Gasgranaten in die Menge, in der sich auch Frauen und Kinder befanden. Die ersten Reihen brachen zusammen, würgten und übergaben sich, als die Gaswolken sie einhüllten. Irgend jemand in der Menge rief, die Polizei verwende Giftgas, und die Marschierer gerieten in Panik. Irgendwo in der Menge kamen Schußwaffen zum Vorschein, und der Lärm von Schüssen füllte die Betonschluchten von Atlanta.

Mehrere Polizeibeamte wurden getroffen und stürzten zu Boden. Die Marschierer, die die Waffen gezogen hatten, feuerten weiter. Die Leiter der Kundgebung waren wie gelähmt! Zuerst glaubten sie, die Schüsse wären auf ihre Gruppe gezielt, doch als sie einige der Polizisten fallen sahen, erkannten sie, daß die Schüsse aus der Gruppe stammten.

»O Gott! Hört auf zu schießen!« schrie Bob Bierson, als er sah, wie die Polizisten sich zerstreuten, Verteidigungspositionen einnahmen und ihre Waffen zogen. Mehrere der Leiter rannten auf die Schießenden zu, um sie aufzuhalten. Andere liefen zu den Polizisten hin und riefen ihnen hektisch zu, nicht zu schießen. Aber es war bereits zu spät. Die Polizei feuerte so schnell, wie sie die Waffen ziehen konnte. Die Marschierer spritzten auseinander, aber Kugeln sind schneller als Beine, und die Leute wurden im Laufen niedergemäht.

Anne Bierson sah ihren Mann im Kugelhagel der Polizei zu Boden gehen. An der Art, wie er fiel, sah sie, daß er tot war. Sie packte ihren dreijährigen Sohn Jackie und preßte ihn an sich, während sie auf die am Straßenrand geparkten Autos zulief, um sich in Deckung zu bringen. Im Laufen spürte sie etwas wie Bienenstiche in der Seite. Sie duckte sich hinter ein Auto. Ein roter Fleck breitete sich auf ihrer rechten Seite aus. Der entsetzte Jackie schrie und wollte sich von seiner Mutter losreißen, aber Anne ließ ihn nicht los. Das war es, was ihm das Leben rettete. Immer noch prallte ein Hagel von Kugeln von den Gebäuden und Fahrzeugen ab. Als Anne aufschrie: »O Gott, laß sie nicht meinen Jungen töten«, wurde sie noch zweimal von der vorrückenden Polizei getroffen. Mit ihrem letzten Atemzug rollte sich auf ihren Sohn, und ihr Leib schirmte ihn von den Kugeln ab.

Als sie merkten, daß in ihrem Kreuzfeuer Frauen und Kinder starben, begannen einige der Polizisten den anderen zuzurufen, sie sollten das Feuer einstellen. Obwohl die ganze Episode in weniger als vier Minuten vorbei war, wurden anschließend zwei tote und zehn verletzte Polizisten gezählt. Und unter den Marschierern waren dreiundvierzig Tote und sechzig Verletzte – dreißig davon schwer. Unter den Toten waren zwölf Frauen und acht Kinder.

Das gleiche Drama spielte sich mit nur leicht veränderter Statistik überall im Land ab. Die Medien waren sofort zur Stelle, um das blutige Nachspiel zu filmen, und berichteten, die terroristischen

Gruppen hätten, wie angedroht, die Angehörigen der Polizei und anderer Behörden gewaltsam angegriffen.

Am Abend war in mehreren Städten ein Ausgehverbot in Kraft getreten, und massive Polizeirazzien wurden organisiert, um die zerstreuten Aufrührer dingfest zu machen. Videobänder der Schießereien wurden als Beweismaterial sichergestellt, und das FBI setzte alle verfügbaren Agenten darauf an, auf den Bändern nach Verdächtigen zu suchen. Um die noch übrigen führenden Leute der Gruppe namens *Constitutional Rights Committee* ausfindig zu machen und festzunehmen, wurden die größten Menschenjagden der jüngeren Geschichte betrieben. Das FBI gab lange Liste von Verdächtigen heraus, die aufgrund der Aussagen von Denunzianten sorgfältig im voraus zusammengestellt worden waren. Die Kampagne zur Auslöschung des Christentums in Amerika hatte ernsthaft begonnen.

Nachdem die Fernsehsender Szenen von den Unruhen ausgestrahlt hatten, wurden im ganzen Land Kirchen von wütenden Menschenmengen gestürmt, demoliert und in Brand gesetzt, ohne daß die Gesetzeshüter etwas dagegen unternahmen. Pastoren, Priester und Gemeindeglieder wurden aus ihren Häusern gezerrt und von Scharen Jugendlicher zusammengeschlagen, die ihre Wut über ihre wirtschaftliche Misere an irgend jemandem auslassen mußten. Daß die meisten Opfer mit den Unruhen nichts zu tun hatten, spielte keine Rolle. Ihre Schuld war, daß andere sie als Christen bezeichneten; deshalb mußten sie Verschwörer sein.

Randy und Harriet Cross gehörten zu denen, die in Atlanta um ihr Leben flohen. Als die Schießerei begann, packte Randy Harriet und ihren Sohn Matthew und rannte in Deckung. In der allgemeinen Verwirrung konnten sie zurück zu ihrem Wagen und dann nach Hause gelangen.

»Randy, was war da los?« rief Harriet mit zitternder Stimme. »Wer hat mit dem Schießen angefangen?«

»Ich glaube, das waren welche von unserer eigenen Gruppe«, antwortete Randy heiser. Sein Herz schlug immer noch wild vor Adrenalin. »Ich habe nicht gesehen, wer es war, aber ich sah zwei Polizisten hinfallen, als die Schüsse abgegeben wurden.«

»Aber die Leute vom CRC waren doch noch nie gewalttätig, selbst wenn die Polizei sie provozierte. Warum jetzt?« schluchzte Harriet. »Oh Randy, ich habe Christine Wise und ihre kleine Tochter auf der Straße liegen sehen. Ich glaube, sie waren beide tot.«

»Wer weiß, wie viele Menschen verletzt oder getötet worden sind – wahrscheinlich hundert oder noch mehr«, spekulierte Randy, während er seine Frau und seinen Sohn dicht an sich zog. »Ich bin so dankbar, daß ihr beide okay seid. Aber Harriet, wir müssen ein paar Sachen zusammenpacken und sofort hier verschwinden.«

»Aber warum, Randy? Dies ist unser Zuhause. Wir haben nichts Falsches getan.«

»Ich glaube kaum, daß das eine große Rolle spielen wird. Dieser Aufruhr war kein Zufall. Ich glaube, daß das jemand sorgfältig geplant hat, und wenn ich recht habe, sind wir in echten Schwierigkeiten.«

»Geplant? Aber warum?« fragte Harriet entsetzt.

»Ich weiß es nicht, aber es ist dasselbe Muster, das wir in den letzten Jahren immer wieder erlebt haben. Ich hätte wissen müssen, daß da etwas nicht stimmt.« Als er darüber nachdachte, wurde ihm klar, daß diejenigen aus ihrer Gruppe, die er hatte schießen sehen, neue Mitglieder waren.

Unterwanderer! ging ihm plötzlich auf. *Die sind extra für diese Gelegenheit eingeschleust worden. Darum hatte ich so ein komisches Gefühl. Sie waren immer die ersten, die sich für alles freiwillig gemeldet haben, aber ich hatte nie das Gefühl, daß sie echte Hingabe für den Herrn haben.*

»Beeil dich, Harriet«, sagte er eindringlich. »Wenn ich recht habe, bleibt uns nicht viel Zeit.«

»Aber wo sollen wir denn hin, Randy?« schluchzte sie. »Wovor hast du Angst?«

»Vor unseren Nachbarn! Wir wissen nicht, wem wir noch trauen können«, sagte er grimmig. Innerlich wußte er, daß das ganze Land jederzeit in Gewalt ausbrechen konnte, und irgend jemand hatte sehr wirksam dafür gesorgt, daß diese Gewalt sich gegen die Christen richten würde.

Laut sagte er: »Ich erinnere mich gerade an einen fast vergessenen Abschnitt aus dem Matthäusevangelium: ›Dann sollen die Bewohner von Judäa in die Berge fliehen; wer gerade auf dem Dach ist, soll nicht mehr ins Haus gehen, um seine Sachen mitzunehmen; wer auf dem Feld ist, soll nicht zurückkehren, um seinen Mantel zu holen. Weh aber den Frauen, die in jenen Tagen schwanger sind oder ein Kind stillen.‹ John Elder hat diese Sätze oft in unseren Versammlungen zitiert, aber ich habe nie ihre Bedeutung verstanden – bis jetzt!«

Präsident Hunt verbrachte einen Großteil des Tages damit, die Nachrichten über die Unruhen und die gewaltsamen Übergriffe gegen Christen im ganzen Land zu verfolgen. Es gab Bilder von wütenden Mengen, größtenteils Jugendliche, die Leute mit Steinen bewarfen und schlugen, die sich schützend vor ihre Kirchen zu stellen versuchten. In den Medien klang es so, als wäre Christsein gleichbedeutend mit der Mitgliedschaft in einer terroristischen Vereinigung.

Nachdem er die FBI-Akte über die CRC-»Terroristen«, wie sie in den Medien gern genannt wurden, studiert hatte, fand Hunt keinen Hinweis auf bisherige Akte der Gewalt, außer bei einer kleinen Gruppe aus Oregon. Diese Gruppe war eigentlich aus einer Bande fanatischer Steuerverweigerer hervorgegangen. Ihre Religion schien sich auf die Steuerfreiheit zu beschränken.

»Diese ganze Sache ist eine einzige gigantische Finte«, sagte der Präsident, während er den Bericht auf den Schreibtisch knallte. Er drückte auf den Knopf seines Sprechgeräts. »Cal!« rief er. »Holen Sie Randall und McMillan und kommen Sie herein. Sagen Sie ihnen, daß ich sie in fünfzehn Minuten hier sehen will! Und sagen Sie Russell Siever, er soll auch kommen!«

Am anderen Ende der Sprechleitung wußte Cal Rutland, daß Hunt den FBI-Bericht gründlich studiert hatte. *Er hat die Sache durchschaut*, dachte Rutland im Stillen, während er die Nummer des FBI-Direktors wählte. *Sein Pech.*

»Ben, hier ist Cal. Der Präsident möchte Sie und den Justizminister sofort hier sehen.«

»Was ist los?« fragte der sechzigjährige Randall. Er war fast dreißig Jahre lang Statistiker beim FBI gewesen, bevor ihn Hunt zum Direktor gemacht hatte. Er wußte, daß die Beförderung in Wirklichkeit von Jason Franklin eingefädelt worden war. Mehrere Jahre zuvor hatte er den Auftrag erhalten, gegen Franklin zu ermitteln. Damals bestand der Verdacht, Franklin sei durch einige seiner legalen Firmen in das organisierte Verbrechen verwickelt.

Randalls Untersuchung zeigte, daß tatsächlich eine Verbindung zwischen einigen Franklin-Firmen und großen Geldbewegungen bestand, die als Außenhandel getarnt waren. Dennoch konnte er keine Verbindung zu Franklin selbst nachweisen, weil jede dieser Firmen Strohmänner benutzte, um die Mutterfirma zu verschleiern. Er arbeitete gerade an seinem Bericht für den Direktor, als er einen Anruf von jemandem erhielt, der behauptete, Informationen über Franklin zu besitzen, die für ihn von großem Interesse wären. Er erklärte sich bereit, sich mit dem Informanten zu treffen.

Seine erste Begegnung mit Cal Rutland war für Randall der Beginn einer neuen Karriere gewesen. Rutland winkte mit CIA-Beglaubigungen und zeigte ihm eine Akte über Franklin, die Einzelheiten über dessen Tätigkeit für die CIA als verdeckter Verbindungsmann zu den Drogenhändlern enthielt. Die Akte, die die Unterschrift des CIA-Direktors trug, entlastete Franklin eindeutig von jedem Verdacht, der mit seiner Rolle verbunden war.

Rutland hatte Randall informiert, nicht einmal dem Präsidenten seien die in der Akte präsentierten Fakten bekannt. Falls die Einzelheiten bekannt würden, würde das nicht nur Franklin in Gefahr bringen, sondern auch Hunderte anderer Agenten, die verdeckt in der Drogenszene arbeiteten. Er appellierte an Randall, im Interesse der nationalen Sicherheit jeden Verdacht der Beteiligung an Drogengeschäften von Franklin abzuwenden.

Zuerst hatte Randall darauf bestanden, die Sache direkt dem FBI-Direktor vorzulegen und ihn entscheiden zu lassen. Doch zwei kurze Anrufe Rutlands beim Verteidigungsminister und beim Vizepräsidenten, der selbst einmal Leiter der CIA gewesen war, hatten Randall davon überzeugt, daß die Informationen zu heikel waren, um sie einem Risiko auszusetzen – selbst in den Akten des FBI. Schließlich erklärte er sich bereit, die Akte Franklin zu schließen und die Untersuchung unter gegenstandslose Gerüchte zu verbuchen.

Randall ahnte nicht, daß seine Reaktion ihm die Karriere gerettet hatte. Es lagen schon fingierte Dokumente bereit, die eine Verbindung zwischen ihm selbst und den Köpfen der Drogenkartelle nachwiesen, einschließlich mehrerer Millionen Dollar, die auf seinen Namen auf ausländischen Konten deponiert worden waren. Die Bruderschaft wollte keinesfalls das Risiko eingehen, Franklin kompromittiert zu sehen, und sei es auch nur durch unbewiesene Anschuldigungen.

Als Mark Hunt Präsident wurde, bestand eine seiner ersten Amtshandlungen darin, Randall zum Direktor des FBI zu ernennen. Randall erriet, daß es Jason Franklin war, der seine Beförderung initiiert hatte. Obwohl er, außer ein paar Gerüchten, nichts über die Bruderschaft wußte, wurde Randall zu einem Anhänger Jason Franklins, den er für einen glühenden Patrioten hielt.

Kaum zum FBI-Direktor ernannt, wurden Randall sorgfältig vorbereitete Dokumente zugespielt, in denen aufgedeckt wurde, daß das *Constitutional Rights Committee* Anschläge auf mehrere führende Regierungsbeamte in Washington plante, die sich gegen religiöse Gruppen gestellt hatten. Es war ihm jedoch nicht gelungen, irgendwelche konkreten Fakten über die Gruppe aufzuspüren, und die meisten Einzelheiten, die er bekam, stammten von Informanten aus den oberen Rängen der Organisation selbst. Randall ahnte nicht, daß diese Informanten von einer privaten Organisation, einer Firma, die Franklin gehörte, angeworben und bezahlt worden waren.

Rutland beantwortete Randalls Frage nach dem Grund für die Besprechung beim Präsidenten: »Er hat Ihren Bericht über die Terroristen gelesen und möchte Rückfragen stellen.«

»Können wir ihm die Franklin-Dokumente zeigen?« fragte Randall. Man hatte ihm gesagt, daß Rutland nötigenfalls Zugang zu den Dokumenten hatte.

»Nein!« sagte Rutland mit Nachdruck. »Es stehen zu viele Menschenleben auf dem Spiel. Die Gefahr ist zu groß, daß er die Informationen an die Presse weitergeben könnte.« Rutland wußte, daß der FBI-Direktor ein typischer Bürokrat mit weichen Knien war. Wenn Hunt Druck auf ihn ausübte, würde er zusammensacken wie ein durchlöcherter Ballon. *Nun, ich muß einfach dafür sorgen, daß das nicht geschieht*, beschloß er, während er den Hörer auflegte.

Präsident Hunt hatte den Führungsstil eines einsamen Wolfes. Er wollte seine eigenen Entscheidungen treffen, und selbst seine Kabinettsmitglieder waren wenig mehr als eine Art Fensterschmuck, um den Kongreß zu beschwichtigen. Jetzt, da der Kongreß aus Mangel an Betriebsmitteln seine Tätigkeit eingestellt hatte, war Hunt noch isolierter. Er hatte buchstäblich keinerlei Bedürfnis nach regelmäßigen Pressekonferenzen, da seinen Gegnern die Medien ohnehin verschlossen blieben. Das paßte gut in die Pläne der Bruderschaft, und Rutland war es gelungen, den Präsidenten davon zu überzeugen, daß die CRC-Terroristen eine ernste Bedrohung für seine eigene Sicherheit darstellten. Dadurch wurde er noch mehr isoliert, so daß er sich selten außerhalb des Weißen Hauses sehen ließ, und auch dann nur in Begleitung einer Armee von Leibwächtern. *Das könnte sich jetzt ändern*, dachte Rutland. *Vielleicht wird er erheblich mutiger, wenn er zu der Meinung kommt, die ganze Krise sei nur fingiert. Das könnte sich als sehr nützlich erweisen*, sinnierte er, und sein Gesicht verzog sich zu einem bösen Grinsen.

Der Justizminister und der FBI-Direktor waren in weniger als zwanzig Minuten zur Stelle. Hunt saß hinter seinem Schreibtisch, immer noch in die Polizeiberichte über die Gewalttätigkeiten im Zusammenhang mit den Demonstrationen vertieft, als Rutland sie ins Büro brachte.

Der Bericht las sich wie etwas aus den frühen Sechzigern: dreihundert Demonstranten tot, siebenhundert verletzt, viele davon schwer, darunter auch Frauen und Kinder. Dagegen standen sechzehn getötete und fünfundsechzig verletzte Polizisten. Viele Zeugen berichteten Übereinstimmendes aus weit voneinander entfernten Gebieten. Die Schüsse begannen aus den Reihen der Demonstranten, gingen jedoch immer von solchen aus, die sich weit hinten in der Menge befanden, und offenbar jeweils höchstens von drei bis fünf Personen.

Komisch, dachte Hunt, *daß nur drei Leute Waffen mitnahmen, wenn es ihr Plan gewesen sein soll, jeden Widerstand auszulöschen. Es kommt mir viel wahrscheinlicher vor, daß sie untergeschoben waren, um einen Aufruhr anzuzetteln.*

Siever traf als Letzter ein und setzte sich auf seinen gewohnten Platz gegenüber dem Schreibtisch des Präsidenten.

»Gentlemen, ich glaube, wir haben ein Problem«, sagte Hunt scharf und knallte den Bericht auf seinen Schreibtisch. »Ben, ich möchte wissen, warum das FBI gegen eine Gruppe von Bürgern vorgeht, die offenbar nichts anderes getan haben, als berechtigten Protest gegen Diskriminierungen zu erheben – darunter gesetzwidrige Festnahmen.«

»Wenn Sie damit das *Constitutional Rights Committee* meinen, Mr. President, so haben Sie die betreffende Anordnung selbst unterzeichnet«, sagte Randall nervös.

»Sie wissen sehr gut, daß ich das auf Grundlage der vom FBI vorgelegten Dossiers getan habe, in denen die Leiter dieser sogenannten Terrorgruppe mit den Anschlägen hier in Washington in Verbindung gebracht wurden.«

»Ja, Sir, das ist richtig«, gab der FBI-Direktor schwitzend zu. »Unsere Informationen ...«

»Meinen Sie diesen Müll?« rief der Präsident und warf dem Direktor die Berichte auf den Schoß. »Das ist Abfall! Dieser Bericht enthält nichts, anhand dessen einer von diesen Leuten auch nur wegen eines Verkehrsverstoßes verurteilt werden könnte. Nichts als Aussagen von ein paar FBI-Leuten, die sich in ihre Gruppen eingeschlichen haben. Nicht ein Fetzen eines echten Beweises. Jeder Jurastudent im sechsten Semester könnte erreichen, daß dieses Zeug als Hörensagen aus dem Gerichtssaal fliegt.«

»Die Unruhen, Mr. President ...« begann Randall schwach mit einem hilflosen Blick zu Cal Rutland.

»Die Unruhen«, fuhr Hunt dazwischen und schleuderte dem Direktor den anderen Bericht entgegen. »Die Unruhen sind auch nichts als ein Haufen Müll. Dieser Bericht liest sich wie der über die Kent-State-Schießereien während der Protestbewegung der sechziger Jahre. Außer der Polizei scheint niemand Waffen dabei gehabt zu haben.«

»Die Aufrührer haben auf die Polizei geschossen ...«

»Ja, und zwar nach den Polizeiberichten offenbar in eindeutiger Selbstmordabsicht, da in jedem Demonstrationszug nur drei oder vier Leute Waffen bei sich hatten, während die Polizei bis an die Zähne bewaffnet war. Finden Sie es nicht etwas merkwürdig, daß dieses Szenario im ganzen Land dasselbe war? Besonders angesichts der Tatsache, daß die Demonstranten so schlecht dabei wegkamen. Sie waren entweder unglaublich dumm, oder man hat sie in eine Falle gelockt.«

»Eine Falle?« sagte Randall mehr zu sich selbst als zum Präsidenten. »Aber warum?«

Cal Rutland schaltete sich ein. »Mr. President, diese Gruppe ist jetzt seit mehreren Monaten unter Überwachung. Unsere Informanten ...«

»Halten Sie den Mund, Cal!« schnappte der Präsident. »Ich habe Sie im Verdacht, mit dieser Sache mehr zu tun zu haben als jeder andere. Sie waren es, der mich überredete, die Anordnung zu unterzeichnen. Wenn ich es bedenke, waren es auch Sie und Siever, die den Vorschlag machten, den Kongreß in Urlaub zu schicken. Was führen Sie und Ihre Bruderschaft eigentlich im Schilde?«

»Ich versuche nur, Ihre Interessen zu wahren, Mr. President«, sagte Rutland gelassen. Doch seine Augen verrieten den Haß, der in ihm aufbrodelte.

»Ich glaube, Sie werden bald Gelegenheit haben, meine Interessen anderswo zu wahren!« sagte der Präsident mit unverhohlenem Zorn. »Ich möchte, daß Sie und Siever Ihre Sachen packen und bis morgen früh Ihr Büro räumen. Ben, möglicherweise sind Sie ein unschuldiges Opfer bei dieser ganzen Sache, aber ich kann das Risiko nicht eingehen. Ich möchte, daß auch Sie mit Wirkung von morgen zurücktreten.«

Rutland sagte nichts. Aus seinem Gesichtsausdruck war nicht zu entnehmen, ob er den Präsidenten überhaupt gehört hatte. Hätte Mark Hunt Rutlands Gedanken lesen können, so hätte er ein Schwarzes Loch gesehen, das sich darin ausbreitete. Rutland war ein Mann, der nur von einem einzigen Gedanken beherrscht war: die Ziele der Bruderschaft zu fördern. Jetzt erwies sich Hunt als Hindernis für seine Pläne.

»Pat«, wandte sich der Präsident an den Justizminister, »ich möchte, daß Elder und seine Leute sofort freigelassen werden ... ich wiederhole: sofort! Wenn Sie das nicht machen können, dann suche ich mir jemanden, der es kann. Wo werden sie festgehalten?«

»Ich weiß es nicht genau, Mr. President«, sagte der Justizminister verstört. »Das FBI hat sie.«

»Nun, Sie werden es heute morgen noch herausfinden!« befahl Hunt. »Übrigens ernenne ich Sie für die Übergangszeit zum geschäftsführenden Direktor des FBI – mit Wirkung von sofort. Sorgen Sie dafür, daß diese Leute freikommen! Und Pat, ich will, daß diese Hexenjagd auf die Demonstranten sofort aufhört.«

Der Justizminister blickte zu Rutland hinüber, der keinerlei sichtbare Reaktion zeigte. Er saß bewegungslos da wie eine sprungbereite Kobra.

»Cal, Ihre letzte Amtshandlung wird sein, für heute nachmittag um zwei eine Pressekonferenz einzuberufen. Ich will, daß Repräsentanten aller Medien dabei sind. Ich werde dieses Täuschungsmanöver vor den Augen aller Amerikaner offenlegen. Ach ja, und außerdem werde ich dem Kongreß seine Betriebsmittel wieder zur Verfügung stellen und diese Sache mit dem elektronischen Geldsystem abblasen, bevor es sich weiter ausweitet. Ich weiß jetzt, worauf das Data-Net hinauslaufen soll, und ich habe vor, es im Keim zu ersticken. Sie können Franklin und jedem anderen, der in die Pläne der Bruderschaft verwickelt ist, sagen, daß ich der Präsident bin und daß das amerikanische Volk mein Boss ist!«

Damit entließ Hunt die Gruppe wie einen Haufen Schulkinder, die nachsitzen mußten. Randall verließ das Zimmer wie ein geprügelter Hund. Er wußte, daß seine Karriere vorbei war, kaum daß das Wort ausgesprochen war; er konnte von Glück reden, wenn er sich nicht noch wegen Verletzung von Bürgerrechten verantworten mußte, sobald der Kongreß Wind davon bekam, was er zugelassen hatte.

Patrick McMillan gingen tausend Fragen durch den Kopf. Hatten sie wirklich eine Gruppe unschuldiger Bürger voreilig beschuldigt und verfolgt? Ihm wurde bewußt, daß er sich bei seinen Entscheidungen weitgehend auf die Berichte des FBI gestützt hatte. Jetzt würde er die Fakten selbst herausfinden.

Nur Rutland hatte, als der die Besprechung verließ, völlig begriffen, was der Präsident entdeckt hatte: daß eine geheime Organisation die obersten Ebenen der Regierung manipuliert hatte, um ihre verborgenen Ziele zu erreichen, und daß Jason Franklin dazu gehörte.

Sobald die Besprechung zu Ende war, rief Rutland Jason Franklin an und berichtete ihm, was geschehen war. »Das bedeutet, daß wir die Termine vorziehen müssen«, sagte er. »Siever sagt, daß die neue Datei für Data-Net bereit ist. Er hat sie sofort nach den Unruhen aktiviert. Unser nächster Schritt ist, mit Hunt fertigzuwerden.«

»Richtig«, bestätigte Franklin. »Vielleicht ist es so noch besser. Können Sie vor der Konferenz einen Blick in seine Notizen werfen?«

»Ich kann noch mehr tun«, sagte Rutland, und seine Augen verengten sich. »Überlassen Sie das mir. Unser geliebtes Staatsoberhaupt wird die beste Rede seines Lebens halten.«

Die nächste Stunde verbrachte Rutland damit, die verschiedenen Presseverbände anzurufen und über die überraschend angesetzte Pressekonferenz zu informieren. Die Journalisten waren sichtlich schockiert über das plötzliche Mitteilungsbedürfnis des sonst so zurückhaltenden Präsidenten.

Randall White, der Manager des WNN-Büros in Atlanta, fragte: »Hat das etwas mit der Suspendierung des Kongresses und den kürzlichen Unruhen zu tun?«

Rutland antwortete in untypischer Weise: »Der Präsident hat beschlossen, direkt einzugreifen, um diese Krise unserer Nation zu lösen. Das ist wirklich alles, was ich Ihnen sagen kann. Die Konferenz ist für zwei Uhr angesetzt.« *Das wird eine Riesenshow*, fügte Rutland im Stillen hinzu. *Ich persönlich würde es um keinen Preis vermissen wollen.*

Innerhalb einer Stunde nach den Unruhen hatte Randy Cross seine Familie ins Auto verladen und war auf dem Weg von Atlanta zum Haus seiner Eltern in Jacksonville. Noch während er ihren Aufbruch vorbereitete, hatte das FBI die örtlichen Behörden alarmiert, die Organisatoren der außer Kontrolle geratenen Demonstration festzunehmen. Auf dem Bulletin, das die Polizei von Atlanta erhielt, stand an erster Stelle der Name Randy Cross. Das Fax vom FBI-Büro in Washington wurde dem Gericht vorgelegt, das Haftbefehl gegen die Beteiligten erließ.

Über die örtlichen Fernsehsender wurden die Bilder und Namen der Verdächtigen verbreitet, die das FBI zur Verfügung stellte. Innerhalb von weniger als zwei Stunden nach der Ausstellung der Haftbefehle wurde die Polizei telefonisch mit Informationen über die Aufenthaltsorte der verdächtigten führenden Christen überflutet. Das gleiche spielte sich überall im Land ab. Ehemalige Freunde und Nachbarn wandten sich gegen die führenden Leute der Gemeinden.

Randy war noch keine fünfzig Meilen gefahren, als er zu Harriet sagte: »Wir haben kaum noch Benzin. Ich werde an der nächsten Ausfahrt halten. Braucht ihr irgend etwas, du und Matthew?«

»Ich muß nur auf die Toilette«, antwortete sie, immer noch voller Erschütterung über die Unruhen und ihre Flucht von zu Hause.

Randy fuhr von der Autobahn ab, hielt an den Zapfsäulen einer großen Texaco-Station und füllte den Tank, während Harriet und Matthew auf die Toilette gingen. Nachdem er den Ölstand und den Reifendruck überprüft hatte, reichte er dem Tankwart seine Kreditkarte.

Der Angestellte zog die Karte zweimal durch die Data-Net-Maschine und sagte dann: »Tut mir leid, Mister, die Maschine nimmt Ihre Karte nicht an.«

»Was soll das heißen?« fragte Randy, und sein Herz setzte einen Schlag lang aus. Innerlich hatte er das beängstigende Gefühl, genau zu wissen, was das heißen sollte.

»Sie geht einfach nicht durch. Das passiert manchmal, wenn Sie Ihre Karte zu hoch belastet haben.«

»Ich zahle meine Karten jeden Monat ab«, sagte Randy abwehrend.

»Hören Sie, Mister, ich mache diese Regeln nicht. Wenn Ihre Karte nicht durchgeht, geht sie nicht durch. Haben Sie noch andere Kreditkarten?«

»Ja, ich habe noch meine Bankkarte«, erwiderte Randy und griff mit zitternder Hand erneut nach seiner Brieftasche. Er reichte dem Angestellten eine Bankkarte, als Harriet neben ihn trat.

»Stimmt etwas nicht?« fragte sie. »Du siehst blaß aus.«

»Die Karte geht nicht durch«, flüsterte er ihr zu, damit es der Angestellte nicht hören konnte. Er versucht es jetzt mit der Bankkarte.«

»Was bedeutet das, Randy?« fragte Harriet, während die kalte Furcht in ihr aufstieg.

»Diese hier funktioniert auch nicht, Mister«, sagte der Angestellte. »So etwas habe ich noch nicht erlebt. Es sagt nicht ›Abgelehnt‹. Es tut sich einfach gar nichts.«

Furcht überkam Randy, als ihm klar wurde, daß der Zugang zu seinem Bankkonto und seinem Kreditkartenkonto irgendwie gesperrt worden war. *Kein Geld und kein Kredit!* dachte er. *Sie haben uns von aller Versorgung abgeschnitten!*

»Ist der Tankstellenbesitzer hier?« fragte er mit einer Zuversicht in der Stimme, die er nicht empfand.

»Ja, er ist in der Halle und arbeitet an einem Wagen.«

»Ich gehe zu ihm«, rief Randy über die Schulter zurück, während er durch die Tür in die Werkstatt ging. Als er die Halle betrat, sah er einen beleibten Mann im Graben unter einem Auto arbeiten.

»Sind Sie der Besitzer?« fragte er so höflich, wie es seine Furcht zuließ. Er hatte daran gedacht, einfach davonzufahren, doch er wußte, daß der Angestellte die Polizei rufen würde und sie nicht weit kommen konnten.

»Ja, ich bin Bill Parks. Was kann ich für Sie tun?« antwortete der Mann freundlich.

Gott sei Dank, er hört sich an wie ein netter Kerl, dachte Randy. »Wir haben irgendein Problem mit dem Verifizierungssystem. Es nimmt keine meiner Karten an. Es bleibt einfach stehen und tut nichts.«

»Blödes System!« schnappte Parks. »Ich begreife sowieso nicht, wieso sich niemand dagegen gewehrt hat, das Bargeld abzuschaffen. Funktionierte doch gut, bis die Regierung anfing, damit um sich zu werfen wie die betrunkenen Matrosen.«

»Ganz Ihrer Meinung«, sagte Randy, während sie in den Ladenbereich hinübergingen.

Der Besitzer wischte sich die Hände an einem Lappen ab, den er aus der Gesäßtasche gezogen hatte, und fragte den Angestellten: »Was ist los?«

»Ich weiß es nicht, Chef«, sagte der Angestellte, während er sich eine Zigarette anzündete. »Es funktioniert einfach nicht.«

Der Besitzer nahm die Bankkarte, steckte sie in die Maschine und gab die Zugangsnummer ein. Die Maschine surrte, als der Scanner über die Karte fuhr. Doch anstatt daß entweder das grüne Licht die Freigabe oder das rote Licht die Ablehnung signalisierte, bracht der Vorgang einfach ab. Der Drucker, der normalerweise entweder eine Quittung oder eine Mitteilung über den Grund der Ablehnung hätte ausdrucken müssen, rührte sich nicht.

»Das ist das Komischste, was ich erlebt habe, seit dieses blöde System installiert wurde«, sagte Parks und schlug mit der Handfläche auf den Scanner. »Ich muß wohl die gebührenfreie Nummer für das Data-Net anrufen, Mister ... Cross«, las er von der Karte ab.

Mit einer raschen Bewegung drückte er auf den Zugangsknopf am Terminal, der ihn automatisch mit der gebührenfreien Nummer verbinden sollte. Statt dessen hörte er nur ein ständiges Besetzt-Zeichen.

»Das ganze System muß abgestürzt sein«, sagte Parks wütend, während er den Lappen wieder in die Gesäßtasche stopfte. »Ich fürchte, Sie werden warten müssen, bis die Leitung wieder frei ist, Mister.«

Randys Herz sprang ihm beinahe aus der Brust. »Ich bin in großer Eile«, sagte er so gelassen wie möglich. »Wir haben einen Notfall in unserer Familie. Hören Sie, ich wohne in Atlanta. Wir kommen hier entlang wieder zurück. Wie wäre es, wenn ich die Karte bei Ihnen ließe und Ihnen irgendeine Sicherheit als Gewähr für die Zahlung gäbe? Könnte ich einfach morgen wiederkommen?«

»Was für eine Sicherheit?« fragte der Besitzer.

»Behalten Sie diese Ringe«, sagte Randy und hielt ihm Harriets Finger vors Gesicht.

»Meine Eheringe!« protestierte Harriet. Dann sah sie den Ausdruck auf Randys Gesicht und stimmte eilig zu. »Na ja, es wird schon in Ordnung sein, wenn Sie sie hier sicher verwahren.« Sie konnte kaum die Tränen zurückhalten, als sie die Ringe abstreifte.

»Ich kann die Ringe Ihrer Frau nicht nehmen, Mister«, sagte Parks widerstrebend, während er den zweikarätigen Diamanten beäugte.

»Das ist schon in Ordnung«, versicherte ihm Randy. »Ich bin in Atlanta als Anwalt tätig. Wir werden wiederkommen.«

»Na schön«, sagte der Besitzer. »Aber wenn Sie nicht in einer Woche wieder hier sind, gehören die Ringe mir. Okay?«

»Das ist in Ordnung«, bestätigte Randy und eilte zur Tür hinaus.

Er startete den Wagen, legte den Gang ein und steuerte zurück auf die Autobahn.

»Randy, diese Ringe haben fast viertausend Dollar gekostet«, sagte Harriet und ließ die bisher zurückgehaltenen Tränen fließen.

»Das war mit Sicherheit die teuerste Tankfüllung, die wir je gekauft haben«, versuchte er zu scherzen. »Aber jemand hat unsere Konten gesperrt. Hoffentlich sind sie noch nicht soweit, daß sie den Zugriffsversuch zurückverfolgen können. Aber es ist nur eine Frage der Zeit, bis sie ihr Computerprogramm darauf ansetzen. Wir müssen hier weg, so schnell es geht.«

Harriet drückte Matthew an sich und spürte, wie Panik in ihr aufstieg. »Wie können die uns das antun?«

»Ich weiß es nicht, aber sie tun es«, erwiderte Randy, während er im Kopf fieberhaft rechnete. »Das Benzin reicht nicht bis ganz nach Jacksonville, aber wir schaffen es bis zu Dads Blockhaus am See. Er hat immer Vorräte dort. Wir werden dort bleiben, bis wir einen Plan haben.«

»Aber was wird aus unserem Haus und aus deiner Praxis?«

»Das weiß ich noch nicht, Liebling. Aber wir drei sind immer noch zusammen, und wir sind immer noch frei. Ich muß einfach glauben, daß der Herr uns helfen wird.«

»Es ist, als ob das ganze Land verrückt geworden wäre«, sagte Harriet weinend. »Wir haben doch nichts Falsches getan.«

»Da steckt jemand dahinter. Das ist alles zu gut geplant, als daß es ein Zufall sein könnte. Wir müssen für unsere Freunde beten. Manche werden nicht so viel Glück haben wie wir.«

Kapitel 11

Tötet den Präsidenten!

»An meinem Programm sind Veränderungen vorgenommen worden«, beschwerte sich Jeff Wells bei Dr. Siever, nachdem er die Data-Net-Dateien überprüft hatte. »Jemand hat die Suchroutine zur Überwachung der Benutzer modifiziert.«

»Ich weiß, Jeff«, sagte Siever so geduldig, wie es seine augenblickliche geistige Verfassung zuließ. *Dieser Idiot Rhinehart*, dachte er wütend. *Er behauptete, er könne das Programm modifizieren, um die Namen, die wir ihm gaben, zu überwachen, ohne daß das System dadurch gestört würde. Dann wären wir in der Lage gewesen, die Bewegungen jedes Christen im Land zu verfolgen. Es wäre eine Kleinigkeit gewesen, sie einzukreisen. Statt dessen hat er jetzt vermutlich die führenden Leute gewarnt, daß wir ihnen auf den Fersen sind.*

Russell Siever war von der Bruderschaft gründlich auf die Stellung vorbereitet worden, die er heute in der Hunt-Regierung einnahm. Mit dreizehn zum Waisen geworden, verbrachte er seine Jugend bei seiner Tante. Mit einer Erbschaft von dreihundert Millionen Dollar, die in Etappen in seine Hände überging, hatte er kaum materielle Sorgen.

Mit Unterstützung seiner Tante studierte er in Princeton internationales Finanzwesen und wurde dann von einem Mitglied der Bruderschaft angeworben, das die Aufgabe hatte, neue junge Talente zu finden. Während des Studiums wurde er ausgewählt, mit einer Gruppe nach Europa zu reisen und die Entwicklung der Europäischen Gemeinschaft zu studieren. Inzwischen zu einem eingeschworenen Sozialisten und Atheisten geworden, fühlte sich Siever stark zu einer jungen Engländerin hingezogen, die mit der Gruppe reiste. Ihre gemeinsamen Interessen umfaßten eine elitäre Sicht ihrer selbst, eine Verachtung für alles Religiöse und das Streben, eine neue Weltordnung zu errichten.

Während seiner Studien in Europa begegnete Siever zum ersten Mal das Konzept einer einheitlichen Weltwirtschaft. Zuerst schrieb er es als idealistisch und unpraktikabel ab. Doch seine neue Freundin Elisa wies ihn darauf hin, daß die Europäische Gemeinschaft der erste echte Schritt in dieser Richtung sei. Elisa war von ihrem Vater, einem britischen Financier und Mitglied der Bruderschaft, gut über die Vorzüge eines einheitlichen Weltsystems unterrichtet worden.

Als Siever seine Doktorarbeit beendete, war er bereits ein etabliertes Mitglied des Beratungsstabes der Bruderschaft. Er ließ sich leicht in die Washingtoner Szene einschleusen und diente später mehreren Präsidenten als Berater. Sein großer Reichtum und seine internationalen Kontakte, die ihm die Bruderschaft verschaffte, machten ihn zu einem begehrten Mitarbeiter für viele politische Führer.

Heute, als Finanzminister, oblag ihm die Aufsicht über das Data-Net-System. Die bargeldlose Gesellschaft, die von Bibelgelehrten seit langem vorausgesagt worden war, entwickelte sich schnell zur Wirklichkeit – oder zu einem Alptraum, je nachdem, welche Seite des Systems man zu Gesicht bekam.

Einige Tage zuvor hatte Jason Franklin angeordnet, sofort Phase drei einzuleiten. Anfangs sollte das Data-Net-System eingesetzt werden, um die Christen ausfindig zu machen. Später sollten dann auch ihre Versorgungsquellen abgeschnitten werden.

Siever hatte Dr. Jack Rhinehart engagiert, um die notwendigen Veränderungen am System anzubringen, nachdem Rhinehart ihm versichert hatte, daß das nicht schwierig sei. Rhinehart hatte versucht, sich einen Zugang zu dem System zu verschaffen, seit sein Kollege Dr. Eison erwähnt hatte, daß Wells es entwerfen sollte. Siever wußte, daß Wells früher oder später ersetzt werden mußte, und Rhinehart hatte ihn gewonnen, indem er den Eindruck erweckte, er könne das System umprogrammieren.

Dieser Idiot Rhinehart hat das System ruiniert, dachte er wieder wütend. Als er Franklin davon berichtete, war die Antwort eine deutliche Warnung gewesen.

»Machen Sie nicht noch einen Schnitzer«, sagte Franklin. »Wir können uns an diesem Punkt keine Fehler leisten. Setzen Sie Wells ein, um das Programm zu reparieren.«

Siever überlegte gerade, wie er das anstellen sollte, als Wells ihn anrief. Er tat sein Bestes, um den jungen Wissenschaftler zu beschwichtigen. »Jeff, wir haben etwas versucht, das nicht sehr gut funktioniert hat. Es ist äußerst wichtig, daß wir das Programm sofort wieder zum Laufen bringen. Ich schicke Ihnen die Einzelheiten ins Büro, aber diese Informationen sind im Augenblick noch streng geheim; reden Sie also mit niemandem darüber.«

Jeff Wells war sichtlich verwirrt und ein wenig beunruhigt.

»Warum hat Dr. Siever meine Arbeit von jemandem anderes modifizieren lassen?« fragte er Karen.

»Also wirklich, Mr. Wells, glauben Sie etwa, Sie wären der einzige Programmierer auf der Welt?« neckte sie ihn.

»Nein, aber in einem so kompliziertem System wie dem Data-Net kann man nicht einfach herumpfuschen«, sagte Jeff abwehrend. »Wer immer diese Subroutine geschrieben hat, hatte keine Ahnung davon, wie man virtuellen Speicher einsetzt. Das Unterprogramm hat das System verlangsamt, indem es die Prioritäten neu verteilt hat. Am Ende lief das ganze System einfach auf Sand.«

»War nur ein Scherz«, erwiderte Karen. »Du bist der einzige Programmierer, den ich kenne, der dieses System zum Laufen bringen kann. Ich habe dir von Anfang an geholfen, und ich kann immer noch nicht mehr tun als in deinen Unterprogrammen zu arbeiten.«

»Es ist eigentlich gar nicht so kompliziert«, sagte Wells vielleicht zum hundertsten Mal. »Es kommt nur darauf an, die Maschine an vielen Projekten gleichzeitig arbeiten zu lassen und dann den Projekten Prioritäten zuzuweisen.«

»Okay«, erwiderte Karen. »Ich weiß, ich weiß. Ich verstehe, was du sagst. Ich verstehe nur nicht, warum es funktioniert.«

Jeff wollte schon anfangen, seine Theorie der gleichzeitigen Verarbeitung unter Verwendung magnetischer Blasenspeicher zu erläutern, als der Kurier an seine Tür klopfte. Er reichte Jeff eine versiegelte Mappe und ließ sich eine Quittung unterschreiben. Nachdem er gegangen war, öffnete Jeff die Mappe. Sie enthielt eine Laserdisc und einen Brief von Russell Siever.

»Was steht darin, Jeff?« fragte Karen, als sie ihn die Stirn runzeln sah.

»Dr. Siever möchte, daß ich das Data-Net so modifiziere, daß eine Gruppe von Benutzern des Systems herausgefiltert werden kann. Außerdem will er, daß die Namen und Aufenthaltsorte automatisch an die nächste Polizeibehörde weitergeleitet werden, wann immer einer dieser Leute versucht, seine Karte zu benutzen.«

»Kriegst du das hin?«

»Ja. Es geht ganz ähnlich wie die Datei, die wir aufgestellt haben, um zu überwachen, wieviel Kredit ein Benutzer hat. Aber das ist es nicht, was mir Sorgen macht.«

»Was denn, Jeff?« fragte Karen. Sie hatte ihn noch nie so ernst erlebt.

»Die Datenbank, die er haben will, muß in der Lage sein, zwanzig Millionen Namen zu verarbeiten – für den Anfang.«

»Zwanzig Millionen!«

»Stell dir das vor, Karen. Wir würden eine Datei von zwanzig Millionen Menschen aufbauen, die möglicherweise von der Nutzung des Data-Nets ausgeschlossen würden. Im Grunde bedeutet das, daß sie nichts mehr kaufen oder verkaufen könnten.«

»Aber Jeff, der ganze Zweck des Data-Nets ist doch, es den Leuten zu ermöglichen, überall in der Welt bargeldlos zu kaufen und zu verkaufen. Warum sollte irgend jemand zwanzig Millionen Menschen davon ausschließen wollen, es zu benutzen?«

»Kontrolle!« rief Jeff, dem endlich klar wurde, worauf die Sache hinauslief. »Kontrolle! Es gibt eine Gruppe – eine sehr große Gruppe – die irgend jemand unter Kontrolle bekommen möchte. Was für eine bessere Möglichkeit könnte es dazu geben, als sie von der Benutzung des Data-Nets auszuschließen. Dann könnten sie nichts mehr kaufen – nicht einmal Lebensmittel.«

»Aber das kann man doch nicht machen«, wandte Karen ein, die nicht akzeptieren konnte, was Jeff da sagte. »Das wäre illegal.«

»Nicht, wenn man über die Macht verfügt, die Gesetze zu ändern.« Jeffs Gedanken überschlugen sich, um das Puzzle zusammenzusetzen. »Warum sonst sollte Dr. Siever wollen, daß ihre Namen auch an die Polizei weitergeleitet werden? Sie wollen in der Lage sein, eine große Gruppe von Menschen am Kaufen zu hindern, und sie wollen wissen, wo sie sind.«

»Was können wir tun?« Jeffs Theorie schien zu unglaublich zu sein. Totale Kontrolle über das Leben anderer? Wir sind hier in Amerika, nicht in China! Doch seit der Depression und den Katastrophen in Japan und Kalifornien schien sich das ganze Land zu verändern. Vielleicht sucht sogar die Regierung nach jemandem, den sie für ihre Probleme verantwortlich machen kann. »Nach wem suchen sie, Jeff?«

»Wie meinst du das?«

»Ich meine, wer sind die Leute, die sie von der Benutzung des Systems ausschließen wollen?«

»Ich weiß es nicht«, sagte Jeff und blickte auf die Disk in seiner Hand. »Aber irgendwo in dieser Datei ist die Antwort, und ich werde sie finden. Aber Karen, sprich bitte mit niemandem darüber. Wir wissen nicht, wer sonst noch alles in der Sache steckt. Inzwischen werde ich das stoppen, was sie da im Data-Net machen, indem ich das hineingepfuschte Unterprogramm entferne. Ich werde Dr. Siever sagen, das sei notwendig gewesen, um die Systemintegrität wiederherzustellen.«

Wenige Minuten später erwachte das Terminal in der Texaco-Station außerhalb von Atlanta plötzlich zum Leben, ebenso wie Tausende anderer Data-Net-Terminals, die den Dienst verweigert hatten.

»Genehmigt«, spuckte der Drucker aus, als das grüne Licht aufleuchtete.

»Blödes System«, sagte Bill Parks, der Tankstellenbesitzer, als das Terminal zum Leben erwachte. »Hat mich zwanzig Geschäfte gekostet, nur weil ich keine Karten mehr verarbeiten konnte.« Seine Anrufe bei der gebührenfreien Data-Net-Nummer waren nie durchgekommen. Tausende anderer Kaufleute im ganzen Land hatten ebenfalls Schwierigkeiten mit ihren Terminals bekommen, als sie die Karten von Christen aus Rhineharts Datei zu lesen versuchten. Sie hatten die gebührenfreien Leitungen des Data-Nets völlig verstopft, als sie versuchten, das System wieder zum Laufen zu bringen.

Ich hoffe, diese Leute kommen nicht zurück wegen der Ringe, dachte Parks mit Schuldbewußtsein. *Nancy würde sie bestimmt gerne haben. Aber wahrscheinlich sind sie sowieso nicht echt. Niemand wäre so verrückt, einen so großen Diamanten gegen einen Tank voll Benzin einzutauschen.*

In seinem Büro arbeitete Mark Hunt an seiner Presseerklärung. Erstens würde er das amerikanische Volk informieren, er habe persönliche Beweise, daß die Angehörigen des sogenannten *Constitutional Rights Committee* keine Terroristen seien und daß es keine Verbindung zwischen den Attentaten und dem Christentum gebe. Dann würde er offenlegen, was er über die Unruhen wußte: daß es nicht die Organisatoren der Demonstrationen gewesen waren, die mit den Schießereien begonnen hatten, sondern eine andere Gruppe, die ihre Organisation unterwandert hatte. Er wußte, daß er nicht alle Beweise hatte, um seine Aussagen zu untermauern, aber nur so konnte er die Spannungen im Land entschärfen. Intuitiv wußte er, daß er richtig lag. Irgendwie steckten Rutland und Siever hinter der ganzen Sache. McMillan war im Grunde ein guter Mann. Er würde über das FBI die Sache zu ihren Ursprüngen zurückverfolgen, sobald Randall gegangen war.

Er hatte beschlossen, die unterbrochene Sitzungsperiode des Kongresses sofort wieder aufzunehmen. Er stimmte zwar nicht mit Grant und seinen Leuten überein, aber er traute ihnen mehr als Rutland und Siever. Jason Franklin war ein anderes Problem. Er würde Franklin und seine Bruderschaft bloßstellen. Das konnte ein Mißtrauensvotum gegen ihn bedeuten, da er Vorschriften über die Höhe von Wahlkampfspenden verletzt hatte, aber das war ein Risiko, das er eingehen mußte.

Der Präsident hatte gerade an seinem Bürocomputer den Entwurf seiner Presseerklärung fertiggestellt. In einem anderen Büro durchsuchte Cal Rutland die Dateienverzeichnisse auf der Suche nach der persönlichen Notizdatei des Präsidenten. Er fand sie unter »Hunt News« mit dem aktuellen Datum. Er rief die Datei auf. »Zugriff verweigert«, antwortete das Terminal. »Bitte Paßwort eingeben.«

»So, er hat seine Notizdatei also geschützt. Er wird allmählich klüger«, murmelte Rutland. Er begann nach dem benötigten Paßwort zu suchen. Mindestens ein Dutzend Paßwörter versuchte er ohne Erfolg. Zum ersten Mal seit langer Zeit spürte Rutland Panik in sich aufsteigen. Er mußte sich Zugang zu dieser Datei verschaffen, sonst würde der ganze Plan scheitern.

Dann versuchte er es mit »HUNT« als Paßwort.

»Datei verfügbar«, antwortete das Terminal.

Ein weiterer Tastendruck, und die Ansprache, die Präsident Hunt für die Pressekonferenz vorbereitet hatte, erschien auf seinem Bildschirm.

»Dumm, wirklich dumm, Mr. President«, freute sich Rutland hämisch. »Beinahe hätten Sie mich hereingelegt. Aber jetzt habe ich Sie.«

Rutland überflog die Datei und sah, daß sie an den Drucker im Büro des Präsidenten geleitet und dann geschlossen worden war. Das Computersystem im Weißen Haus war so gestaltet, daß eine Datei, die einmal geschlossen war, nicht gelöscht werden konnte, ohne daß eine dauerhafte Kopie fürs Archiv gemacht wurde. Sie konnte jedoch herumgeschoben werden, solange der Benutzer das Paßwort kannte. Dieses Merkmal gestattete es den Sekretärinnen, die Entwürfe der Stabsmitarbeiter in ihre Ordner zu befördern und nötigenfalls zu korrigieren. Das gleiche System galt für die Dateien des Präsidenten.

Rutland hatte bereits einen abweichenden Entwurf für die geplante Pressekonferenz des Präsidenten parat, eine, die ihm viel besser gefiel. Er gab einfach ein: »Ändern: Hunt News, 08/12/01, in: Rutland, 08/12/01, verschieben nach: Ordner Rutland.« Im Nu reagierte der Computer, und die von Präsident Hunt geschriebenen Notizen verschwanden. Das Terminal antwortete: »Geändert: Hunt News, 08/12/01, in: Rutland, 08/12/01, verschoben nach: Ordner Rutland.«

Dann gab er ein: »Ändern: Rutland Memo, 08/12/01, in: Hunt News, 08/12/01, verschieben nach: Ordner Hunt.« Wieder reagierte der Computer, und der Bildschirm zeigte an: »Geändert: Rutland Memo, 08/12/01, in: Hunt News, 08/12/01, verschoben nach: Ordner Hunt.«

Cal Rutland hatte die Originalnotizen des Präsidenten durch seine eigenen ersetzt. Falls jemand sich die Mühe machen würde, nachzusehen, würde er nur sehen, was er sehen sollte.

Zehn Minuten vor zwei, bemerkte Rutland. *Er dürfte jetzt beim Make-up sein. Ohne Make-up würde er nicht einmal eine Pressekonferenz zum dritten Weltkrieg abhalten,* dachte er angewidert. Er drückte einige weitere Tasten, und der Drucker im Büro des Präsidenten erwachte zum Leben und spuckte die Informationen aus, die Rutland ihm gerade eingegeben hatte. Im Vorzimmer hörte Margaret Miller, die Stenotypistin des Präsidenten, den Drucker arbeiten, aber sie dachte sich nichts dabei. Es gehörte zur normalen Routine Präsident Hunts, daß Mitglieder seines Stabes Memos in sein privates Büro schickten. Sie würde das Papier später abholen und für ihn ablegen.

Wenige Sekunden später trat Cal Rutland ein und sagte: »Ich brauche etwas aus seinem Büro.«

»Ich weiß nicht, Cal«, sagte sie zögernd. »Er will, daß niemand sein Büro betritt, wenn er nicht da ist.«

Rutlands Augen flammten vor Zorn auf. »Er hat mich geschickt, um etwas zu holen. Wollen Sie ihn im Make-up-Raum anrufen und ihn fragen?«

Margaret zuckte zusammen. Insgeheim fürchtete sie sich vor Cal Rutland. Er hatte etwas Böses an sich. »Nein, ich denke, es ist schon in Ordnung«, sagte sie schwach. »Wenn er Sie geschickt hat.«

Rutland ging an ihr vorbei, bevor sie noch etwas sagen konnte, und schlug die Tür des Büros hinter sich zu. Er ging direkt zum Drucker und ergriff die Notizen, die gerade ausgedruckt worden waren.

»Auf seiner eigenen Maschine – was für eine Ironie«, murmelte Rutland. Er faltete die Papiere genauso zusammen, wie er es schon oft bei Hunt beobachtet hatte, und steckte sie in seine Jackentasche.

Die Presse hatte sich zur Konferenz versammelt; jeder Sender hatte seine Leute geschickt, und im Saal herrschte große Spannung. Niemand hatte die leiseste Ahnung, was Präsident Hunt bekanntgeben würde, doch die Spekulationen rangierten von der Ausrufung des Kriegsrechts (wegen der Gewalttätigkeiten nach den Unruhen) bis zur endgültigen Abschaffung des Kongresses. Nicht einmal in ihren wildesten Phantasien hätten sie voraussehen können, was seine wahre Absicht war: die Bloßstellung einer geheimen Organisation innerhalb der Regierung.

Der Geräuschpegel im Saal machte es fast unmöglich, sich zu verständigen, so daß alle noch lauter reden mußten und das Problem noch verschärften. Kameraleute schrien den Journalisten zu, die sich nach vorn durchkämpften und dabei oft einen Aufnahmewinkel aufs Podium versperrten, den sich der Kameramann hart erkämpft hatte. Überall waren Sicherheitsbeamte, doch das dichte Gedränge machte ihre Aufgabe fast unmöglich. Die meisten mußten sich damit zufriedengeben, im Hintergrund des Raumes zu stehen, wo sich nur wenige der Presseleute aufhalten wollten. Jeder, der den Saal betrat, mußte einen Metalldetektor durchschreiten, doch die schiere Masse der Transportkisten und kofferartigen Container mit den Kameras und Aufzeichnungsgeräten machten eine Durchsuchung fast unmöglich. Die Spannung unter den Sicherheitsleuten war groß, da sie so wenig echte Kontrolle über die Gruppe hatten. »Wirklich merkwürdig«, hatte einer von ihnen schon vor einiger Zeit bemerkt. »Sonst ist Rutland immer so vorsichtig mit Menschenmengen. Ich frage mich, warum er heute so viele hereinläßt?«

»Weiß ich auch nicht«, antwortete einer seiner Kollegen. »Vielleicht geht es um eine wirklich große Sache, und sie wollten einfach alle Medien hier haben.«

»Ja, vielleicht. Es gefällt mir trotzdem nicht. In einigen von diesen Kisten könnte man einen Raketenwerfer hier hereinschmuggeln.«

Einige Stunden zuvor hatte einer der Demonstranten aus der CRC-Gruppe in Washington einen Anruf von Rutland erhalten. Nachdem er aufgelegt hatte, begab er sich zu einem Abfalleimer an der Bushaltestelle. Darin fand er ein kleines Päckchen mit einem Plastikzylinder und einer Ampulle mit einem tödlichen Nervengift – hergestellt aus dem Gift der Schwarzen Mamba. Außerdem befand sich in der Schachtel ein Presseausweis, der ihn durch die Sicherheitskräfte des Weißen Hauses schleusen würde.

Als langjähriges Mitglied der Unterwanderungsgruppe der Bruderschaft kannte er die Risiken gut. Sobald es getan war, würde er auf sich allein gestellt sein, hatte Rutland ihm gesagt. *Das ist okay*, dachte er grimmig. *Für dergleichen bin ich dabei*. Er steckte die Gegenstände in die Tasche und ging zurück zu seinem Wagen. Nur seine gekräuselte Lippe ließ seinen Gemütszustand erraten. *Das kriegen bestimmt die Christen angelastet*, sinnierte er finster.

Als er im Weißen Haus eintraf, kam er mit seinem Presseausweis ohne Schwierigkeiten an den Sicherheitskräften vorbei. Er verspannte sich etwas, als er durch den Metalldetektor ging, aber er hatte vorsorglich seine Schlüssel und sogar seine metallene Gürtelschnalle entfernt, um nicht durch einen Fehlalarm entdeckt zu werden. Das Plastikröhrchen, das nun mit seinem tödlichen Projektil geladen war, löste keine Reaktion aus.

Als er den Saal betreten hatte, arbeitete er sich so nahe ans Podium heran, wie ihm sicher erschien. Mehrere Kameraleute fluchten ihm nach, als er ihren Blickwinkel versperrte, doch er entschuldigte sich und trat etwas zur Seite. Die rechte Hand behielt er in der Hosentasche, fest um das schlanke Röhrchen geschlossen.

Plötzlich kehrte Stille im Saal ein, als sich die Tür des Präsidenteneingangs öffnete. Zwei Sicherheitsbeamte gingen voraus, gefolgt von Präsident Hunt. Er näherte sich dem Plexiglaspodium mit der Haltung eines Mannes, der eine Mission hat. Sein normales Presselächeln fehlte, und der grimmige Ausdruck auf seinem Gesicht verriet allen, daß dies keine normale Pressekonferenz war. Er griff in die Innentasche seiner Jacke und zog mehrere Blätter mit Notizen hervor, offensichtlich seine Botschaft an die Öffentlichkeit.

Gerade als er seine Notizen auf das Podium legte und aufblickte, um zu sprechen, ertönte ein leises Poppen wie der Schuß einer Stopfenpistole. Ein kleines Projektil, nicht größer als ein Polsternagel, traf den Präsidenten am Hals, direkt über dem Kragen. Sofort fiel er bewegungslos zu Boden.

Das Ganze lief so schnell ab, daß niemand wußte, was geschehen war. Die Hölle brach los. Einige der Journalisten in der ersten Reihe dachten, der Präsident wäre in Ohnmacht gefallen, und stürzten vor, um ihm zu helfen. Sie wurden von den Sicherheitsbeamten, die ihre Waffen gezogen hatten, grob zurückgestoßen.

Eine Journalistin, die nahe der rechten Seite des Podiums gestanden hatte, als das »Poppen« ertönte, sah den Mann neben ihr etwas auf den Boden fallen lassen.

»Er hat auf den Präsidenten geschossen!« schrie sie und deutete auf den Mann neben ihr.

Der Attentäter schob sie zur Seite und stürmte auf die Tür zu, durch die der Präsident eingetreten war. Doch die dichte Menschenmenge machte ein schnelles Entkommen unmöglich, und die Sicherheitsbeamten waren am Rande des Saales in der günstigeren Position. Sie versperrten sofort sämtliche Ausgänge.

Gerade als der Attentäter aus der Menge hervorbrach, hob einer der Sicherheitsbeamten des Präsidenten seine Waffe und feuerte mehrere gezielte Schüsse auf ihn ab. Er war tot, bevor er den Boden berührte. Die Schüsse lösten in dem Raum voller Presseleute eine Panik aus. In einer wogenden Masse preßten und schoben sie sich auf die Ausgänge zu, so daß die Sicherheitsbeamten hilflos gegen die Außenwände gedrückt wurden.

Im allgemeinen Durcheinander hob Cal Rutland die Notizen auf, die Hunt mitgebracht hatte. Sie waren zu Boden gefallen, als der Präsident stürzte und das Podium mit sich herabzog. Rasch tauschte er die Notizen aus seiner Tasche gegen die auf dem Boden aus und steckte die Blätter des Präsidenten in seine Jackentasche.

In der Zwischenzeit waren mehrere Geheimdienstleute zum Präsidenten vorgedrungen. Einer von ihnen preßte seine Finger gegen den Hals des Präsidenten und sagte: »Er ist tot. Kein Puls mehr.«

»Schnell, ruft den Notarzt!« rief einer seiner Kollegen den anderen im Raum zu. »Fang mit den Wiederbelebungsversuchen an«, befahl er dem Agenten, der über dem Präsidenten kniete.

»Das wird nichts nützen«, sagte der Mann, während er den Hemdkragen des Präsidenten öffnete. »Sieh dir das an!«

Er deutete auf einen kleinen Pfeil, der im Hals des Präsidenten steckte.

»Er ist mit einem vergifteten Pfeil erschossen worden«, rief der Agent aus und blickte zu dem toten Attentäter hinüber.

Im Saal kehrte rasch Ruhe ein, als die Panik der Journalisten unter Kontrolle gebracht wurde. Mehrere hartgesottene Kriegsberichterstatter waren an ihren Positionen geblieben und hatten die Ereignisse mit ihren Kameras aufgezeichnet. Die ganze Nation hatte das Vorrecht, mit ansehen zu dürfen, wie der populärste Präsident der Geschichte live im Fernsehen ermordet wurde.

Einer der Journalisten hob die Papiere auf, die der Präsident scheinbar bei sich gehabt hatte. Er begann zu lesen und rief plötzlich: »Hunt hatte Beweise, daß das *Constitutional Rights Committee* Massenanschläge geplant hat! Er wollte das Kriegsrecht ausrufen!«

Plötzlich verrauchte die Angst, die die Presseleute ergriffen hatte, und sie eilten zurück um die Notizen selbst zu sehen. Der Journalist, der die Papiere als erster aufgehoben hatte, erkannte plötzlich, daß er eine Goldgrube an Informationen in den Händen hielt, und versuchte sie für seinen Sender mit Beschlag zu belegen. Statt dessen trat ihm die eindrucksvolle Gestalt Cal Rutlands entgegen, der einfach die Hand ausstreckte und die Papiere ergriff, während zwei Geheimdienstleute dem erschrockenen Reporter die Arme festhielten.

»Ich werde Kopien der Notizen des Präsidenten allen Repräsentanten der Medien zur Verfügung stellen«, verkündete er ruhig, während er die Papiere hochhielt, so daß alle sie sehen konnten. »Zwei Vertreter der Medien dürfen einen unserer Agenten begleiten, um die Notizen zu kopieren.«

»Was ist mit Präsident Hunt?«, fragte eine Journalistin. »Ist er am Leben?«

»Zu meinem Bedauern muß ich mitteilen, daß Präsident Hunt tot ist«, sagte Rutland mit aller Emotion in der Stimme, die er aufbringen konnte. »Wir kennen noch nicht alle Einzelheiten, aber wie es scheint, wurde er mit einem Giftpfeil aus einer Plastikwaffe erschossen. Sobald das FBI seine Untersuchung abgeschlossen hat, werden wir mehr wissen.«

»Wer war der Attentäter?« fragte ein CBS-Reporter.

»Bisher wissen wir nur, daß er einen falschen Presseausweis benutzte«, erwiderte Rutland, sorgfältig seinen inneren Jubel verbergend.

»Gehörte er zum CRC?« rief ein anderer Journalist von hinten.

»Das wissen wir im Moment nicht«, sagte Rutland eisig. »Sollte sich aber herausstellen, daß er dem CRC angehörte, so hätte das amerikanische Volk ein Recht, sehr, sehr zornig zu sein.«

»Dürfen wir das zitieren?« fragte ein Reporter von der »Washington Post«.

»Das dürfen Sie«, sagte Rutland mit Nachdruck. »Wir werden uns als Nation von niemandem einschüchtern lassen, auch nicht von religiösen Fanatikern.«

Das Durcheinander, das entstand, als die Reporter losrannten, um ihre Berichte durchzugeben, erinnerte an Szenen aus einem Aufruhr. Mit Faustschlägen kämpfte man um den Zugang zu den verfügbaren Telefonen.

Die Rundfunksender brachten sofort Wiederholungen der Bilder vom Anschlag, unterlegt mit endlosen Kommentaren derer, die am Tatort gewesen waren. Alle Berichte deuteten an, Präsident Hunt sei von einem Angehörigen der religiösen Lobby ermordet worden, weil er im Begriff gestanden habe, die ganze Macht der Regierung gegen sie einzusetzen.

Wenig später wurden die Notizen veröffentlicht. Sie enthielten eine detaillierte Schilderung, wie der Präsident die Aktivitäten und Absichten des *Constitutional Rights Committee* gründlich untersucht habe und zu dem Schluß gekommen sei, daß buchstäblich alle fundamentalistischen Kirchen und Gemeinden in Amerika mit der Gruppe in Verbindung stünden.

Ziel dieser Gruppe war es den Berichten zufolge, Anschläge auf führende Persönlichkeiten zu verüben, die ihrer Philosophie entgegenstanden, darunter Juden, Moslems, Atheisten, Richter und gewählte Politiker, mit Präsident Hunt ganz oben auf der Liste. Ihre Absicht sei es, so die Zeitungen, eine Regierung zu etablieren, die zu den fundamentalen Lehren der Bibel zurückkehren würde. Garniert wurde das Ganze mit Bildern von den kürzlichen Unruhen, und die Botschaft war klar: Christen sind fanatische Terroristen.

Die erste Reaktion der Amerikaner war ungläubige Verblüffung, die jedoch zunehmend in Zorn umschlug, je mehr Informationen aus den angeblich vom Präsidenten verfaßten Notizen an die Öffentlichkeit gelangten. Ihr Zorn richtete sich gegen diejenigen, die sie als bekennende Christen in ihrer Umgebung kannten. Manchmal äußerte er sich in physischer Gewalt; häufiger in Form von Ressentiments und einer Atmosphäre der Feindseligkeit. Die Nation wurde von einer langsam aufsteigenden Hexenjagd-Mentalität erfaßt, nur daß es keine Hexenjagd war. Es war eine Christenjagd.

Nachdem er seine Familie sicher im Blockhaus seines Vaters südlich von Atlanta untergebracht hatte, hielt Randy Cross es für an der Zeit, mit einigen anderen Mitgliedern seiner Gruppe Kontakt aufzunehmen. Er ließ Harriet und Matthew zurück und fuhr trotz aller Einwände von Harriet zur nächsten Tankstelle, um das Telefon zu benutzen. Er fürchtete sich, das Telefon im Blockhaus zu benutzen, da bei der Technik des digitalen Telefonsystems Anrufe leicht zurückverfolgt werden konnten.

Zuerst versuchte er seinen Pastor zu erreichen; das Telefon klingelte mehrere Male, doch es kam keine Antwort. Dann versuchte er es mit einigen der Gemeindediakone, ebenfalls ohne Erfolg.

Nachdem er ein Dutzend anderer Mitglieder seiner Gemeinde und seiner Gruppe angerufen hatte, nahm endlich jemand ab.

»Hier ist Paula«, sagte eine Kinderstimme.

»Paula, hier ist Randy Cross. Ist dein Dad zu Hause?«

»Oh, Mr. Cross«, rief Paula weinend. »Die haben Mommy und Daddy mitgenommen.«

Noch während sie sprach, wurde sie hysterisch. Paula hatte sich seit mehr als drei Stunden im Schlafzimmer ihrer Eltern im Schrank versteckt, wie es ihr Vater ihr gesagt hatte, als die Männer in ihr Haus gekommen waren. Sie hatte sich nicht wieder herausgetraut, bis sie das Telefon klingeln hörte.

»Helfen Sie uns bitte, Mr. Cross, helfen Sie uns! Sie haben Mommy und Daddy!«

»Beruhige dich, Paula«, sagte Randy so sanft, wie sein rasendes Herz es zuließ. »Erzähl mir, was passiert ist.«

»Ein paar Männer sind zu uns gekommen und haben Mommy und Daddy geschlagen«, erzählte sie, von Weinkrämpfen geschüttelt. »Dann haben sie sie weggebracht.« Randy erkannte, daß sie ihm keine zusammenhängenderen Informationen über ihre Eltern geben konnte, und fragte: »Ist noch jemand bei dir, Paula?«

»Nein, Sir«, erwiderte sie schluchzend. »Die haben meine Mommy und meinen Daddy weggebracht. Daddy hat mich im Schrank versteckt und mir gesagt, daß ich dort bleiben soll. Aber das ist schon lange her.«

»Du tust, was dein Daddy gesagt hat«, sagte Randy ihr mit beruhigender, sanfter Stimme. »Deinen Eltern wird nichts passieren. Ich komme dich abholen, Paula. Meinst du, du kannst ein paar Sachen zusammenpacken?«

»Ja, Sir«, erwiderte sie ein wenig ruhiger. »Werden Sie meiner Mommy und meinem Daddy helfen?«

»Ich werde tun, was ich kann, Kleines. Aber jetzt mußt du erst einmal ein großes Mädchen sein. Pack ein paar warme Sachen in einen Koffer. Hast du einen?«

»Ja, Sir.« Ihr Schluchzen ließ nach, als sie erkannte, daß Hilfe kommen würde. »Ich habe letztes Jahr einen zu Weihnachten bekommen.«

»Braves Mädchen. Und jetzt packst du ein paar Sachen ein, als wolltest du zu Oma fahren, und ich bin gleich bei dir. Und Paula – geh nicht mehr ans Telefon, okay?«

»Okay«, sagte sie. »Daddy hat mir gesagt, daß ich nicht drangehen soll, aber sie sind schon so lange weg. Ich dachte, er wäre es vielleicht.«

»Ich weiß, Kleines. Aber jetzt wird alles gut. Du packst deine Sachen, und ich bin bald bei dir.«

Als er den Hörer auflegte, war Randy sichtlich erschüttert. *Jetzt geht es also wirklich los,* dachte er.

Als Randy zurück zum Blockhaus fuhr, stand sein Verstand beinahe still vor dem, was er im Radio hörte. Aus ganz Atlanta gingen Berichte über wütende Menschenmengen ein, die über Leute herfielen, denen man vorwarf, sie seien Christen. Mitarbeiter der Heilsarmee, die in der Innenstadt Essen an die Armen und Obdachlosen verteilt hatten, wurden von wütenden Horden junger Leute, die sich selbst »Ordnungshüter« nannten, angegriffen und zusammengeschlagen. Die Polizei von Atlanta versuchte die Ordnung wiederherzustellen, aber die schiere Anzahl der wütenden Menschen auf den Straßen machte ihre Aufgabe unlösbar. Oft blieb ihnen nichts mehr zu tun, als Krankenwagen zu rufen, damit sie die Angegriffenen abholten.

»Die Zahl der Toten wird auf mindestens dreißig geschätzt, und die Zahl der Verletzten dürfte in die Hunderte gehen«, sagte der Nachrichtensprecher. Was fehlte, war auch nur die kleinste Andeutung eines organisierten Widerstandes gegen die Gewalt. Es schien, als ließen die Behörden es einfach zu, daß die wütenden Menschenmengen ihren Zorn an den christlichen Gruppen ausließen.

Als Randy das Blockhaus betrat, kam Harriet ihm an der Tür entgegen. »Oh Randy, Gott sei Dank geht es dir gut. Du solltest dir die schrecklichen Dinge ansehen, die sie im Fernsehen zeigen. Es kommt auf allen Kanälen – Menschenmengen, die in der Stadt herumlaufen und jeden angreifen, der als Christ bezeichnet wird. Sie haben mehrere Kirchen niedergebrannt. Es ist noch schlimmer geworden seit der Nachricht über Präsident Hunt.«

»Was ist mit Hunt?« fragte Randy. Er hatte das Autoradio vor einiger Zeit abgeschaltet und die Meldung verpaßt.

»Er ist in Washington ermordet worden – man hat mit einem vergifteten Pfeil auf ihn geschossen, und er war sofort tot. Der Attentäter ist von Sicherheitsbeamten erschossen worden. In den

Nachrichten heißt es, der Präsident sei im Begriff gewesen, wegen der von Christen ausgelösten Unruhen das Kriegsrecht auszurufen.«

»Ich kann nicht glauben, daß Hunt so etwas tun würde«, sagte Randy und setzte sich. Seine Knie waren zu weich geworden, um ihn zu tragen.

Kein Wunder, daß die Behörden vor den Schlägertrupps die Augen verschließen. Sie wollen geradezu, daß sie ihren Zorn an irgend jemandem auslassen, dachte er. Angst und Zorn über die Ereignisse stiegen in ihm auf. »Wir haben nichts von alledem zu verantworten«, sagte er, ebenso sehr zu sich selbst wie zu Harriet.

»Ich muß nach Atlanta. Ihr bleibt hier, du und Matthew.«

»Nach Atlanta!« schrie sie auf. »Du kannst nicht in die Stadt. Sie werden dich umbringen, Randy. Ich habe dein Bild heute zweimal im Fernsehen gesehen. Sie sagen, du seist einer der Organisatoren der Unruhen.« Harriet stand an der Schwelle zur Hysterie. Sie spürte, wie ihr Verstand sich in unbeherrschbarer Panik auflöste. »Ich lasse dich nicht gehen!« schrie sie. »Wir brauchen dich hier!«

»Ich habe keine Wahl, Harriet. Ich habe bei Brent Olford angerufen, und die kleine Paula war am Telefon. Sie ist allein dort, und sie hat Angst. Offenbar ist ihr Haus von einem Schlägertrupp angegriffen worden, und Brent und Betty sind irgendwohin verschleppt worden. Ich muß Paula holen.«

»Laß jemanden anderes hingehen«, schluchzte Harriet. »Wir brauchen dich hier. Wir sind deine Familie.«

»Das kann ich nicht tun ... und das weißt du auch, Harriet. Da ist ein siebenjähriges, verängstigtes Mädchen allein in diesem Haus. Es ist meine Pflicht, ihr zu helfen.«

»Und was ist mit uns, Randy? Was wird aus uns, wenn du getötet oder verhaftet wirst?«

»Du denkst nicht geradeaus, Harriet«, ermahnte Randy sie. »Wir sind Christen, und dies sind unsere Freunde. Jetzt ist die Zeit gekommen, wo wir einander am dringendsten brauchen. Was wäre, wenn Matt ganz allein und verängstigt bei uns zu Hause zurückgeblieben wäre? Würdest du nicht wollen, daß Brent ihm hilft?«

Bei der Vorstellung, wie ihr Sohn verängstigt und allein zu Hause saß und sie beide fort waren, kam Harriet in die Realität zurück. »Du hast natürlich recht, Randy. Du mußt Paula helfen. Wir gehen mit dir.«

»Nein!« sagte er mit Nachdruck. »Das würde ihr oder mir gar nichts nützen. Wenn ich nicht zurückkomme, seid ihr beide hier in Sicherheit. Dads alter Lieferwagen steht hinter dem Haus. Ich habe ihn angelassen, und er läuft prima. Der Tank ist voll. Benutzt ihn, um von hier zu verschwinden, falls jemand euch finden sollte.«

»Okay«, versprach sie, während sie versuchte, die Wellen der Angst unter Kontrolle zu bekommen, die sie überspülten.

»Und Harriet – im Schrank ist Dads Gewehr. Es ist nur mit Vogelmunition geladen, aber das kann derjenige ja nicht wissen, auf den du es richtest. Benutze es, wenn es nicht anders geht.«

»Ich kann nicht schießen. Das weißt du doch«, sagte sie, und ihre Stirn runzelte sich bei der Vorstellung, ein Gewehr auf einen Menschen zu richten. »Nimm du es mit, Randy. Du könntest es brauchen.«

»Nein«, sagte er. »Wenn ich eine Waffe brauchen sollte, würde mir die alte Flinte nicht helfen. Außerdem könnte ich auch auf niemanden schießen. Wir geben wohl ein ziemlich erbärmliches Paar Desperados ab, was?« Sie lachten beide, trotz der Angst, die sie empfanden.

»Ja, das ist wohl so«, sagte sie und wischte sich die Tränen ab. »Und im Fernsehen sagen sie, du wärst der Organisator eines mörderischen Aufruhrs, ein richtiger tollwütiger Wolf.«

»Diese Kampagne gegen das Volk Gottes ist von irgend jemandem gesteuert, und dieser Jemand stellt die Sache sehr geschickt an. Doch letzten Endes liegt die Entscheidung in Gottes Händen. Wir müssen ihm einfach vertrauen.«

»Oh Randy, glaubst du, daß wir das alles überleben werden?« fragte Harriet, während sie ihren Mann umarmte.

»Nero war der erste Politiker, der das Christentum auszulöschen versuchte, und es ist ihm nicht gelungen, obwohl er die ganze Macht des römischen Reiches zur Verfügung hatte. Wir werden überleben«, sagte Randy nüchtern. »Es wird eine Zeitlang ziemlich hart werden, und einige von uns werden fallen. Aber wir werden überleben.«

Kapitel 12

ÜBERLEBEN

Als Randy zurück nach Atlanta fuhr um Paula abzuholen, sah er die Tankstelle, wo Harriet und er am Tag zuvor gehalten hatten. Auf einen Impuls hin bog er von der Autobahn ab und in die Tankstelleneinfahrt ein. *Warum mache ich das eigentlich?* fragte er sich. Doch irgend etwas in ihm drängte ihn dazu, zu halten. Er mußte dem Drang widerstehen, aufs Gaspedal zu treten und wieder zurück auf die Autobahn zu steuern. *Das ist wirklich Wahnsinn,* sagte er sich. *Wenn jetzt die Polizei mit dem Besitzer geredet und ihm gesagt hat, er soll nach mir Ausschau halten?*

Er saß im Wagen und kämpfte mit seiner Entscheidung, bis er bemerkte, daß der Angestellte ihn anstarrte. Also stellte er den Motor ab und stieg aus dem Wagen. Der Angestellte zog den Kopf wieder herein und rief: »He Chef, dieser Mann ist wieder da!«

Randys erster Impuls war, zurück in den Wagen zu springen und zu verschwinden, aber wieder hielt ihn eine innere Stimme zurück.

Der Besitzer kam heraus und wischte sich die Hände ab. »Dachte ich mir, daß Sie wiederkommen«, sagte er mit einem Knurren, das Randy sofort als Anklage auffaßte.

»Hören Sie, es tut mir leid wegen gestern«, sagte Randy entschuldigend. »Ich hoffe, ich habe Sie nicht in Schwierigkeiten gebracht.«

»Schwierigkeiten?« erwiderte der stämmige Besitzer. »Die einzige Schwierigkeit war dieses blöde System. Es gab Ihre Karte schließlich frei, nachdem Sie bereits weg waren. Ich nehme an, Sie wollen die Ringe Ihrer Frau wiederhaben. Ich gehe sie holen.« Er verschwand in einem Büro und kam kurz darauf zurück. Dann griff er in seine Tasche und holte die Ringe hervor – ein wenig verschmiert, aber unbeschädigt.

Als Randy die Ringe entgegennahm, versuchte er immer noch zu begreifen, was der Besitzer gesagt hatte. »Meine Karte wurde freigegeben?« fragte Randy.

»Ja, ein paar Stunden, nachdem Sie weitergefahren waren.«

Das war rätselhaft. *Wie konnte die Karte freigegeben werden?* fragte er sich. Er war sicher gewesen, daß jemand gezielt sein Konto eingefroren hatte. »Dann kann ich sie immer noch benutzen?« fragte Randy mit klopfendem Herzen.

»Sicher können Sie das«, antwortete der Besitzer, »falls Sie Geld auf Ihrem Konto haben.«

Randy steckte eilig die Ringe ein und bat den Besitzer, die Karte noch einmal durchzuziehen.

»Was darf es diesmal sein?« fragte der Besitzer.

»Von allem etwas«, erwiderte Randy. »Haben Sie Benzinkanister?«

»Ja, ich habe Zwanzig-Liter-Kanister hinten in der Werkstatt. Warum?«

»Ich nehme fünf davon«, erwiderte Randy, bemüht, seine Anspannung nicht merken zu lassen. Er war nicht sicher, wie lange er noch auf sein Konto zugreifen konnte. »Füllen Sie sie mit Normalbenzin, bitte.«

»Glauben Sie etwa, die Araber drehen uns wieder den Ölhahn zu?« fragte der Angestellte sarkastisch.

»Nein, ich brauche das Benzin nur für ein paar Freunde«, antwortete Randy.

Dann machte er sich daran, alle Lebensmittel einzusammeln, die an der Tankstelle zu haben waren, einschließlich mehrere ungeöffneter Schachteln mit Schokoriegeln. *Nicht besonders nahrhaft*, dachte er, *aber eßbar.* Als er den Kombi so voll geladen hatte, wie es möglich war, ohne wie ein rollendes Warenhaus auszusehen, fragte er: »Was bin ich Ihnen schuldig?«

»Dreihundertdreiunddreißig Dollar«, antwortete der Angestellte mit aufgerissenen Augen. »Wollen Sie das alles essen, Mister?« fragte er erstaunt.

»Nicht allein«, erwiderte Randy. »Ich habe ein paar Freunde, die mir dabei helfen werden, hoffe ich.«

Der Kauf ging ohne weitere Schwierigkeiten vonstatten. Randy hätte noch mehr gekauft, aber er wußte, daß ein Lieferwagen voller Lebensmittel zuviel Aufmerksamkeit erregen würde. Er war nicht sicher, ob die Polizei bereits nach seinem Wagen fahndete. *Das ist ein Risiko, das ich eingehen muß*, sagte er sich.

Er dankte dem Besitzer noch einmal, winkte dem jungen Angestellten zu und machte sich auf den Weg zu Brent Olfords Haus in Atlanta.

•

In Washington hatte Russell Siever gerade nach einem Gespräch mit Dr. Rhinehart den Hörer aufgelegt. Wutentbrannt wählte er die Nummer von Jeff Wells´ Büro.

Jeffs Sekretärin Linda nahm das Gespräch entgegen. »Data-Net, Büro des Direktors.«

»Ich muß Wells sprechen!« verlangte Siever.

Linda erkannte seine Stimme sofort. »Tut mir leid, Mr. Siever, er ist im Augenblick nicht im Büro.«

»Und wo ist er?« fragte Siever. »Ich muß ihn sofort sprechen!«

»Ich weiß es nicht, Sir. Er ist vor einigen Stunden weggegangen, ohne eine Nummer zu hinterlassen.« Sie fand das eigenartig, da Jeff ihr sonst immer mitteilte, wo er zu erreichen war, aber bei all dem Chaos um die Ermordung des Präsidenten hatte sie nicht daran gedacht, ihn zu fragen. Noch merkwürdiger war die Tatsache, daß er sein persönliches Terminal mitgenommen hatte. Dieses Terminal mit einer direkten Satellitenverbindung hatte er sich bestellt, bevor er nach Europa gereist war, um mit der Weltbank zusammenzuarbeiten, doch seitdem hatte er fast ausschließlich in seinem Büro gearbeitet.

Siever knallte den Hörer auf die Gabel. Rhinehart hatte ihm gesagt, daß die Paßwörter zum Data-Net von Wells´ zentralem Kontrollterminal aus geändert worden seien. Außerdem war das Unterprogramm, das dieser Idiot Rhinehart eingebaut hatte, um die Christen zu überwachen, entfernt worden, so daß klar war, daß Wells das System unter Kontrolle hatte. Aber das Überwachungsprogramm war nicht wieder neu installiert worden. Er hatte keine Möglichkeit, die Christen zu überwachen. Es war zum Verrücktwerden.

Will Wells das System sabotieren, oder versucht er wirklich, es zu reparieren? fragte er sich. Es gab keine Möglichkeit, das herauszufinden, solange er nicht mit Wells geredet hatte. Aber er hatte das nagende Gefühl, daß Jeff Wells nicht mehr in seiner Mannschaft spielte. Voll Angst dachte er an den Anruf bei Franklin, der ihm bevorstand.

Kathy Alton saß schweigend dabei, als die beiden Männer ihre künftige Regierungspolitik erörterten.

»Die Unruhen breiten sich immer noch im ganzen Land aus«, sagte der zierliche Mann neben Jason Franklin ohne Gefühlsregung. »Wir werden keine Schwierigkeiten haben, das Kriegsrecht auszurufen. Da der Kongreß suspendiert ist, werden Sie mindestens zwei Monate lang die totale Kontrolle über das Land haben. Diese Zeit wird ausreichen. Wie steht es mit dem Data-Net, Franklin?«

Jason Franklin war ein Mann, nach dessen Pfeife schon Präsidenten getanzt hatten, aber in Gegenwart dieses anderen Mannes fühlte er sich schwach und hilflos. Die Kraft, die er in Amir Hussein spürte, war überwältigend. Man hatte das Gefühl, als kanalisierte er alle Energien der Welt in die Richtung, die er wollte. Zweimal hatte er bei ihm Demonstrationen einer Macht gesehen, die er kaum glauben konnte. Ein scharfer Blick von Hussein konnte den Willen des stärksten Mannes brechen. Er hatte keinen Wunsch, die dunklen Kräfte dieses Mannes auf die Probe zu stellen.

Er selbst hatte an der Schwelle des Todes gestanden, als Hussein ihn gefunden hatte. Franklin erinnerte sich lebhaft an diese erste Begegnung. Damals war er zu einem wahren Gläubigen geworden. Selbst nach einem Leben der Hingabe an die Bruderschaft hatte er niemals wirklich an den Auserwählten geglaubt – den Führer. Für ihn war die Bruderschaft ein Mittel zum Zweck gewesen – ein Weg zu Geld und Macht, die er beide im Überfluß besaß. Doch als ihn der Krebs befiel, halfen ihm weder sein Geld noch sein Einfluß.

Die Schmerzen in seinem Bauch waren so stark geworden, daß kein Medikament sie mehr lindern konnte, auch nicht für kurze Zeit. Sein einst robuster Körper war zu einem Skelett von neunzig Pfund Gewicht verfallen. Er war so schwach geworden, daß er kaum seinen Kopf heben konnte und über eine Magensonde ernährt werden mußte. Die Ärzte hatten seinen Zustand als hoffnungslos diagnostiziert, und keine weitere Behandlung konnte ihm noch helfen.

Dann brachte eines Abends sein alter Freund Rabbi Flom, seit dreißig Jahren Mitglied des inneren Rates der Bruderschaft, einen Mann mit zu ihm. Rabbi Floms Verbindungen zur israelischen Regierung waren unschätzbar wertvoll gewesen, um Waffenlieferungsverträge für einige Firmen Franklins an Land zu ziehen. Als Gegenleistung hatte Franklin mehr als zehn Milliarden Dollar für Israel gespendet oder gesammelt.

Jason Franklin, der Multimilliardär, hatte dicht vor dem Tod gestanden an jenem Abend, als Rabbi Flom zu ihm sagte: »Jason, mein alter Freund, ich habe jemanden mitgebracht, der Ihnen helfen kann.«

Franklin konnte seinen Kopf nicht weit genug heben, um zu sehen, wer es war, doch er antwortete. »Wenn es nicht Gott selbst ist, Rabbi, dann glaube ich nicht, daß er mir helfen kann.«

»Vielleicht ist er Gott«, erwiderte der welke alte Mann. »Zumindest der Gott, auf den wir so lange gewartet haben.«

Franklins Körper wurde durch die Mühe des Sprechens von Schmerzen geschüttelt.

»Märchen sind etwas für Kinder, Rabbi. Lassen Sie mich in Frieden sterben.«

»Haben Sie denn wirklich Frieden?« fragte der Mann, den er noch nicht gesehen hatte. »Wollen Sie lieber sterben als glauben?«

Etwas in dieser Stimme erschreckte Franklin. Sie durchdrang

seinen Geist. Er wußte, daß er die Worte nicht gehört hatte, er hatte sie gespürt!

»Ich bin derjenige, von dem Sie durch Ihre Brüder gehört haben. Die Bruderschaft wurde um meinetwillen gebildet. Meine Zeit ist gekommen.«

In dem düsteren Krankenzimmer konnte Franklin den Mann nicht richtig sehen, obwohl er direkt vor ihm stand, aber er spürte seine Gegenwart deutlich. Es war, als ob von dem Mann eine Kraft ausging, die Franklin durchdrang.

»Wollen Sie geheilt werden?«, fragte die Stimme. Franklin war nicht sicher, ob die Worte wirklich hörbar waren oder nur in seinem Geist erklangen. »Wollen Sie mir dienen?«

Franklins Worte kamen in einem heiseren Röcheln. »Ich bin bereit. Wenn Sie mich heilen, werde ich Ihnen dienen.«

Dann sprach der Fremde hörbar: »Verlaß ihn!«

Ein stöhnendes Geräusch zog durch den Raum, und ein kalter Hauch fuhr über Franklin hinweg und drang bis in seine Knochen. Doch plötzlich fühlte er sich erneuert. Er war stärker geworden. »Ich kann mich bewegen!« rief er und setzte sich im Bett auf.

»Ihre Kraft wird in ein paar Tagen zurückkehren«, sagte ihm der Fremde. »Sie werden leben. Aber vergessen Sie niemals, daß Sie mir unverbrüchliche Treue schulden.«

»Ich werde es nicht vergessen, mein Herr«, schwor Franklin. Von diesem Tag an hatte er sein ganzes Leben den Aufgaben gewidmet, die Hussein ihm übertrug. Er war zu einer Schlüsselfigur in einem Plan geworden, der so gewaltig war, daß er ihn selbst kaum für möglich halten konnte. Doch die Ereignisse der letzten drei Jahre hatten ihn davon überzeugt, daß er möglich war. Die Welt gehörte ihnen, sie brauchten sie sich nur zu nehmen. Und sein Wohltäter würde sie eines Tages ganz beherrschen.

Im Augenblick jedoch fürchtete er den Zorn dieses Mannes, der scheinbar Macht über Leben und Tod, Gesundheit und Krankheit hatte.

Nervös sagte Franklin: »Wir haben ein Problem mit dem Netzwerk. Dr. Rhinehart hat ein paar Veränderungen in dem System vorgenommen, die nicht funktionierten. Ich habe Dr. Siever angewiesen, die Sache von Wells korrigieren zu lassen.«

»Und?«

Der Tonfall war unüberhörbar böswillig.

»Das System ist wiederhergestellt und funktioniert reibungslos.«

»Und was ist mit der Fähigkeit, die Christen zu überwachen?«

»In diesem Punkt bin ich mir nicht ganz sicher, Sir«, sagte Franklin bußfertig. »Wir konnten Wells noch nicht erreichen.«

»Ich will, daß dieses Netzwerk funktioniert!« schrie der kleine, dunkle Mann wütend auf. »Ich will, daß diese Christen aufgespürt und eingesperrt werden. Haben Sie gehört?«

Franklin war erschrocken über den Ausbruch. Es war das erste Mal, daß er erlebte, wie Hussein seine Selbstbeherrschung verlor, und das machte ihm mehr Angst, als er je in seinem Leben empfunden hatte. Selbst als er vor dem Tod stand, hatte er sich nicht so gefürchtet wie jetzt.

»Täuschen Sie sich nicht, Franklin«, sagte Hussein, als er seine Fassung wiedergewann. »Ich kann Sie in den Zustand zurückversetzen, in dem Sie waren, als ich Sie fand. Die Kontrolle über diese Christen ist entscheidend für unsere Pläne. Sobald wir die amerikanischen Christen unter meiner Kontrolle haben, werden die anderen folgen. Sorgen Sie sofort dafür!«

Franklin sagte nichts. Er verspürte eine überwältigende Angst. Er hatte bereits Beweise für Kräfte gesehen, die das menschliche Verstehen überstiegen. Franklin hatte keinerlei religiöse Überzeugungen. Er hatte immer angenommen, daß die Christen nur Sündenböcke für die Probleme der Nation sein sollten, aber daß sie noch eine größere Rolle spielten, hatte er nie begriffen. Plötzlich durchzuckte seinen Körper ein Anfall der starken Schmerzen, die vor drei Jahren von ihm genommen worden waren. Er keuchte, als Wellen der Übelkeit über ihn kamen, und schrie auf: »Helfen Sie mir!«

Hussein wartete eine Ewigkeit, wie es Franklin erschien, bevor er befahl: »Verlaß ihn!« So plötzlich die Attacke begonnen hatte, endete sie auch. Franklin taumelte zu seinem Sessel hinüber und ließ sich erschöpft hineinfallen.

»Das war nur eine kleine Erinnerung«, sagte der dunkelhäutige Mann leise. »Nun, wo ist dieser Elder?« fragte er.

»Er befindet sich ihn Washington unter strenger Bewachung, wie Sie befohlen haben«, keuchte Franklin. Er war immer noch geschwächt von der Attacke.

»Gut. Ich möchte, daß er außer Sicht bleibt. Sorgen Sie dafür, daß er mit niemandem Kontakt hat. Haben Sie seine Frau ausfindig gemacht?«

»Nein, Sir, sie ist verschwunden. Durch die Gewalttätigkeiten sind die Christen über das ganze Land verstreut.«

»Ich will, daß sie gefunden wird! Und ich will, daß dieses Programm läuft. Wir müssen wissen, wo sie sind, und sie zermalmen! Melden Sie sich wieder bei mir, sobald Sie Wells ausfindig gemacht haben.«

Franklin seufzte erleichtert auf, als Hussein den Raum verließ. Trotz all seines Reichtums und Einflusses war er heute kaum mehr als ein Lakai, das wußte er. Seine Kraft kehrte zurück, doch er wußte, daß seine Lebenszeit nur geborgt war.

Randy Cross erreichte gerade die Außenbezirke von Atlanta, als er die erste Gruppe sah, oder besser gesagt den ersten Mob. Es waren größtenteils junge, rauhe Burschen, daneben auch eine kleinere Gruppe von Kindern – einige sahen nicht älter aus als acht oder zehn. Sie näherten sich der Kreuzung, auf die er zufuhr, und riefen etwas, das er zuerst nicht verstehen konnte.

Er dachte schon daran, umzukehren und sich einen anderen Weg in die Stadt zu suchen, doch dann bemerkte er einen Polizeistreifenwagen an der Kreuzung. Also beschloß er, weiterzufahren, anstatt das Risiko einzugehen, daß er wegen unerlaubten Wendens angehalten wurde.

Als er langsam an die Kreuzung heranrollte, hörte er, was die Menge skandierte: »Gott ist tot, Gott ist tot ...« Dann sah er, daß sie Plakate mit umgekehrten Kreuzen trugen – dem traditionellen Zeichen der Homosexuellenbewegung. Der Mob sah ihn, als er an der Kreuzung hielt. Sie waren immer noch gut fünfzehn Meter von seinem Standort entfernt, aber mehrere Leute aus der Gruppe fingen an, Steine und Flaschen nach seinem Auto zu werfen. Er wußte, diese Horde würde erst angreifen und später Fragen stellen.

Er trat aufs Gaspedal und bog um die Ecke, wo die Gruppe am dünnsten zu sein schien. Drei Männer rannten auf die Straße, um seinen Wagen aufzuhalten, aber er trat das Gaspedal durch und beschleunigte. Sie sprangen im letzten Augenblick aus dem Weg. Das Letzte, was er von dem Mob sah, waren die drei Männer, die ihm Flaschen und Steine hinterherwarfen. Der Streifenwagen stand immer noch dort, wo er ihn zuerst gesehen hatte; der Beamte schien keine Neigung zu verspüren, ihn oder den Mob aufzuhalten. *Offenbar beobachtet die Polizei von Atlanta nur noch*, dachte er. Er zitterte von der Begegnung. Wenn er bis jetzt noch Zweifel gehabt hatte, so waren sie jetzt zerstreut. Sein Leben stand auf dem Spiel. In der Stadt herrschte Anarchie.

Er betete im Stillen, während er an ausgebrannten Häusern und Ruinen einst großer Kirchen vorbeifuhr, die von den plündernden Horden zerstört worden waren. Der Sirenenklang der Löschzüge und Krankenwagen verriet ihm, daß die Gewalt noch lange kein Ende hatte. Er war in Versuchung, an seinem Haus vorbeizufahren, aber er widerstand dem Drang aus Angst, jemand könnte ihn erkennen.

Es machte ihn krank, zu sehen, was aus Atlanta geworden war. Wo die Geschäfte ihre Schaufenster nicht mit Brettern abgedeckt hatten, lag alles voller Scherben und verstreuter Ware.

Als er die Innenstadt hinter sich ließ, bemerkte er, daß es weniger Schäden und mehr Polizei gab. Offensichtlich ließen die

Behörden die Mobs ihre eigenen Wohngegenden zerstören und konzentrierten ihre Bemühungen auf die wohlhabenderen Gegenden, um zu schützen, was sie konnten. Die Radiosprecher ließen es so erscheinen, als wären die Mobs Ableger des *Constitutional Rights Committee*, die fremdes Eigentum zerstörten, um sich für die Angriffe gegen ihre Gruppe zu rächen.

Wenn es in einer Stadt wie Atlanta schon so aussieht, wie muß es dann erst in New York oder Los Angeles sein? fragte er sich.

In den Nachrichten hörte er, die Polizei habe eine Liste mutmaßlicher Terroristen und sei ihnen auf der Spur. *Mein Name steht wahrscheinlich auch auf dieser Liste.*

Außerdem brachten die Nachrichten Kommentare über die Amtseinführung der ersten weiblichen Präsidentin, Katherine Alton. Die neue Präsidentin werde ihre erste offizielle Pressekonferenz so bald wie möglich nach der Beerdigung Präsident Hunts abhalten, berichteten die Kommentatoren. Sie habe angekündigt, daß ihre Regierung die Bemühungen der Hunt-Regierung, Gesetz und Ordnung in Amerika wiederherzustellen, fortführen werde.

»Was vermutlich heißt, daß es so weitergeht«, kommentierte Randy zynisch.

Er bog in die Lenox Avenue ein, in der Brent Olford wohnte, und stieß einen unwillkürlichen Schrei aus. »Das sieht ja aus wie ein Kriegsgebiet.« So sah es in der Tat aus. Die Häuser waren nicht ausgebrannt, aber Fenster waren eingeschlagen und Türen zersplittert. Die persönliche Habe derer, die in dieser Nachbarschaft wohnten, lag auf den Rasenflächen verstreut. Was einen Wert besaß, hatten die plündernden Horden mitgeschleppt: Fernseher, Stereoanlagen, Kameras und dergleichen. Andere Gegenstände, die nur von ideellem Wert waren, lagen entweder verstreut herum oder waren zerstört worden. Die toten Tiere in den Vorgärten – Haustiere, die den Besitz ihrer Herren zu verteidigen versucht hatten – legten Zeugnis von der Gewalt ab, die sich hier ereignet hatte. Falls es menschliche Todesopfer gab, und Randy machte sich darüber keine Illusionen, so waren sie nicht zu sehen. Er vermutete, daß sie entweder von Polizei und Sanitätern, soweit sie die Stadt noch zu schützen versuchten oder von Freunden und Verwandten abtransportiert worden waren.

Er fuhr langsam und vorsichtig, immer auf Ausschau nach denen, die all diese Zerstörung über unschuldige Menschen gebracht hatten. Zweifellos waren manche der Plünderer Nachbarn gewesen, die in ihrer Hilflosigkeit über die verzweifelte Lage schnell bereit waren, ihre Wut an anderen auszulassen.

Da er kein Lebenszeichen auf der Straße entdeckte, bog er in die Einfahrt der Olfords ein. Es erschien ihm weniger auffällig, wenn er die Hintertür benutzte. Der ganze Bereich war verwüstet. Das untere Stockwerk des zweistöckigen Hauses war von Wasser überflutet, das aus dem Hintereingang herausfloß. Die Zerstörung draußen war schlimm genug, aber sie ließ nichts von der totalen Verwüstung im Innern ahnen. Kühlschrank- und Schranktüren hingen offen, und der Inhalt ergoß sich auf den Boden. Wände waren eingetreten; die Wohnzimmerwände mit Blutspritzern beschmiert. Jemand hatte das umgekehrte Kreuz in jedem Zimmer an die Wand gesprüht.

Randy schaute sich ein letztes Mal um, um sicherzugehen, daß ihm niemand gefolgt war, und rief dann: »Paula, bist du da?« Es kam keine Antwort, und er spürte, wie sich in seiner Magengrube ein Knoten bildete. Wenn er sich vorstellte, daß ein verängstigtes, siebenjähriges Mädchen in die Hände eines solchen Mobs fiel, wie er einen gesehen hatte, dann schauderte ihn.

Er rief noch einmal: »Paula, hier ist Randy Cross. Ich habe dich angerufen. Komm schon heraus, Kleines.«

Immer noch keine Antwort. Das Treppenhaus, das zu den Schlafzimmern hinaufführte, war mit Blut bespritzt. Es sah aus, als wäre etwas Blutiges durch den Flur geschleift worden. Er folgte den roten Spuren bis in einen Raum, der ein Kinderzimmer zu sein schien. Dort lag an einer Wand ein blutiges, in ein Laken gewickeltes Bündel. Sein Herz blieb stehen.

Mit pochendem Herzen näherte er sich dem Bündel, das der Körper der Tochter seines Freundes sein mußte. »Paula.« Seine Stimme brach, als er ihren Namen aussprach. Im trüben Licht des verdunkelten Raumes hatte er den kauernden Schatten im Schrank nicht bemerkt. Als er sich über den zerfetzten kleinen Körper beugte, wurde er plötzlich von hinten angegriffen.

»Lassen Sie meinen Hund in Ruhe!« schrie die schrille Stimme, während kleine Fäuste auf seinen Rücken trommelten.

»Warte, Paula. Ich bin´s, Mr. Cross. Ich bin gekommen, um dir zu helfen.« Er hielt sie auf Armeslänge von sich ab, während sie weiter wild mit ihren kleinen Armen um sich schlug. Er zog sie an sich und sagte strenger.

»Hör jetzt auf, Paula. Ich bin hier, um dir zu helfen. Du bist jetzt in Sicherheit.«

Plötzlich brach sie in seinen Armen schluchzend zusammen. »Oh, Sie sind es. Ich hatte solche Angst. Mein Hund Scruffy ist verletzt. Er bewegt sich nicht, wenn ich ihn rufe.«

»Ich fürchte, er ist tot, Paula.« Er rechnete damit, daß sie in Tränen ausbrechen würde, aber da sie völlig benommen zu sein schien, fügte er eilig hinzu: »Wir müssen sofort hier weg. Hast du ein paar Sachen eingepackt, wie ich dir gesagt habe?«

»Ja, Sir. Sie sind hier in meiner Tasche.« Sie deutete auf die kleine Reisetasche neben der Schranktür.

»Gut, Liebes. Gehen wir.«

Er ergriff Paulas Tasche und spähte vorsichtig durch die Hintertür, bevor er sie öffnete. In dem Durchgang hinter dem Haus stand ein Mann in einem alten Armeeoverall. Er schien in ein Funkgerät zu sprechen. Randy ging rasch ins Wohnzimmer und schaute aus dem Fenster. In der Einfahrt eines anderen geplünderten Hauses standen zwei weitere Männer.

Er wandte sich an Paula. »Wo ist die Tür zu eurer Garage, Kleines?«

»Im Wirtschaftsraum«, sagte sie und deutete in die entsprechende Richtung. Randy nahm sie an der Hand und ging in den Wirtschaftsraum. Als er die Tür zur Garage öffnete, seufzte er erleichtert auf, als er den Familienbus sah. Er lief hin, öffnete die Fahrertür und betete, der Schlüssel möge im Wagen sein. Auf den ersten Blick entdeckte er ihn nicht, doch als er den Aschenbecher aufzog, fand er ihn. *Genau, wo Harriet ihn auch immer versteckt*, schoß Randy durch den Kopf. Er hatte ihr schon tausend Mal gesagt, daß sie den Schlüssel nicht im Wagen lassen sollte. Brent hatte seiner Frau garantiert dasselbe gesagt. *Preis sei Gott, daß sie nicht auf ihn gehört hat*, dachte er.

Da Randy wußte, daß sein Wagen vermutlich auf der Fahndungsliste der Polizei stand, war es vermutlich besser, den Bus zu nehmen. Aber wie sollte er die ganzen Sachen, die er an der Tankstelle gekauft hatte, aus seinem Wagen in den Bus umladen? Er wollte die Sachen nicht zurücklassen, insbesondere das Benzin. Er steckte den Garagentüröffner in seine Tasche, setzte Paula mit ihrer Reisetasche in den Bus und sagte ihr, daß er gleich zurück sei. Sie fing an zu protestieren, aber sein Tonfall überzeugte sie davon, zu tun, was er ihr sagte. Er ging zurück in die Küche, schaute durch die Hintertür hinaus und sah zu seiner großen Erleichterung, daß der Mann im Overall verschwunden war. Ihm blieb keine Zeit, sich Gedanken darüber zu machen; er schoß hinaus zu seinem Kombi, den er in der Einfahrt geparkt hatte. Er sprang hinein, ließ den Motor an, drückte auf den Knopf des Garagenöffners und stieß in den freien Platz neben dem Bus. Fieberhaft lud er alles aus seinem Wagen in den Bus um, während Paula fasziniert zusah. Mit einem letzten Blick auf den Kombi, mit dem ihn so viele Erinnerungen verbanden, sprang er in den Wagen. Als er rückwärts die Einfahrt hinausrollte, betätigte er wieder den Garagenöffner. *Das müßte uns ein wenig Zeit verschaffen*, dachte er. *Ich glaube kaum, daß so bald jemand in der Garage nachschauen wird.*

Als er aus der Einfahrt herausfuhr, erhaschte er einen Blick auf die Männer, die er gesehen hatte, wie sie das Haus von ihrem geparkten Wagen aus beobachtet hatten. Sie gingen in ein Nachbarhaus. *Sind das Freunde von Paulas Familie? Wenn ja, warum haben sie ihr dann nicht geholfen, bevor ich kam? Oder sind sie vom FBI? Oder selbsternannte Ordnungshüter?* Ihm blieb keine Zeit, darüber nachzudenken. Er schaltete die Automatik auf Drive und schoß davon. Zum Glück für Randy und Paula gehörten die Männer zu einer hastig gebildeten Nachbarschaftswachmannschaft, die man zusammengestellt hatte, um nach Plünderern Ausschau zu halten. Der Mann draußen hatte gesehen, wie Paula sich an Randy klammerte, und die anderen informiert, sie durchzulassen.

Randy bahnte sich seinen Weg durch die Stadt, wobei er sich so weit wie möglich auf Nebenstraßen hielt. Er wußte, daß die Gefahr, Plünderern zu begegnen, auf den Nebenstraßen größer war, aber er hatte noch mehr Angst davor, von der Polizei aufgegriffen zu werden. An den Straßenrändern standen umgekippte und völlig ausgeräumte Autos. Viele von ihnen waren ausgebrannt.

Paula saß auf dem Beifahrersitz gegen die Tür gekauert. Alles gute Zureden von Randy konnte sie nicht dazu bringen, sich neben ihn zu setzen. Sein Herz wurde schwer um ihretwillen. Er wußte, daß er ihr unmöglich erklären konnte, was geschehen war, auch wenn er selbst es gewußt hätte. *Die Welt ist verrückt geworden,* dachte er zum tausendsten Mal. *Jetzt weiß ich, was der Herr meinte, als er sagte: »Wer auf dem Feld ist, soll nicht zurückkehren, um seinen Mantel zu holen ...« Ich wünschte, ich wäre schon heraus aus dieser Stadt und zurück im Blockhaus. Aber was ist mit all unseren Freunden? Und was muß bei den Christen los sein, die in Städten wie Chicago und New York wohnen? Ich wünschte, wir könnten irgendwie miteinander kommunizieren. Vielleicht könnten wir helfen.*

In diesem Augenblick schloß von hinten ein Wagen zu ihm auf. Er schaute in den Rückspiegel und sah sechs oder sieben Jugendliche in einem antiken Oldsmobile, dessen Stereoanlage so laut dröhnte, daß er sie im Bus hören konnte. Plötzlich beschleunigte der verbeulte Olds.

Randy erriet, daß die Burschen es darauf abgesehen hatten, ihren alten Wagen gegen den Bus einzutauschen, und trat das Gaspedal bis zum Anschlag durch. Zu seiner besten Zeit hätte der Olds leicht mit dem Bus mithalten können, doch seine beste Zeit lag lange zurück. Nach zwei Querstraßen hatte Randy den Wagen voller wütender Jugendlicher ein gutes Stück hinter sich gelassen. Doch als er nach vorn blickte, sprang gerade eine Ampel auf Gelb um. Wenn er hielt, würden sie ihn einholen. Er ließ den Fuß auf dem Gaspedal und raste auf die Ampel zu. Als sie auf Rot sprang, war er noch mindestens zwanzig Meter von der Kreuzung entfernt, aber er dachte nicht einmal daran abzubremsen. Als er die Ampel überfuhr, setzten sich zwei Autos auf der Querstraße in Bewegung. Randy sah, daß sein Kurs voll auf die Breitseite eines der beiden Wagen zuführte, riß das Steuer herum und versuchte, an den Autos vorbei in die Querstraße nach rechts zu schlittern. Beinahe hätte er es geschafft, doch das Heck seines Busses brach aus und erwischte den vorderen der beiden Wagen. Der Bus drehte sich auf der Straße und kam auf dem Bürgersteig zum Stehen.

Inzwischen hatte der Wagen mit den Jugendlichen keine Chance zum Halten, denn die Bremsen der alten Rostschleuder waren abgerieben. Das Bremspedal ließ sich bis zum Boden durchtreten, als der Fahrer seinen Fuß darauf rammte. Mit vor Entsetzen geweiteten Augen pumpte er hektisch auf dem Pedal herum, und die Hydraulik reagierte mit einer minimalen Bremswirkung – gerade ausreichend, um den dahinjagenden Wagen auf eine beherrschbare Geschwindigkeit zu verlangsamen. Der verbeulte Olds krachte in die geparkten Wagen und schleuderte auf den gegenüberliegenden Bürgersteig hinüber. An der Bordsteinkante kippte er und überschlug sich dreimal.

Der ganze Vorfall dauerte nicht mehr als zwanzig Sekunden, aber Randy kam es wie eine Stunde vor. Der Olds blieb auf dem Dach liegen. Sofort kamen aus allen Löchern Jugendliche hervorgekrochen und spritzten in alle Richtungen davon. Randy blickte hinüber zu den anderen Fahrern, deren Wagen entweder von seinem Bus oder von dem Olds gerammt worden waren. Sie sahen erschrocken aus, schienen aber unverletzt zu sein. Dann hörte er den Klang einer Polizeisirene, die sich der Unfallstelle näherte.

Ich würde gern bleiben, dachte er, aber Paulas Geschrei erinnerte ihn an eine größere Gefahr, also legte er den Gang ein und schoß davon, an dem herankommenden Streifenwagen vorbei.

Der Beamte, der ihn wegen des Durcheinanders auf der Kreuzung nicht verfolgen konnte, merkte sich das Kennzeichen und gab es über Funk durch.

Doch er bemerkte auch den Haufen von Stereoanlagen und Videorecordern, die aus dem Kofferraum des Olds gefallen waren, als er auf dem Dach liegenblieb. Die Insassen hatten sich aus dem Staub gemacht.

Randy durchquerte die Stadt ohne weitere Zwischenfälle. Als er den Stadtrand erreichte, steuerte er direkt auf den Interstate I-75 Richtung Süden zu.

Ich weiß, daß dieser Polizist meine Nummer notiert hat, sorgte sich

Randy im Stillen. *Gott, bitte gib, daß wir es zurück zum Blockhaus schaffen.*

In Wirklichkeit hatte der Streifenwagenfahrer das Kennzeichen des Busses an die Funkerin in der Zentrale durchgegeben, die überprüfte, ob es auf der Liste der gestohlenen Fahrzeuge stand. »Der Bus ist sauber«, gab sie an den Streifenwagen zurück. »Wahrscheinlich nur ein verängstigter Bürger auf der Flucht.«

»Kann ich ihm nicht verübeln«, meinte der Beamte. »Hier geht es zu wie im Zoo.« Er vergaß den Bus und konzentrierte sich auf das Chaos auf der Kreuzung.

Es war fast sechs Uhr, als Randy vor dem Blockhaus hielt. Harriet kam ihm rennend entgegen. »Gott sei Dank bist du okay!« rief sie mit tränenüberströmtem Gesicht. »Du warst so lange weg, ich hatte solche Angst.« Dann sah sie Paula, die immer noch an die Beifahrertür gekauert saß, und ihre mütterlichen Instinkte gewannen die Oberhand. Sie lief um den Bus, öffnete die Tür und wiegte das verängstigte Mädchen in den Armen.

Kapitel 13

DIE NEUE PRÄSIDENTIN

Cal Rutland arbeitete in seinem Büro, als der Anruf von Siever kam. Er war eifrig damit beschäftigt, für einen reibungslosen Machtübergang zu sorgen. Die meisten Positionen im Kabinett würden unverändert bleiben, ebenso die meisten Beraterfunktionen. Der Justizminister Patrick McMillan würde zurücktreten und den Weg für Fred Lively freimachen. Sicher würde es ein Aufheulen der Konservativen im Kongreß geben, doch bis der Kongreß wieder zusammentreten konnte, würde der Wechsel bereits Monate zurückliegen und schwerlich rückgängig zu machen sein. Rutland verabscheute den schleimigen kleinen Kerl. *Aber ich weiß, daß er mit Eifer gegen die Christen vorgehen wird – und sie vielleicht sogar verfolgen wird,* sinnierte er.

»Rutland«, sagte er, als er den Hörer abnahm.

»Hier Siever. Haben Sie von Wells gehört?«

»Nein, habe ich nicht«, erwiderte Rutland aufhorchend. »Stimmt etwas nicht?« Im Stillen dachte er: *Siever, Sie sind ein Idiot. Es war Blödsinn, Rhinehart vom Cal Tech hinzuzuziehen. Wells ist ihm Lichtjahre voraus.*

»Franklin hat mich gerade angerufen«, sagte Siever. »Er hatte eine Besprechung mit Hussein. Er will, daß das Überwachungsprogramm sofort aktiviert wird, aber Wells ist nicht aufzufinden.«

Rutland war überrascht, daß Franklin den Namen Hussein gegenüber Siever erwähnt hatte. Er war so geheimnistuerisch, daß nur die drei obersten Männer in der Bruderschaft wußten, wer Hussein war. Rutland war ihm zum ersten Mal begegnet, als er in Washington für die Bruderschaft angeworben wurde, aber damals hatte er nicht gewußt, wen er vor sich hatte. Dann sah er ihn wieder, als die Pläne für die Übernahme der amerikanischen Wirtschaft ausgearbeitet worden waren. Es fiel ihm immer noch schwer, an die Wirklichkeit dieser Begegnung zu glauben.

Der Mann, den Rutland nur als »Hussein« kannte, sah wie Adolf Hitler aus. Rutland hatte den deutschen Diktator, der beinahe Europa erobert hätte, nur auf Bildern gesehen, aber die Ähnlichkeit war verblüffend. Es waren dieselben Eigenheiten, derselbe Magnetismus.

Zuerst hatte Rutland die Ähnlichkeiten als zufällig abgetan.

Schließlich hieß es, jeder habe einen Doppelgänger in der Welt. Aber dieser Mann hatte die Fähigkeit, genau zu wissen, was jemand dachte, und antwortete oft, bevor man eine Frage an ihn gestellt hatte. Dann hörte Rutland von Jason Franklins bemerkenswerter Genesung. Wieder ein Zufall? Vielleicht, aber er zweifelte nicht an den Kräften des Führers. Er hatte in der Bruderschaft Gerüchte gehört, der Führer sei der langerwartete Messias, der über die Welt herrschen werde. Nachdem er ihm begegnet war, glaubte auch Rutland daran, und stellte sein ganzes Leben in den Dienst des Führers. Seither hatten sie oft zusammengearbeitet, und Hussein hatte Rutland zu seinem Werkzeug erkoren.

»Was für ein Problem haben wir mit Wells?« fragte Rutland gereizt. Er konnte Inkompetenz nicht ertragen, und Siever hielt er für inkompetent. Sicher, er stand voll hinter der Sache, aber er machte zu viele dumme Fehler.

»Er ist nicht in seinem Büro«, erwiderte Siever kalt, wütend darüber, daß Rutland sich stets wie sein Vorgesetzter aufführte. *Ich bin verantwortlich für das Data-Net-Projekt, nicht Rutland*, dachte Siever. *Schließlich ist Rutland nur ein Handlanger für den Präsidenten.* »Es sieht Wells nicht ähnlich, zu gehen, ohne eine Nachricht zu hinterlassen.«

Rutland richtete sich abrupt auf. »Gibt es ein Problem mit dem Programm?«

»Nein, nicht im Hauptprogramm, aber offenbar hat Wells Rhineharts Unterprogramm entfernt, und jetzt funktioniert die Benutzerüberwachung nicht.«

»Ist Ihnen je der Gedanke gekommen, Wells könnte das Unterprogramm testen wollen, bevor er es installiert?« fragte Rutland, absichtlich im Ton eines Lehrers, der einen achtlosen Schüler ermahnt.

»Natürlich habe ich daran gedacht«, sagte Siever abwehrend. *Ich habe ihm schon wieder eine Blöße geboten*, dachte er. »Aber offenbar hat er ein neues Paßwort installiert und dann das Master-Terminal mitgenommen. Jetzt können wir überhaupt nicht mehr an das System heran.«

Das ließ Rutland hellhörig werden. Wells war in der Erfüllung seiner Aufgaben stets loyal und gehorsam gewesen, aber er wußte, daß Wells ein Genie war und sich irgendwann die ganze Sache zusammenreimen würde. Wenn das geschah, würde man ihn entweder für die Bruderschaft anwerben oder eliminieren müssen. Falls Wells absichtlich den Zugriff auf das Data-Net blockiert hatte, konnte niemand seinen Code durchbrechen. Jetzt hatten sie ein weltweites System mit einer einzigen Fehlerquelle – Jeff Wells.

»Was weiß er?« fragte Rutland in seiner üblichen, rauhen Art.

Siever wurde von Sekunde zu Sekunde ärgerlicher. Er wußte, daß die Sache mit Rhinehart ein Fehler gewesen war, und es war klar, daß Rutland ihn das nicht vergessen lassen würde. Er steckte mitten in der typischen Washingtoner Rangelei, genannt »Gib dem anderen die Schuld«. Der nächste Schritt lag auf der Hand; er hatte ihn selbst schon oft angewandt.

»Ich habe keine Ahnung, was Wells weiß«, erwiderte Siever mürrisch. »Vergessen Sie nicht, er ist Ihr Mann. Sie haben ihn persönlich ausgewählt.«

Rutland war kein Mann, der sich herumschubsen ließ, egal von wem. »Hören Sie zu, Sie Idiot, mir ist egal, wessen Mann Wells ist oder war. Ich will wissen, wo er jetzt ist. Und ich will dieses System in Funktion haben, wie es der Führer befohlen hat. Wenn Sie wollen, kann ich ein Treffen mit ihm vereinbaren, so daß er entscheiden kann, wer von uns beiden als erster stirbt, wenn das System versagt. Wir stecken in dieser Sache bis zum Ende, Siever, und es ist kein Spiel.«

Siever erkannte, daß Rutland es todernst meinte. *Er ist verrückt*, dachte er. *Die sind alle verrückt!* Dann erinnerte er sich daran, daß er mitten in einer Verschwörung zum Sturz der amerikanischen Regierung steckte. Er steckte drin, und es gab keinen Weg heraus außer durch Sieg oder Tod. Plötzlich war der sonst so aufgeblasene, zum Politiker aufgestiegene Statistiker geschlagen, und er wußte es. »Ich finde Wells«, sagte er duckmäuserisch.

»Gut«, erwiderte Rutland fest. »Wir sind beinahe am Ziel; versauen Sie es also nicht. Rufen Sie mich sofort an, sobald Wells auftaucht.« Er legte auf. *Er wird gehen müssen, sobald dieses Problem geklärt ist*, sagte er sich entschlossen.

Von seiner Zelle im Luftwaffenstützpunkt Edwards in Maryland aus konnte Pastor John Elder die Ablösung seiner Wache hören. Es schienen Wochen zu sein, die er jetzt in Isolationshaft gehalten wurde. Jedesmal, wenn man ihn verhörte, brachte Elder den verhörenden Beamten zur Weißglut, indem er Bibelverse zitierte. Das einzige, was ihn vor körperlichen Mißhandlungen schützte, war eine Anweisung von oben, ihm keinen Schaden zuzufügen. Irgend jemand wollte ihn am Leben und bei leiblicher Gesundheit haben, zumindest vorläufig.

Während der ersten Zeit seiner Gefangenschaft, in der man ihn von einem Ort zum nächsten verlegte, war Elder wütend geworden. Seine Rechte als amerikanischer Bürger wurden eindeutig verletzt. Er hatte verlangt, seinen Anwalt zu sprechen und die Anschuldigungen zu hören, die gegen ihn vorgebracht wurden. Doch im Lauf der Zeit erkannte er immer klarer, was mit ihm und wahrscheinlich ebenso mit anderen Christen geschah. *Hier geht es nicht um individuelle Freiheit*, sagte er sich. *Das hier ist eine Konfrontation zwischen Gott und Satan; wir haben lediglich das Pech, zwischen die Fronten geraten zu sein.* Nachdem er aufgehört hatte, an seine Rechte als Amerikaner zu denken, und statt dessen an seine Stellung als Soldat Christi zu denken begann, spürte er zum ersten Mal seit vielen Jahren wirklichen Frieden in sich.

Der einzige Mensch, mit dem er kommunizieren durfte, war der FBI-Beamte, der ihn verhörte – ein durch und durch brutaler Mann namens Morgan. Von der Außenwelt abgeschnitten, wußte Elder nichts über die Ereignisse, die sich seit seiner Verhaftung zugetragen hatten. Der FBI-Mann hatte lediglich Andeutungen über die Unruhen und die Jagd auf die anderen »Terroristen« gemacht, wie der die Christen allgemein nannte.

Zuerst waren die Verhöre endlose Stunden in einem trüben, grauen Raum gewesen. Blendende Lichter hinderten ihn daran, das Gesicht seines Gegenübers deutlich zu sehen. Oft dauerten die Befragungen Stunden ohne Unterbrechung, in denen Elder standhaft jede Beziehung zu einer terroristischen Gruppe leugnete. Selbst wenn man ihn zurück in seine Zelle brachte, blieben die grellen Lichter ständig an. Schlaf fand er nur für kurze Zeitspannen, in denen er nicht richtig zur Ruhe kam. Daß er in einer militärischen Einrichtung festgehalten wurde, erriet Elder aus den eintönigen Farben an den Wänden, doch er hatte keine Ahnung, wo er sich befinden mochte.

Viele Stunden verbrachte er auf den Knien und betete zu Gott, die anderen Christen zu beschützen, die sicherlich ebenfalls unter Verfolgung zu leiden hatten. Am meisten betete er für Julia. *Liebste Julia*, dachte er. *Sie hat nie in ihrem Leben einem lebendigen Ding etwas zuleide getan.*

Die Geräusche vor seiner Zelle legten sich, und Elder wußte, daß der Wachwechsel vollzogen war. Der Wachwechsel war sein einziger Anhaltspunkt für das Verstreichen der Zeit. Selbst die Mahlzeiten erhielt er in unregelmäßigen Abständen, so daß seine biologische Uhr verwirrt wurde. In Artikeln von ehemaligen Kriegsgefangenen hatte er gelesen, daß während des Vietnamkrieges ganz ähnliche Techniken angewendet worden waren. Der Zweck war, den Gefangenen zu verwirren und ihm die Orientierung zu nehmen.

Es gab einen Faktor, von dem viele Kriegsgefangene berichteten, daß er sie gestützt und ihnen geholfen habe, geistig klar zu bleiben: ihr Glaube an Gott. Einige hatten es anfangs mit dem Glauben an ihre Familien versucht, aber diese Stütze war durch entmutigende Briefe – sowohl echte als auch gefälschte – bald zusammengebrochen. Diejenigen jedoch, die ein unerschütterliches Vertrauen in Gott hatten, konnten aller Entmutigung widerstehen und sogar stärker werden. Sobald er es sich zur regelmäßigen Routine machte, zu beten und Bibelpassagen zu rezitieren, spürte Elder, wie sein Glaube und seine Kraft zurückkehrten.

Er hatte oft versucht, mit den Wachen vor seiner Tür zu sprechen, jedoch ohne Erfolg. Nach allem, was er wußte, hätten sie taub sein können.

Er hatte es sich zur Gewohnheit gemacht, dem unsichtbaren Wachmann durch die Tür hindurch seinen Glauben zu bezeugen. Außerdem probierte er einige seiner besten Predigten an den unsichtbaren Wachen aus. Nach dem Wachwechsel begann er die Routine von neuem, indem er fragte: »Kennen Sie den Herrn als Ihren Erlöser, Bruder?«

Zu seiner Überraschung antwortete der Wachsoldat: »Ja, Pastor.«

»Preis sei Gott«, sagte Elder verblüfft. »Wer sind Sie?«

»Sagen wir einfach, ich bin ein Freund. Ich habe gehört, daß Sie in einer Einzelzelle gefangensitzen, und konnte erreichen, für den Wachdienst eingeteilt zu werden.«

»Nun, es tut gut, wieder einmal eine freundliche Stimme zu hören. Können Sie mir sagen, was da draußen vor sich geht?«

»Es sieht aus, als ob das ganze Land verrückt geworden wäre, Pastor. Seit der Präsident ermordet wurde, ziehen Horden von Plünderern und Vergewaltigern durch die Städte.«

»Der Präsident ist ermordet worden, sagen Sie?« unterbrach Elder. »Wann ist das passiert? Und wer hat es getan?«

»Ich dachte, Sie wüßten das«, flüsterte der Wachmann. »Der Präsident wurde vor drei Tagen getötet, während einer Pressekonferenz im Weißen Haus. Der Attentäter hatte Verbindungen zu Ihrem *Constitutional Rights Committee.* In der Presse ist nur noch von ›den Terroristen‹ die Rede.«

»Unsere Gruppe hat nichts mit Terrorismus zu tun«, sagte Elder bitter, während er erneut Zorn in sich aufsteigen spürte. *Beruhige dich, John,* sagte er sich. *Das hast du alles schon einmal hinter dich gebracht.*

»Das habe ich auch nie geglaubt, Pastor.«

»Nennen Sie mich John, bitte. In diesem Konflikt sind wir alle nur Christen – nicht Leiter und Untergebene.«

»Danke, John. Jedenfalls brachte das FBI den Mann mit einem Teil Ihrer Gruppe in Atlanta in Verbindung. Dort und in anderen Teilen des Landes werden die Christen allgemein eingekreist. Aber die Straßenbanden plündern, vergewaltigen und töten alle, die als

Christen bekannt sind, fast ungestraft. Wie ich schon sagte, das ganze Land ist verrückt geworden.«

»Ist irgend etwas über meine Frau bekannt?« fragte Elder in atemloser Spannung. Er konnte alles ertragen, was sie ihm antun mochten, aber mit Julia war es etwas anderes. Er war nicht sicher, was sie tun würde, wenn man sie einsperrte.

»Ich weiß nichts Genaues, Pastor, aber ich nehme an, daß sie noch in Freiheit ist. Zumindest ist sie nicht hier. Sie können wetten, daß Sie es als Erster wüßten, wenn man sie gefangen hätte.«

»Da haben sie wohl recht.« Elders gespannte Muskeln lockerten sich wieder. *Gott sei Dank, wenigstens Julia ist noch frei*, dachte er. »Können Sie irgend etwas über die christlichen Gruppen im Land sagen? Geschieht etwas, um sie zu schützen?«

»Nun, Katherine Alton ist jetzt Präsidentin, und sie hat den Katastrophenzustand ausgerufen und das Land unter Kriegsrecht gestellt.«

»Was bedeutet das?« fragte Elder, der sein Herz ein wenig sinken fühlte.

»Es bedeutet, daß unsere neue Präsidentin aufgrund eines Katastrophenzustandes die Verfassung außer Kraft gesetzt hat. Als Oberste Befehlshaberin der Streitkräfte übt sie die absolute Autorität aus, zumindest im Moment.«

»Was ist mit dem Kongreß und dem Obersten Gerichtshof?« fragte Elder, während er das Gehörte zu begreifen versuchte. *Kriegsrecht – in Amerika!*

»Nun, der Kongreß ist immer noch suspendiert. Die Präsidentin sagt allerdings, sie wolle in Kürze neue Mittel für ihn bereitstellen. Eine ausgewählte Gruppe von Senatoren und Kongreßabgeordneten arbeitet in den politischen Entscheidungen während dieser Krise mit ihr zusammen.«

»Eine sehr ausgewählte Gruppe, vermute ich«, murmelte Elder leise.

»Sie haben recht. Die Gruppe besteht aus einigen standhaften Liberalen des Kongresses. Aber es ist Lively, der den Kreuzzug gegen die Christen anführt.«

»Lively? Sie meinen doch nicht Fred Lively von der *National Civil Liberties Union*?«

»Ich meine den jetzigen Justizminister Fred Lively«, sagte der Wachmann mit Abscheu. »Er wurde von Präsidentin Alton ernannt und von dem ausgewählte Komitee bestätigt. Er ist jetzt mein Chef.«

Lieber Gott, dachte Elder. *Jetzt sind wir wirklich in der Hand des Feindes.* »Warum hat der Oberste Gerichtshof nichts gegen diese illegalen Verhaftungen unternommen?«

»Der Gerichtshof steht jetzt unter der Kontrolle der Regierung«, sagte der Wachmann bitter. »Die neuen Richter haben für die nötigen Stimmen gesorgt. Das Gericht hat mit fünf zu vier Stimmen der Präsidentin das Recht bescheinigt, in einem nationalen Notstand das Kriegsrecht auszurufen. Tatsächlich«, fügte der Wachmann in tödlichem Ernst hinzu, »kann niemand leugnen, daß wir einen nationalen Notstand haben. Man kann nicht mehr durch Washingtons Straßen laufen, ohne bis an die Zähne bewaffnet zu sein. Und wenn ein Zivilist mit einer Waffe erwischt wird, sperrt man ihn ein; also tragen nur die Kriminellen Waffen.«

»Sie sagten Washington«, unterbrach Elder. »Heißt das, daß ich in Washington festgehalten werde?«

»Wollen Sie damit sagen, daß man Ihnen nicht einmal gesagt hat, wo Sie sind?« fragte der Wachmann, unsichtbar für Elder den Kopf schüttelnd. »Nein, Sie sind in Maryland, im Strafblock des Luftwaffenstützpunktes Andrews.«

Elder dachte einen Moment nach, bevor er einen Vorstoß wagte. »Können Sie mir helfen?«

»Ich glaube nicht, Pastor. Zumindest nicht im Moment. Sie stehen unter ständiger Bewachung, und die Tore sind fest verschlossen. Vielleicht kann ich die Information hinausbringen, wo Sie sich befinden. Gibt es jemanden Ihres Vertrauens, den ich anrufen könnte?«

»Die einzige Person, die mir einfällt, ist mein Anwalt Archie Warner in Atlanta. Vielleicht kann er helfen, wenn er weiß, daß ich hier bin.«

»Ich versuche ihn zu erreichen, sobald meine Schicht vorbei ist«, versprach der Wachmann.

»Danke«, erwiderte Elder. »Ich weiß, Archie wird tun, was er kann.«

Kapitel 14

KONTROLLE

Im Oval Office traf Kathy Alton mit Cal Rutland und Russell Siever zusammen, um über die Situation mit dem Data-Net zu sprechen.

»Gibt es irgendeine Nachricht von Wells?« wandte sich die neue Präsidentin an Siever.

»Nein«, antwortete Siever nervös. »Unsere Leute stellen überall Nachforschungen an. Er muß Washington verlassen haben.«

»Und das Mädchen?« fragte Rutland.

»Auch von ihr gibt es keine Spur«, erwiderte Siever brüsk. Die Spannung zwischen Siever und Rutland wurde jetzt zum Dauerzustand. Siever war fest entschlossen, sich nicht von Rutland bevormunden oder zum Schuldigen in dieser Wells-Sache machen zu lassen.

Rutland versuchte, keine Reaktion auf Sievers offensichtliche Verärgerung zu zeigen. Langsam und gelassen fragte er: »Haben Sie bei Eison in Livermore nachgefragt, ob er etwas von ihr gehört hat?«

»Natürlich haben wir das«, bellte Siever. »Sollte Wells dort auftauchen, werden meine Leute sofort Meldung erstatten. Ich kriege ihn. Machen Sie Ihre Arbeit, und ich mache meine!«

»Immer mit der Ruhe, Dr. Siever«, sagte die Präsidentin. »Ich habe Cal gebeten, dieses Problem unter seine Fittiche zu nehmen. Denken Sie daran, daß er unbeschränkte Vollmacht von mir hat. Wir müssen Wells finden, bevor die Lage noch ernster wird. Es steht jetzt zuviel auf dem Spiel, als daß wir uns Probleme leisten könnten.«

Siever erkannte, daß Rutland ihn wieder einmal ausmanövriert hatte. Niedergeschlagenheit und Mutlosigkeit überkamen ihn. »Ich werde tun, was ich kann«, antwortete er unterwürfig.

»Sie werden noch mehr tun als das, Siever!« sagte Präsidentin Alton scharf. »Sie werden sich klarmachen, was hier auf dem Spiel steht. Wir reden hier über die Zukunft der Welt. Dies ist eine Schlacht, die zu verlieren wir uns nicht leisten können. Wir werden nicht zulassen, daß irgend jemand uns im Weg steht. Vergessen Sie das nicht!«

Siever ließ den Kopf hängen. Er war geschlagen, und er wußte es. Er hatte gehofft, daß Präsidentin Alton sich nicht so stark auf

Rutland stützen würde, doch wie es schien, vertraute sie ihm völlig. Zum zweiten Mal in seinem Leben verspürte er echte Angst. Er wußte, daß Rutland Hunts Ermordung inszeniert hatte. Aber selbst, wenn er das jemandem sagen wollte, wem konnte er es sagen?

In dieser Nacht lag Siever stundenlang wach und suchte nach einem Ausweg aus seiner Zwangslage. Als er schließlich einschlief, fiel er in einen vertrauten Alptraum, der ihn verfolgte seit einem Abend, als er elf Jahre alt gewesen war.

Sein Vater hatte, wie üblich, stark getrunken und fing an, mit Russells siebzehnjährigem Bruder Ryan über die laute Rockmusik zu streiten, die er abspielte. Der alte Siever fing an, Ryan Platten und Bänder zu zerstören. Rasch steigerte sich der Streit zu einem Handgemenge unter wilden Flüchen. Schließlich ergriff der Vater Ryans Stereoanlage und drohte, sie auf dem Betonpflaster unter dem zwei Stockwerke hoch gelegenen Fenster zu zerschmettern.

Russ, der sich vor der Tür versteckt hatte und in stiller Angst der Auseinandersetzung lauschte, stürmte ins Zimmer und beschwor seinen Vater, die Anlage nicht kaputtzumachen. Als er auf seinen Vater zurannte, holte der mit seiner freien Hand aus und schlug ihm seitlich an den Kopf, worauf er zu Boden ging. Im Reflex versetzte Ryan seinem Vater einen kräftigen Hieb ans Kinn; er fiel hin und schlug mit dem Kopf auf das Regal der Stereoanlage auf.

Russells Mutter kam gerade ins Zimmer gerannt, als ihr Mann zu Boden fiel, und sah das Blut aus der Wunde an seinem Kopf strömen. Russ weinte, und Blut bedeckte den Teppich.

»Ryan, was ist passiert?« schrie seine Mutter, als sie sich neben ihren Mann kniete.

»Er hat Russ geschlagen«, sagte der trotzige Ryan wütend. »Ich habe nur zurückgeschlagen. Ich wollte ihn nicht verletzen. Aber er sollte Russ lieber nicht mehr schlagen.«

In diesem Augenblick gab sein Vater ein Stöhnen von sich und versuchte sich aufzurichten. Die Wunde in seiner Kopfhaut blutete stark, war aber nicht ernst. Er blickte zu seinem ältesten Sohn auf. »Verschwinde aus meinem Haus!« knurrte er durch zusammengepreßte Zähne. »Ich will dich nie wieder sehen. Du kommst direkt aus der Hölle – du bist ein Dämon!«

Ryans Mutter versuchte ihn zu besänftigen. »Nein, Roy, er hat es nicht so gemeint.«

»Ich will, daß du aus meinem Haus verschwindest, du Teufel«, befahl der Vater, der allmählich wieder zu Kräften kam.

»Ich gehe«, gab Ryan trotzig zurück. »Du mit deiner frommen Heuchelei kannst mir sowieso gestohlen bleiben. Du bist nichts als ein herumtorkelnder Besoffener und suchst nach jemandem, der dich von deiner eigenen Blödheit erlöst.« Damit ergriff er seine Jacke und die Schlüssel zu seinem Corvette – er hatte den Wagen zum sechzehnten Geburtstag geschenkt bekommen.

»Oh nein, das kommt nicht in Frage«, knurrte sein Vater. »Den Wagen habe ich bezahlt. Den läßt du hier.«

»Es ist mein Wagen. Du hast ihn mir geschenkt«, protestierte Ryan.

»Er läuft immer noch auf meinen Namen, und wenn du ihn auch nur einen Meter aus der Einfahrt fährst, lasse ich dich wegen Autodiebstahls verhaften. Und du weißt, daß ich das tun kann!« Sein Vater spie ihm die Worte voller Haß entgegen.

»Dann behalte deinen Wagen! Ich brauche nichts von dir!« schrie Ryan, warf die Schlüssel nach seinem Vater und stürmte aus dem Zimmer.

Russ rannte seinem Bruder hinterher. »Bitte geh nicht weg, Ryan«, rief er weinend. »Dad hat es nicht so gemeint. Er wird sich wieder abkühlen.«

»Tut mir leid, Kleiner, aber ich muß weg hier. Mit dieser heiligen Geige, die er jetzt spielt, wird alles nur noch schlimmer werden. Er wird nicht lockerlassen. Laß dich bloß nicht von ihm mit diesem Mist hereinlegen, okay?«

»Klar, aber wo gehst du hin? Rufst du mich an?«

»Verlaß dich drauf, Kleiner. Sobald ich irgendwo unter bin, ruf ich dich und Mom an. Vergiß nicht, ich bin dein Kumpel. Wenn jemand dir Ärger macht, brauchst du mich nur zu rufen.«

Damit war sein Bruder zur Tür hinaus. Russ wußte es damals nicht, aber er würde ihn nie wiedersehen.

Ein paar Wochen später hörte Russ das Telefon klingeln und nahm den Hörer ab. Sein Vater hatte bereits am anderen Apparat abgehoben, und er hörte mit, wie sein Bruder sagte: »Hallo Dad, hier ist Ryan.«

»Was willst du?« fragte sein Vater barsch.

»Ich möchte nach Hause kommen, Dad. Ich vermisse die Familie. Die letzten Wochen waren ziemlich hart.«

»Wir wollen dich hier nicht mehr haben«, schnappte sein Vater. »Du hast deine Wahl getroffen, jetzt mußt du auch damit leben. Wir kommen hier sehr gut klar ohne ...«

Russ mischte sich ein: »Dad, ich will ihn aber wieder hier haben. Bitte, laß ihn nach Hause kommen. Ich liebe Ryan.«

»Verschwinde aus der Leitung, Russ!« befahl sein Vater. »Du hast hier nicht mitzureden. Dein Bruder ist vom Teufel besessen, und ich will ihn nicht in diesem Haus haben.«

Russ hörte, wie am anderen Ende der Hörer aufgelegt wurde,

bevor er eine Chance hatte, mit seinem Bruder zu sprechen. Während er noch neben dem Telefon saß und weinte, kam sein Vater ins Zimmer.

»Russ, ich will nie wieder hören, daß du mir widersprichst«, sagte er mit geballten Fäusten. Russ wußte, daß er getrunken hatte und ganz in der Stimmung war, ihn wieder zu schlagen. »Wenn es dir hier nicht gefällt, können wir vielleicht arrangieren, daß du auch gehst«, sagte sein Vater mit verengten Augen. »Willst du weggehen?«

»Nein, Sir«, sagte Russ, während er spürte, wie er sich in die Hosen machte. Seit Ryan fort war, hatte er noch mehr Angst vor seinem Vater als je zuvor. Der alte Siever schien häufiger betrunken als nüchtern zu sein. Doch selbst wenn er betrunken war, bestand er darauf, daß seine Familie ihn zu Gemeindeveranstaltungen begleitete, die oft nicht mehr waren als Hexenjagden und haßerfüllte Proteste. Buchstäblich niemand widersprach seinem Vater, der bei weitem der finanzkräftigste einzelne Unterstützer der kleinen Gemeinde war, der er angehörte.

Wenn an die Sünder der Ruf zur Buße erging, schob er buchstäblich Russ und seine Mutter von ihren Stühlen und stieß sie nach vorn. Seine furchtsame, presbyterianisch erzogene Mutter lebte in ständiger Angst, während die Gruppe schrie und jammerte, um die »Teufel« zu vertreiben. Schon der kleinste Einwand von Russ führte zu einem Schlag an den Kopf, der ihm minutenlang die Ohren klingeln ließ. Normalerweise legte er sein Sündenbekenntnis ab, aber er haßte dabei die Gruppe, besonders seinen Vater.

Als Russ dreizehn war, starb sein Vater an einer Gehirnblutung. Standhaft weigerte er sich, an der Beerdigung teilzunehmen, die die Gruppe von Fanatikern, der sein Vater angehörte, abhielt.

Russ und seine Mutter machten sich auf die Suche nach Ryan, der zuletzt aus dem Gebiet von Los Angeles von sich hatte hören lassen. Nachdem Anrufe bei mehreren Polizeistationen kein Ergebnis gebracht hatten, beauftragte die Mutter eine Detektivagentur, um ihn zu finden. Wenige Wochen später erhielt sie einen Bericht, wonach ein junger Mann, auf den die Beschreibung ihres Sohnes paßte, gerade in einem Verbrechen im Zusammenhang mit Drogen in Hollywood getötet worden war. Man bat um die zahnärztlichen Unterlagen, und mit ihrer Hilfe konnte die Leiche eindeutig identifiziert werden.

Der Schock dieser Nachricht nach der Belastung der Jahre mit Russells Vater waren zuviel für seine Mutter. Eines Abends nahm sie ein Röhrchen Schlaftabletten und wachte einfach nicht wieder auf. Russ hörte einen Schrei in der Ferne, als das Bild seiner Mutter, wie sie in ihrem Bett lag, vor seinen Augen aufblitzte. Abrupt fuhr er aus dem Schlaf hoch. Er wußte, es würde wieder eine lange, schlaflose Nacht werden.

Im Data-Net-Hauptquartier im Bürogebäude des Kongresses in Washington arbeitete Jack Rhinehart unterdessen bereits an dem Problem, Jeff Wells ausfindig zu machen. Die Ohren klingelten ihm noch von der Standpauke, die Siever ihm wegen seines Versagens mit dem Unterprogramm gehalten hatte.

»Ich glaube, ich habe es«, sagte er zu niemandem. Die Mitarbeiter, die ihm zugeteilt waren, wußten, daß er ein abscheulicher Egoist war. Sie taten das Notwendige, aber keinen Handschlag mehr. Sie waren zu Experten darin geworden, es zuzulassen, daß sich Dr. Jack Rhinehart »in den eigenen Fuß schoß«. Nicht, daß er inkompetent gewesen wäre – ganz im Gegenteil. Er war ein brillanter Mathematiker, der viel von Computern verstand. Aber er betrachtete alle anderen als seine Untergebenen und behandelte sie entsprechend. Sein ganzes Team zusammen hätte vermutlich Jeff Wells das Wasser reichen können, aber es gab keinen einzelnen Menschen, der es mit Wells aufnehmen konnte. Ohne echte Teamarbeit konnte Rhinehart wenig erreichen, und seine Mitarbeiter wußten das.

Rhinehart saß an der Systemkonsole und tippte hektisch Anweisungen ein. Trotz aller Bemühung war es ihm nicht gelungen, Jeff Wells´ Paßwort zum Data-Net zu knacken. Schließlich gab er den Versuch auf, an den Quellcode heranzukommen, und konzentrierte sich darauf, die Ausgabemenüs zu modifizieren. Insbesondere wollte er eine vollständige Aufzeichnung über Jeff Wells, ID Nr. JDW 100091. Er gelangte schließlich an die Informationen, indem er dem Data-Net-System vorgaukelte, er wäre ein Bankangestellter, der Kreditinformationen über Wells abrufen wollte. Sofort begann das Programm, alle Transaktionen für Jeff Wells herauszufiltern und über den Drucker auszugeben.

Eine der letzten Transaktionen war der Kauf zweier Touristenklasse-Flugtickets mit Delta. Daraufhin rief er die Delta-Datei auf und forderte die Buchungsinformationen an. Die Tickets lauteten auf die Namen von Wells und Karen Eison und galten für einen Flug nach Sacramento, Kalifornien.

»Er ist unterwegs nach Livermore«, rief Rhinehart jubelnd. Er schloß die Datei und rief in Russell Sievers Büro an.

Siever hatte seit fast einer Stunde an seinem Schreibtisch gesessen und nur auf die Stadt hinausgeblickt. Es frustrierte ihn, daß man ihm die Schuld daran gab, daß Wells sie aus dem Data-Net ausgesperrt hatte. *Woher hätte ich wissen sollen, daß Wells sich aus dem Staub machen würde?* dachte er griesgrämig. *Wells ist eine Intelligenzbestie. Wer kann schon ahnen, was so ein Kerl tun wird?*

Nicht einmal seine Frau Elisa hatte Verständnis für die Klemme, in der er steckte. Als er ihr von dem Problem mit Wells erzählt hatte, war auch sie wütend geworden und hatte ihn daran erinnert, daß das Data-Net der Schlüssel zur Kontrolle über die Wirtschaft sei. Was Russell Siever nicht wußte, war, daß seine Frau eine Schlüsselrolle innerhalb der Bruderschaft spielte. Ihre Aufgabe war es, die Aktivitäten ihres Ehemannes zu überwachen und darüber zu berichten.

Als der Gedanke, eine so große Gruppe von Bürgern vom Data-Net auszuschließen, zum ersten Mal diskutiert wurde, war Siever sicher gewesen, der Kongreß oder die Gerichte würden eingreifen, um das zu verhindern. Daß die Bruderschaft über die Macht verfügen könnte, den Kongreß zuzumachen und den Obersten Gerichtshof zu kontrollieren, hätte er sich niemals träumen lassen.

Der Gerichtshof, hätte er beinahe laut gesagt. *Natürlich. Wie konnten sie über die Attentate Bescheid wissen, die Hunt die Möglichkeit geben würden, eine Mehrheit auszuschalten? Niemand hätte es wissen können, falls sie nicht die Morde selbst geplant hatten. Und sogar Hunt!* Siever spürte, wie ihm das Blut gefror, als er sich die Fakten zusammenreimte. *Die Bruderschaft hatte den Präsidenten ermorden lassen! Rutland war ihr Mann in der Regierung.* Ihn schauderte, als er begriff, daß eine solche Organisation, die in der Lage war, die Regierung der Vereinigten Staaten zu kontrollieren, nicht zögern würde, noch eine weitere Person zu eliminieren – etwa einen Problemfall wie ihn selbst. Genau das hatte ihm Elisa gesagt. *Sie muß auch zu diesem innersten Kreis gehören*, schrie sein Verstand.

In diesem Augenblick klingelte das Telefon. Beinahe hätte er vor Panik nicht den Hörer abnehmen können. Seine Hand zitterte, als er antwortete: »Ja, hier Siever.«

»Dr. Siever, hier spricht Jack Rhinehart. Ich habe eine gute Nachricht für Sie.«

Siever schoß aus seinem Sessel hoch. »Haben Sie Wells´ Paßwort geknackt?«

Rhinehart hielt den Hörer von seinem Ohr ab. »Nein«, erwiderte er, immer noch jubelnd. »Aber ich weiß, wo Wells hinwill.«

Siever ließ sich wieder in den Sessel sinken und versuchte seine Fassung zurückzugewinnen. Es war nicht ratsam, jemanden wie Rhinehart, der nur darauf wartete, einem einen Dolch in den Rücken stoßen zu können, spüren zu lassen, daß man sich Sorgen machte. »Wo, glauben Sie, will er hin, Doktor, und woraus schließen Sie das?«

»Er ist auf dem Weg nach Livermore – wahrscheinlich, um sich mit Eison zu treffen. Er reist zusammen mit Eisons Tochter. Ich habe Aufzeichnungen über seine sämtlichen Transaktionen und habe festgestellt, daß er Flugtickets nach Sacramento gekauft hat.«

Plötzlich spürte Siever, wie seine Lebensgeister wiederkehrten. Selbst wenn Rhinehart das Paßwort nicht knacken konnte, so konnte es doch Wells, und Wells war zum Greifen nahe. »Gute Arbeit, Doktor. Aber sprechen Sie mit niemandem sonst darüber. Ich kümmere mich von hier aus darum. Können Sie Wells durchs Data-Net verfolgen?«

»Kein Problem«, sagte Rhinehart zuversichtlich. »Ich habe schon ein Unterprogramm installiert, das mir all seine Transaktionen meldet. Sobald er oder das Mädchen ihre Karten benutzen, werde ich es sofort erfahren.«

»Okay«, erwiderte Siever und seufzte erleichtert. *Vielleicht ist Rhinehart doch nicht so beschränkt*, dachte er. »Bleiben Sie dran, und informieren Sie mich sofort, sobald sich etwas Neues ergibt.«

Siever legte auf und griff sofort wieder nach dem Hörer. Er wählte die Nummer seines langjährigen Freundes, des Justizministers Fred Lively. Es dauerte mehrere frustrierende Minuten, bis er Lively erreicht hatte, der sich gerade in einer Sitzung befand.

»Ja, Russ? Was gibt´s? Ich war gerade in einer Sitzung, in der es um die Einkreisung der Terroristen ging. Wie ich höre, hast du ein Problem mit dem Überwachungsprogramm?«

»Ja, aber ich kann im Augenblick nicht in die Einzelheiten gehen. Es hat mit dem Leiter der Computerabteilung, Jeff Wells, zu tun. Wir glauben, daß er die Suchroutine absichtlich abgebrochen hat.«

»Und wo ist das Problem?« fragte Lively leicht irritiert. Er verstand nichts von Computern und interessierte sich auch nicht dafür. Das einzige, wofür er sich interessierte, war die Gelegenheit, den Christen eine Lektion zu erteilen. Ohne das Data-Net konnte er das nicht tun. Er hatte denen, die ihm im Lauf der Jahre soviel Schmerz zugefügt hatten, eine Menge heimzuzahlen. Christen waren gegen jeden Fortschritt, argwöhnte er, einschließlich der neuen Weltordnung.

»Das Problem ist, daß Wells das System durch ein Paßwort gesichert hat und verschwunden ist. Er muß gestellt und zurück nach Washington gebracht werden.«

»Keine Panik, Russ. Sag mir, wo er ist, und ich lasse ihn vom Geheimdienst einsammeln.«

»Hör zu, Fred, es reicht nicht aus, Wells nur einzusammeln. Er ist ein komischer Kauz und wird vielleicht nicht kooperieren. Aber er ist mit einer jungen Frau zusammen unterwegs – einer gewissen Karen Eison. Sie könnte der Schlüssel sein, mit dem wir uns Wells´ Kooperation sichern.«

»Meinst du Dr. William Eisons Tochter?«

»Ja. Kennst du sie?«

»Nur über ihren Vater«, sagte Lively. »Er steht auf unserer Subversiven-Liste.«

»Dr. Eison ist ein Subversiver?« fragte Siever.

»Soweit es die Bruderschaft betrifft, ja. Vor mehreren Jahren wurde ein Versuch unternommen, ihn zum Beitritt zu bewegen, aber er hat abgelehnt. Meinte, er interessiere sich nicht für Politik. Und jeder, der nicht zu uns gehört, ist potentiell gegen uns«, sagte Lively trocken.

Wie tief geht die Bruderschaft eigentlich? fragte sich Siever, während er Lively zuhörte. »Wells wird kooperieren, wenn wir das Mädchen haben. Kannst du sie schnappen und für ein paar Tage isolieren?«

»Wie ich schon sagte, keine Panik«, erwiderte Lively. »Überlaß das nur mir. Wohin sind sie unterwegs?«

»Wahrscheinlich nach Livermore, um sich mit Eison zu treffen«, sagte Siever, während er ein wenig leichter zu atmen begann. »Achte nur darauf, daß Wells nichts geschieht. Außer ihm kann niemand an das System heran.«

»Wir werden ihn behandeln wie eine königliche Hoheit«, sagte Lively scherzhaft. *Großartiges Gefühl,* dachte er, *meine eigenen Polizeikräfte unter mir zu haben.*

Jeff und Karen hatten frühmorgens ein Flugzeug nach Sacramento genommen und dann für die lange Fahrt nach Livermore einen Wagen gemietet. Jeff war sich immer noch nicht ganz sicher, warum er sich entschlossen hatte, Washington zu verlassen und das System abzusperren. Aber er hatte ein schlechtes Gefühl dabei, wie sein Data-Net-System verwendet wurde, und darüber wollte er mit Dr. Eison sprechen. In der Zwischenzeit mußte er sichergehen, daß niemand außer ihm das Programm veränderte, während er weg war, und deshalb hatte er das Paßwort installiert. Von dem Aufruhr, den seine Handlungen in Washington auslösten, ahnte er nichts.

»Mir fällt es immer noch schwer, zu glauben, daß die Regierung das Netzwerk einsetzen würde, um gegen ihre eigenen Bürger vorzugehen«, sagte Jeff während der Fahrt von Sacramento nach Livermore zu Karen.

»Es scheint keinen Sinn zu ergeben«, stimmte Karen zu. »Aber mir sind die Schlagzeilen der Zeitungen am Flughafen aufgefallen. Da war überall von einer massiven Anstrengung die Rede, die Mitglieder einer Gruppe namens *Constitutional Rights Committee* aufzuspüren – das ist offenbar eine Art Terrororganisation, die von einer religiösen Gruppe unterhalten wird.«

»Allmählich gibt es in diesem Land nichts mehr, was ich nicht glauben würde«, sagte Jeff angeekelt. »Wir verwandeln uns in ein bewaffnetes Lager, besonders hier draußen. Ist es zu fassen, daß die Fluglinien uns empfohlen haben, nach Sacramento zu fliegen statt nach Oakland oder San Francisco? Die Flughäfen dort seien nicht sicher, meinten sie, und sie könnten nicht für unsere Sicherheit garantieren.«

»Ich bin froh, daß du mir das erst jetzt sagst«, seufzte Karen und rutschte näher an Jeff heran. »Sonst hätte ich mir wahrscheinlich auf dem ganzen Weg hierher Sorgen deswegen gemacht.«

»Ich habe sogar einen der Passagiere davon reden hören, daß die Flugzeuge, die Los Angeles anfliegen, mit Leuchtmunition ausgestattet werden, falls irgendwelche Terroristen sie mit SAMs angreifen sollten.«

»SAMs? Was ist das denn?« fragte Karen.

»›Surface-to-air-missiles‹ – Boden-Luft-Raketen, die von einem einzelnen Mann abgefeuert werden können. Eine Art Bazooka.«

»Aber das würde doch niemand tun, oder?« fragte Karen, während sie innerlich das Flugzeug voller Passagiere vor sich sah, mit dem sie gekommen waren. »Nicht mit all den Kindern an Bord!«

»Offenbar sind bereits mindestens zwei Flugzeuge über L.A. abgeschossen worden, entweder von Drogenhändlern oder von Terroristen.« Jeff erkannte, daß er besser nicht davon angefangen hätte. Jetzt würde Karen, die immer das Beste in den Menschen sah, vermutlich Alpträume von Terroristen bekommen.

»Das ist einer der Gründe, warum das Data-Net geschaffen wurde«, fuhr Jeff fort. »Indem man zu einem bargeldlosen System überging, konnte der Drogenhandel stark reduziert werden, und die Terroristen können kein Lösegeld mehr für solche Aktionen verlangen.«

»Scheint wirklich eine gute Idee zu sein«, stimmte Karen zu.

»Das dachte ich auch. Aber wenn das System nicht sehr sorgfältig verwaltet wird, kann es benutzt werden, um alle möglichen Leute zu überwachen, auch die ehrlichen Bürger.«

»Aber das ergibt doch einfach keinen Sinn, Jeff. Wer würde so etwas tun wollen?«

»Ich weiß nicht«, erwiderte Jeff, obwohl er innerlich ein nagendes Gefühl verspürte, daß er es vielleicht doch wußte. »Darum will ich ja mit deinem Vater sprechen. Vielleicht kann er etwas Licht in die ganze Sache bringen. Ich weiß nur, daß hinter einer

Datei mit zwanzig Millionen auszuschließenden Namen keine Logik steckt, es sei denn, das System wird eingesetzt, um eine ganze Menge gewöhnlicher Bürger auszuschließen.«

»Ich kann nur hoffen, daß du dich irrst«, sagte sie. »Es muß doch eine andere logische Erklärung geben.«

Es war fast drei Uhr nachmittags, als Jeff und Karen die Einfahrt des Livermore-Forschungszentrums erreichten. Jeff hielt am Tor und rief Dr. Eison an, um die Freigabe für den abgeschlossenen Bereich zu bekommen. Das Telefon klingelte in Eisons Büro, doch es war seine Sekretärin, die das Gespräch entgegennahm. Ihre Augen waren vor Furcht geweitet und starrten die beiden bewaffneten Geheimdienstagenten an, die ihr gegenübersaßen und sie beobachteten. Dr. Eison saß an seinem Schreibtisch und sah sich zwei weiteren bewaffneten Geheimdienstlern gegenüber.

»Können Sie mir nicht verraten, was das Ganze soll?« fragte der bärtige Physiker den Mann, der ihm am nächsten stand und das Kommando zu führen schien.

»Es geht um eine Angelegenheit der nationalen Sicherheit«, erwiderte der Mann barsch. »Dafür müßten Sie doch Verständnis haben, da Sie hier arbeiten.«

»Aber Jeff Wells hat die höchste Sicherheitsstufe«, wandte Eison ein. »Hat er etwas verbrochen?«

»Ich darf nicht darüber sprechen, Doktor. Nun seien Sie still, bis wir Wells in Gewahrsam haben.«

»Achten Sie darauf, daß Sie Wells in ruhigem Ton antworten«, wurde die zitternde Sekretärin gewarnt.

So professionell sie es unter den Umständen vermochte, teilte sie Jeff mit, er habe Zutritt, Dr. Eison sei aber in einer Sitzung und werde ihn ein wenig später empfangen. Jeff fuhr auf das Tor zu, und der Wachbeamte legte den Schalter für das Sperrgitter um. Sobald er auf dem Gelände war, schloß sich das Gitter wieder, und der Wagen wurde sofort von vier bewaffneten Männern umstellt.

»Jeff, was ist los?« schrie Karen auf, als einer der Männer die Beifahrertür aufriß, sie am Arm packte und aus dem Wagen zog.

»Raus aus dem Wagen!« befahl der Mann auf Jeffs Seite.

»Was soll das?« fragte Jeff und versuchte sich klarzuwerden, was er tun sollte. Die beiden Männer auf seiner Seite des Wagens richteten ihre Waffen auf ihn und befahlen erneut: »Steigen Sie aus dem Wagen, und halten Sie Ihre Hände so, daß wir sie sehen können. Los!«

Jeff sah, daß die Männer nicht geneigt waren, über die Sache zu diskutieren. Langsam schob er seine hochgewachsene Gestalt aus dem Wagen und achtete dabei darauf, daß seine Hände immer gut zu sehen waren. »Immer mit der Ruhe«, sagte er zu den Männern. »Ich bin nicht bewaffnet.«

Sobald er aus dem Wagen gestiegen war, durchsuchte ihn einer der Männer sorgfältig und sagte dann zu seinem Kollegen: »Er ist sauber.«

»Kommen Sie mit!« befahl der andere scharf.

Die beiden Männer, die Karen festhielten, führten sie zu einem Wagen, der vor dem Tor wartete, und die beiden anderen schoben Jeff auf ein anderes Auto zu. »Moment mal!« rief Jeff zu dem anderen Wagen hinüber. »Wo bringen Sie sie hin?« Doch inzwischen hatte man ihm bereits Handschellen angelegt und ihn auf den Rücksitz geschoben.

Ohne ein weiteres Wort fuhren sie in Richtung des Flugplatzes von Livermore davon, wo sie eine Maschine der Luftwaffe erwartete. Innerhalb von dreißig Minuten war Jeff in der Luft und auf dem Weg zurück nach Washington – verwirrt und mehr als ein bißchen wütend.

Kapitel 15

Die Schraube wird angezogen

»Was haben Sie mit Karen gemacht?« schrie Jeff Siever an, als dieser die Haftzelle in Andrews betrat, in der die Geheimdienstleute den wutschäumenden Programmierer nach der Landung untergebracht hatten.

»Beruhigen Sie sich, Jeff.« Siever versuchte seinen geselligsten Tonfall anzuschlagen, doch er hörte sich an wie ein Amateurschauspieler. »Karen geht es gut. Ich brauche nur das Paßwort für den Systemzugang.«

»Ohne mich wird niemand je wieder auf das System zugreifen«, sagte Jeff trotzig.

»Sie werden mir dieses Paßwort geben!« sagte Siever, eher wütend als ängstlich. »Ich brauche es. Wenn Sie das Mädchen wiedersehen wollen, werden Sie es mir sofort geben.«

»Ich habe nicht versucht, das System zu sabotieren«, sagte Jeff scharf. »Wenn ich das gewollt hätte, dann wäre es jetzt abgestürzt. Ich wollte nur herausfinden, warum sie eine so große Gruppe von Benutzern herausfiltern wollen.«

»Das ist nicht Ihre Angelegenheit!« sagte Siever finster. Jetzt gewann sein Stolz die Oberhand über seine Furcht. Er war es leid, Spielchen zu spielen. Erst Rutland; jetzt dieser Grünschnabel. In diesem Augenblick trat einer der Geheimdienstmänner ein, der Jeff zurück nach Washington gebracht hatte.

»Was wollen Sie?« schnappte Siever.

»Justizminister Lively ist am Telefon und möchte Sie sprechen, Sir«, erwiderte der Agent knapp. »Er sagt, Sie sollen sich beeilen.«

Siever verließ Wells und ging in das Büro am Ende des Flures. »Ja«, knurrte er ins Telefon. »Was gibt´s, Fred?«

»Bleib dran«, sagte Fred Lively und gab den Hörer an Cal Rutland weiter. Lively hatte noch nie in seinem Leben solche Angst gehabt. Rutland war so wütend, wie ihn noch nie jemand erlebt hatte. Lively hatte angerufen, um Siever über die Gefangennahme von Wells zu informieren, und binnen fünf Minuten sah er sich mit dem vor Wut rasenden Rutland konfrontiert. Rutlands Augen verrieten, was seine Worte verschwiegen; er war bereit zu töten.

Lively war nicht einmal der Gedanke gekommen, die Telefone im Weißen Haus könnten abgehört werden; er wünschte, er hätte daran gedacht, denn als Rutland herausfand, was er und Siever mit Wells machten, raste er vor Zorn. Lively hatte sich aus der Sache herausgelogen, indem er behauptete, er sei der Meinung gewesen, Siever hätte die Zustimmung des Weißen Hauses für die Festnahme von Wells und dem Mädchen gehabt. Er hatte sofort bei Siever angerufen.

»Siever, Sie Idiot!« sagte Rutland wütend. »Was machen Sie da mit Wells?«

»Ich habe ihn zurück nach Washington bringen lassen, genau, wie Sie es wollten«, erwiderte Siever abwehrend.

»Ich wollte doch nicht, daß Sie ihn verhaften lassen, Sie Schwachsinniger. Er ist der einzige Mensch, der das System zum Laufen bringen kann. Glauben Sie, daß er sehr produktiv sein wird, wenn Sie ihn so verschrecken?«

»Ich habe auch das Mädchen«, sagte Siever zuversichtlich. »Er wird mir das Paßwort schon geben.«

»Und was haben Sie dann damit vor? Rhinehart das System programmieren lassen? Sie sind wirklich ein Idiot, Siever. Schaffen Sie Wells sofort zu mir, und das Mädchen auch. Wo ist sie?«

»Sie ist noch in Sacramento«, sagte Siever. Er suchte nach einer Möglichkeit, seinen Stolz zu retten, aber er mußte immer wieder daran denken, wie er zuvor behandelt worden war. Die Furcht stieg wie Galle in seinem Hals auf. »Ich bringe ihn sofort zu Ihnen«, sagte er niedergeschmettert, legte den Hörer auf und ging zurück zu dem Agenten, der Wells hergebracht hatte. »Lassen Sie ihn heraus«, sagte Siever resigniert. »Er soll sofort ins Weiße Haus gebracht werden.«

Sobald Rutland aufgelegt hatte, tätigte er einen weiteren Anruf beim Chef des Geheimdienstes im Weißen Haus. »Er ist in Andrews«, sagte Rutland kalt. »Tun Sie es!«

Der Leiter der internen Geheimpolizei rief daraufhin einen seiner Agenten in Andrews an. »Es geht los«, sagte er. »Sofort ausführen.«

Ein kleiner Zylinder wurde im hinteren Bereich der Klimaanlage in Russell Sievers Limousine angebracht. Auf dem Weg von Andrews zurück nach Washington strömte eine kleine Menge eines geruchlosen Gases in den Fahrgastraum, und Russell Siever erlitt, wie später diagnostiziert wurde, eine tödliche Gehirnblutung. Der Fahrer bemerkte nichts davon, daß sein Passagier ein Problem hatte, bis er die Einfahrt zum Weißen Haus erreichte. Im allgemeinen Chaos des verrückt gewordenen Landes würde niemand darauf achten, daß der Finanzminister eines natürlichen Todes gestorben war oder daß seine Frau Elisa bis zur Wiedereinberufung des Kongresses seine Amtsgeschäfte übernehmen würde.

Fünf Minuten, nachdem Siever den Raum verlassen hatte, nahm einer der Agenten den Anruf entgegen und entfernte dann Jeffs Handschellen. Man sagte ihm, eine Limousine warte darauf, ihn ins Weiße Haus zu bringen. Niemand sprach ein weiteres Wort. Als Jeff dem Fahrer eine Frage stellte, antwortete der nur: »Ich weiß nicht, Sir, ich habe nur Anweisung, sie in Mr. Rutlands Büro zu bringen.

Im Weißen Haus wurde Jeff von einem der Sicherheitsbeamten der Präsidentin in Empfang genommen. »Mr. Rutland erwartet Sie, Sir«, sagte der Beamte höflich. Jeff hatte nicht den Eindruck, daß er die Einladung ablehnen könnte.

»Kommen Sie herein«, sagte Rutland überraschend freundlich. Er wies auf einen Sessel neben seinem Schreibtisch, stand auf, ging um den Schreibtisch herum und streckte Wells die Hand entgegen.

Widerstrebend schüttelte Jeff Rutlands Hand und registrierte, daß dies das erste Mal war, daß ihm der andere die Hand geboten hatte. Er war immer noch ein wenig verwirrt über seine Freilassung, aber er ging davon aus, daß Rutland sie bewirkt hatte.

»Es tut mir wirklich leid, was Ihnen passiert ist, Jeff«, sagte Rutland, scheinbar aufrichtig besorgt.

»Wo ist Karen?« fragte Jeff brüsk.

»Sie ist auf dem Weg hierher. Dieser Idiot Siever hat einfach überreagiert«, sagte Rutland und setzte sich auf einen Sessel neben Jeff. »Er dachte, Sie hätten das System sabotiert und seien dann geflohen. Also schaltete er das FBI ein.«

Diese Kerle waren nicht vom FBI, dachte Jeff im Stillen. *Eher von der CIA oder so etwas ähnlichem. Oder vom KGB.* »Und jetzt?« fragte Jeff.

»Wir wollen Sie wieder beim Data-Net haben. Ich verspreche Ihnen, daß Siever Ihnen nicht mehr im Nacken sitzen wird.«

»Ich habe ein paar Fragen«, sagte Jeff störrisch, »und ich werde nicht wieder an dem System arbeiten, solange ich nicht die Antworten bekomme.« Jeff glaubte, für den Bruchteil einer Sekunde Zorn in Rutlands Augen aufblitzen zu sehen. Er wußte, daß er ein sehr gefährliches Spiel spielte, indem er Rutland entgegentrat. Was genau im Weißen Haus vor sich ging, durchschaute er nicht, aber angesichts des wirtschaftlichen und politischen Chaos, der drei toten Obersten Richter und der Ermordung des Präsidenten machte er sich keine Illusionen, daß das ganze ein Spiel wäre.

»Fragen Sie«, sagte Rutland gelassen. »Wenn ich Ihre Fragen beantworten kann, werde ich es tun.«

»Warum hat jemand versucht, in das Data-Net ein Unterprogramm hineinzuflicken, um zwanzig Millionen Leute an der Benutzung des Systems zu hindern?«

»Nun, zunächst einmal stammte das Unterprogramm von einem von Sievers Pfuschern – einem Dr. Rhinehart.«

»Jack Rhinehart vom Cal Tech?« fragte Jeff überrascht.

»Ja. Siever hatte ihn als Berater angeheuert und versuchte ihn dann einzusetzen, um das System zu verändern.«

»Warum?« fragte Jeff, der jetzt sehr neugierig wurde. Er wußte, daß Rhinehart ihm nicht gerade freundlich gesinnt war. Er wußte auch, daß er nicht genug von der Sache verstand, um sein System zu modifizieren, zumindest nicht, bis Jeff mit dem Datenbank-Manager fertig war, an dessen Entwicklung er gerade arbeitete. Wenn es soweit war, würde so ziemlich jeder kompetente Programmierer in der Lage sein, Veränderungen an dem System vorzunehmen.

»Wir brauchen die Möglichkeit, große Zahlen von Benutzern ausschließen zu können, wenn wir weltweit ans Netz gehen«, log Rutland. »Das werden die Bürger von Staaten sein, die sich weigern, ihr gesamtes Bargeld abzuschaffen. Wir können keine halben Sachen machen. Das würde die Integrität des Systems unterlaufen.«

Jeff wußte sofort, daß Rutland log. Er hatte die Dateien von der Laserdisc eingelesen und einige der Namen und Adressen ausgedruckt. Es waren allesamt amerikanische Bürger, die weit verstreut wohnten und ganz gewiß nicht aus irgendwelchen widerspenstigen Ländern stammten. Er erkannte auch, daß Rutland nicht wußte, daß er es wußte.

»Klingt einleuchtend«, räumte Jeff ein. »Ich habe das Paßwort zum System geändert, damit niemand darin herumpfuschen konnte, während ich weg war. Ich wollte mit Karen ihren Vater in Kalifornien besuchen. Ich hatte das Gefühl, wir müßten mal für eine Weile aus allem heraus. Und ehe ich mich umsah, waren wir verhaftet.«

»Wie schon gesagt, dahinter steckte dieser Idiot Siever. Er sieht ein Gespenst hinter jedem Baum. Wahrscheinlich ist das eine Nebenwirkung dieser Unruhen und Morde. Versuchen Sie es zu verstehen, Jeff«, sagte Rutland und schaltete auf großer Bruder um. »Wir haben inzwischen Milliarden in das Data-Net-System investiert. Wir können uns an diesem Punkt keine Fehler mehr leisten. Ich verspreche Ihnen, daß niemand mehr versuchen wird, das System zu modifizieren, bis Sie sagen, daß es voll einsatzfähig ist. Ich habe Dr. Rhinehart bereits zurück ans Cal Tech geschickt. Aber uns wäre es lieb, wenn Sie einen Assistenten ausbilden könnten. Schließlich könnten Sie jederzeit unter einen Lastwagen geraten – was wäre dann?« Rutland gab sich alle Mühe zu schmunzeln, aber es kam nur ein Grunzen heraus.

»Ich bringe das System in Ordnung«, sagte Jeff so höflich, wie er konnte. »Ich wollte nur sichergehen, daß ich nicht als politische Waffe mißbraucht werde. Ein bargeldloses System wie das Data-Net könnte manchen Leuten das Leben ziemlich schwer machen. Haben Sie als Assistenten jemanden Bestimmtes im Auge?«

»Wir haben Kontakt zu Dr. Kim Loo aufgenommen. Er ist einverstanden, mit Ihnen zusammenzuarbeiten. Er ist sogar begeistert von der Aussicht.«

»Dr. Loo!« sagte Jeff mit aufrichtigem Respekt. »Er ist ein großer Computerspezialist.« Dann fühlte er plötzlich einen Stich der Furcht. Er hatte geglaubt, die Veränderungen verzögern und aufhalten zu können, aber nicht mit Dr. Loo an seiner Seite. Er war der einzige Wissenschaftler, der fähig war, Jeffs Data-Net-System zu begreifen. *Ist Loo beteiligt an all dem, was hier vorgeht?* fragte sich Jeff. Er wußte, er würde die Dateien installieren müssen, und die betroffenen Personen würden damit zurechtkommen müssen. Zumindest hatte er ihnen ein paar Tage Aufschub verschafft. Vielleicht konnte er es noch ein paar weitere Tage hinauszögern. *Vielleicht*, dachte er, als ihm der erste Funke einer Idee kam, *kann ich sie sogar warnen*.

Es dauerte fast zwei Tage, bis Jeff die nötigen Veränderungen an dem System angebracht hatte. Alles, was noch fehlte, war, daß er sein Paßwort eingab. Doch Karen war immer noch nicht wieder aufgetaucht. Er rief Rutland an, um nachzufragen, wann sie kommen würde.

»Tut mir leid, Jeff«, erwiderte Rutland. »Wir hatten ein paar Schwierigkeiten, ihren Rücktransport nach Washington zu organisieren. Haben Sie die Veränderungen am System angebracht?«

Jeff wußte, daß das eine Ausflucht war. Rutland machte seinen Standpunkt sehr deutlich, ohne ihn auszusprechen: Karen würde nur zurückkehren, wenn die Veränderungen installiert waren. Er antwortete: »Ja, aber der Vorschlag von Dr. Loo war nicht leicht durchzuführen. Ich frage mich, ob diese Maßnahme wirklich notwendig ist?«

Dr. Loo hatte Jeff aufgefordert, ein Unterprogramm zu schreiben, das auf eine externe Datei zugriff, in die erst später die Namen eingegeben würden. Es war klar, daß sie nicht wollten, daß Jeff wußte, wer, was oder wie viele in dieser Datei waren. Er sperrte sich nicht allzusehr dagegen, da er sich die Originaldatei schon früher kopiert hatte.

»Es ist absolut entscheidend, daß Sie Dr. Loos Anweisungen Punkt für Punkt befolgen«, sagte Rutland kalt. »Er handelt auf direkten Befehl der Präsidentin.«

»Ich dachte, *ich* sei der Leiter des Data-Net«, sagte Jeff in einem Tonfall, der den Eindruck eines angeschlagenen Egos vermitteln sollte.

»Das sind Sie auch«, beeilte sich Rutland, ihm zu versichern. »Sie sind verantwortlich für das System, aber Dr. Loo ist verantwortlich für die einzelnen Operationen. Sobald das System voll einsatzbereit ist, brauchen wir Ihr Genie für andere Projekte.«

Jeff lächelte über die Spannung, die er in Rutlands Stimme hörte. *Es bringt ihn schier um, wenn er ein Kompliment machen muß*, sinnierte er. »Das System wird in Kürze funktionsfähig sein. Ich würde jedoch gern zuvor mit Karen sprechen. Ihre Hilfe wäre für mich von unschätzbarem Wert. Wir haben von Anfang an zusammen an diesem Projekt gearbeitet.«

Rutlands Zorn flammte auf. Wollte Wells ihm etwa drohen, das ganze System aufzuhalten, bis seine Freundin wieder auftauchte? Er war nicht sicher. Wells war für Rutland ein Rätsel. Es war schwierig, aus ihm schlau zu werden, aber er war in dieser Phase unverzichtbar. Also beschloß er ein wenig nachzugeben. »Erfreulicherweise kann ich Ihnen sagen, daß sie noch heute abend hier eintreffen wird, Jeff. Ich wollte nur, daß es eine Überraschung wird.« Rutland war zu dem Schluß gekommen, daß Karen Eison nicht länger als Geisel gebraucht wurde, da das System wieder arbeitete, Dr. Loo die Paßwörter kannte und das Master-Terminal täglich eingeschlossen wurde.

Während der letzten drei Tage war Karen in einem Raum im Luftwaffenstützpunkt Vandenberg eingeschlossen gewesen. Man hatte ihr gesagt, sie stehe nicht unter Arrest, aber es war nicht zu übersehen, daß sie auch nicht einfach gehen konnte. Mehrere Male bat sie darum, ihren Vater anrufen zu dürfen, aber der unnahbare Sicherheitsbeamte antwortete: »Miss Eison, meine Befehle lauten, daß Sie zu niemandem Kontakt haben dürfen.«

»Und wer hat diese Befehle erteilt?« fragte sie.

»Ich befolge nur Anweisungen«, sagte der Sicherheitsbeamte emotionslos.

Karen war sicher, daß sich sein Verhalten abrupt und auf unangenehme Weise geändert hätte, sobald sie versucht hätte, den Raum zu verlassen. Dann wurde sie plötzlich an diesem Morgen aus dem Raum geholt, in einen wartenden Bus der Luftwaffe geschoben und dann an Bord einer Luftwaffenmaschine geschoben.

»Wohin fliegen wir?« fragte sie den Sicherheitsbeamten.

»Nach Washington«, antwortete er ohne weitere Erklärungen.

»D.C., hoffe ich«, sagte sie sarkastisch. Der Sicherheitsbeamte reagierte nicht.

Als man sie in Livermore aus dem Wagen zog, hatte sie schon befürchtet, sie würde geschlagen oder gefoltert werden, aber sie war nicht nur nicht mißhandelt, sondern auch nicht einmal verhört worden. In gewisser Hinsicht hatte das ihre Empörung nur noch gesteigert. Es war, als ob sie keinerlei Rolle spielte, es sei denn als Häftling.

Erst kidnappen sie mich, dann halten sie mich illegal fest, dachte sie wütend, während sie sich für den Aufbruch bereit machte. *Außer Jeff weiß kein Mensch, daß ich überhaupt hier bin. Was kann dahinterstecken? Geht es um die Datei, die Jeff entdeckt hat?*

Und was ist mit Daddy? fragte sie sich. Panik ergriff sie von neuem, als sie sich vergegenwärtigte, was er gerade durchmachen mußte. Wenn diese Leute ihr nichts sagten, hatten sie bestimmt auch ihren Vater nicht in ihre Pläne eingeweiht. Trotz seiner rauhen Art wußte sie, daß er ein einfühlsamer, hingebungsvoller Vater war. Sie war alles an Familie, was ihm noch geblieben war. *Gib, daß Daddy sich keine Sorgen macht*, betete sie – etwas, das sie seit langer Zeit nicht mehr getan hatte.

Als der Militärjet – das Gegenstück eines zivilen DC-12-Passagierflugzeuges mit zwei Düsentriebwerken – von Vandenberg startete, spürte sie, wie die Maschine erst zur einen, dann zur anderen Seite abkippte. Diese halsbrecherischen Bewegungen waren militärische Standardmanöver, um das Steuerungssystem etwaiger Boden-Luft-Raketen zu verwirren. Weiße Phosphor-Leuchtsignale wurden alle dreißig Sekunden aus einem Rohr am Heck des Flugzeuges abgeschossen, um die nach Hitzequellen suchenden Geschosse abzulenken. Normalerweise war diese Prozedur nur für Kampfbedingungen vorgesehen, doch seit die Terroristen leichten Zugang zu den alten SAMs hatten, die die Regierung aus Geldmangel an Länder der Dritten Welt verkauft hatte, galt Kalifornien als Kriegsgebiet. Während der letzten beiden Jahre waren zwölf militärische und zwei zivile Flugzeuge verlorengegangen oder beschädigt worden, womit die Terroristen unmißverständlich ihre Bereitschaft zum Einsatz der Raketen unter Beweis gestellt hatten. Auch die zivilen Linienflugzeuge, die Flughäfen in Südkalifornien anflogen, waren mit Leuchtmunition ausgestattet worden. Die gewaltsamen Kippbewegungen mußten wegen der Panik, die sei bei den Passagieren auslösten, auf zivilen Flügen allerdings stark gemäßigt werden.

Bis die Maschine ihre Reisehöhe von zwölftausend Metern erreicht hatte, hatte Karen eine entsetzliche Übelkeit befallen. Als sie von neuem die Tüte an den Mund hob, dachte sie: *Nach alledem ist mir egal, ob wir abgeschossen werden.* Trotz ihres zusammengekrampften Magens beobachtete sie mit Befriedigung, daß auch ihr Bewacher der letzten Tage sich in seine Tüte ergoß.

Nach der Landung in Andrews setzte man sie in eine wartende Limousine. Es überraschte sie nicht, daß man sie heimlich ins Weiße Haus brachte, lange bevor das übliche Kontingent von

Schaulustigen dort eintraf. Was sie allerdings überraschte, war die Person, die sie dort erwartete: Kathy Alton, die Präsidentin der Vereinigten Staaten.

Die Situation im Frühstückszimmer der Präsidentin war sehr informell. Nur zwei Gedecke waren aufgelegt, und an einem davon hatte bereits die Präsidentin Platz genommen.

Karen war überwältigt. Sie hatte oft über Kathy Alton gelesen und bewunderte ihre Einstellung zu vielen Dingen, aber die Ereignisse der letzten Tage hatten sie sehr vorsichtig werden lassen.

»Setzen Sie sich, Karen«, sagte die Präsidentin freundlich. »Es stört Sie doch nicht, wenn ich Sie Karen nenne, oder?«

»Nein, nicht im geringsten, Madam President«, erwiderte Karen zögernd.

»Bitte nennen Sie mich Kathy«, sagte die Präsidentin herzlich. »Ich kann mich an den Titel Präsidentin noch nicht gewöhnen. Die Ereignisse haben sich in den letzten Tagen so überschlagen.«

»Allerdings«, sagte Karen, während sie ihre Serviette aufschüttelte.

»Wie ich höre, hat man Ihnen und Mr. Wells einige Schwierigkeiten gemacht«, sagte die Präsidentin, während eine Bedienstete ihnen ein Frühstück aus gemischtem Obst servierte. »Ich hoffe, Sie mögen Obst zum Frühstück, Karen. Ich liebe frisches Obst.«

»Ja, sehr gern«, erwiderte Karen etwas verwirrt. Sie aß praktisch nie etwas anderes als Grapefruits zum Frühstück, aber irgendwie hatte sie das Gefühl, daß die Präsidentin das ebenfalls wußte.

»Ich möchte mich in aller Form für das entschuldigen, was Ihnen in den letzten Tagen widerfahren ist, meine Liebe. Bei all dem Chaos in dieser Stadt und überall im Land haben sich einige unserer Bürokraten ein wenig hinreißen lassen, fürchte ich. Dr. Siever glaubte, im besten Interesse des Landes zu handeln, aber die Verletzung der Rechte unserer Bürger läßt sich durch nichts rechtfertigen. Wir sind eine Nation, die die Rechte des einzelnen schützt, und ich werde nicht zulassen, daß sie auch nur einer einzigen Person genommen werden.«

Die Worte und das Verhalten der neuen Präsidentin entwaffneten Karen völlig, und darauf waren sie auch kalkuliert. Kathy Alton war für ihre Position ausgewählt worden, lange bevor der mißglückte Flug zum Mars sie ins Licht der Öffentlichkeit gerückt hatte. Sie verfügte über eine erstaunliche Fähigkeit, selbst großen Gruppen von Menschen ein Gefühl der Sicherheit zu vermitteln. Karen spürte, wie ihr Zorn und ihre Wachsamkeit allmählich verflogen.

»Was ist mit Jeff?« fragte sie vorsichtig.

»Er arbeitet seit einigen Tagen fleißig am Data-Net«, erwiderte die Präsidentin glatt. »Natürlich hat auch er sich Sorgen um Sie gemacht. Ich hatte einige Schwierigkeiten, Ihren Aufenthaltsort herauszufinden«, log sie. »Seit Dr. Sievers Tod ging es hier ein wenig hek-«

Karen unterbrach sie.

»Dr. Siever ist tot?«

»Ja. Tut mir leid; ich nehme an, Sie haben es noch nicht gehört. Die Belastung der letzten Tage war offenbar zuviel für ihn. Er starb an einem Schlaganfall. Ich habe seine Frau Elisa mit der Weiterführung seiner Amtsgeschäfte beauftragt, bis der Kongreß wieder zusammentritt.«

Karens Entschlossenheit schmolz dahin, als die Präsidentin ihr schilderte, wie ihr Assistent Cal Rutland Dr. Siever wegen seiner eklatanten Verstöße gegen die Bürgerrechte bei Jeffs und Karens Festnahme entgegengetreten war. »Im Grunde glaube ich, daß Dr. Siever die besten Interessen der Nation im Sinn hatte. Er hat lediglich seinen Eifer die Oberhand über seine Urteilskraft gewinnen lassen.

Wir leben in schwierigen Zeiten, Karen«, sagte sie und erhob sich von ihrem Stuhl. Karen stand sofort auf, und die Präsidentin legte ihren Arm um ihre Schultern. »Ich brauche Leute wie Sie und Jeff, die mir helfen, diese Nation zurück in die richtige Spur zu bringen. Das Data-Net ist entscheidend für unseren langfristigen Wohlstand, wenn wir wieder eine führende Rolle in der Weltwirtschaft spielen wollen.«

Karens Gedanken überschlugen sich vor Verwirrung. Sie war so sicher gewesen, daß die Regierung korrupt sei. Jetzt wurde sie unsicher.

»Ich möchte, daß Sie Ihre Arbeit wieder aufnehmen, Karen«, sagte die Präsidentin, als die Bedienstete erschien, um den Tisch abzudecken. »Sie und Jeff behalten die Dinge im Auge. Wenn Ihnen etwas auffällt, wovon Sie auch nur argwöhnen, daß es falsch sein könnte, machen Sie mich bitte sofort darauf aufmerksam. Wenn irgend jemand aus meinem Stab Ihnen Schwierigkeiten macht, lassen Sie es mich wissen. Ich werde Cal sagen, daß Sie jederzeit Zugang zu mir haben. Okay?«

»Sicher ... okay«, sagte Karen zögernd.

»Karen, ich repräsentiere mehr als nur die erste Frau im Weißen Haus«, sagte Kathy Alton, und kleine Tränen traten in ihre Augen. »Ich repräsentiere alle Menschen, die das Gefühl haben, daß sie in ihrer Regierung keine Stimme haben. Ich brauche Ihre Hilfe. Wollen Sie mir helfen?«

»Ja«, stieß Karen hervor, »das will ich.« Sie fühlte sich plötzlich wie ein Schulkind, das von seinem Lehrer gebeten wird, die Tafel abzuwischen. Ihr Gesicht färbte sich leicht rosa.

»Großartig!« rief die Präsidentin begeistert aus. »Dann lassen Sie uns beide wieder an unsere Arbeit gehen.«

Kapitel 16

Flucht in die Berge

»Karen!« rief Jeff, als er aufblickte und sie das Zimmer betreten sah. Er lief auf sie zu und schlang seine Arme um sie. »Erzähl mir, was passiert ist«, sagte er, als er die Tränen in ihren Augen sah.

»Eigentlich nichts«, antwortete sie und drückte ihn an sich. Karen wußte, daß sie Jeff liebte. Empfand er dasselbe, oder benahm er sich nur wie ein besorgter Kollege? »Ich wurde mehrere Tage lang festgehalten und dann plötzlich gestern am späten Abend zurück nach Washington geflogen.«

»Hat man ... äh ... bist du irgendwie verletzt worden?« fragte Jeff zögernd und wurde leicht rot.

»Nein, mir geht es gut«, erwiderte sie, während sie sich im Raum umsah. Nichts hatte sich verändert, außer daß das Master-Terminal nicht mehr da war.

»Wie ist es dir ergangen?« fragte sie.

»Ungefähr genauso, denke ich, nur daß sie mich noch am gleichen Tag zurückgeflogen haben. Ich habe mit Rutland gesprochen, und er hat mir eine große Shownummer vorgespielt, Siever sei der böse Bube und habe seine Vollmachten überschritten.«

»Ich habe heute morgen mit der Präsidentin gesprochen. Sie hat mir das gleiche gesagt.«

»Mit der Präsidentin?« rief Jeff überrascht.

»Sie sagte, Dr. Siever habe seine Befugnisse überschritten. Sie hat mir auch erzählt, daß er einen Schlaganfall erlitten habe und gestorben sei; sie wollte wohl andeuten, daß sein Verhalten auf Streß zurückzuführen war.«

»Glaubst du ihr?« fragte Jeff in einem Ton, der seine Skepsis verriet.

»Ich denke schon«, erwiderte Karen. »Es würde eine Menge erklären.«

»Ja, vielleicht«, sagte Jeff leise. »Aber schau dir das an.« Er zog ein kleines elektronisches Gerät aus der Tasche und legte einen Schalter um. Sofort blinkte die Anzeige des Gerätes zuerst grün und dann rot auf. »Das ist ein Wanzensuchgerät«, sagte er leise, nachdem er den Radiorecorder eingeschaltet hatte, den er neben einer schon zuvor gefundene Wanze aufgestellt hatte.

»Wir werden abgehört?« fragte Karen ungläubig.

»In meiner Wohnung ebenfalls«, flüsterte er wieder. »In deiner auch, vermute ich.«

Jetzt war sie wirklich verwirrt. Sie war so sicher gewesen, daß die Präsidentin es ehrlich meinte. »Soll ich die Präsidentin darüber informieren?« fragte sie Jeff.

»Warte lieber, bis wir genau wissen, wer hier für was verantwortlich ist«, antwortete er. »Schau dir das an.« Er zog die Data-Net-Anweisungen hervor, die Dr. Loo verfaßt hatte. »Das besagt, daß die neue Datei extern geladen werden soll. Sobald sie in Betrieb ist, werden wir keinerlei Kontrolle mehr darüber haben, wer alles darin steht.«

»Wie kommt Dr. Loo in diese Sache herein?« fragte Karen. Neue Zweifel kamen in ihr auf.

»Offenbar hat die Regierung ihn herangezogen, nachdem ich sie aus dem System ausgesperrt hatte. Rhinehart ist weg, und Loo ist von jetzt an Leiter für den Anwendungsbereich.«

»Aber ich dachte, das wäre dein Job, Jeff.«

»Rutland sagt, meine Funktion ist das Programmdesign. Dr. Loo ist für die Anwendung zuständig. Auf lange Sicht ergibt das vermutlich mehr Sinn, aber wir müssen trotzdem vorsichtig sein.«

Während er sprach, griff Jeff nach einem Notizblock, schrieb etwas darauf und reichte ihn Karen. Sie las: »Schau dir die Datei mit dem Namen ›Illuminaten‹ an, sobald du dazu kommst. Ich habe ein Profil der führenden Leute in unserer Regierung zusammengestellt. Sie scheinen alle Verbindungen zu einer Geheimgesellschaft namens ›Illuminaten‹ zu haben.«

»Gehen wir an die Arbeit«, sagte Jeff für die Ohren ihrer unsichtbaren Zuhörer. »Wir müssen das System zum Laufen bringen.« Er wies Karen auf das Terminal hin, das er programmiert hatte, um etwaige von Dr. Loo installierte Überwachungsprogramme zu umgehen. In einem anderen Data-Net-Terminalraum lächelte Dr. Loo zufrieden, obwohl er nicht alle Einzelheiten des Gesprächs verstehen konnte.

Diese Musik macht mich wahnsinnig, dachte Dr. Loo, während er den Kopfhörer abschaltete und den Recorder anschloß. Das Abhörgerät, das er installiert hatte, lief mit einer äußerst geringen Stromstärke und hatte keinen großen Frequenzbereich, aber Rutland hatte ihn gewarnt, daß ein stärkeres Gerät zu leicht zu entdecken wäre. Er überprüfte seine Programmfalle, um zu sehen, ob Wells sich an irgendeinem Teil des Data-Net außer dem Unterprogramm für die Einbindung der neuen Datei zu schaffen gemacht hatte. »Ah, gut«, sagte er laut. »Er kommt um meine Falle nicht herum.« Er überprüfte die Daten und stellte fest, daß Wells nur auf die autorisierte Datei zugegriffen hatte.

Dr. Kim Loo wäre erstaunt gewesen, hätte er erkannt, mit welch einfachen Mitteln Jeff Wells seine Falle umgangen hatte – fast so einfach, wie er das Abhörgerät mit seinem selbstgebauten Sucher entdeckt hatte. In Wirklichkeit waren die äußersten Bemühungen des zweitbesten Computerwissenschaftlers der Welt für Jeff nicht einmal eine Herausforderung gewesen. Er hatte einfach den Hauptprozessor angewiesen, Loos »Falle« zu unterbrechen und dann weiterlaufen zu lassen, sobald Jeff Zugang zum Hauptprogramm hatte. Im Grunde hatte er eine Falle für die Falle gebaut.

Als Karen den Bildschirm vor sich betrachtete, war sie wieder einmal verblüfft darüber, wozu Jeff mit einem Computer in der Lage war. Er hatte jede Transaktion Cal Rutlands der letzten zwanzig Jahre zurückverfolgt und dann die Orte und Daten für praktisch jedes führende Mitglied der Regierung während des gleichen Zeitraumes vergleichen lassen. Bald zeigte sich ein Muster, aus dem konkrete Daten und Orte hervorgingen, an denen sich mehrere der führenden und zukünftig führenden Leute zur gleichen Zeit versammelt hatten. Auf der Liste standen Rutland, Siever, Lively, Hunt und Hunderte andere.

Jeff hatte sein Programm so gestaltet, daß man jeden beliebigen Namen mit den ausgewählten Daten und Orten vergleichen lassen konnte. Mit leicht zitternder Hand gab Karen den Namen Kathy Alton ein. »Verifiziert«, antwortete der Bildschirm. »Übereinstimmung positiv.« Dann begann das Programm die Daten auszugeben, an denen sich Kathy Alton mit der Führungsriege der Illuminaten getroffen hatte. Karen erschrak, als sie sah, daß die Übereinstimmung schon lange vor Kathys erster Begegnung mit ihrem Mann begonnen hatte – lange bevor er auch nur als Leiter der Expedition zum Mars ausgewählt worden war!

Fred Lively hatte den ganzen Tag über mit Verteidigungsminister Andrew Singer und anderen ausgewählten Kabinettsmitgliedern konferiert. Ihre Diskussionen kreisten um die immer drängender werdende Frage, was mit den Christen geschehen sollte, die sie zusammengetrieben hatten. Da das Kriegsrecht galt, war es möglich, die normalen Vorschriften und Prozeßordnungen zu umgehen, doch die schiere Anzahl der Verhafteten überforderte die Gefängnisse im ganzen Land.

»Außerdem«, sagte Ben Randall, der FBI-Direktor, »scheint sich in Teilen des Landes eine Sympathisantenbewegung zu formieren.«

Jason Franklin blickte auf. »Was meinen Sie mit einer ›Sympathisantenbewegung‹?« schnappte er.

»Es scheint, daß viele der Christen jetzt von Freunden und Nachbarn versteckt werden, selbst von Nachbarn, die bisher keinerlei Bezug zu der Bewegung hatten. Das macht es schwierig, sie zusammenzutreiben.«

Amir Hussein, der vom Nebenraum aus zuhörte, wurde wütend. Er sprach in ein Gerät, das es nur Franklin und Rutland erlaubte, ihn zu hören.

»Ich will, daß die Christen eliminiert werden! Sie sind der einzige Stolperstein für meine Pläne. Aktivieren Sie die Straflager in den besetzten Gebieten.«

Rutland hörte die Anweisung und blickte hinüber zu Franklin, der sichtlich erschüttert war. *Auch er ist ein Schwächling*, dachte Rutland. Innerlich jubelte er. *Bald werden wir ihn nicht mehr brauchen.*

Es war Franklin, der schließlich das Wort ergriff. »Wir haben vorläufige Straflager eingerichtet, um die Terroristen aufzunehmen. Andrew, Sie stellen die nötigen Züge zur Verfügung, um sie zu den angegebenen Orten zu transportieren.«

»Aber Mr. Franklin, Sie reden über Millionen von Menschen. Ich kann nicht ...«

»Halten Sie den Mund, Sie erbärmlicher Feigling!« fuhr ihn Cal Rutland an. »Wir werden die Information an die Presse durchsickern lassen. Das amerikanische Volk wird jubeln, wenn es hört, daß die Terroristen aus ihren Städten deportiert werden. Sorgen Sie nur dafür, daß die Züge bereitstehen, wenn sie gebraucht werden.«

»Aber was ist mit dem Militär?« fragte Singer unsicher, auf der Suche nach einer Möglichkeit seine Würde zurückzugewinnen.

»Das Militär wird auf unserer Seite stehen«, erwiderte Rutland. »Wir haben seit Jahrzehnten die entscheidenden Positionen mit Mitgliedern der Bruderschaft besetzt. Bald werden wir die Regierung und das Militär unter Kontrolle haben.«

Hussein wußte besser als Rutland, wie zutreffend das war, was er sagte. Seit Jahrzehnten waren die besten Rekruten aus den Familien von Bruderschaftsmitgliedern in den Militärschulen ausgebildet worden und zu einflußreichen Positionen aufgestiegen, bis viele der höchsten Ebenen von ihnen dominiert wurden. Doch die Pläne der Bruderschaft waren so sorgfältig ausgelegt, daß selbst Kommandeure auf den unteren Ebenen in die Bruderschaft rekrutiert und sorgfältig ausgebildet worden waren. Gerade die Tatsache, daß eine so gewaltige Anstrengung unmöglich erschien, war es, was sie möglich machte. Selbst die Zerstörung der amerikanischen Wirtschaft und Moral seit den frühen Fünfzigern war durch eine systematische Übernahme weiter Teile der Medien und praktisch der gesamten Filmindustrie sorgfältig geplant worden. Die

Filmindustrie verkaufte den Amerikanern die Unmoral, und die Medien verkauften ihnen staatliche Almosen.

Sobald der durchschnittliche Amerikaner an leichte Kredite und staatliche Almosen gewöhnt war, trat der Plan zum Zusammenbruch der amerikanischen Wirtschaft in Kraft. Ebenso wie Adolf Hitler eingesetzt worden war, um nach dem Zusammenbruch der Wirtschaft Deutschland zu führen, wußte Hussein, daß die Amerikaner ihn als Führer mit offenen Armen empfangen würden, wenn er ihnen nur den richtigen Anreiz gab. Der Plan war einfach: Gebt ihnen ein angenehmes Leben, nehmt es ihnen wieder weg und versprecht ihnen dann, es ihnen zurückzugeben.

Kurz nach dem Treffen mit Singer und Franklin nahmen die Anschläge der sogenannten Terroristen zu. Viele Städte versanken in Dunkelheit, als Kraftwerke von Gruppen sabotiert wurden, die sich selbst als CRC-Mitglieder bezeichneten. Angehörige der Medien erhielten Drohungen, in denen es hieß, falls die Angriffe auf Christen nicht aufhörten, würden sie selbst zum Ziel von Angriffen werden. Statt ihre Berichterstattung zu reduzieren, verstärkten die Medien ihre Angriffe und drohten buchstäblich den Terroristen, es ja nicht zu wagen, eine der geheiligten Medienberühmtheiten auch nur anzurühren. Gleichzeitig verlangten sie mehr Polizeischutz. Die Ätherwellen waren voll von wütenden Anklagen gegen die Terroristen im allgemeinen und gegen die christlichen Terroristen im besonderen.

Innerhalb weniger Tage setzte eine Reihe von Ereignissen die Medien in Flammen.

Terroristen schossen mit SAMs aus Handraketenwerfern ein Linienflugzeug beim Landeanflug auf Dallas ab. Mehr als zweihundert Menschen starben, darunter der neugewählte Gouverneur von Texas, James Basset, ein wackerer Unterstützer des »Crack-Babys«-Gesetzes. Er hatte bei seinem Wahlkampf ins Feld geführt, er wolle die Einrichtungen zur Organverpflanzung nach Texas holen, was Tausende neuer Arbeitsplätze und Milliardeneinnahmen für Texas bedeutete.

Die religiösen Organisationen waren ihm lautstark entgegengetreten, aber er war gemeinsam mit Präsident Hunt ins Amt gekommen, als die Wähler sich für das neue Gesetz entschieden. Seit der Ermordung des Präsidenten hatte der Gouverneur mehrere Drohungen erhalten, und nach Angaben des FBI war bereits mindestens ein Plan zu einem Anschlag auf sein Leben aufgedeckt worden.

Den ganzen Tag über hatten die Sender Bilder von der Katastrophe gezeigt und Angehörige des Stabes des Gouverneurs interviewt. Die Fragen waren darauf angelegt, den Finger der Anklage auf die Gruppe zu richten, die sich *Constitutional Rights Committee* nannte.

Mary Howell, eine Assistentin von Gouverneur Basset, äußerte sich besonders verbittert: »Wir alle haben einen Freund und einen großen Staatsmann verloren«, sagte sie wütend und mit Tränen in den Augen. »Der Gouverneur ist denen entgegengetreten, die Texas im finsteren Mittelalter festhalten wollten. Ich hoffe, daß sie alle sterben!«

»Wollen Sie damit sagen, daß Sie dafür plädieren, bei politischen Verbrechen wie diesem die Todesstrafe wieder einzuführen?« fragte die WNN-Interviewerin vorsichtig.

»Ich will damit sagen, daß ich wünschte, die Bevölkerung von Texas würde sich erheben und das Ungeziefer ausrotten, das für diese Tat verantwortlich ist«, sagte Mrs. Howell bitter. »Sie zögern nicht, unsere gewählten Führer zu ermorden; warum sollten wir dann zögern, sie zu eliminieren?«

»Sie wollen doch nicht sagen, daß Sie dafür sind, daß die Bürger das Gesetz in ihre eigenen Hände nehmen, oder?« fragte die Journalistin.

In ihrem unsichtbaren Ohrhörer erklang die Stimme ihres Produzenten: »Bleib dran. Das ist großartiges Material.«

»Würde das nicht in einem Land, das auf Gesetz und Ordnung beruht, zur Anarchie führen?«

»Gesetz und Ordnung? Was glauben Sie, wieviel Gesetz und Ordnung Gouverneur Basset und die anderen Leute in diesem Flugzeug bekommen haben?« rief Mrs. Howell, während auf dem Bildschirm Bilder von den Kinderleichen erschienen, die aus dem Wrack geborgen wurden. »Bringt sie alle um!« schrie sie, und die Kamera fing eine Großaufnahme von ihrem verzerrten Gesicht ein.

Die Insta-Pol-Umfrage zeigte, daß vierzig Prozent der Amerikaner mit Mrs. Howell übereinstimmten – dreißig Prozent mehr als unmittelbar nach der Ermordung Hunts, aus deren Anlaß dieselbe Einstellung zum ersten Mal laut geworden war. Offensichtlich gewann die Kampagne gegen die religiösen Kreise an Boden, je mehr die Gewalt zunahm ...

»Es ist Zeit«, sagte Hussein zu Jason Franklin, als sie das Interview im Fernsehen sahen. »Leiten Sie sofort Phase Vier ein.«

Vor den Niederlassungen der WNN in Atlanta, der ABC in New York und des Satellite Direct Broadcast in Hollywood standen bereits Männer mit Maschinenpistolen in Position. Die Leute, die als Unterwanderer in die CRC-Gruppen eingeschleust worden waren, hatten Nachricht erhalten. Die Ziele waren schon lange ausgewählt worden, bevor die jüngsten Ereignisse die USA in ein Pulverfaß verwandelt hatten.

Unter den Bestimmungen des Kriegsrechts wurden die Bewegungen aller Bürger überwacht, und jeder, der nach Einbruch der Dunkelheit auf der Straße angetroffen wurde, wurde angehalten und verhört. Die Befehle waren klar: Jeder, der eine Waffe irgendeiner Art bei sich führte, war festzunehmen und ohne Verhandlung in Gewahrsam zu nehmen. Jeder, der eine Waffe abfeuerte, war ohne Warnung zu erschießen, ebenso wie alle Plünderer.

An diesem Abend waren einige Blocks weit von jedem der wichtigen Sendestudios entfernt Schüsse aus kleineren Feuerwaffen zu hören. Verstärkung wurde angefordert, und alle verfügbaren Einheiten wurden zu den Unruheherden gelenkt. Die diensthabenden Polizisten vor der ABC-Niederlassung in New York waren verwirrt. Warum schickte der Funker sie alle als Verstärkung los?

»Meinst du, wir sollten den Leuten von ABC Bescheid sagen, daß wir weggehen?« fragte der jüngere Polizist seinen Sergeant.

»Uns kommt es nicht zu, nach dem Warum zu fragen«, sagte der ältere Mann sarkastisch. »Die Zentrale wird überall Bescheid sagen, daß die Leute für eine Weile drinnen bleiben sollen. Sieh du nur zu, daß deine Weste geschlossen ist.« Damit ließ er den Panzerwagen an und bedeutete den anderen Beamten einzusteigen. Kurz darauf rollten sie auf den Theaterbezirk in der Innenstadt zu, wo die Schüsse abgefeuert worden waren.

Als sie starteten, sagte der Sergeant: »Nicht einmal diese Presseleute wären verrückt genug, hinaus auf die Straße zu gehen, ohne daß Sicherheitsbeamte in der Nähe sind.« Ein anderer grunzte zustimmend, während er die kugelsicheren Seitenfenster hochkurbelte. »Ich habe keine Ahnung, wie viele von diesen Terroristen noch auf freiem Fuß sind, aber allein schon die Zuhälter und die Drogenhändler hier in der Gegend haben genug schwere Artillerie, um einen Krieg anzufangen.«

Der jüngere Polizist erschauerte, als er an all die Verletzten und Toten dachte, die sie in den Ghettos gesehen hatten. Es sah wirklich wie ein Kriegsgebiet aus. »Ich würde nicht einmal in einer Flak-Weste durch diese Straßen gehen«, bemerkte er, während er ein geladenes Magazin in das Maschinengewehr auf dem Dach einrasten ließ. Er dachte an die beiden hochkalibrigen Gatling-Geschütze, die vorn und hinten auf dem Panzerwagen montiert waren, und zuckte innerlich zusammen, als er sich an das umgehende Gerücht erinnerte, daß die gleichen Fahrzeuge auch schon von Drogenhändlern angeschafft worden waren.

Ted Chandler, der Sprecher der ABC-Abendnachrichten, verließ das Studio und ging zu dem Ausgang im Erdgeschoß, vor dem er seinen Wagen geparkt hatte. Es war fast dreiundzwanzig Uhr, aber er wußte, daß rund um das Gebäude Polizei in Stellung war – zumindest glaubte er das. Als er aus dem Schutz des Eingangs aus kugelsicherem Glas heraustrat, fühlte er sich nackt und verwundbar. Unter dem Mantel trug er eine kugelsichere Weste, die stark genug war, um ein aus nächster Nähe abgefeuertes Geschoß vom Kaliber dreißig abzuwehren. Doch der Heckenschütze mit dem Nachtsichtgerät zielte nicht auf seine Brust. Er zielte auf den ungeschützten Kopf und gab drei kurze Salven ab. In einem Augenblick wurde das bekannteste Gesicht Amerikas völlig unkenntlich. Ted Chandler, Fernsehnachrichtensprecher und langjähriger Liberaler, war tot, bevor er den Boden erreichte.

Fast gleichzeitig spielte sich die gleiche Szene vor den Büros und Studios aller wichtigen Sender und Zeitungen im ganzen Land ab.

Da Drohungen gegen die Medien schon vor den Unruhen an der Tagesordnung gewesen waren, hatte man beim WNN in Atlanta spezielle kugelsichere Fenster und Türen installiert. In der Nachrichtenredaktion gingen aus dem ganzen Land Berichte über Anschläge auf Medienleute ein. John Fletcher, der Chef der Nachtschicht, hörte auf seinen in Jahren der Gefahr geprägten Instinkt und wies die gesamte Belegschaft an, alles stehen und liegen zu lassen und sich in den besonders gesicherten Konferenzraum im Keller zu begeben.

Mari Itamo, die japanische Managerin, erhob Einwände. »Wir müssen die eingehenden Berichte bearbeiten«, sagte sie. »Das Gebäude ist sicher, und draußen stehen Sicherheitskräfte. Uns kann nichts passieren.«

»Dann bleiben Sie eben hier«, rief Fletcher und fluchte einen der Reporter an, der immer noch an seinem Schreibtisch saß. »Die ganze Sache stinkt, und ich habe nicht die Absicht, meine Leute zu einem dieser Berichte werden zu lassen.«

Mari schäumte immer noch vor Wut, als sie sich an ihren Schreibtisch setzte, um ein Telefax an ihren Vorgesetzten zu formulieren. *Amerikaner sind Feiglinge*, dachte sie. Das Memo wurde nie fertig. Von der anderen Seite der Straße richteten in diesem Augenblick zwei Männer in Kampfanzügen eine Lodan-Rakete auf das Gebäude.

Die Lodan war für den Einsatz gegen Terroristen konstruiert, die Gebäude in Innenstadtbereichen besetzt hielten. Viele Gebäude waren von Drogenhändlern, die sie oft als bewaffnete Festungen benutzten, bombensicher gemacht worden. Die meisten waren schwer bewaffnet und wurden erbittert verteidigt. Charles Lodan, ein Waffeningenieur bei Harp Industries, hatte eine Waffe entwickelt, um mit solchen Situationen fertigzuwerden. Sie war so einfach wie billig. Lodan nahm übriggebliebene LAAR-Raketen aus den Tagen des Nahostkonflikts und stattete sie mit wiederaufbereiteten Uran-Gefechtsköpfen aus. Wenn das Uran-Projektil durch die Explosion des Sprengkopfes an einer festen Wand auf eine große Hitze gebracht wurde, konnte es bis zu fünfundsiebzig Zentimeter starken, gehärteten Stahl durchdringen. Die Waffe brüllte auf, als die Rakete abgeschossen wurde.

Das Geschoß schlug auf den fünfzehn Zentimeter dicken Fensterscheiben des WNN-Gebäudes auf, und der Urankern schoß hindurch, als wären die Fenster nur mit Pappe abgedeckt. Drinnen zersplitterte das Uran in Millionen winziger Schrotkörner, und die darin enthaltene Corditladung explodierte mit der Gewalt eines kleinen Vulkans. Das gesamte Stockwerk, einschließlich Mari Itamo, wurde weggefegt und auf der Stelle zu Asche verbrannt. Nur die verstärkten Säulen, die zum Schutz der oberen Stockwerke installiert worden waren, bewahrten das Gebäude vor dem Einsturz. Im Konferenzraum im Keller hörte John Fletcher die donnernde Detonation und sah die Lichter ausgehen. Im der pechschwarzen Finsternis des Raumes wirkte das Getöse im Gebäude über ihnen noch erschreckender auf die Insassen. Mehrere der Journalisten, Männer und Frauen, schrien vor Angst auf.

Dreißig Sekunden später ging die Notbeleuchtung an und tauchte die verängstigten Journalisten in ein unheimliches rotes Licht. Über ihnen raste der Feuersturm durch den Flur, in dem sie sich erst vor Minuten versammelt hatten. Die Außenventilatoren versorgten die im Konferenzraum Gefangenen mit Atemluft, bis die Sprinkleranlage die Flamen gelöscht hatte.

Gegenüber dem ausgebrannten WNN-Gebäude waren die Worte »Tod den Ungläubigen!« an die Wand gesprüht. Derselbe Slogan tauchte überall auf, wo Anschläge auf Fernsehstudios und Zeitungen verübt wurden.

Die Fernsehsender aktivierten eilends ihre mobilen Studios und waren innerhalb weniger Stunden wieder auf Sendung. Diesmal freilich führten sie einen offenen Krieg gegen diejenigen, die sie für die Anschläge verantwortlich machten. In den Medien wurde für die Beteiligten die Todesstrafe gefordert. Und sie ließen keinen Zweifel daran, wer für sie die Schuldigen waren – das CRC und die Christen im allgemeinen.

Präsidentin Alton hielt eine Fernsehansprache, in der sie schnelle Vergeltung für die terroristischen Anschläge versprach und die Amerikaner bat, der Regierung Zeit für die Festnahme der Täter zu geben. Doch gleich nach der Ansprache der Präsidentin brachten die Medien Bilder von den Unruhen, den ermordeten Richtern und dem Anschlag auf Präsident Hunt. John Elders Name wurde häufig erwähnt, und auf allen Kanälen sah man Bilder von Kirchen, die von »Gruppen wütender Bürger« dem Erdboden gleichgemacht wurden.

»Das Land nähert sich dem Zustand der Anarchie«, sagte Kathy Alton zu dem dunkelhäutigen Mann, der ihr gegenübersaß.

»Gut«, erwiderte er leidenschaftslos. »Sind die Lager vorbereitet?«

»Ja. Wir haben Lager in den entlegensten Gebieten des Landes errichtet. Es wurden bereits über hunderttausend Personen festgenommen.«

»Das reicht nicht!« sagte Hussein, und seine dunklen Augen loderten vor Haß. »Wenn eine Million in den Lagern sind, werden wir mit der Eliminierung beginnen ... aber es stört Sie etwas. Was ist es?«

»Nichts, Sir«, sagte die Präsidentin und versuchte, ihre Befürchtungen beiseite zu schieben. »Ich mache mir nur Sorgen, wie die Öffentlichkeit reagieren wird, wenn sie von unseren Plänen erfährt. Wie können wir so viele eliminieren?«

»Die Öffentlichkeit wird nichts davon erfahren, bis es zu spät ist!« schnappte der dunkelhäutige Mann. Er stand auf und durchquerte das Zimmer. Schweigend blickte er aus dem Fenster, dann machte er kehrt, ging zurück und blieb neben dem Sessel der Präsidentin sitzen. Mit grimmiger Entschlossenheit in den Augen sagte er: »Wir werden unsere alten Fehler nicht wiederholen. Erst die Christen – dann die Juden.

Es ist Zeit, die Leute ein wenig leiden zu lassen«, fuhr er fort, und ein grausames Lächeln umspielte seine Lippen. »Diese Leute sind nicht an Leiden gewöhnt. Sie werden alles tun, um ihre bisherige Lebensweise zu erhalten. Es ist Zeit, Phase Fünf einzuleiten.«

»Phase Fünf?« fragte die Präsidentin überrascht. »Ich habe noch keine Einzelheiten über Phase Fünf gehört.«

»Das war auch bisher nicht notwendig«, erwiderte er, beugte sich herab und strich ihr sanft übers Haar. »Nun, meine Schöne, werden Sie den Zorn der Welt über die verfluchten Juden hereinbrechen sehen. Die Christen waren ihre einzigen wahren Verbündeten, und nun haben die Juden selbst uns geholfen, sie zu vernichten.«

Kapitel 17

Die Verschwörung wird aufgedeckt

Sofort nach den in Aufruhr umgeschlagenen Protestmärschen war vom CRC die Warnung an die Mitglieder ergangen, die Flucht zu ergreifen. Manche taten genau das und suchten Zuflucht bei Freunden oder Angehörigen, um der Verhaftung zu entgehen. Viele jedoch wollten einfach nicht glauben, daß man sie festnehmen würde; sie wußte doch, daß sie sich keiner Straftat schuldig gemacht hatten.

Ein solches Ehepaar, Bob und Ellen Cofer in Chicago, beschloß, nicht davonzulaufen. Bob hielt alles für einen großen Irrtum; die Regierung würde niemals gegen unbescholtene Bürger vorgehen. Er und Ellen hatten am Tag der Unruhen beschlossen, nicht an dem Protestmarsch teilzunehmen. Sie unterstützten diejenigen, die gegen die Festnahme John Elders protestierten, aber sie waren der Ansicht, daß eine Demonstration ohne Genehmigung gegen das Gesetz verstoße, und daran wollten sie sich nicht beteiligen.

Als er im Fernsehen die Bilder sah, wie Polizisten und Marschierer niedergeschossen wurden, erwachte Bob aus seiner Naivität. Plötzlich wurde ihm klar, daß die Leitung des CRC recht gehabt hatte mit ihrer Behauptung, die Verschwörung gegen die Christen erstrecke sich bis in die höchsten Regierungsebenen. Ellen jedoch reagierte anders. Sie glaubte, daß die Christen tatsächlich mit den Schießereien angefangen hatten. Sie sah sich die Berichte im Fernsehen an und sagte: »Mit dieser Gruppe will ich nie wieder etwas zu tun haben, Bob. Ich kann nicht glauben, daß sie auf Polizisten schießen!«

Ellen war in der katholischen Anti-Abtreibungs-Bewegung aktiv gewesen. Zuerst hatte sie sich gefürchtet, vor den Abtreibungskliniken Wache zu stehen, und hatte nur zweimal im Monat im Büro des örtlichen Schwangeren-Hilfszentrums gearbeitet. Doch als das »Crack-Babys«-Gesetz für verfassungsgemäß erklärt wurde, konnte sie nicht länger zusehen. Sie schloß sich den Mahnwachen auf den Straßen an und schrieb an jeden Senator und Kongreßabgeordneten in Washington. Bei einer Demonstration vor dem Gebäude der Staatsregierung war sie fotografiert und für die Verhaftung nach den geplanten Unruhen vorgemerkt worden.

Bevor Bob auf Ellens Bemerkung über die Schießereien antworten konnte, wechselte das Fernsehbild zur Schule von Pater Vincent, wo Ellen halbtags als Lehrerin arbeitete.

»Hier ist Paul Bannon. Ich stehe hier vor Pater Vincents konfessioneller Schule, wo die Polizei gerade einen der führenden Aufrührer festgenommen hat, den Reverend Christopher Long.«

Die Kameras richteten sich auf die Polizisten, die gerade einen in traditionelles Schwarz gekleideten Priester herausschleppten. Man sah auf den ersten Blick, daß der Priester geschlagen worden war. Ein Auge war geschwollen, und Blut rann aus einem Mundwinkel. Er ging gebeugt, als ob er Schmerzen hätte.

Der Journalist hielt einen Polizisten an und fragte: »Captain, was wird Reverend Long vorgeworfen?«

»Er ist einer der Rädelsführer bei den Unruhen, bei denen unsere Beamten getötet wurden«, sagte der wütende Polizist. »Da er Gegenwehr leistete, mußte wir ihn überwältigen.«

»Heißt das, er widersetzte sich der Verhaftung, Captain?«

»Nicht nur das«, erwiderte der Beamte und hielt eine kurzläufige Waffe hoch. »Er hatte diese Waffe bei sich. Nur gut, daß er seine ganze Munition verbraucht hatte, sonst hätte er vielleicht noch jemanden erschossen.«

»Das ist eine Lüge«, schrie Ellen dem Fernseher entgegen. »Pater Chris würde niemals jemandem etwas zuleide tun, und er würde ganz bestimmt keine Waffe tragen!«

»Ich glaube, wir sollten hier verschwinden, Ellen«, sagte Bob, der spürte, wie sich in seinem Magen ein Knoten zusammenzog.

»Wie meinst du das? Wir können nirgendwohin. Hier sind wir zu Hause, und morgen früh müssen wir wieder an der Arbeit sein. Außerdem betrifft uns das nicht«, sagte Ellen, als sie das Entsetzen in der Stimme ihres Mannes hörte. Innerlich spürte sie, wie die Panik wuchs wie ein Krebsgeschwür und ihr den Verstand zu rauben drohte. Plötzlich überwältigte sie der emotionale Druck der vergangenen Wochen, und die nackte Angst gewann die Oberhand. »Selbst wenn Pater Chris ein Terrorist ist, haben wir doch nichts damit zu tun!«

»Ellen, was redest du denn da!« rief Bob. »Glaubst du denn wirklich, daß Pater Chris auf jemanden schießen könnte? Das ist doch alles nur eine Falle.«

»Nein!« beharrte Ellen naiv. »Wenn die Polizei es sagt, dann muß es so sein. Wir müssen anrufen und sagen, daß wir nichts mit dieser Gruppe zu tun haben. Ruf sie an, Bob!«

Die beiden Kinder – die zwölfjährige Marci und der zehnjährige

Robert – hörten ihre Eltern streiten und kamen ins Zimmer. »Was ist denn los, Mom?« fragte Marci mit zitternder Stimme, in der sich die Panik ihrer Mutter widerspiegelte.

Bob antwortete: »Wir schauen uns gerade die Nachrichten an, Schatz. Die Polizei hat Pater Chris verhaftet.«

»Pater Chris verhaftet? Das können die doch nicht machen!« riefen Marci und Robert gleichzeitig. »Können wir denn nichts tun, Dad?« fragte Marci, während ihr Tränen in die Augen schossen.

Bevor Bob antworten konnte, sagte Ellen: »Nein, Kinder, er muß schuldig sein, sonst hätte die Polizei ihn nicht festgenommen. Wir müssen ihnen sagen, daß wir nicht auch Verbrecher sind.«

»Das ist doch verrückt, Mom!« erklärte Marci. »Pater Chris ist kein Verbrecher, und mir ist egal, was die Polizei sagt.«

Bob merkte, daß Ellen die Kontrolle über sich verloren hatte, und versuchte sie zu beruhigen, aber ihre Angst ließ sie noch irrationaler werden. Sie fing an zu weinen. »Ich will nicht, daß meinen Kindern etwas passiert. Mir ist auch egal, was sie mit diesen Crack-Babys machen. Ich will nur, daß sie uns in Ruhe lassen.«

»Ellen, reiß dich zusammen!« sagte Bob rauh. »Jetzt ist keine Zeit, um sich gehen zu lassen. Wir stecken mit drin, ob wir wollen oder nicht.«

»Nein!« schrie Ellen. »Ich will nichts damit zu tun haben. Es war alles ein Irrtum ...«

»Laßt uns ein paar Sachen und Vorräte zusammenpacken und das Auto beladen«, sagte Bob zu den Kindern.

»Wo fahren wir hin, Dad?« fragte Robert.

»Ich weiß es nicht genau, Junge. Vielleicht fahren wir nach Tennessee und besuchen Oma für eine Weile. Wir müssen nur aus der Stadt heraus.«

»Klasse!« rief der Junge begeistert und stürmte in sein Zimmer, um zu packen. Nichts war ihm lieber, als zu seiner Oma zu fahren. Dort roch es immer nach Plätzchen, Kuchen und gebratenen Hähnchen.

Sie brauchten ungefähr eine halbe Stunde, um das Auto mit allem zu beladen, was sie nach Bobs Meinung brauchen würden. Ellen saß die ganze Zeit über im Wohnzimmer und weinte. Bob wußte, daß sie kurz vor dem Zusammenbruch stand, und er wünschte, er könnte ihr irgendwie helfen, aber ihre Sicherheit ging vor. *Wenn wir nach Tennessee kommen, wird Mom vielleicht Rat wissen*, dachte er.

»Beeilung, Kinder!« rief er zum zehnten Mal. »Wir müssen los.«

Endlich hatte Bob alle im Auto verstaut. Das Garagentor schwang gerade auf, als ein anderer Wagen vorfuhr und die Einfahrt versperrte. Zwei bewaffnete Männer stiegen aus. Als Ellen die Waffen sah, wurde sie hysterisch. Bob versuchte sie zu beruhigen, aber er drang nicht zu ihr durch.

Als die Männer sich ihrem Wagen näherten, fragte einer von ihnen: »Sind Sie Robert Cofer?«

»Ja«, antwortete Bob. »Gibt es ein Problem?«

»Bitte steigen Sie aus dem Wagen«, befahl der andere Mann. »Und halten Sie Ihre Hände so, daß wir sie sehen können.«

Die Neun-Millimeter-Maschinenpistole, die er auf Bob richtete, sagte alles. Er war bereit zu töten, falls Bob Widerstand leistete.

»Was soll das?« fragte Bob wieder, während er seine Hände erhob.

»Halten Sie den Mund!« befahl Geheimdienstagent Carl Tooms und stieß Bob hart gegen die Wagentür. »Man wird Ihnen schon rechtzeitig alles sagen, was sie wissen müssen.«

Ellen schrie so laut, daß auch Marci zu weinen begann. Robert schrie die Männer an: »Lassen Sie meinen Daddy in Ruhe!« Er sprang aus dem Wagen und schlug auf Tooms ein, der ihm am nächsten stand. Sein Schlag traf den Mann an einer sehr empfindlichen Stelle, und er gab Robert einen Hieb seitlich an den Kopf zurück, so daß der Junge in der Einfahrt zu Boden ging.

»Das war nicht nötig«, wies ihn der andere Agent, Donald Shepperd, barsch zurecht. »Der Junge versucht doch nur, seinen Vater zu beschützen.«

»Der kleine Bastard soll sich hüten, mich noch einmal zu schlagen«, gab Tooms wütend zurück. »Vergiß nicht, er ist nur eine kleinere Ausgabe seiner Eltern. Sie sind wie Ungeziefer. Man trampelt sie besser tot, bevor sie groß werden.« Tooms lachte über seinen eigenen geschmacklosen Witz.

Bob spürte, wie ihm das Herz wild in der Brust schlug, als er seine Kinder und seine Frau ansah. »Was ist mit meiner Familie?« fragte er.

»Halten Sie den Mund!« sagte Tooms wieder. »Daran hätten Sie denken sollen, bevor Sie sich einer terroristischen Vereinigung anschlossen.«

»Ich gehöre zu keiner ...«

Er brachte seinen Satz nie zu Ende. Tooms rammte ihm den Kolben seiner Waffe in den Brustkorb, so daß ihm die Luft wegblieb. Das und der Schmerz von mindestens zwei gebrochenen Rippen machten es ihm unmöglich zu sprechen.

»Ich habe dir gesagt, du sollst sie in Ruhe lassen!« sagte Shepperd streng.

»Wenn´s dir nicht paßt, beschwer dich in Washington«, erwiderte Tooms. »Diese Typen sind doch alle gleich. Es macht ihnen nichts aus, Leute umzubringen, aber sie wollen nicht, daß jemand ihre kostbaren Familien anrührt.« Bei all seinen markigen Sprüchen war Tooms ein Feigling, und er wich zurück, als Shepperd um den Wagen herumkam. Shepperd half Bob auf die Beine und führte ihn zu dem Wagen vor der Einfahrt.

Bob und Ellen wurden in den Fond des Wagens geschoben. Die ganze Zeit über hielt der immer noch wütende Tooms seine Waffe auf sie gerichtet. In Ellen war etwas ausgerastet. Sie hatte zu schreien aufgehört und saß nun völlig apathisch im Wagen und starrte aus dem Fenster.

Die Kinder wurden mit Shepperd auf den Vordersitz gezwängt. »Was wird mit uns passieren?« wimmerte Marci.

»Ich weiß es nicht, Kleines«, erwiderte Shepperd mitleidig. »Ich habe Befehl, deine Eltern abzuholen, aber wir können euch beide ja nicht allein hierlassen, oder? Es wird schon alles wieder in Ordnung kommen.« Shepperd hatte gelogen, um das kleine Mädchen zu beruhigen. In Wirklichkeit war in seinen Anweisungen von der ganzen Familie die Rede. *Mir gefällt das nicht*, dachte er bei sich. *Die benehmen sich nicht wie irgendwelche Terroristen, von denen ich je gehört habe.*

Als sie aus der Einfahrt hinaus auf die Straße fuhren, begegneten sie einer Horde Jugendlicher mit »Gay-Power«-Schildern, die Knüppel und Flaschen schwangen. Hinter ihnen wurden drei Häuser offensichtlich gerade geplündert, und eines brannte.

Als die Gruppe den Wagen näherkommen sah, schleuderten mehrere der Jugendlichen ihm Flaschen und Steine entgegen. Tooms, der mit den Cofers auf dem Rücksitz saß, steckte seine Waffe aus dem Fenster und feuerte eine kurze Salve in die Luft. Als die Gruppe das Stakkato der Maschinenpistole hörte, spritzte sie in alle Richtungen auseinander wie Ameisen. Zurück blieben elektronische Geräte und andere Beutestücke.

»Die werden es sich zweimal überlegen, bevor sie noch einmal mit Steinen werfen«, lachte Tooms. Dann fluchte er, als er versehentlich mit der Hand den heißen Lauf berührte, als er die Waffe wieder zurück in den Wagen zog.

Die beiden Männer fuhren die Kinder zu einem provisorischen Gewahrsam in einem Grundschulgebäude. Agent Shepperd stieg aus, um mit der Frau zu reden, die für das Haftzentrum verantwortlich war.

»Das sind die Cofer-Kinder«, sagte er leise, so daß ihn die Kinder nicht hören konnten. Dann zeigte er der Frau seine Liste, die sie mit ihrem Exemplar verglich.

»Okay, sie stehen auf der Liste. Ich übernehme sie von jetzt an.«

»Wohin werden sie gebracht?« fragte Shepperd.

»Wer weiß? Ich nehme nur ihre Daten auf und mache sie reisefertig. Ich nehme an, sie werden an irgendeinen dauerhaften Aufenthaltsort gebracht, sobald die Eltern erfaßt sind.«

Donald Shepperd war sichtlich beunruhigt. Er war jetzt seit mehr als zwanzig Jahren beim FBI, und alte Gewohnheiten wird man nicht so leicht los. Er wußte, daß bei den meisten Verhaftungen, die sie vorgenommen hatten, die verfassungsmäßigen Rechte der Betroffenen verletzt worden waren. Er hatte nicht einen einzigen Haftbefehl – nur eine Liste von als subversiv bekannten Personen, die das Justizministerium zur Verfügung gestellt hatte. Angesichts der Art und Weise, wie Cofer von Tooms behandelt worden war, hätte jeder Jurastudent im ersten Semester seine Freilassung erwirken können.

Sie fuhren weiter zu einem anderen Gebäude am Stadtrand, in dem die Cofers inhaftiert werden sollten. Bob wollte verzweifelt nach seinen Kindern fragen, aber Tooms hielt ihm die Waffe gegen die schmerzenden Rippen und wartete nur darauf, daß er eine weitere Frage stellte, um ihm aufs Neue die Waffe in die Seite zu rammen. Im Stillen betete Bob: *Gott, bitte sei bei unseren Kindern und schütze sie vor Schaden.* Er betete auch für Ellen, die nicht einmal zu bemerken schien, daß die Kinder weg waren. Die einzigen Hinweise, daß sie noch lebte, war das Heben und Senken ihrer Brust beim Atmen und ein gelegentliches Blinzeln. In gewisser Hinsicht war ihre Apathie ein Segen.

Shepperd steuerte den Wagen in die Einfahrt eines Geländes, bei dem es sich offensichtlich um einen umgerüsteten Bürokomplex handelte. Das ganze Gelände war nun von einem dreifachen, rasiermesserscharfen Stacheldrahtzaun umgeben. Als sie herankamen, öffnete ein Wächter das Außentor. Sie fuhren hindurch, und er schloß das Tor hinter ihnen und öffnete erst dann das Innentor.

Das hier ist kein Provisorium. Das ist nicht erst aufgebaut worden, seit die Unruhen begonnen haben, dachte Shepperd bei sich. *Irgend jemand hat hier schon vor Monaten mit den Vorbereitungen begonnen.*

Als die Cofers aus dem Wagen gezogen worden waren, sprach Tooms mit der verantwortlichen Agentin, einer schwergewichtigen, zäh aussehenden Frau. »Hier habe ich jemanden für Sie«, und mit einem genießerischen Blick auf Ellen fügte er scherzhaft hinzu. »Sagen Sie mir Bescheid, wenn Sie sie für die nächste Stufe der Erfassung bereit haben. Das werde ich vielleicht beaufsichtigen müssen.« Die Frau lachte. »Sie sind ein böser alter Mann, Agent Tooms.«

Er zwinkerte und sagte heiser: »Wie meinen Sie das? Das gehört zu meinem Job.«

Als sie im Erfassungszentrum waren, schob man Bob zur einen Seite des großen Raumes hinüber, wo mehrere Dutzend anderer Leute erfaßt und ausgezogen wurden, während die Erfasser sie anstarrten. Er geriet in Panik bei dem Gedanken, daß Ellen so behandelt wurde. Er schaute sich um, konnte sie aber in der Menge nicht entdecken.

Er bemerkte, daß er als Nächster an der Reihe war, als er den wütenden Beamten brüllen hörte: »Sie! Ziehen Sie sich aus!«

Bob rührte sich nicht, und der Mann fluchte und brüllte wieder.

»Ich habe gesagt, Sie sollen Ihre Kleider ausziehen. Sind Sie außer dumm auch noch taub?«

»Sie haben kein Recht, mich so zu behandeln«, sagte Bob entschlossen. »Und was haben Sie mit meiner Frau gemacht?«

»Oh, wir haben hier einen Anwalt in der Gruppe.« Der Erfasser war ein kräftiger Mann. Er baute sich direkt vor Bob auf. »Möchten Sie sehen, wie wir Terroristen hier drinnen behandeln, Sie miese Ratte?«

Bob erinnerte sich an die Behandlung, die er auf seinem eigenen Grundstück erfahren hatte, und zweifelte nicht daran, daß der Mann es todernst meinte. »Nein, ich werde tun, was Sie sagen«, sagte er unterwürfig.

»Braver Junge«, sagte der Mann spöttisch. »Und jetzt ziehen Sie sich aus!«

Ellen war sich jetzt ihrer Umgebung wieder bewußt und schrie: »Nein! Ich ziehe meine Kleider nicht aus. Sie können mich nicht dazu zwingen.«

Tooms, der in der Nähe stand und sich mit einem anderen Agenten unterhielt, ging zu Ellen hinüber und schlug ihr mit dem Handrücken ins Gesicht. »Du wirst tun, was man dir hier sagt, Schätzchen«, sagte er grob. Dann streckte er die Hand aus, packte ihre Bluse und riß sie ihr fast vom Leib.

Plötzlich wurde Tooms herumgewirbelt, und ehe er noch protestieren konnte, traf ihn ein Hieb in der Magengegend. Er brach zusammen. Donald Shepperd stand über ihm und wartete nur darauf, daß er wieder aufstand. Tooms, der fett und völlig außer Form war, konnte nichts tun als stöhnen.

Shepperd fuhr die schwergewichtige Frau hinter dem Erfassungstisch an: »Sie besorgen einen Sichtschutz für diese Frauen, und Sie schaffen die Männer hier heraus, und zwar sofort, ist das klar?«

»Für wen halten Sie sich eigentlich?«

»Ich halte mich für den Agenten, der Ihnen in ungefähr dreißig Sekunden eine ballern wird«, knurrte Shepperd mit verengten Augen. »Sie müssen diese Leute einer Leibesvisitation unterziehen, aber sie werden kein öffentliches Schauspiel daraus machen. Und jetzt los«, sagte er in einem Ton, der keinen Widerspruch zuließ, und stürmte auf sie zu.

Die Aufseherin, die die erregten Stimmen hörte, kam herüber und fragte: »Wo liegt hier das Problem?«

»Ich will, daß hier ein Sichtschutz für die Frauen angebracht wird. Und daß die Männer hier verschwinden!« befahl Shepperd. »Und zwar sofort, sonst knöpfe ich mir Sie auch vor.«

»Hören Sie, Agent ...«

»Shepperd – Donald S. Shepperd«, erwiderte er wütend. »Sie können sich über mich beschweren oder sonst tun, was Sie wollen, aber jetzt sorgen Sie erst einmal dafür, daß diese Leute menschenwürdig behandelt werden. Soweit ich feststellen kann, ist noch nicht einmal eine formelle Anklage gegen sie erhoben worden.«

Die Aufseherin, die erst kürzlich für den Vollzugsdienst rekrutiert worden war, fügte sich. »Okay, ich werde ein paar Vorhänge anbringen«, sagte sie. »Aber Sie werden sich dafür verantworten müssen.«

»Gern«, knurrte Shepperd, während er einer jungen Frau, die vollkommen nackt vor ihm stand, seine Jacke umlegte.

Irgend etwas stinkt hier zum Himmel, sagte Shepperd zu sich selbst, während er Tooms vor sich her zum Ausgang schob. *Ich werde mich nicht daran beteiligen, wenn unschuldige Menschen wie Tiere behandelt werden. Mein Großvater hat in Europa gekämpft, um dafür zu sorgen, daß die Nazis nicht die ganze Welt beherrschen. Aber das hier ist keinen Deut besser ...*

Kapitel 18

Öl

Als 1996 der Nahostkrieg ausbrach, marschierten fast zwei Millionen Moslems gegen Israel auf. Der Funke der den Krieg auslöste, war ein Bericht der OPEC, Israel habe im Irak Schrägbohrungen vorgenommen.

Schrägbohrungen waren von der Weltkonferenz für Ölerhaltung, deren Autorität anzuerkennen Israel sich standhaft weigerte, für illegal erklärt worden. Selbst auf Druck der Vereinigten Staaten hin hatte Israel die Operationen nicht einstellen wollen.

In einem OPEC-Bericht wurde bestätigt, schon in den späten achtziger Jahren habe Israel Schrägbohrungen vorgenommen, um das letzte große Ölfeld im Nahen Osten anzuzapfen. Juden aus aller Welt hatten Hunderte Milliarden Dollar in das Projekt investiert. Einer der wichtigsten Förderer war Jason Franklin. Auch Amir Hussein hatte kräftig zu dem Projekt beigetragen. Durch seinen Mittelsmann Rabbi Moshi Amitt hatte Hussein fast hundert Milliarden Dollar an Entwicklungsmitteln zur Verfügung gestellt. Die Kontrolle über diese Mittel hatte Amitt eine führende Position in der Knesset, der israelischen Regierung und schließlich auch in der religiösen Führungsschicht Israels verschafft.

Praktisch jeder angesehene Geologe der Welt hatte sich über das Projekt lustig gemacht. Schon der Gedanke, eine Bohrung unter ein anderes Land vorzunehmen, um ein Ölfeld anzuzapfen, sei lächerlich, hatten sie gesagt. Sie wiesen Tabellen und Grafiken vor, die zeigten, daß die Kosten für die Bohrung den Marktwert des eventuell geförderten Öls bei weitem übersteigen würden. Was sie dabei nicht bedachten, war, daß Israel Größeres im Sinn hatte. Das Öl selbst war nicht das Ziel. Es war nur ein Mittel, um ein größeres Ziel zu erreichen.

1994 schließlich zapfte Israel das Basra-Ölfeld unter dem Irak mit einer neunzig Zentimeter durchmessenden Schrägbohrung an und beförderte in aller Stille das gesamte Öl in die vorbereiteten Salzhöhlen im Gazastreifen, indem es das Basra-Feld in weniger als zwei Jahren buchstäblich leerpumpte – das alles, ohne daß die Araber Verdacht schöpften, bis das Öl schlicht und einfach versiegte. Plötzlich war Israel unabhängig von ausländischem Öl, zumindest für die nächsten zehn Jahre.

Eine Horde beschämter Geologen fiel in Israel ein, um sich über seine Bohrtechniken zu informieren, doch die Regierung versiegelte alle Informationen über die Schrägbohrungen und stellte sie unter militärische Bewachung. Dennoch sickerten Berichte durch, daß Israel nicht nur ein Schrägbohrungsprojekt am Laufen habe, sondern Dutzende. Durch eine unbekannte neue Methode waren sie in der Lage, viele Meilen tiefe Schrägbohrungen in den Boden zu treiben. Offensichtlich wollten sie die Ölfelder ihrer arabischen Nachbarn nicht nur anzapfen, sondern buchstäblich leerpumpen.

Als das bekannt wurde, marschierten die vereinten Streitkräfte des Irak, des Iran, Libyens und selbst Saudi-Arabiens gegen Israel auf. Die Vereinigten Staaten drohten, jegliche Unterstützung – militärisch und wirtschaftlich – einzustellen, falls Israel die Bohrungen nicht abbreche. Doch 1996 waren die Israelis so weit, praktisch ihre gesamten Rüstungsgüter selbst herzustellen und auch noch ihre Produkte im Wert von Milliarden von Dollars auf dem Weltmarkt abzusetzen. Selbst die Araber hatten in Israel hergestelltes militärisches Gerät gekauft und waren, was die Versorgung mit Ersatzteilen anging, von Israel abhängig. Israel drehte den USA und anderen Staaten einfach eine Nase und bildete eine Allianz mit Zimbabwe, Zululand (dem ehemaligen Südafrika) und mehreren anderen aufstrebenden afrikanischen Nationen.

Am 17. August 1996 griffen die vereinigten arabischen Streitkräfte Israel mit chemischen Waffen an. Noch während die Raketen und die Langstrecken-Artilleriegeschosse auf die Fronttruppen niederhagelten, führten Israel und Zululand einen strategischen Atomschlag gegen die arabischen Truppen. Innerhalb von dreißig Minuten waren die Kampfhandlungen vorbei. Dreißigtausend Israelis waren dem Chemiewaffenangriff zum Opfer gefallen, und vierhunderttausend Araber waren durch die Israelis und die Afrikaner völlig aufgelöst worden. Die Araber, die sich darauf verlassen hatten, daß die USA Israel am Einsatz von Atomwaffen hindern würden, boten sofort Friedensverhandlungen an.

Die Konfrontation, durch die es beinahe zu einem Weltkrieg zwischen den USA und China über den Einsatz von Atomwaffen durch die Israelis gekommen wäre, kam zum Stillstand, als die USA und Rußland drei verschiedene Flugzeugträgerverbände in die Golfregion entsandten und damit drohten, sie gegen Israel einzusetzen, falls weitere Atomwaffen zum Einsatz kämen.

Doch die Auswirkungen auf die arabischen Streitkräfte waren zu diesem Zeitpunkt schon verheerend. Die Ölfelder des Iran waren durch atomare Strahlung verseucht, seine Armee vernichtet. Israel stimmte den Friedensbedingungen zu und erklärte sich auch bereit, seine Schrägbohrungen unter den arabischen Ländern einzustellen, was sie auch taten – fast zwei Jahre lang. Doch als die eingelagerten Vorräte zur Neige zu gehen begannen, brachen die Israelis heimlich die Vereinbarung.

Was der Rest der Welt nicht ahnte, war, daß der Erfolg der israelischen Bohrungen die wildesten Träume übertroffen hatte. Fast drei Jahre zuvor hatte die längste Schrägbohrung der Welt das unterirdische Ölfeld unter Saudi-Arabien erreicht. Sofort waren sechs weitere Schächte getrieben worden, und die Pumpoperationen begannen mit aller Macht.

Zuerst dachten die israelischen Geologen, sie hätten ein neues Ölfeld angezapft, da der Druck in den existierenden saudischen Quellen nicht sank. Doch dann machten sie eine verblüffende Entdeckung: Das Feld, das sie angezapft hatten, war in Wirklichkeit eine Wanne, in der sich ein Großteil des Öls aus den Wüstengebieten sammelte. Je mehr sie davon in ihre Lagerhöhlen pumpten, desto mehr Öl floß in die Spalte nach, die von den Bohrschächten angezapft worden war. Im Grunde hatten sie also einen Zugang zum größten Teil der Ölvorräte des Nahen Ostens gefunden, und die Araber ahnten nicht einmal etwas davon.

Als später der Druck in den saudischen Quellen abzusinken begann, wurden amerikanische Geologen zu Nachforschungen hinzugezogen. Die Schlußfolgerung war, daß die Ölvorkommen des Nahen Ostens schneller zur Neige gingen, als allgemein geschätzt worden war. Nach dem Tempo des Druckabfalls zu urteilen, würden die saudischen Ölvorräte in weniger als zehn Jahren erschöpft sein. Diese Nachricht ließ die industrialisierte Welt erzittern, besonders Japan, das vollkommen abhängig von ausländischen Ölimporten war. Innerhalb weniger Wochen schossen die Preise auf hundertfünfzig Dollar pro Barrel empor. Selbst die japanische Wirtschaft hatte Schwierigkeiten, diese drastischen Preissteigerungen zu verkraften. In aller Stille schlossen die Japaner einen Exklusivvertrag mit den Saudis ab, wonach sie den gesamten saudischen Ölexport aufkauften und im Austausch dafür ein in Japan neu entwickeltes Entsalzungsverfahren zur Verfügung stellten, mit dessen Hilfe sich Seewasser auf wirtschaftliche Weise in Trinkwasser verwandeln ließ. Die Saudis wußten, daß sie ihre versiegenden Vorräte benutzen mußten, um neue Techniken zu entwickeln. Nahrung war das Gut, für das sie sich entschieden. Sie würden die Wüste zum Blühen bringen, so wie es Israel tat.

Nach einer hitzigen Debatte im Büro des israelischen Ministerpräsidenten Jacob Estine wurde die Entscheidung getroffen, an allen sechs Schrägbohrungen mit voller Leistung zu pumpen. Verteidigungsminister Levi Klein protestierte energisch: »Wenn wir das Öl zu schnell abpumpen, bringen wir den Zorn der Welt auf uns herab«, erklärte er zum vierten Mal. *Warum können diese religiösen Eiferer nicht begreifen, was sie da tun?* fragte er sich. *Wenn sie die Asiaten zu weit treiben, werden sie kämpfen. Und gegen die Japaner und Chinesen zu kämpfen ist etwas anderes als gegen die Araber.*

Die Chinesen bildeten durch ihren gegenseitigen Unterstützungspakt mit den Japanern und Koreanern eine nicht zu unterschätzende Macht, genannt das Asiatische Dreieck. Mit einer Streitmacht von zwei Millionen bewaffneten Männern und mit Atomwaffen ausgerüstet, würden sie nicht zögern, ihre zerbrechliche Wirtschaft zu schützen, oder die ihrer Finanziers, der Japaner.

»Wir können einfach nicht zulassen, daß die Saudis ihr Land entwickeln«, sagte Moshi Amitt, der Präsident der Knesset. »Wir sind heute diejenigen, die Nahrungsmittel in die arabische Welt exportieren. Wenn wir diesen Vorsprung verlieren, werden wir wieder in ständiger Gefahr sein. Wir werden die Ölreserven abzapfen und an die Japaner verkaufen, so daß sie sie nicht direkt von den Saudis kaufen können. Wir werden den Arabern ihren Reichtum nehmen. Gott ist mit uns.«

»Wenn Sie das tun, werden die Japaner die Chinesen gegen Israel aufmarschieren lassen. Ich flehe Sie an, diesen Wahnsinn zu überdenken«, beschwor Levi Klein das Kabinett.

»Sie werden Israel verteidigen, wie es Ihre Brüder vor Ihnen getan haben«, fuhr Amitt ihn an. »Wir können nicht scheitern. Gott ist auf unserer Seite.«

»Vielleicht, mein Bruder«, sagte der Ministerpräsident müde. »Wir werden Gott brauchen, um diesen Krieg zu gewinnen, wenn es dazu kommt. Unser Volk hat nicht mehr den Kampfeifer, den es hatte, als wir noch von Feinden umgeben waren. Heute herrschen wir über die Lebensmittelexporte statt durch Gewalt über die arabischen Staaten. Ich fürchte, wir haben unseren entscheidenden Vorteil verloren.«

»Wir werden die Asiaten ebenso daran hindern, in unser Land einzudringen, wie wir es mit den Arabern getan haben«, donnerte Amitt, dessen Gewand flatterte, als er die unsichtbaren Feinde mit einem Wedeln seiner Arme beiseite fegte. Insgeheim hatte Amitt sich stets das Image eines modernen Mose gegeben. Seine Größe, sein Bart und seine fließenden Gewänder dienten ihm dazu, seinen Kollegen in der Knesset dieses Image zu vermitteln.

In der Vergangenheit hatte die Knesset aus den Angehörigen sowohl der Mehrheits- als auch der Minderheitsparteien bestanden, und im Prinzip war das immer noch so. Doch die Zeloten oder hebräischen Absolutisten übten die totale Kontrolle aus, da sie in allen Parteien vertreten waren. Amitt war ihr Führer.

»Außerdem«, fuhr er fort, »werden die Amerikaner nie zulassen, daß die Chinesen Israel bedrohen. Es leben immer noch viele Juden in Amerika.«

»Die Amerikaner haben ihre eigenen Probleme«, wandte Klein ein. »Ihr Land sieht aus wie ein Kriegsgebiet. Ich glaube nicht, daß sie Israel verteidigen werden; zumindest nicht unter diesen Umständen.«

»Wenn Sie unser Land nicht verteidigen können oder wollen, werden wir jemanden finden, der es kann«, sagte Amitt herausfordernd. »Gott hat unsere Feinde in unsere Hände gegeben. Wir müssen jetzt handeln!«

»Ich werde mein Land verteidigen«, sagte Klein wütend. »Ich werde sogar meine Söhne und Töchter in den Kampf schicken, aber dies ist dennoch ein furchtbarer Fehler. Sie klingen wie einer von König Sauls Beratern, die ihn in die Schlacht sandten, damit er umkomme. Was ist, wenn Sie nicht im Namen des Herrn sprechen?«

»Aber das tun wir«, erwiderte Amitt stolz. »Waren wir es nicht, die das Geld für die Bohrungen beschafften? Und haben wir nicht den Tempel Salomos wiederaufgebaut, wie es in Gottes Wort vorausgesagt war?«

Klein sank in seinem Sessel zurück. Er wußte, daß er mit Logik nicht weiterkam. *Ich bete, daß wir nicht wieder siebzig Jahre Exil vor uns haben*, dachte er müde. *Viele tapfere Männer und Frauen werden sterben ... und wofür?*

Innerhalb von sechs Monaten, nachdem die Pumpen zu arbeiten begonnen hatten, kam die Ölproduktion in Saudi-Arabien buchstäblich zum Stillstand. Als sie fast die Hälfte des verfügbaren Rohöls der Welt in ihren Salzhöhlen gelagert hatten, verkündeten die Israelis der Welt, daß sie den Rohölmarkt kontrollierten und auf Angebote für Ölexporte warteten – für fünfhundert Dollar pro Barrel! Über Nacht stürzte der japanische Aktienmarkt zwanzigtausend Punkte tief ab. Japan befand sich im Anfangsstadium eines totalen wirtschaftlichen Zusammenbruchs.

In New York wurde ein Notgipfel einberufen, um über die Situation zu beraten. Die Führer aller arabischen Nationen und des Asiatischen Dreiecks waren anwesend. Da die USA ihr Veto gegen jede UN-Resolution gegen Israel angedroht hatten, wurde der Gipfel ohne den Segen der UNO in Camp David abgehalten.

»Sie müssen verstehen, Madam President, daß Japan das Recht hat, seine Interessen im Nahen Osten zu schützen«, sagte der japanische Wirtschaftsminister Hurichi Amato hitzig, nachdem Kathy Alton ihre Zustimmung verweigert hatte, Israel zu zwingen, das abgeleitete Öl herauszugeben.

»Wollen Sie uns drohen, Mr. Amato?« fragte die Präsidentin höflich, während sie den japanischen Diplomaten, der wie ein Sumo-Ringer aussah, unverwandt anstarrte.

»Das können Sie auffassen, wie Sie möchten«, erwiderte der verärgerte Minister. Er war es nicht gewöhnt, mit weiblichen Politikerinnen zu verhandeln, und mit einer Politikerin zu streiten war ihm noch unangenehmer.

»Darf ich Sie daran erinnern, Mr. Amato, daß jede Maßnahme gegen einen souveränen Staat, mit dem wir ein gegenseitiges Beistandsabkommen haben, von unserem Volk nicht leicht hingenommen werden würde.«

Amato, der sich nicht aus dem Rennen werfen lassen wollte, entgegnete: »Ich würde meinen, daß Sie genügend Probleme haben, innerhalb Ihrer eigenen Grenzen mit Dissidenten fertigzuwerden. Sie werden feststellen, daß Ihre Bürger wenig begeistert davon wären, diese Aufgabe über eine Entfernung von fünftausend Meilen hinweg bewältigen zu müssen. Japan wird nicht tatenlos zusehen, wie unsere Wirtschaft durch den Diebstahl der saudischen Ölreserven zerstört wird.«

Der einsame Repräsentant Israels, ein junger Schüler Moshi Amitts, sprang auf und rief: »Das Land, auf dem die Saudis leben, gehört durch göttliches Recht zu Israel. Wir haben die Absicht, die Vorräte nach unseren Wünschen zu kontrollieren. Sie werden feststellen, daß Israel ein gewaltiger Gegner für jeden ist, der die Torheit besitzt, es anzugreifen. Gott ist auf unserer Seite.«

Der japanische Minister klappte sein Notizbuch zu und verließ den Raum, seine Mitarbeiter im Schlepptau.

»Exzellent«, sagte Hussein zu Jason Franklin, den Blick auf den Beobachtungsmonitor gerichtet. »Die Bühne ist nun bereit für den Krieg. Leiten Sie sofort Phase Fünf ein.«

Franklin erschauerte, als er an die Konsequenzen dessen dachte, was sie zu tun im Begriff waren. *Das wird eine Gratwanderung, wie sie die Welt noch nicht gesehen hat. Ein Fehltritt, und die ganze Welt wird in Schutt und Asche liegen.*

Dann hörte er in seinem Geist deutlich die Worte: »Ja, mein furchtsamer Diener. Doch wenn wir gewinnen, werde ich die Welt beherrschen!« Franklin sprang auf, als hätte man ihn mit einem glühenden Eisen berührt. *Er kann meine Gedanken lesen!*

Der Führer verließ lächelnd den Raum. *Menschen sind so simpel,* dachte er bei sich. *Geschaffen nach dem Bilde Gottes – lächerlich!*

Wenige Stunden nach dem abrupten Ende des Gipfels registrierte der israelische Nachrichtendienst eine alarmierende Entwicklung.

»Herr Ministerpräsident, unsere Satelliten haben massive Truppenbewegungen in China registriert. Und unsere Kontaktleute in Amerika sagen, die Japaner hätten mehrere Hundert Flugzeuge von den Linienfluggesellschaften abgezogen, die sie gekauft haben.«

»Wie viele Flugzeuge haben sie abgezogen?« fragte der geplagte Ministerpräsident seinen Verteidigungsminister. Er wußte, daß Levi Klein über die bedrohliche Lage Israels ebenso dachte wie er, aber die religiösen Eiferer hatten jetzt das Ruder übernommen. Amitt hatte das israelische Volk von seiner eigenen Unbesiegbarkeit überzeugt. Sie schienen zu glauben, daß Gott nur auf ihrer Seite stehen konnte.

Sorgenvoll dachte Klein an das, was Amitt bei der letzten Ratssitzung vorgeschlagen hatte. Er konnte es immer noch nicht glauben. »Sie haben mindestens fünfhundert Flugzeuge von der Flotte abgezogen, die sie von Amerika aus betreiben«, berichtete Klein. »Präsidentin Alton ist höchst erbost darüber, da dadurch Millionen Reisende in den Flughäfen festsitzen, aber sie kann nichts dagegen tun. Die Japaner haben offiziell verlauten lassen, die Umleitung der Maschinen sei durch die Olympischen Spiele erforderlich.«

»Fünfhundert Flugzeuge! Wie viele Soldaten können sie befördern, und wie schnell?«

»Der Nachrichtendienst sagt, daß sie eine Million Soldaten nach Afghanistan bringen, um von dort in den Irak vorzudringen. Weitere acht bis neun Millionen sollen über Land transportiert werden. Es ist möglich, daß die Chinesen bis November zehn Millionen bewaffnete Soldaten an die Grenzen Israels bringen!« Der Verteidigungsminister zeigte Estine die Satellitenfotos, die Stunden zuvor aufgenommen worden waren. Das gesamte Gebiet rund um Peking schien im Umkreis von hundert Meilen mit Soldaten bedeckt zu sein.

»Mein Gott!« rief Estine, als er die Fotos betrachtete. »Ist es möglich, so viele Menschen in so kurzer Zeit zu transportieren?«

»Ja, Sir, das ist es«, erwiderte Klein müde. »Die Japaner sind Experten für Effizienz. Sie haben in China eine Armee ausgerüstet, die in Wirklichkeit vielleicht zehnmal so groß ist wie die, die wir hier sehen. Sie haben eine Ersatzarmee geschaffen, die für sie in die Schacht zieht. Da sie sich keinerlei Mühe geben, ihre Bewegungen zu verbergen, müssen wir davon ausgehen, daß sie uns eine Warnung zukommen lassen, die wir nicht ignorieren können.«

»Was sagt die Knesset dazu?« fragte Estine, während er fieberhaft versuchte, seine Gedanken zu ordnen. »Zehn Millionen Soldaten!

Und neunzig Millionen in Reserve! Wir hätten nicht einmal genug Kugeln, um sie alle zu erschießen, selbst wenn wir das wollten.«

»Amitt hat den Einsatz der Doomsday-Bombe vorgeschlagen«, sagte Klein langsam und bedächtig. »Er versucht die Knesset davon zu überzeugen, einen Präventivschlag zu führen.«

»Die Doomsday-Bombe!« rief Estine erstaunt. »Wir waren uns nach dem letzten Krieg alle einig, daß die Kobaltbombe niemals zum Einsatz kommen darf. Wir haben keine Ahnung, wie sie sich auswirken wird.«

»Ich weiß«, sagte Klein, während er die Fotos wieder einsteckte. »Aber da wir sie auf chinesischem Boden zünden wollen, sind die Abgeordneten offenbar zu Experimenten bereit.« Dann, nach einer kurzen Pause, trat Klein vor. »Ich möchte meinen Rücktritt einreichen«, sagte er und reichte dem Ministerpräsidenten ein maschinengeschriebenes Dokument, in dem er nicht nur sein Amt als Verteidigungsminister, sondern auch seinen militärischen Rang niederlegte.

Estine betrachtete das Schriftstück und erwiderte: »Sie dürfen nicht gehen, Levi. Sie sind der einzige klare Kopf inmitten einer Horde von Wahnsinnigen, der mir noch geblieben ist. Ich werde Ihren Rücktritt nicht annehmen.«

»Ich fürchte, Sie haben keine Wahl, mein Freund. Ich werde keinen Anteil daran haben, diese Waffe auf die Welt loszulassen. Wir sind eine Nation geworden, weil wir dem Holocaust des zweiten Weltkrieges entkommen wollten. Jetzt reden wir davon, zehnmal so viele Menschen zu töten, vielleicht hunderttausendmal so viele! Was wird uns dann noch von den Nazis unterscheiden?«

»Ich werde sofort eine Sitzung des Kabinetts und der Knesset einberufen. Warten Sie wenigstens bis dahin, ja?«

»Ich werde es tun, aus Achtung vor Ihnen, aber ich muß Ihnen noch einmal sagen, daß irgend jemand oder irgend etwas dieses Land auf den Weg der Vernichtung führt. Und es ist nicht der Gott Abrahams und Jakobs.«

In der großen Versammlungshalle in Peking war die chinesische Führung zusammengekommen, um eine Verlautbarung ihres Staatsoberhauptes an die Weltpresse zu hören, die hier durch alle großen Sender vertreten war.

Der Versammlungsleiter erhob sich und verkündete: »Ich habe die große Ehre, Ihnen unseren großen Führer anzukündigen, Chang Lo Tung, Präsident von ganz China!«

Chang war erst dreiundvierzig gewesen, als er bei den ersten freien Wahlen in China nach mehr als sechzig Jahren ins Amt gewählt worden war. Mit dreiundfünfzig war er nach chinesischen Maßstäben immer noch ein junger Mann. Seine Wahl war im Westen als ein Zeichen begrüßt worden, daß China sich endlich der Völkergemeinschaft anschloß. In Wirklichkeit war mit Chang jedoch der stärkste chinesische Diktator seit Mao Tse-tung an die Macht gekommen. Mit Unterstützung der Japaner hatte er China zur zweitmächtigsten Nation der Erde gemacht – in militärischer Hinsicht.

Chang hatte in Stanford den Magistergrad in internationalem Recht erworben. Er wandte sich in perfektem Englisch an die Versammlung.

»Meine Brüder, wie Sie wissen, haben die Zionisten der Welt ihr größtes wirtschaftliches Gut gestohlen, das Lebensblut unseres Volkes, und versuchen nun, die Welt zu erpressen. Wenn wir das zulassen, wird unsere Wirtschaft zusammenbrechen, bevor sie auch nur begonnen hat. Jahrhundertelang hatte China Mühe, auch nur seine Menschen zu ernähren. Nun, da wir in den Besitz der Mittel kommen, das zu tun, drohen die Juden uns aufzuhalten. Wir werden uns nicht aufhalten lassen. Unser Volk ist bereit zu sterben, um unser Recht auf Fortschritt zu verteidigen.«

Wie auf ein unsichtbares Signal hin brach die Versammlung in donnernden Applaus aus.

»Während ich hier zu Ihnen spreche, bringt die Chinesische Republik ihre Armee in Stellung, um das von den Israelis gestohlene Öl wiederzubeschaffen. Wir wünschen uns keinen Krieg. Wir wünschen uns von Israel nichts als Frieden. Doch wenn Israel darauf beharrt, das Öl zurückzuhalten, das unsere Verbündeten so dringend brauchen, um China zu helfen, dann werden wir kämpfen. Und es täusche sich niemand: Wenn wir angreifen, werden wir Israel von der Landkarte radieren! Kein Grashalm, kein Ziegelstein wird stehenbleiben. Wir werden jedes Haus niederreißen und die Steine ins Meer werfen. Wir werden die Zionisten vernichten, bis ihr Land für ein Jahrtausend unbewohnbar ist.

Sollten die Vereinigten Staaten sich einmischen, werden wir ihnen einen Schlag versetzen, der ihnen die Fähigkeit nehmen wird, Krieg zu führen. Wir haben zwei Milliarden Menschen, die bereit und willens sind, für ihr Recht, ihre Kinder zu ernähren, zu sterben. Wir werden jeden Krieg überleben. Die Zionisten und ihre Verbündeten werden es nicht.

Dieser Konflikt kann vermieden werden, wenn Israel das gestohlene Öl herausgibt. Ich bete, daß die Vereinigten Staaten ihren Einfluß einsetzen werden, um das zu erreichen.«

Im Pentagon in Washington berief General Louis Gorman eine Dringlichkeitssitzung des Kommandostabes ein, dem er vorstand. »Gentlemen, wir dürfen diese Bedrohung nicht auf die leichte Schulter nehmen. Die Berichte unserer Nachrichtendienste zeigen, daß die Chinesen fast fünfhundert Langstreckenraketen besitzen, mit denen sie die USA erreichen können, und mehr als tausend, die Israel erreichen können. Ich habe Ihre Berichte gelesen und stimme mit der allgemeinen Analyse überein: Bei einem atomaren Schlagabtausch könnten wir bis zu hundert Millionen Menschen verlieren. Fraglos könnten wir auch den Chinesen massiven Schaden zufügen, aber soweit es mich betrifft, ist das keine Option. Die Vereinigten Staaten sollten nicht wegen Israels Recht auf saudi-arabisches Öl in den Krieg ziehen. Es käme zu einer Revolte im amerikanischen Volk.«

»General, ich empfehle, daß wir der Präsidentin und ihrem Stab in dieser Sache entgegentreten. Ich will keinen Anteil an der Entfesselung des dritten Weltkrieges haben. Die Präsidentin hat keine Vollmacht, ohne Zustimmung des Kongresses einen Angriff zu starten. Und da der Kongreß noch beurlaubt ist, kann es keinen Krieg geben ...«

»Ich stimme Ihnen zu, Ray«, fiel Gorman ein, während er die vor ihm liegende Akte schloß. »Ich werde die Präsidentin sofort aufsuchen.« General Gorman sprach mit Generalleutnant Raymond Abbott, dem Kommandierenden General der Luftwaffe. Es war Abbott gewesen, der die Strategie zur Beendigung der Feindseligkeiten im Nahen Osten während des Krieges von 1996 geplant hatte. Er war ein kühler Denker, der seine Aufgabe mit absoluter Hingabe erfüllte. Er glaubte fest an eine konstitutionelle Staatsform und war entschlossen, weder das Militär von den Politikern noch die Regierung vom Militär kontrollieren zu lassen.

Nur General Gorman und sehr wenige andere militärische Führer wußten, daß Generalleutnant Raymond Abbott eine Verschwörung innerhalb des Militärs aufgedeckt hatte, die das Ziel verfolgte, die Regierung zu übernehmen und Präsident Hunt wegen seines Machtmißbrauchs aus dem Amt zu entfernen. Er hatte den Verdacht, daß die Ressentiments gegen Präsidentin Alton noch stärker seien, da die Militärpolizei dazu mißbraucht wurde, amerikanische Bürger ohne Rechtsbeistand und Anklage zusammenzutreiben und festzunehmen. Gorman hatte alle Mühe, Abbott davon abzuhalten, das Weiße Haus zu stürmen und Mrs. Alton und ihrer Horde von Stiefelleckern entgegenzutreten.

Gorman hatte einigen Gegenwind aus dem Weißen Haus bekommen, nachdem er der Ausrufung des Kriegsrechts durch Präsidentin Alton heftig widersprochen hatte. Offensichtlich gab es in

Kalifornien Probleme mit Banditen und Drogenhändlern, aber nichts rechtfertigte die Aussetzung der Bürgerrechte für die allgemeine Öffentlichkeit. Überdies waren seit der Ausrufung des Kriegsrechts seine Truppen mehr damit beschäftigt, die sogenannten »Terroristen« festzunehmen und abzutransportieren, als damit, die Verbrechenswellen zu stoppen. Jetzt lagen ihm Berichte vor, wonach lokale Einheiten angewiesen worden waren, Frauen und Kinder von Mitgliedern des *Constitutional Rights Committee* zu ergreifen und festzuhalten, um ihre Männer und Väter aus ihren Verstecken hervorzulocken.

Letzten Endes werden wir eine Revolte haben, dachte Gorman. *Viele von den Festgenommenen sind Freunde und Verwandte von Soldaten. Irgendwann werden sie sich alles zusammenreimen. Dann aber aufgepaßt! In China gehorchen die Soldaten vielleicht blind, aber nicht in Amerika.*

»Ich werde für heute eine Besprechung mit der Präsidentin vereinbaren«, antwortete Gorman auf Abbotts Bemerkung. »Ich werde ihr sagen, daß der Kommandostab mit dem Verhalten Israels nicht einverstanden ist und daß wir dringend empfehlen, Israel möge das konfiszierte Öl zurückgeben und so diese Situation entschärfen. Ich werde deutlich machen, daß wir es nicht zulassen werden, daß Israel Atomwaffen einsetzt – unter Androhung eines Rückschlags der USA. Sind wir uns einig, Gentlemen?«

Einstimmig signalisierten die Mitglieder ihr Einverständnis. Die meisten von ihnen hatten geglaubt, das Verhalten der Israelis sei darauf ausgerichtet, ihnen eine bessere Verhandlungsposition für das Öl zu verschaffen, das ihr Land benötigte. Bis die Chinesen tatsächlich damit begannen, ihre Truppen nach Afghanistan zu verlagern, waren sie alle davon ausgegangen, daß es zu echten Verhandlungen kommen werde. Doch als Israel sich unnachgiebig zeigte, erkannten sie, daß ein Konflikt unvermeidlich war, wenn die USA nicht schnell handelte. Präsidentin Alton schien zu zögern. Doch angesichts dieses möglichen Holocausts war Zögern keine Option.

General Gorman verbrachte mehrere frustrierende Stunden mit dem Versuch, einen Termin bei Präsidentin Alton zu erhalten. Jeder Anruf erbrachte die gleiche Antwort ihrer Sekretärin: »Es tut mir leid, General Gorman, die Präsidentin befindet sich in einer geschlossenen Sondersitzung mit dem Kabinett und Mitgliedern des Kongresses. Sie hat Ihre Nachricht erhalten, und ich bin sicher, sie wird Sie so bald wie möglich empfangen.« Gorman war wütend. Er war lange genug in Washington, um zu wissen, wann jemand versuchte, ihn hinzuhalten. *Aber warum?* fragte er sich. *Haben wir hier wieder einmal einen Nero, der fiedelt, während Rom brennt?*

Was er nicht wußte, aber bald erfahren würde, war, daß Präsidentin Alton ganz andere Pläne hatte; Pläne, in denen der Kommandostab oder sein Vorsitzender nicht vorkamen. Sie konferierte nicht mit dem Kabinett, sondern mit einer einzigen Person – Amir Hussein.

»Ist alles bereit?« fragte Hussein Kathy Alton beim Essen im Blauen Zimmer.

»Ja, Sir«, erwiderte sie zufrieden. »Morgen werde ich Sie zum Sonderbeauftragten ernennen, um über die Israel-Krise zu verhandeln. Rechnen Sie mit irgendwelchen Schwierigkeiten von seiten der Juden?«

»Natürlich«, sagte der dunkelhäutige Mann in einem Ton, als ginge es um den Kauf einer Firma. »Die Juden sind immer ein Problem. Sie werden mir versiegelte Anweisungen mitgeben, die mich nötigenfalls zum Einsatz von Atomwaffen bevollmächtigen. Aber wir müssen noch warten, bis sich dieser Konflikt zwischen China und Israel noch weiter anheizt. Die ganze Welt muß bedroht sein. Erst dann wird man Israel als die Gefahr erkennen, die es ist. Die Hure muß zusammen mit den Christen ausgerottet werden.«

»Das wird sie«, versprach Mrs. Alton ihrem Gönner. »Aber wir bekommen vielleicht ein paar Probleme mit dem Militär. General Gorman hat mich bereits wegen der Festnahme so vieler Amerikaner aufgesucht. Jetzt will er mich sofort sprechen, um darauf zu dringen, daß wir Israel entgegentreten.«

Husseins Augen verengten sich. »Nichts darf die Einkreisung der Christen aufhalten! Verstehen Sie? Sie stellen die einzige echte Bedrohung für meine Macht dar. Wir werden bald damit beginnen, sie zu eliminieren. Die Juden werden der Schlüssel zur Konsolidierung unserer Macht sein. Sie haben sich bereits verhaßt gemacht. Diesen Haß werden wir nutzen. Wir werden auch sie vernichten, ein für allemal. Nichts darf sich uns in den Weg stellen. Die Zeit ist da. Ich werde siegen.«

Kathy Alton hatte Angst. Sie hatte sich als junge Frau der Bruderschaft verschworen, aber bis jetzt hatte sie nie wirklich verstanden, wie sie über die Welt herrschen könnte. »Ich werde tun, wie Sie befehlen, Herr«, erwiderte sie. Sie war die Präsidentin der mächtigsten Nation, die je existiert hatte, und doch duckte sie sich vor einem einzigen, kleinen Mann.

»Ich bin nur der Diener des Fürsten«, sagte er, als er in ihre Augen blickte. In ihnen sah er, was er sehen wollte: Furcht und völlige Hingabe. »Der Fürst der Finsternis wird über die Welt herrschen, wenn die Christen verschwunden sind. Wir werden diese erbärmliche Bande kriechender Spinner beseitigen, die Jesus ihren Herrn nennen. Der Fürst wird Herr sein. Dieses Königreich wird uns gehören!«

Kapitel 19

Die Doomsday-Waffe

Die israelische Knesset hat viel Ähnlichkeit mit dem britischen Parlament. Sie ist ein gesetzgebendes Gremium aus gewählten Mitgliedern und stellt ein Gegengewicht zur Macht des israelischen Ministerpräsidenten dar, zumindest in der Theorie. In der Praxis war die Knesset zur herrschenden Macht im Lande geworden, da die beiden größten konkurrierenden Parteien sich unter der Führung der Zionisten praktisch vereinigt hatten. Sie nannten sich selbst »Zeloten«.

Unter der totalen Führung von Rabbi Moshi Amitt diktierten die Zeloten die Regierungspolitik, anstatt sie zu befürworten oder abzulehnen. Jeder öffentliche Beamte, einschließlich des Ministerpräsidenten, der den Zeloten öffentlich entgegentrat, wurde sofort einem Mißtrauensvotum unterzogen und abgesetzt.

An diese Gruppe und diese Mentalität richtete Ministerpräsident Jacob Estine seinen verzweifelten Appell.

Er stand am Rednerpult und sprach zu den etwas mehr als hundert Männern, von denen die Mehrheit die scharlachroten und schwarzen Roben der Zeloten trug.

»Sie Narren! Sie treiben uns in einen Krieg, den wir nicht gewinnen können. Selbst wenn wir bereit wären, gegen die Chinesen Atomwaffen einzusetzen, könnten wir sie nicht alle töten. Sie haben zwei Milliarden Menschen. Wenn auch nur hundert Millionen überleben, haben sie immer noch zwanzig Mal so viele wie wir. Sind Sie bereit, eine Milliarde Menschen zu töten?«

»Wenn es uns hilft, unsere Bestimmung zu erfüllen«, prahlte Moshi Amitt. »Aber sie werden gar nicht erst angreifen, wenn Sie ihnen von der Doomsday-Waffe erzählen.«

»Sie Narren!« schrie Estine den versammelten Männern erneut entgegen. »Wir haben die Wirkung der Kobaltbombe gründlich überprüft. Sie ist eine Waffe, die wir niemals einsetzen dürfen. Sie würde den ganzen Planeten verseuchen, auf dem wir leben, falls sie nicht von vornherein die Erde vernichten würde.«

»Ich habe gehört, daß die Wirkung dieser Waffe größer ist als die der größten Wasserstoffbombe. Ist das richtig?« fragte Amitt selbstgefällig.

»Theoretisch ja«, erwiderte Estine. »Aber sie könnte darüber hinaus eine Kettenreaktion auslösen, durch die die Erdatmosphäre verbrennen würde. Wir haben die technischen Grundlagen in Erfahrung gebracht, nachdem die Amerikaner in den sechziger Jahren das Projekt aufgegeben hatten. Dr. Heinz sagte damals, dies sei eine Waffe, die die Menschheit nicht beherrschen könne.«

Die anderen Mitglieder der Knesset schauten Amitt an. Offensichtlich waren sie nicht über alle Fakten unterrichtet worden. »Wie stark ist diese Bombe genau, Herr Ministerpräsident?« fragte eines der Mitglieder.

»Wir können nur ihre Sprengkraft berechnen. Nach den Computersimulationen dürfte sie eine Sprengkraft von ein bis zwei Gigatonnen haben.«

»Könnten Sie das erläutern?« sagte der bärtige Rabbi.

»Eine Gigatonne entspricht der Sprengkraft von einer Milliarde Tonnen TNT. Zum Vergleich: Die größte Wasserstoffbombe, die je gebaut wurde, hatte eine Sprengkraft von ungefähr hundert Millionen Tonnen TNT.«

Ein Murmeln ging durch den Saal, als die Abgeordneten sich die gewaltige Vernichtungskraft der Waffe vergegenwärtigten, die Amitt einsetzen wollte.

»Aber das ist doch gerade das Schöne an dieser Waffe«, sagte Amitt zu seinen Kollegen. »Sie ist so verheerend, daß es niemand wagen wird, sich uns entgegenzustellen, solange wir sie haben.« Amitt verschwieg, daß sein Plan eine »Demonstration« der Doomsday-Waffe vorsah.

»Aber was ist, wenn wir nicht die einzigen sind, die sie haben?« rief Verteidigungsminister Levi Klein von hinten. Er hatte den Saal unbemerkt betreten. »Oder was ist, wenn wir zwar die Chinesen damit in die Knie zwingen, aber andere zu dem Schluß kommen, wir seien zu gefährlich, und ihre eigene Kobaltbombe entwickeln? Und was ist, wenn die Bombe eine Kettenreaktion auslöst, die die Erde in der Mitte auseinanderbrechen läßt?«

»Sie sind hier nicht zugelassen«, schrie Amitt den Verteidigungsminister an. »Diese Sitzung ist nur für die Mitglieder der Knesset.«

»Ich habe Levi zur Teilnahme eingeladen«, erwiderte Estine. »Er kann am besten die militärischen Verwicklungen abschätzen, vor denen wir stehen. Ich bitte darum, ihn fortfahren zu lassen.«

»Nein!« rief Amitt laut. »Es ist nicht gestattet!«

Die anderen Abgeordneten begannen ihr traditionelles Klopfen auf den Tischen, mit dem sie ihre Mißbilligung gegenüber Amitts Verhalten ausdrückten. Er sah sich überstimmt und setzte sich wieder hin, während Levi Klein sich dem Podium näherte.

»Verehrte Älteste«, begann er, »wie Sie wissen, habe ich mein

Leben dem Dienst für mein Land gewidmet. Ich habe seine Kriege mit Eifer geführt, denn es waren gerechte Kriege. Doch das, was wir jetzt planen, ist unheilig, und ...«

Amitt unterbrach ihn. »Gott entscheidet, was heilig ist!« Er wußte, daß Klein seine wohlvorbereiteten Pläne durcheinanderbringen konnte, wenn die Knesset auf ihn hörte. Seine Anweisungen von der Bruderschaft waren klar. Israel sollte die Welt an den Rand eines Krieges bringen und dann unter Amitts Führung eine Einigung aushandeln. Wenn dann das System einer einheitlichen Weltregierung unwiderruflich aufgerichtet war, würde Moshi Amitt darin eine der Spitzenpositionen einnehmen.

Damit die unabhängigen Nationen der Welt eine einheitliche Weltregierung akzeptierten, war es, wie die Bruderschaft wußte, notwendig, sie in ihrer Existenz zu bedrohen. Da jedoch die Bedrohung eines Atomkrieges durch einen Abrüstungsvertrag zwischen den USA und Rußland praktisch verschwunden war, hatten die Menschen begonnen, ruhig zu schlafen und zu glauben, der Friede sei gesichert. Die Kobaltbombe würde aufs Neue ein Ungleichgewicht und eine weltweite Panik erzeugen, ebenso wie es die Wasserstoffbombe im zwanzigsten Jahrhundert getan hatte. Ein Führer von enormer Überzeugungskraft und Macht würde auftreten müssen, um die Welt zusammenzuschweißen.

»Ja, Gott entscheidet, was heilig ist«, stimmte Klein zu, »aber Sie wollen für uns alle auslegen, was Gottes Wille sei. Ich frage mich, ob die Milliarde Menschen, die Sie töten wollen, ebenso denken.«

»Wenn Sie nicht den Mut haben, Israel zu verteidigen, ist es vielleicht Zeit, daß Sie zurücktreten!« rief Amitt herausfordernd. »Wir haben das Recht, jede Waffe einzusetzen, die zu unserer Verfügung steht.«

»Wer hat uns dieses Recht gegeben?« fragte Klein grimmig.

»Gott hat uns dieses Recht gegeben!« gab Amitt zurück. »Diese Nation ist sein, und die Juden sind sein Volk.«

»Dann streite Gott für uns«, beschwor Klein die Versammlung. »Aber lassen wir nicht diesen Dämon aus der Hölle auf unschuldige Menschen los – nicht um des Öls willen.«

Amitt spürte, wie die Gruppe ihm zu entgleiten drohte. »Sie begreifen offenbar nicht. Es geht hier nicht um Öl. Es geht um unser Recht, die Welt zu führen. Wenn wir die Ungläubigen erst einmal vernichtet haben, wird die Welt wissen, daß Israel Gottes Werkzeug ist.« Langsam begann einer der Abgeordneten zu klatschen, dann ein zweiter, und dann noch weitere, bis die Mehrheit der Zeloten ihre Übereinstimmung mit Amitt signalisierte. Amitt neigte den Kopf und hob die Arme zum Himmel empor.

Klein setzte sich neben Jacob Estine. Er fühlte sich, als wäre er hundert Jahre alt. Sie waren geschlagen, und er wußte es. Was konnte man jemandem entgegensetzen, der von sich behauptete, im Auftrag Gottes zu handeln? Er hatte gesehen, wie Leute geschlagen und gesteinigt wurden, weil sie am Sabbat mit dem Auto fuhren oder am Freitag ihre Kleider wuschen und sie nach Sonnenuntergang noch auf der Leine hängen ließen. Jetzt sah er klarer, welcher Eifer diejenigen getrieben hatte, die vor zwanzig Jahrhunderten Christus ans Kreuz gebracht hatten. Jeder, der sich ihrer Gesetzlichkeit nicht fügte, galt ihnen als Ungläubiger. Für das Recht, über die Welt zu herrschen, waren diese Männer bereit, sie zu zerstören. *Gott bewahre uns vor Leuten, die selbst Gott sein wollen,* dachte er.

»Allen, ich habe gerade einen Bericht von Andrea in Jerusalem erhalten, daß Moshi Amitt sich wegen der Krise mit Japan und China an die Nation wenden wird. Die Ansprache müßte jeden Augenblick per Satellit durchkommen.«

»Warum Amitt?« fragte Allen White, der Chef der Nachrichtenredaktion bei WNN. »Warum nicht Ministerpräsident Estine?«

»Ich weiß es nicht. Andrea sagte, Amitt sei de facto der Führer der Knesset. Vielleicht hat er die Regierung übernommen.«

»Schalten sie den Bildschirm ein«, wies White seinen Techniker an. »Unterbrechen Sie die Nachrichtenübertragung und blenden Sie Andrea ein. Wir bringen das live. Wer weiß, vielleicht werden die Juden nachgeben.«

Aber wetten würde ich nicht darauf, sagte er zu sich selbst. Sein letzter Besuch in Israel war ein Alptraum gewesen. *Die religiösen Zeloten in Israel sind genauso schlimm wie seinerzeit der Ayatollah im Iran. Der Ayatollah behauptete, im Auftrag Allahs zu handeln, und die Zeloten behaupten, im Auftrag Jahwes zu handeln.*

»Die Einblendung ist drin, Chef. Andrea steht bereit.«

»Okay, dann spielen Sie sie ein.«

»Hier ist Andrea Bernstein aus Jerusalem. Rabbi Moshi Amitt, Führer der israelischen Knesset, wendet sich im Zusammenhang mit der Krise mit China und Japan in einer Ansprache an das jüdische Volk.«

Der Kameramann hielt zunächst auf Andrea Bernsteins beeindruckend schönes Gesicht, und dann überblendete der Regisseur zu der Kamera im israelischen Parlamentssaal.

Auf dem Bildschirm erschien das Gesicht von Moshi Amitt. Hinter ihm sah man das gesamte israelische Parlament. Für die amerikanischen Zuschauer von WNN übersetzte ein Dolmetscher aus dem Hebräischen ins Englische.

»Ich wiederhole es noch einmal: Israel sucht nicht den Konflikt«, verkündete Amitt und wedelte dramatisch mit den Armen. »Wir wollen Frieden. Aber wir lassen uns von niemandem einschüchtern. Es ist unser Recht, die Quellen auszuschöpfen, die Gott uns gegeben hat, einschließlich der Ölreserven, die nun in unserem Lande lagern. Wir werden mit jedem Land über den Verkauf dieser Vorräte verhandeln, aber wir lassen uns nicht erpressen.

Die Republik China hat vor unseren Grenzen eine Armee aufgeboten, mit der ausdrücklichen Absicht, in unser Land einzumarschieren – es ›von der Landkarte zu radieren‹, um Präsident Chang zu zitieren. Wir haben sowohl die Entschlossenheit als auch die Fähigkeit, uns gegen jeglichen Feind zur Wehr zu setzen, selbst gegen eine Armee von einer Million Ungläubigen.

Auf Anweisung der Knesset rüstet das israelische Militär zur Stunde unsere SX-14-Rakten mit Waffen aus, die so wirkungsvoll sind, daß sie ein Gebiet von hundert Quadratmeilen verwüsten können. Wir haben nicht den Wunsch, diese Waffen einzusetzen. Sollte jedoch China seine Truppen nicht aus allen an Israel angrenzenden Territorien zurückziehen, bliebe uns keine Alternative.

Jedes Vorrücken dieser Streitkräfte auf israelisches Gebiet stellt einen kriegerischen Akt dar, und wir werden entsprechend darauf reagieren.«

Noch während Amitt sprach, wählte Allen White die Nummer seines langjährigen Freundes Oberst Bob Robbins im Pentagon in Washington.

Der Raketen- und Artillerieexperte der Luftwaffe beugte sich über seinen Schreibtisch und nahm den Hörer ab. »Hier Oberst Robbins.«

»Bob, hier ist Allen. Hast du dir die Nachrichten angesehen?«

»Nee. Ich war zu beschäftigt damit, Papiere hin und her zu schieben, um meine Stellung zu rechtfertigen«, erwiderte Robbins sarkastisch, während er einen Stapel mit Materialbeschaffungsanträgen weiter zur Seite schob. Er wußte ohnehin, daß sie keine Aussicht auf Erfolg hatten, jedenfalls nicht, solange die Regierung auf Sparflamme kochte.

»Bob, das Oberhaupt der israelischen Knesset, Moshi Amitt, spricht zur Stunde vor dem Parlament über die in Afghanistan stationierten chinesischen Truppen.«

»Ja, ich möchte auch nicht gerade in Israel sein, wenn eine Million schreiender Chinesen über die Grenze gestürmt kommen. Sie werden über die Juden herfallen wie Sitting Bull über Custer.«

»Hör zu, Bob, Amitt behauptet, Israel habe eine Bombe, die hundert Quadratmeilen verwüsten könne, und Israel sei bereit, sie gegen die Chinesen einzusetzen. Weißt du irgend etwas darüber?«

»Mein Gott!« rief Robbins, sprang auf die Füße und marschierte so weit durch den Raum, wie es das Telefonkabel zuließ. »Das ist die Kobaltbombe.«

»Was genau ist die Kobaltbombe?« fragte White, während er den Kassettenrekorder einschaltete. Er bemühte sich, seine Stimme unter Kontrolle zu halten. Er wollte seinen Kontaktmann nicht verschrecken.

»Das muß aber ganz unter uns bleiben, okay, Allen?«

»Absolut«, log White, während er seinem Techniker bedeutete, das eingehende Signal zu testen. Dieses Interview wollte er sich nicht entgehen lassen, selbst wenn es ihnen einen wertvollen Kontakt und einen guten Freund kostete.

»Die Kobaltbombe wurde damals entwickelt, als Dr. Howard Tolls das amerikanische Atomwaffenprojekt leitete. Du erinnerst dich bestimmt, daß Tolls an der Entwicklung der Wasserstoffbombe mitwirkte und sich später wegen ihrer hohen Vernichtungskraft dagegen aussprach, unsere Raketen damit zu bestücken.«

»Ja, ich erinnere mich. Er wurde schließlich wegen seiner politischen Ansichten aus dem Projekt entlassen, nicht wahr?«

Oberst Robbins lehnte sich in seinem Sessel zurück, bevor er antwortete. »Offiziell ja.« Robbins dachte zurück an die Zeit, als er Tolls gegen die Anwendung der Wasserstoffbombentechnik argumentieren gehört hatte. »Der Präsident war dafür, alle Waffen, die zu seiner Verfügung standen, auch einsatzbereit zu machen. Nachdem die USA die alliierten Truppen im Zweiten Weltkrieg angeführt hatten, glaubte er, die Wasserstoffbombe würde die Russen zum Nachgeben zwingen. Tolls wandte ein, der Einsatz von Wasserstoffbomben würde die ganze Erde so verseuchen, daß sie unbewohnbar würde.

Als die Kobaltbombe anvisiert wurde, sprach sich Tolls dagegen aus. Kobalt sei das Gewebe unserer subatomaren Struktur, argumentierte er, und es könne eine Fusionsreaktion auslösen, die die ganze Erde vernichten würde.«

»Hat nicht das Manhattan-Team dasselbe Argument gegen den ersten Atombombentest ins Feld geführt?« fragte White.

»Ja. Aber du mußt bedenken, daß damals noch wenig echte Fakten bekannt waren, von denen man ausgehen konnte. Als später einige derselben Wissenschaftler gegen die Wasserstoffbombe argumentierten, war es Tolls, der die Berechnungen lieferte, die zeigten, daß eine anhaltende Reaktion in der Atmosphäre zwar theoretisch möglich, aber höchst unwahrscheinlich sei. Seine Berechnungen erwiesen sich als korrekt. Tolls berechnete auch, daß eine Kobaltbombe mit fünfzigprozentiger Wahrscheinlichkeit eine spontane Reaktion in der Atmosphäre auslösen würde.«

»Und das bedeutet?« fragte White mit einem Blick zu seinem Tontechniker, der ihm einen nach oben gerichteten Daumen zeigte. Das Interview wurde mit Verzögerung ausgestrahlt und mit Bildern von den ersten Atomexplosionen unterlegt.

»Eine Kobaltbombe mit einer Sprengkraft von einer Gigatonne – also einer Milliarde Tonnen«, erklärte Robbins, »könnte durchaus die Welt in Brand setzen und die Luft, die wir atmen, verpuffen lassen. Dann hätte man sozusagen den Krieg gewonnen, aber die Welt verloren.«

»Könnten die Israelis eine Kobaltbombe haben«, fragte White. Plötzlich wurde ihm klar, daß er die echte »Zeitbombe« entdeckt hatte, von der jeder Journalist träumt.

»Es ist sehr wahrscheinlich, daß sie über die technischen Möglichkeiten verfügen«, antwortete Robbins mit finsterem Gesicht. »Schließlich haben die Juden seit langem den innersten Kreis der Atomtechnik dominiert. Aber ich kann nicht glauben, daß vernunftbegabte menschliche Wesen die Kobaltbombe gegen ein anderes Land einsetzen würden. Sie ist vermutlich die schmutzigste Bombe, die je erfunden wurde.«

»Mit schmutzig meinst du den radioaktiven Niederschlag?« fragte White und gab seinem Nachrichtensprecher ein Zeichen, der bereits einen Kommentar vorbereitete, in dem er Israels Handeln verdammte.

»Ja«, antwortete Robbins. »Eine einzige Kobaltbombe könnte ein Gebiet von der Größe Georgias für Tausende von Jahren unbewohnbar machen. Das heißt, falls sie uns nicht ohnehin alle umbringen würde.«

»Okay, vielen Dank, mein Lieber«, sagte White und gab dem Techniker ein Zeichen, die Aufzeichnung zu beenden.

Robbins wußte, daß er zuviel gesagt hatte. In fast flehendem Ton bat er: »Bitte verwende keine wörtlichen Zitate. Das ganze Projekt ist immer noch als streng geheim eingestuft.«

»Klar«, log White. Es war ihm zuwider, einen Freund übers Ohr zu hauen; *aber so ist nun einmal das Leben eines Reporters,* dachte er. *Außerdem läßt es sich jetzt sowieso nicht mehr ändern.*

Zehn Minuten später eskortierten Agenten des FBI und des Nationalen Sicherheitsdienstes Oberst Robert Robbins aus seinem Büro im Pentagon.

Als die Nachrichtensender das Interview von WNN wiederholten, zeigte sich sofort eine Verschiebung in den Meinungsumfragen. Über sechzig Prozent der Amerikaner sprachen sich dagegen aus, daß Israel weiterhin von den Vereinigten Staaten unterstützt wurde, und fünfzig Prozent waren für ein militärisches Vorgehen gegen Israel, um es am Einsatz der Kobaltbombe zu hindern. Die öffentliche Meinung wandte sich deutlich gegen Israel.

Das Timing der Übertragung aus Israel hätte nicht besser sein können, wenn es choreographiert gewesen wäre. Für den Nachmittag des gleichen Tages war bereits eine Pressekonferenz mit Präsidentin Alton angesetzt. Cal Rutland verlegte sie einfach vor, so daß sie unmittelbar nach der Ausstrahlung des WNN-Interviews mit Whites Kontaktmann im Pentagon übertragen werden konnte.

Auf der Konferenz gab Präsidentin Alton bekannt, daß sie Amir Hussein, einen erfolgreichen Geschäftsmann und naturalisierten US-Bürger aus Israel, zum Sonderbeauftragten für Verhandlungen mit der israelischen Knesset ernannt habe. Die amerikanischen und europäischen Medien berichteten über Massendemonstrationen gegen Israel. In Europa blühte der Antisemitismus auf, und die Geschäfte von Tausenden jüdischer Kaufleute wurden geplündert.

Amir Hussein stand neben Präsidentin Alton im Oval Office, als sie seine Ernennung bekanntgab. Im Interesse der Sicherheit war nur je ein Vertreter der verschiedenen Medien zugelassen. Kaum war die Bekanntgabe erfolgt, begannen die Sender nach mehr Informationen über den jüdischen US-Immigranten zu rufen, dem so eine entscheidende Rolle für die Zukunft der Welt übertragen wurde. Sorgfältig vorbereitete Informationspakete wurden verteilt, aus denen Husseins Qualifikationen und sein Hintergrund hervorgingen. Was nicht darin stand, war, daß alle offiziellen Unterlagen geändert worden waren, so daß sie mit dem übereinstimmten, was in den Paketen behauptet wurde. Amir Hussein erschien darin als ein Geschäftsmann, der nach dem Krieg von 1996 entscheidend dazu beigetragen hatte, eine Allianz zwischen den USA und den Israelis zu bilden, die auch die Araber zufriedenstellte.

Berichte, die aus dem Nahen Osten eingingen, ließen Hussein wie den größten Unterhändler seit Dwight Eisenhower dastehen. Angesichts der gespannten Lage in Israel wurde Hussein von den weniger radikalen Fraktionen dort begrüßt. Nur Moshi Amitt als Repräsentant der Zeloten sprach sich heftig gegen das Kommen des US-Gesandten in den Nahen Osten aus. Er sah, wie es seine Position unterminieren würde, wenn es einem anderen Juden, auch wenn es nur ein Halbjude war, gelang, die Krise zu entschärfen. Von Husseins wahrer Identität hatte er nicht die leiseste Ahnung. Amitt traf eine verzweifelte Entscheidung: Er würde die Raketen gegen China so bald wie möglich starten lassen. Israel würde den Krieg gewinnen und über die Welt herrschen. Und er würde über Israel herrschen.

Die Chinesen setzten ihren Truppenaufmarsch in Afghanistan fort. Täglich trafen neue Bodentruppen ein, bis die Anzahl der Bewaffneten auf fast zwei Millionen geschätzt wurde. Ohne schwere Artillerie stellten sie wenig mehr als eine Machtdemonstration dar, um die Israelis einzuschüchtern. Doch mit der schweren Ausrüstung, die per Bahn unterwegs war, würden die Chinesen innerhalb von zwei Wochen in der Lage sein, eine volle Invasionsoffensive durchzuführen. Es ging sogar das Gerücht, daß Deutschland, das dringend auf japanisches Kapital angewiesen war, ägyptische Raketen mit Atomsprengköpfen ausrüstete. Diese Waffen sollten dazu dienen, nötigenfalls das israelische Atomarsenal zu neutralisieren und die Israelis zum Verhandeln zu zwingen.

Die Israelis wurden von allen Seiten eingekesselt, und wie ein in die Enge getriebenes Tier waren sie am gefährlichsten, wenn sie mit dem Rücken zur Wand standen.

In der ganzen Welt nahm der Antisemitismus zu. In Europa stand jeder Mensch jüdischer Herkunft in Gefahr, geplündert, zusammengeschlagen oder gar getötet zu werden. In Amerika, dem ältesten Verbündeten Israels, wurden jüdische Kaufleute mit derselben Wut angegriffen, die sich nach der Ermordung des Präsidenten gegen die Christen gerichtet hatte.

Selbst innerhalb der israelischen Armee war die Empörung gegen die Knesset groß. Mehrere höchstrangige Offiziere des Militärs folgten dem Beispiel von Estine und Klein und traten zurück. Diese Männer und Frauen, die Israel im Krieg gegen die Araber so geschickt geführt hatten, besaßen das Vertrauen der Truppen. Doch in Amitt und die anderen religiösen Führer, die jetzt die Macht im Lande in Händen hielten, setzte der durchschnittliche israelische Soldat kein Vertrauen. Die Fünfte Division der israelischen Armee weigerte sich schlicht, den Marschbefehl an die irakische Grenze zu befolgen. Mehrere der Offiziere, die den »Streik« anführten, wurden auf Befehl der Knesset verhaftet, verurteilt und hingerichtet. Aus Protest dagegen verweigerten drei weitere Divisionen den Befehl. Da nun die Stimmung militanter geworden war, forderten sie die Führer heraus und bildeten schwerbewaffnete und kampfbereite Verteidigungsgruppen.

Die Unterstützung für Amitt innerhalb Israels nahm rasch ab. Was er nicht ahnte, war, daß die Bewegung gegen Israel von der Bruderschaft gründlich organisiert und geplant war. Israel war ein Bauer in dem Schachspiel, das auf dem weltweiten Brett gespielt werden sollte, und die Bruderschaft hatte vor, beide Seiten dieses Spiels zu kontrollieren.

Kapitel 20

DIE BOMBE

Es kam der Tag, an dem Moshi Amitt den neuen Gesandten Washingtons empfangen sollte. Seine Informanten hatten ihn gewarnt, daß Hussein niemand sei, den man auf die leichte Schulter nehmen dürfe; er verfüge über ungeheure Macht innerhalb der Regierungen Amerikas wie auch der arabischen Länder. *Nun*, sagte sich Moshi Amitt, *auch ich habe Macht – vielleicht mehr als irgendein lebender Mensch. Ich habe die Doomsday-Bombe.*

Sechs israelische SX-14-Raketen waren mit den einzigen sechs Kobaltbomben bestückt worden, die je montiert worden waren. Es war für den Mossad, die gefürchtetste Geheimpolizei der Welt, vor fast zwanzig Jahren keine leichte Aufgabe gewesen, die Komponenten aus dem amerikanischen Arsenal zu stehlen. Zuerst hatten die Amerikaner gefürchtet, die Waffen seien von Terroristen gestohlen worden, doch als die Bomben nie wieder auftauchten, blieb das Geheimnis verschlossen.

Jetzt hatte Israel die Bomben, und Amitt beabsichtigte, sie einzusetzen. Nach den beiden, die er für die Chinesen und die Iraker vorgesehen hatte, würde er die verbleibenden vier Raketen verwenden, um dem Rest der Welt seine Bedingungen zu diktieren. Seine Bedingungen würden einfach genug sein: Alle Araber waren nach Europa und Amerika umzusiedeln. Der Nahe Osten würde wieder das Land der Juden sein. Und er, Moshi Amitt, würde der Führer der Juden sein.

Im Büro von Levi Klein, dem früheren Verteidigungsminister, war hastig eine Sitzung einberufen worden, um sich mit der jüngsten Krisensituation Israels zu befassen.

»General Klein, ist Ihnen klar, daß auf Amitts Befehl die sechs Kobaltbomben auf unsere neuesten SX-14-Raketen montiert worden sind?« Jerome Facimadi, der Bezirksleiter des Mossad, schrie beinahe.

»Ich habe es mir gedacht«, sagte Klein müde. »Er ist besessen von Machtrausch und Selbstgerechtigkeit. Er würde eine Milliarde unschuldiger Menschen töten, um seine wahnsinnigen Ziele zu erreichen.«

»Wir müssen ihn stoppen!« verlangte Facimadi.

»Dann lassen Sie ihn vom Mossad töten«, sagte Klein wütend, während er sich ein weiteres Glas Wein einschenkte. »Ich kann jetzt nichts mehr tun.« Er nippte an dem Rotwein und bemerkte: »Die Weinberge in der Wüste bringen die besten Weine hervor. Wenigstens etwas Lohnendes haben die Wunder der modernen Wissenschaft zustande gebracht. Die Wüste blüht wieder.«

»Sie wissen, daß wir Amitt nicht töten können«, erwiderte Facimadi in gedämpfterem Ton. »Er ist für Millionen von Juden ein heiliger Mann. Es gäbe einen tiefen Riß quer durch unser Land.

»Dann lassen Sie ihn seine Bomben starten«, murmelte Klein, setzte sein Glas ab und ließ sich müde in seinem Sessel zurücksinken. »Vielleicht wird Israel ja tatsächlich über die Welt herrschen, wie er sagt.«

»Oder vielleicht wird Israel die Welt vernichten«, entgegnete Facimadi.

»Was ist mit diesem Hussein?« fragte Klein, während er den Bericht des Mossad studierte. »Kann er uns nützlich sein?«

»Die antiamerikanische Stimmung ist zur Zeit sehr stark«, erwiderte Facimadi finster. »Es wird berichtet, daß überall in Amerika die Juden zusammengetrieben werden.«

»Ich dachte, es wären die Christen, die zusammengetrieben werden«, sagte Klein überrascht und beugte sich vor. Was er für sein Volk am meisten fürchtete, waren weltweite antijüdische Unruhen.

»Mit den Christen fing es an, aber jetzt verhaften sie auch alle Juden.«

»Ah, es war akzeptabel, solange jemand anderes betroffen war«, sagte Klein angeekelt. »Genau wie in Deutschland unter Hitler. Wir Juden lernen nie aus unseren Fehlern, nicht wahr? Die Juden stehen immer auf der Liste. Manchmal an erster, manchmal an zweiter Stelle, aber auf der Liste stehen sie immer.«

Facimadi runzelte die Stirn. Die Bemerkung seines Freundes war zu treffend, als daß er etwas dagegen hätte einwenden können.

»Reden Sie mit diesem Hussein. Vielleicht ist er in der Lage, uns mit Amitt zu helfen – obwohl ich fürchte, daß Amitt trunken ist von dem Wein der Macht, und daß nichts außer dem Tod ihn aufhalten kann.«

Zur gleichen Zeit, als die beiden führenden Männer Israels ihre Möglichkeiten sondierten, traf Amir Hussein mit Moshi Amitt zusammen. Hussein war nicht auf einen Kompromiß mit Amitt aus.

Genau das Gegenteil war der Fall. Sein Plan sah vor, daß der jüdische Zelot alle Optionen außer der Gewalt zurückwies.

Die erste Begegnung mit Amitt verlief besser, als Hussein sich erhofft hatte. Seine Leute in der Bruderschaft hatten mit Amitt eine sehr gute Wahl getroffen. Er war besessen von Macht und faßte Husseins Forderungen als Affront gegen seine Stellung auf.

Hussein hatte verlangt, daß Israel das von den Saudis genommene Öl herausgab und die Kobaltbomben demontierte. »Falls Sie das nicht tun«, hatte er gesagt, »müssen Sie mit einer sofortigen Vergeltung seitens der Vereinigten Staaten rechnen.«

Daraufhin hatte Amitt fast eine halbe Stunde lang getobt, wie er die Vereinigten Staaten demütigen würde, bis sie vor Israels Türen um das Öl betteln würden, um ihre Kinder warm zu halten. Hussein warnte den radikalen Rabbi erneut, Amerika sei durchaus in der Lage, die Kräfte Israels zu neutralisieren. An dieser Stelle war Amitt aus dem Sitzungssaal gestürmt und hatte geschrien: »Wir werden ja sehen, wer hier wen entwaffnet!!!«

Amitt eilte direkt zum Raketen-Kommandozentrum Gobi, wo die SX-14-Raketen bereitlagen. Der diensthabende Offizier war ein junger Mann, der bis zum Ausbruch der Meutereien innerhalb der israelischen Armee noch ein Hauptmann gewesen war. Seit dieser Zeit hatte er seine absolute Loyalität gegenüber der Knesset demonstriert und war vorläufig zum Oberst befördert worden. Amitt wandte sich an ihn: »Oberst Shuman, akzeptieren Sie es als Israels Bestimmung, einst über die Welt zu herrschen und die Ungläubigen zu unterwerfen, die uns unser Existenzrecht absprechen wollen?«

»Ja, Rabbi, das tue ich.«

»Dann müssen Sie sofort den Abschuß einer unserer neu bestückten SX-14-Raketen auf die ungläubige Nation der Chinesen anordnen. Können Sie das tun?«

»Ja, Rabbi«, keuchte der junge Soldat. »Aber sind Sie sicher, daß ...«

Amitt schnitt ihm das Wort ab.

»Ich bin sicher, daß Gott mir aufgetragen hat, unser Volk zu verteidigen. Ich glaube, daß die Amerikaner in diesem Moment bereits Pläne zu einem Angriff gegen Israel schmieden. Wir müssen unsere Waffen und unsere Entschlossenheit zu ihrem Einsatz demonstrieren.«

»Aber wir brauchen noch weitere Tests, Rabbi ...«

»Wir müssen sofort zuschlagen!« schrie Amitt und wedelte wild mit den Armen. »Wenn wir warten, werden die Verräter einen Weg finden, unsere Waffen zu zerstören. Selbst in unserer Armee gibt es Verräter, wie Sie wissen.«

»Ja, Rabbi, aber ich weiß nicht, ob wir schon soweit sind ...«

»Gott ist auf unserer Seite«, schrie Amitt. Sein Gesicht war so stark gerötet, daß der junge Offizier schon befürchtete, er würde einen Schlaganfall bekommen. »Er ist immer bereit. Schießen Sie die Waffe auf unsere Feinde ab! Haben Sie genug Leute, um das zu tun?«

»Ja, Rabbi«, antwortete der Oberst mit aschgrauem Gesicht. »Wir lassen gerade die Systemtests laufen. Wir müssen noch die Zündschaltkreise an den Gefechtskopf anschließen und das Fernzerstörungssystem installieren.«

»Wir haben keine Zeit, das Zerstörungssystem zu installieren. Die Rakete wird ihren Kurs halten. Machen Sie die Bombe scharf!«

»Ja, Rabbi«, sagte der junge Oberst und eilte hinaus. Ein kalter Schauder durchlief ihn, als er an die furchtbare Waffe dachte, die zu starten sie im Begriff waren. Ohne das Zerstörungssystem würde sie wahrhaftig in Gottes Hand sein, denn es gab keine Möglichkeit mehr, sie zu zerstören, sobald sie einmal ihr unterirdisches Magazin verlassen hatte.

Amitt befahl dem gesamten Bataillon von Soldaten, das die Einrichtung bewachte, den Raketenkomplex von außen abzuschirmen. Nur eine Atombombe konnte ihre Abwehr durchbrechen. Er gab dem Oberst vierundzwanzig Stunden, um die Rakete vorzubereiten. »Dann«, befahl er, »muß der Countdown beginnen.« *In genau siebenundzwanzig Stunden wird die erste Doomsday-Bombe zu den Ungläubigen unterwegs sein*, dachte er. *Und dann zu den Amerikanern ...*

Amitts Maßnahmen zur Abschirmung des Raketenkomplexes signalisierten den Beginn unwiderruflicher Ereignisse für die führenden Leute Israels, die seinem Handeln entgegentraten.

Facimadi war in das Mossad-Hauptquartier zurückgekehrt, als er Nachricht von den jüngsten Vorgängen im Gobi-Komplex erhielt. Sofort ließ er sich mit dem Büro General Kleins verbinden.

»Ja, Jerome?« sagte Klein, nachdem seine Sekretärin das Gespräch zu seinem Privathaus durchgestellt hatte. »Was gibt es jetzt?«

»Amitt ist dabei, die Bombe abzuschießen!« schrie der sonst beherrschte Mossad-Führer in die Muschel.

Klein setzte sich im Bett auf. Er wußte, daß sein Freund niemals allen Sicherheitsvorschriften zum Trotz solche Informationen über das Telefon weitergeben würde, wenn es sich nicht um eine schwere Krise handelte. Sie hatten schon viele lebensbedrohliche Situationen durchgemacht, und bisher hatte sich Facimadi immer genau an die Vorschriften gehalten.

»Erklären Sie!« befahl Klein, während er aus dem Bett hochschoß.

»Das Raketenzentrum in Gobi ist abgeriegelt; Amitt ist drinnen. Sie haben auf ihre eigene Stromversorgung umgeschaltet und jede Kommunikation mit der Außenwelt abgebrochen. Ich glaube, er wird eine Rakete abschießen!«

»Aber warum? Warum gerade jetzt?« fragte Klein ungläubig, fieberhaft nach einem Ausweg suchend. War Amitt jetzt wirklich verrückt geworden?

»Er hatte ein Treffen mit dem amerikanischen Gesandten Hussein«, erwiderte Facimadi. »Der Amerikaner sagte ihm, sein Land werde nicht zulassen, daß Israel einen Schlag gegen die Chinesen führe. Nach meinen Informationen hat Amitt daraufhin die Beherrschung verloren; er ist wirklich wahnsinnig.«

»Welche Möglichkeiten haben wir?« fragte Klein, der sich plötzlich müde bis auf die Knochen fühlte.

»Nicht viele«, antwortete Facimadi, während er die neuesten Geheimdienstberichte studierte. »Und keine davon ist gut. Wir könnten den Komplex niemals stürmen. Er ist gut bewacht und vom Boden aus praktisch unerreichbar.«

»Wie wäre es, die Rakete nach dem Start abzuschießen?« schlug Klein vor.

»Meine Leute berichten mir, daß die Bomben scharf sein werden, sobald sie gestartet sind. Es wäre möglich, daß die Kobaltbombe losgeht, wenn die Rakete während des Fluges zerstört wird.«

»Soll das heißen, daß sie die Sicherheitssysteme nicht installiert haben?« fragte Klein ungläubig.

»Offenbar nicht. Amitt hat den Start angeordnet, bevor die Sicherheitssysteme installiert werden konnten. Die einzige Sicherung werden die barometrischen Sensoren sein. Doch eine Zerstörung der Rakete könnte die Sensoren verwirren und eine Explosion auslösen.«

»Was schlagen Sie also vor, mein Freund?«

»Uns bleibt keine Wahl, als abzuwarten und zu hoffen, daß Amitt nur blufft. Wenn er versucht, eine Rakete zu starten, werde ich die Amerikaner bitten, den Komplex mit Atomwaffen zu zerstören.«

»Sie meinen, Sie wollen Bomben auf unsere eigenen Leute werfen lassen?« fragte Klein entsetzt.

»Was bleibt uns anderes übrig? Wenn wir Amitt und seine Fanatiker gewähren lassen, werden sie die ganze Welt vernichten. In Gobi wird sich der Schaden wenigstens auf ein entlegenes Gebiet beschränken.«

»Aber was ist mit der Strahlung? Sie wird Millionen Menschen töten.«

»Die Amerikaner haben Neutronenbomben in Europa. Sie haben es nie zugegeben, aber wir wissen, daß sie sie haben. Wir werden sie bitten, den Komplex mit diesen Waffen bepflastern. Zumindest dürften dabei die elektronischen Startsysteme zerstört werden.«

»Und alle Israelis innerhalb des Komplexes und diejenigen, die die Einrichtung bewachen, gehen dabei drauf?«

»Das ist leider wahr. Ich schätze die Zahl der Opfer auf zehntausend«, sagte Facimadi grimmig.

»Was bringt Sie zu der Ansicht, daß die Amerikaner zu so etwas bereit sein könnten?« fragte Klein.

»Wir haben die Presse bereits darüber informiert, was Amitt vorhat. Wir haben auch deutlich gesagt, daß die Vereinigten Staaten das nächste Ziel auf seiner Liste sind. Hussein hat mir versichert, daß die USA schnell zurückschlagen werden, anstatt sich von Amitt erpressen zu lassen.«

»Ist Ihnen klar, was das für Israel bedeutet?« fragte Klein traurig, während Visionen von den Reaktionen in der Welt in seinem Geist aufstiegen. »Wir werden kein völlig souveräner Staat mehr sein. Die Welt wird von uns verlangen, daß wir uns einer internationalen Herrschaft unterordnen.«

»Das ist immer noch besser, als zu Schlächtern der Welt zu werden«, sagte Facimadi, während er die Hand ausstreckte, um auf die Gabel zu drücken. *Vielleicht ist es Zeit zuzugeben, daß heute wir es sind, die sich zur Herrenrasse aufschwingen wollen*, dachte er, während er die Nummer wählte, unter der er den amerikanischen Gesandten erreichen konnte.

Die CIA-Berichte über die Vorgänge im Raketenkomplex Gobi liefen im Verteidigungsministerium ein und wurden sofort an das Büro von Präsidentin Alton weitergeleitet, wo deren Pressesekretärin Mary Foust letzte Hand an eine Presseerklärung über die israelische Bedrohung Amerikas legte. In ihrer improvisierten Pressekonferenz betonte die Präsidentin, ihr Sonderbotschafter Amir Hussein habe alles Menschenmögliche getan, um die israelische Regierung davon zu überzeugen, die sogenannten Doomsday-Bomben zu entschärfen und sich um eine friedliche Lösung ihres Konflikts mit den Chinesen zu bemühen. Doch der israelische Führer Moshi Amitt habe gedroht, die Waffen gegen die USA einzusetzen, falls diese sich einmischten.

Später war der neue Verteidigungsminister ans Podium getreten und hatte erläutert, daß die israelischen SX-14-Raketen über eine Reichweite von siebentausend Meilen verfügten und damit durchaus in der Lage seien, Ziele in den USA zu erreichen.

Die Reaktion der amerikanischen Öffentlichkeit kam rasch und überwältigend. Die neuesten Insta-Pol-Umfragen zeigten, daß antisemitische Haltungen auf fast neunzig Prozent emporgeschnellt waren. Mehr als achtzig Prozent aller Wahlberechtigten befürworteten einen Präventivschlag gegen Israel, bevor es die Kobaltbomben starten konnte.

Auf allen Sendern erschien fast den ganzen Tag über das Gesicht von Amir Hussein. Die Präsidentin machte unmißverständlich klar, daß ihrer Meinung nach Amerikas einzige Hoffnung auf eine Lösung dieser Krise in seinen Händen liege.

Als Trickaufnahmen der möglichen Wirkung einer Kobaltbombe zur besten Sendezeit im Fernsehen ausgestrahlt wurden, entstand eine Panik, die derjenigen zur Zeit der Kuba-Krise in den Sechzigern gleichkam. Die Amerikaner, die seit den Osteuropa-Verträgen daran gewöhnt waren, relativ frei von einer atomaren Bedrohung zu leben, waren verängstigt und wütend.

Innerhalb weniger Stunden wurden die Geschäfte leergekauft. Gasmasken, die bei einem Atomangriff keinerlei echten Nutzen brachten, wurden für mehrere Hundert Dollar gehandelt. Keller wurden eilends in Bombenbunker umgewandelt. Die Medien führten einen Blitzkrieg, um mit jeder neuen Sendung so vielen Menschen wie möglich Angst einzujagen.

Die Ressentiments gegen alles Jüdische steigerten sich zur Raserei. Amerikanischen Juden wurde die Schuld an der erwarteten Aggression aus Israel gegeben. Auch die Christen waren der anschwellenden Welle der Wut ausgesetzt, weil viele von ihnen zuvor Israel unterstützt hatten. Flüge von und nach Israel wurden abgesetzt, und nach den Insta-Pol-Umfragen wuchs die Unterstützung für Präventivschläge gegen das Heimatland der Juden an.

Im Raketenzentrum Gobi machten die unerfahrenen Technikerteams nur wenig Fortschritte bei den Startvorbereitungen für die erste SX-14.

»Es tut mir leid wegen der Verzögerung, Rabbi«, entschuldigte sich der junge Oberst. »Wir haben Schwierigkeiten mit dem Leitsystem. Es wird durch Trägheitskreisel gesteuert, und es ist uns bisher nicht gelungen, sie umzuprogrammieren.«

»Wo liegt das Problem?« bellte Amitt den frustrierten jungen Offizier an. »Wir liegen jetzt zehn Stunden hinter dem Zeitplan!«

»Wir brauchen die ausgebildeten Systemtechniker, um das Leitsystem neu zu programmieren, aber sie weigern sich, uns zu unterstützen«, antwortete der junge Mann.

»Sie sind Verräter an ihrem Land!« schrie Amitt und schleuderte seinen Kopfhörer gegen die Wand. Es war nicht zu übersehen, daß er immer instabiler wurde. Er wußte, daß seine Zukunft, vielleicht sogar sein Leben auf dem Spiel stand. Mehrere Einheiten der Geheimpolizei hatten versucht, die Absperrung des Raketenzentrums zu durchbrechen, aber sie waren zurückgeschlagen worden. Wenn es ihm nicht gelang, die Raketen gegen China zu starten, würde er binnen kurzem alle Unterstützung innerhalb der israelischen Bevölkerung verlieren. In den Medien erschienen schon die ersten Berichte, daß immer mehr Bürger sich für Jacob Estine aussprachen, den früheren Ministerpräsidenten, der die angestrebte Aggression verdammte.

»Wir können doch wohl ein Ziel von der Größe Chinas mit einem minimalen Leitsystem treffen, oder?« schrie Amitt den zitternden Oberst an.

»Ja, Sir«, erwiderte Shuman verwirrt. »Aber wir müssen ein entlegenes Gebiet ansteuern, um die zivilen Opfer einer solchen Demonstration zu begrenzen.«

»Mir ist egal, was wir treffen! Starten Sie die Raketen sofort.«

»Wir haben nur eine einzige Rakete, die zu diesem Zeitpunkt gestartet werden kann, Rabbi. Aber wenn wir ohne spezifische Parameter starten, müssen wir alle automatischen Kontrollen abschalten und ausschließlich durch Telemetrie steuern. Andernfalls geraten die Systeme in Konflikt und schalten sich gegenseitig ab.«

»Mir ist egal, was Sie tun müssen«, sagte Amitt, sich zu einem ruhigeren Ton zwingend. »Aber tun Sie es.« Er wußte, daß der junge Offizier sich Sorgen machte. Wenn er seine Unterstützung verlor, gab es keine Chance mehr, daß sein Plan gelang. *Wenn ich die Bombe auf die Ungläubigen werfen kann, werden sie keine Wahl haben, als sich zurückzuziehen*, dachte er. *Und dann wird Israel festgelegt sein. Die Experten, die wir brauchen, werden uns helfen müssen.*

»Wie lange wird es noch dauern, bis Sie starten können?« fragte Amitt den Oberst ruhig.

»Dreißig Minuten, Rabbi«, erwiderte der junge Mann unsicher. Eine Rakete mit fehlerhaftem Leitsystem und einer scharfen Waffe wie der Kobaltbombe zu starten, verstieß gegen alles, was er in der Raketenausbildung gelernt hatte. Seine Überzeugung schwankte. *Was ist, wenn die Rakete vom Kurs abweicht?* fragte er sich. *Sie könnte jedes beliebige Ziel im Umkreis von sechstausend Meilen treffen – einschließlich unseres eigenen Landes.*

Amitt sah, daß er behutsamer vorgehen mußte, und sagte zu dem zweifelnden jungen Oberst: »Machen Sie sich keine Sorgen. Gott ist mit uns. Wir werden nicht scheitern. Wenn wir den Ungläubigen keine Lektion erteilen, wird Israel nicht mehr existieren.«

Der Oberst wechselte zurück in Amitts Lager, als er die Versicherungen hörte, denen er so verzweifelt glauben wollte. »Sie haben recht, Rabbi«, sagte er entschlossen. »Es wird uns gelingen. Wir starten in dreißig Minuten.«

Nachdem das Leitsystem und mit ihm praktisch sämtliche Sicherheitsmechanismen der Rakete abgeschaltet waren, ging der Countdown unaufhaltsam voran. Die wenigen Techniker rannten auf dem Wartungsgerüst hin und her und schoben die Plattformen zurück, damit die Rakete beim Start nicht daranstieß.

Fünf Minuten vor dem Start übernahm der automatische Sequenzer des Startsystems der Rakete die Kontrolle. Außer einer schwerwiegenden Fehlerwarnung oder einem manuellen Eingriff von der Konsole des Kommandanten aus konnte jetzt nichts mehr den Start aufhalten.

»T minus vier Minuten, Countdown läuft«, erklang über das Kommunikationssystem die Stimme des Unteroffiziers, der als Flugleiter fungierte.

»Alles Personal bitte den Startbereich räumen.«

Die restlichen Techniker, die damit beschäftigt gewesen waren, das Wartungsgerüst zu sichern, eilten auf das Kontrollzentrum zu. Kaum hatten sie das Magazin verlassen, machte sich eine einzelne Gestalt auf den Weg zur zweiten Ebene, wo sich das Stromversorgungskabel für die Sprengbolzen befand. Diese Bolzen hielten die Rakete auf der Startplattform fest und würden erst dann weggesprengt werden, wenn die Triebwerke gezündet waren. Der letzte Test, bevor die Rakete auf ihr Ziel losgelassen wurde, würde überprüfen, ob die Zündschaltkreise der Bolzen unter Strom standen, denn wenn die Triebwerke zündeten, ohne daß die Rückhaltebolzen gesprengt wurden, würde die Rakete sich selbst auf der Startrampe zerfetzen.

Mit einem großen Bolzenschneider schnitt der Mossad-Agent das Stromkabel durch, das die Rückhaltebolzen versorgte.

»T minus eine Minute, Countdown läuft«, verkündete der Sergeant. Der Agent rannte zum Ausgang des Magazins. Sein Job war erledigt. Jetzt wollte er nur noch so weit wie möglich weg von der Startrampe.

»T minus dreißig Sekunden«, sagte der Sergeant mit zitternder Stimme. Ein gewaltiges Rütteln erschütterte den Kontrollraum, als die vierzig Tonnen schwere Schutzplatte über der Rakete im Magazin drei weggesprengt wurde. Für die Bodentruppen, die weniger als eine halbe Meile entfernt waren, klang die Sprengung wie eine kleine Atomexplosion. Fasziniert beobachteten sie, wie die gewaltige Platte aus Stahl und Beton in die Luft flog und ein paar Hundert Meter weiter zu Boden krachte.

»Die Rakete hat auf eigene Energieversorgung umgeschaltet«, informierte Oberst Shuman Moshi Amitt über die Sprechanlage.

Amitt spürte, wie sich seine Stimmung hob. Sie würden die Ungläubigen vernichten. Dann waren die Vereinigten Staaten an der Reihe. Nichts konnte sie jetzt mehr aufhalten!

Sobald die Explosion ertönte, wußte der Leiter der Angriffstrupps der Armee, Oberst Hahn, was geschehen war. Sofort rief er über eine Satellitenverbindung das Hauptquartier des Mossad.

»Mein Gott!« rief Oberst Hahn Jerome Facimadi zu, als dieser den dringenden Anruf entgegennahm. »Sie haben die Schutzplatte über Magazin drei weggesprengt, sie werden starten!«

»Dieser Narr! Er tut es tatsächlich!« sagte Facimadi, griff nach dem roten Telefon, das sein Büro mit dem von Levi Klein verband, und stellte die Verbindung her.

Klein hörte Facimadis Nachricht ungläubig an. »Ich hätte nie geglaubt, daß er die Raketen wirklich starten würde«, sagte er, während er vor seinem geistigen Auge die Rakete auf ihr Ziel zujagen sah. »Ich fürchte, das ist unser aller Ende.«

»Vielleicht noch nicht«, erwiderte Facimadi. »Ich habe mich vor ein paar Stunden mit dem amerikanischen Gesandten Hussein getroffen. Er versichert mir, daß die Vereinigten Staaten keinen Wunsch haben, Israel anzugreifen, doch die Präsidentin habe ihn autorisiert, den Flugzeugträger Enterprise einzusetzen, um auf unsere Bitten hin das Raketenzentrum in Gobi zu neutralisieren.

»Was nützt das jetzt noch«, fragte Klein. »Bis dahin sind die Raketen gestartet.«

»Ich glaube nicht, mein Freund«, erwiderte Facimadi. »Der Mossad ist nicht ganz hilflos. Die Raketen werden nicht starten, aber wir müssen schnell handeln, bevor der Schaden, den meine Männer angerichtet haben, behoben werden kann.«

»Aber Sie sagte doch, die Schutzplatte sei aufgegangen.«

»Nur die Platte über dem ersten Magazin wurde gesprengt. Offenbar haben sie Schwierigkeiten, die anderen Raketen startbereit zu machen. Diese Rakete wird nicht sofort starten. Aber ich brauche Ihre Hilfe, Levi. Die Amerikaner haben eine ihrer Cruise Missiles mit einem Atomsprengkopf niedriger Sprengkraft bestückt, mit dem sie den Gobi-Komplex zerstören können. Ich brauche Ihre Genehmigung zum Einsatz dieser Waffe.«

»Sie meinen, wir sollen ein Atombombe auf unsere eigenen Leute werfen?« rief Klein. »Was ist mit den Neutronenbomben?«

»Hussein hat mir versichert, die Zeit reiche nicht aus, um eine Neutronenbombe in Anschlag zu bringen. Wir haben nur die Wahl zwischen einer einzigen Bombe mit niedriger Sprengkraft oder einem offenen Krieg mit unseren eigenen Verbündeten«, sagte Facimadi. »Wenn auch nur eine dieser Kobaltbomben eingesetzt wird, sind wir in dieser Welt geächtet – falls es die Welt dann noch gibt.«

»Was kann ich tun?« fragte Klein müde. »Ich bin schließlich nur ein zurückgetretener Politiker, und das ist schlimmer als gar kein Politiker.«

»Seien Sie nur bereit, ins Fernsehen zu gehen und unserem Volk zu erklären, was wir tun mußten. Hussein ist bereit, die Verantwortung für den Abwurf der Bombe zu übernehmen.«

»Das werde ich tun«, stimmte Klein zu. »Ich weiß allerdings nicht, wie das israelische Volk es aufnehmen wird.«

»Nur die Geschichte wird erweisen, ob wir Patrioten oder Verräter waren«, sagte Facimadi. »Ihr Urteil bin ich bereit zu akzeptieren, aber nicht das eines Wahnsinnigen wie Amitt.«

Nach seinem Gespräch mit Klein stellte Facimadi eine Verbindung zu Amir Hussein an Bord der USS Enterprise her. »Sie sind autorisiert, den Schlag gegen Gobi auszuführen«, sagte er.

»Es wird sofort geschehen«, erwiderte Hussein mit einem Lächeln. »Sorgen Sie dafür, daß Ihr Militär keinen Alarm gibt. Wir wollen keinen Angriff auf unseren Flugzeugträgerverband.«

»Das Militär wird keinen Alarm geben«, versicherte ihm Facimadi. »Alle Kampfflugzeuge haben für die nächste Stunde Befehl, am Boden zu bleiben. Aber die Wut innerhalb des Militärs ist groß. Länger als eine Stunde werden wir die Flugzeuge nicht am Boden halten können.«

»Es wird reichen«, sagte Hussein mit einem bösen Glitzern in den Augen. Dann wandte er sich an den widerstrebenden Kapitän der Enterprise und befahl ihm, den Angriff zu starten. Nur der direkte Befehl von Präsidentin Alton, den Hussein bei sich trug, konnte ihn dazu bewegen.

Im Raketenzentrum Gobi zählte Oberst Shuman die letzten Sekunden bis zum Start: »Fünf – vier – drei – zwei – eins – Start!«

Doch statt des ohrenbetäubenden Dröhnens der gewaltigen Raketentriebwerke füllte nur Stille das Gelände.

»Was ist passiert?« fuhr Amitt ihn an.

»Ich weiß nicht, Rabbi. Offenbar haben die Triebwerke nicht gezündet.«

Plötzlich hörte er einen der Techniker über die Sprechanlage rufen: »Oberst! Das Kabel für die Rückhaltebolzen ist durchgeschnitten! Jemand hat den Start sabotiert.«

»Verräter!« schrie Amitt hysterisch. »Oberst, lassen Sie das Kabel reparieren und starten Sie sofort die Rakete!«

»Die Reparatur und die Überprüfung der Schaltkreise wird mindestens eine Stunde dauern. Dann brauchen wir noch einmal dreißig Minuten, um die Reparaturmannschaften zu evakuieren.«

»Lassen Sie die Leute die Kabelenden notfalls zusammenhalten, aber starten Sie diese Rakete!« schrie Amitt. Er kochte vor Zorn. »Das ist das Werk Satans. Wir können hier nicht länger so entblößt herumsitzen.«

Die erste Cruise Missile hob sich brüllend vom Deck der Enterprise und ließ ihre Startstufe in den Ozean fallen. Die eigenen Raketentriebwerke schalteten sich ein, und das schlanke Geschoß mit seinen Deltaflügeln bahnte sich seinen Weg über das uralte heilige Land hinweg. Es legte den vorprogrammierten Weg zum Raketenzentrum Gobi in weniger als zehn Minuten zurück.

Als es sich über dem Raketengelände befand, richtete sich das Infrarot-Zielsuchsystem auf die aus dem geöffneten Magazin aufsteigende Hitze aus. Im Innern des Gefechtskopfes entzündeten sich die Hochenergieblitze und erhitzten den Atomkern. Als der Gefechtskopf scharf war, hob die Rakete die Nase fast senkrecht empor.

Das Letzte, was die Startmannschaft hörte, war das Raketentriebwerk der Cruise Missile, das die Maschine hoch in den Himmel trieb, bevor sie hinab in das offene Magazin stürzte. Die Zwei-Kilotonnen-Bombe verwandelte die israelischen Mannschaften, die in den sechs Magazinen gefangen waren, augenblicklich in Asche. Die Explosion breitete sich in dem gesamten Raketenkomplex aus.

Was selbst der Mossad-Chef nicht erwartet hatte, war der gleichzeitige Start von fünf zusätzlichen Cruise Missiles, die je einen nuklearen Gefechtskopf niedriger Sprengkraft zu einem ausgewählten Ziel brachten. Innerhalb weniger als zwei Minuten war Israel militärisch ausgeschaltet. Die mobilen Raketenwerfer auf dem Golan wurden ebenso pulverisiert wie die Atomwaffenlager im Negev. Die restlichen drei Raketen vernichteten die israelischen Abfangjägerbasen. Israel war von seinem ältesten Verbündeten verraten worden, ohne auch nur einen einzigen Schuß zur Abwehr abfeuern zu können.

Als Levi Klein die Explosionen am Horizont sah, rief er sofort Facimadi an. Niemand antwortete. Der Luftwaffenstützpunkt, auf dem sich das Büro des Mossad befunden hatte, war nur noch ein klaffendes Loch und eine dahintreibende Staubwolke voller atomarer Strahlung.

Jacob Estine sah die hellen Lichtblitze und bemühte sich noch, die Ereignisse zu erfassen, als er sein Telefon klingeln hörte. Benommen nahm er den Hörer ab.

»Hier spricht Amir Hussein«, sagte die Stimme am anderen Ende der Leitung. »Ich bedaure, Ihnen mitteilen zu müssen, daß die Regierung der Vereinigten Staaten auf Ersuchen Ihrer Geheimpolizei einen Präventivschlag gegen Israel geführt hat. Jede militärische Antwort wird weitere Maßnahmen unseres Landes zur Folge haben. Es ist nicht unsere Absicht, Israel zu vernichten; daher bitte ich Sie, Ihre Führung zu unterrichten, daß jeder Widerstand Selbstmord wäre.«

Estine knallte den Hörer auf die Gabel und machte sich daran, etliche seiner ehemaligen militärischen Kommandeure in ganz Israel anzurufen. Weniger als zehn Prozent hatten den Überraschungsangriff überlebt. Buchstäblich die gesamte israelische Luftwaffe war vernichtet, da Facimadi den Maschinen Startverbot erteilt hatte. Was in sechzig Jahren keine Armee geschafft hatte, hatte Hussein innerhalb von zwei Minuten erreicht.

Levi Klein ordnete sorgfältig die Papiere auf seinem Schreibtisch; dann öffnete er die oberste Schublade, nahm seinen kampferprobten Militärrevolver heraus und preßte sich den Lauf an die Schläfe. Still betete er zum Gott Abrahams um Vergebung; dann drückte er ab.

Als die Nachricht von dem knapp verhinderten Abschuß der Kobaltbombe und dem sogenannten »chirurgischen Angriff« in den USA veröffentlicht wurde, war der Name Amir Hussein in aller Munde. Die Presseerklärungen des Weißen Hauses besagten, die Präventivschläge seien mit Unterstützung und Zustimmung der israelischen Regierung erfolgt. »Unglücklicherweise«, hieß es in der Mitteilung, »sind viele israelische Regierungsangehörige Anschlägen durch radikal-religiöse Gegner der Präventivschläge zum Opfer gefallen.«

In den Berichten hieß es auch, daß vorübergehend UN-Truppen in Israel stationiert werden würden, um die Wiederherstellung der öffentlichen Ordnung zu überwachen. Die neue israelische Regierung unter Führung von Mordecai Cahn, einem langjährigen Freund Amir Husseins, nahm sofort Verhandlungen mit den Japanern über die Freigabe der Ölreserven auf, die zur wirtschaftlichen Stabilisierung Japans notwendig waren. Hussein sicherte sich auch eine Zusage der Chinesen, nicht in Israel einzumarschieren, vorausgesetzt, die Bedingungen der Japaner wurden erfüllt.

Amir Hussein kehrte nach Washington zurück, umgeben von einer Medienkampagne, die ihn zum größten Friedensstifter seit Gandhi erklärte. Wo immer die Frage des Einsatzes von Atomwaffen gegen Israel zur Sprache kam, lautete der typische Kommentar der Medien: »Lieber die als wir« – eine Einstellung, die von der überwiegenden Mehrheit der Amerikaner geteilt wurde. Die jüngsten Insta-Pol-Umfragen ergaben eine Zustimmung in der Öffentlichkeit von fast neunzig Prozent.

Aus einer relativ unbeachteten Position heraus wurde Hussein ins Licht der Öffentlichkeit gerückt und als aussichtsreicher Kandidat für die Position des Vizepräsidenten gehandelt, die zu besetzen sein würde, sobald der Kongreß wieder zusammentrat.

Amir Hussein erwies sich als ein bei den Medien beliebter Interviewpartner. Er stand bereitwillig zur Verfügung und lobte die Medien dafür, daß sie das amerikanische Volk vor der Gefahr durch die Kobaltwaffen der Israelis gewarnt hätten. »Ich bedaure den Verlust von Menschenleben«, sagte er dem WNN-Interviewer. »Doch bei den Zielen handelte es sich durchweg um militärische Einrichtungen, die in der Lage gewesen wären, Gegenangriffe gegen die amerikanischen Truppen einzuleiten.« Nur saubere Atomwaffen seien benutzt worden, betonte Hussein. »Auf diese Weise«, sagte er, »werden die Nachwirkungen der Explosionen örtlich begrenzt bleiben.«

»Wie lange werden die Zielgebiete versucht sein?« fragte Allen White.

»Alle Gebiete außer dem Raketenzentrum Gobi, wo sich die Kobaltbomben befanden, sind jetzt bereits wieder bewohnbar«, log Hussein. »Als Vorsichtsmaßnahme empfehlen wir jedoch, daß die Gebiete für mindestens ein Jahr unbewohnt bleiben. Wir haben noch nicht viele Daten über die Auswirkungen einer schwachen Strahlung auf das Grundwasser.«

»Und das Raketenzentrum Gobi?«, fragte White. Er war bereits gut darauf geeicht, welchen Fragen ihn seine Chefs nachgehen lassen würden und welchen nicht. Die tatsächliche Intensität der Verstrahlung der anderen Gebiete gehörte zu den verbotenen Fragen.

»Die Kobaltbomben sind nicht explodiert«, sagte Hussein, während eine hinter ihm aufgebaute Batterie von Monitoren Bilder von dem Raketenzentrum zeigten. »Wäre auch nur eine davon explodiert, so wären wir vielleicht heute nicht mehr hier. Unsere Wissenschaftler sagen uns, daß die Wahnsinnigen, die vorhatten, diese Waffen zu starten, bereit waren, sie auch gegen die USA einzusetzen. Inzwischen wissen wir, daß drei der ersten sechs Raketen auf Ziele innerhalb der USA programmiert waren«, log Hussein.

White vergaß seine ursprüngliche Frage, als er das hörte. »Sie meinen, daß die Israelis tatsächlich einen Präventivschlag mit Kobaltbomben gegen die Vereinigten Staaten planten?«

Hussein machte eine Pause, damit Whites Frage ihre volle Wirkung bei den Zuschauern entfalten konnte. Dann, den Blick direkt in die Kamera gerichtet, antwortete er: »So schwer es auch den meisten unserer Landsleute fallen wird, das zu glauben: Die jüdischen Radikalen hatten es auf die völlige Vernichtung dieser Nation abgesehen. Sie beanspruchten es als ihr göttliches Recht, über die Welt zu herrschen, und wir stellten eine Bedrohung für dieses Ziel dar. Es ist die Pflicht unseres Landes, dafür zu sorgen, daß solche Wahnsinnigen nie wieder an die Macht kommen. Ich habe dem Rat der Vereinten Nationen persönlich vorgeschlagen, daß Israel entwaffnet wird und Friedenstruppen aus neutralen Ländern auf Dauer in Israel stationiert werden.«

»Bedeutet das, daß die Juden ihr Heimatland verlieren?« fragte White, selbst ein wenig fassungslos. »Das stand bestimmt nicht im Skript«, murmelte er ins Mikrofon, als der Tontechniker auf Hussein umgeschaltet hatte.

»Das hängt davon ab, was Sie als Heimatland der Juden bezeichnen«, erwiderte Hussein im Ton eines Lehrers, der einer sechsten Klasse etwas erklärt. »Wenn Sie damit meinen, ob es den Juden erlaubt sein wird, das Land zu behalten, das sie den Palästinensern, den Ägyptern und den anderen arabischen Nationen gestohlen haben, so lautet die Antwort nein. Israel wird auf das Territorium begrenzt, das ihm im Vertrag von 1916 zugesprochen wurde – also auf das Land, das ihnen durch Verträge gehörte, nicht durch Diebstahl.«

Als das Interview über WNN weltweit ausgestrahlt wurde, bejubelten die arabischen Nationen Amir Hussein als ihren größten Freund in der Geschichte. Selbst die sonst so kriegerischen Iraker luden ihn ein, ihr Land zu besuchen. Die wenigen verbliebenen Palästinenser innerhalb Israels schworen Hussein, dem Rat der Vereinten Nationen und Amerika die Treue – in dieser Reihenfolge. Sofort machte man sich in den Vereinten Nationen an die Formulierung der Pläne zur Teilung Israels und zur Verteilung der besetzten Gebiete an ihre früheren Gefangenen.

Mit jedem Tag wurde Hussein im internationalen Fernsehen präsenter. Überall, außer in Israel selbst, bejubelte man ihn als den weitblickendsten und begabtesten Friedensstifter der modernen Geschichte. Vielfach wurde er in den Medien sogar als nächster Präsident gehandelt. Als darauf hingewiesen wurde, daß er als jemand, der nicht in den USA geboren war, durch die Verfassung daran gehindert sei, für das Präsidentenamt zu kandidieren, schlugen die Medien die Verabschiedung eines Verfassungszusatzes vor, sobald der Kongreß wieder tage.

Hussein machte dem amerikanischen Volk zwei Vorschläge, die seine Machtbasis in der Regierung sicherten. Erstens schlug er vor, den Verkauf von Drogen zu legalisieren und mit Bundessteuern zu belegen. Die Einkünfte sollten zur Förderung konventionellerer Wirtschaftszweige dienen, die damit direkt mit dem asiatischen gemeinsamen Markt konkurrieren könnten. Zusätzlich regte er an, daß bereits aktive Drogenhändler eine einmonatige Frist erhalten sollten, während der sie bei der Regierung eine Amnestie beantragen konnten. Medien und Öffentlichkeit waren begeistert. Die

Insta-Pol-Umfragen zeigten eine Zustimmung von erstaunlichen vierundneunzig Prozent an.

Zweitens schlug er vor, alle asiatischen Produkte vom amerikanischen und europäischen Markt zu verbannen. Dieser Vorschlag brachte später die radikale Amerikanische Arbeiterpartei auf seine Seite, die in ihm endlich einen Führer erblickte, der ihre Interessen auf dem Herzen hatte. Die Amerikanische Arbeiterpartei hatte lange die Ansicht vertreten, charakterschwache Politiker hätten es zu lange zugelassen, daß die Japaner die Amerikaner an der Nase herumführten. Hussein versicherte ihnen, daß die vollständige Einführung des bargeldlosen Systems namens Data-Net in Europa und Amerika ein wirksames Instrument sei, jedes Land, das es an Kooperationsbereitschaft mangeln ließ, in die Knie zu zwingen.

Seine abschließende Aussage machte ihn in der depressionsmüden Öffentlichkeit besonders beliebt. »Ich weigere mich strikt, mich um irgendein politisches Amt zu bewerben«, sagte er mit Bewegung in der Stimme. »Ich glaube, ich kann mehr Gutes bewirken für das Land, das ich liebe, indem ich ihm im Hintergrund diene, statt nach einer offiziellen Position zu trachten. Ich brauche und ich suche keinerlei Gewinn für mich selbst.« Mit dieser Ankündigung gewann Amir Hussein mehr Ansehen in der Öffentlichkeit, als irgendein politisches Amt ihm hätte verschaffen können.

Die Fernsehschirme im ganzen Land zeigten seinen Insta-Pol-Beliebtheitswert mit nie dagewesenen hundert Prozent an, ermittelt aus einem Fernsehpublikum von fast neunzig Prozent aller gemeldeten amerikanischen Familien.

»Um eines möchte ich Sie bitten«, sagte Hussein, verschränkte seine Hände und stützte sein Kinn darauf, um seinen fast zweihundert Millionen Zuschauern das Bild eines besorgten Vaters zu präsentieren. »Lassen Sie uns nicht nachlassen in unseren Bemühungen, diejenigen ausfindig zu machen und zu bestrafen, die unser Land unterminieren wollen. Wir haben die Fanatiker in Israel gestoppt, aber die Fanatiker in Amerika sind nicht weniger gefährlich. Sie töten unsere Führer und trotzen unseren Gesetzen. Wie die Zeloten in Israel verlangen sie, daß wir ihren Regeln gehorchen und uns vor ihren Göttern neigen. Das dürfen wir nicht zulassen. Helfen Sie uns, diejenigen zu finden und unschädlich zu machen, die ein Krebsgeschwür für unsere Gesellschaft sind.«

Die Insta-Pol-Reaktion sank vorübergehend ab, während die befragten Zuschauer sich durch den Kopf gehen ließen, was Hussein gesagt hatte. Doch dann stieg sie wieder auf fast neunzig Prozent.

Hussein wußte, daß er der Öffentlichkeit seine anti-christliche und anti-jüdische Kampagne verkauft hatte. Jetzt mußte sie nur noch in die Tat umgesetzt werden ...

Kapitel 21

ID

Während in den Medien die Attacken auf die Dissidenten – nun sowohl Christen als auch Juden – täglich schärfer wurden, zeigte Insta-Pol, wie Präsidentin Altons Popularität sich in ungeahnte Höhen aufschwang. Sie berief den Oppositionsführer Senator John Grant als Interims-Vizepräsidenten; eine kalkulierte Maßnahme, um die Konservativen zum Schweigen zu bringen. Grant akzeptierte die Position in der Hoffnung, einen gewissen Einfluß auf politische Entscheidungen nehmen zu können. Die öffentliche Unterstützung für den Kongreß hatte mit sechsundzwanzig Prozent den tiefsten Punkt aller Zeiten erreicht. Die Unentschlossenheit und die inneren Auseinandersetzungen, die die Zeit vor der Beurlaubung geprägt hatten, war für die Mehrheit der Bevölkerung abschreckend gewesen. Amerika war zu einem Staat unter einem einzigen Führer geworden und war dicht daran, allen Schein eines demokratischen Systems aufzugeben.

Als das Land eindeutig hinter der neuen Präsidentin stand und sich an das bargeldlose System gewöhnte, befand Hussein, es sei an der Zeit, mit dem Data-Net einen Schritt weiter zu gehen. Es war Zeit, das Numerierungssystem einzuführen.

Allen White vom WNN arbeitete in seinem Büro an einem Bericht, als er einen Anruf von einem langjährigem Kontaktmann im Weißen Haus erhielt.

»Ich habe etwas für Sie«, sagte Rutland ohne Formalitäten.

White hatte Rutland von Zeit zu Zeit kleinere Geldsummen für Informationen bezahlt und hielt Rutland für nichts als einen der vielen kleinen Bürokraten, die versuchten, ihr Einkommen durch den einen oder anderen Dollar von den Medien zu ergänzen. Die Informationen waren immer erheblich mehr wert, als Rutland dafür verlangte. White hatte sogar bei der Abrechnung das dreifache von Rutlands Honorar geltend gemacht und die Differenz in die eigene Tasche gesteckt. Die Informationen waren so wertvoll, daß seine Chefs nie Fragen stellten.

Rutland akzeptierte das Geld, um es so aussehen zu lassen, als ob er Bestechungsgelder für die Weitergabe heikler Informationen annähme. In Wirklichkeit war es Rutland, der die Sache unter Kontrolle hatte und White benutzte, um neue Informationen bei Bedarf an die Öffentlichkeit durchsickern zu lassen.

Rutland fuhr fort: »Das FBI hat einen großen Fälscherring entdeckt, der die Karten von Data-Net-Benutzern kopiert. Es gibt Beweise, daß die Drogenkartelle das System benutzen, um Geld auf Scheinkonten zu verschieben. Einiges deutet auch darauf hin, daß die Banken systematisch gemolken werden. Diese Sache kann das ganze System der Bundesliquiditätsgarantien zum Zusammenbruch bringen, wenn die Lecks nicht gestopft werden.«

»Wie ernst ist die Sache?« fragte White, während er wild in die Tasten schlug. Er war zu gewieft, um eine wichtige Quelle wie Rutland durch einen Tonbandmitschnitt zu kompromittieren.

»Wenn die Regierung keinen Weg findet, die Betrügereien zu stoppen, könnten wir in diesem Jahr die Hälfte der Banken verlieren«, erwiderte Rutland und warf der Präsidentin, die an ihrem Schreibtisch saß und das Gespräch am Monitor verfolgte, einen Blick zu.

»Die Hälfte der Banken!« rief White. »Meine Güte, das wäre das Ende unseres Landes. Können Sie mir irgendwelche näheren Daten liefern?«

»Sind schon unterwegs«, sagte Rutland gelassen. »White hat angebissen«, flüsterte er, während er das Mikrofon mit der Hand abschirmte. Dann ließ er den Haken noch tiefer eindringen. »Wir glauben, daß es eine Möglichkeit gibt, daß System zu schützen.«

»Ich bin ganz Ohr«, sagte White erregt.

»Der Leiter des Data-Net-Anwendungsbereichs, Dr. Kim Loo, schlägt vor, die Karten völlig abzuschaffen und auf ein fälschungssicheres System umzusteigen.«

»Wie könnte das aussehen?« fragte White, während er seine nächste Beförderung vor sich aufsteigen sah. Sein Exklusiv-Interview über die Kobaltbombe hatte ihn mit einem Schlag zu einer landesweit bekannten Gestalt gemacht. Wenn es ihm noch einmal gelang, den anderen Sendern eine Nasenlänge voraus zu sein, war er ein gemachter Mann.

»Dr. Loo schlägt vor, das ganze Data-Net-System auf eine mit magnetischer Tinte eintätowierte Identifikationsnummer umzustellen.«

»Wie würde das funktionieren?« fragte White und hörte für einen Augenblick auf zu schreiben. Er hatte irgendwo schon einmal eine ähnliche Idee gehört, aber er konnte sich nicht erinnern, wo.

»Jeder Bürger bekäme eine Tätowierung mit magnetischer Tinte auf die Hand. Dann könnte man mit einem Scanner die Zahl ablesen und sofort verifizieren, wie bei einer Karte, nur daß eine Fälschung ausgeschlossen wäre. Jede Person hätte ihre eigene Codenummer.«

Plötzlich ging White auf, wo ihm diese Idee schon einmal begegnet war. »Wird nicht so etwas Ähnliches schon in der Bibel erwähnt?« fragte er. »Vor ein paar Jahren gab es doch einmal eine Riesendebatte darüber, weil die Sozialversicherung die Leute numerieren wollte.«

Rutlands Augen verengten sich, aber er zwang sich, in ruhigem Ton zu antworten. »Ich erinnere mich, daß es unter den Radikalen so eine idiotische Diskussion gab. Sie unterstützen doch wohl nicht deren Standpunkt, oder?«

White versteifte sich bei dem Ton in Rutlands stimme. Es war der Gesundheit nicht zuträglich, im gegenwärtigen Klima als Unterstützer der Christen gebrandmarkt zu werden, wie er wußte. »Nein!« erwiderte er hastig. »Keineswegs! Ich habe nur eine Frage gestellt. Danke für die Information. Sie bekommen Ihr Geld auf dem üblichen Weg.«

White legte auf. Sofort beauftragte er einen seiner besten Autoren, einen Bericht über die Betrügereien am Data-Net zu schreiben. Bis der Bericht fertig war, hatte er sorgfältig Informationen über ein schattenhaftes Netz religiöser Fanatiker eingearbeitet, die das ID-System bekämpften.

White machte sich nicht allzuviel Sorgen um seinen Mangel an handfestem Material über die christlichen Gruppen, da sein Sender Thomas Galt gehörte, dem Chef des Galt-Konzerns, dem zwanzig Zeitungen, das WNN-Fernsehen und das World Satellite Broadcasting System gehörten. Galt, der sich selten in der Öffentlichkeit blicken ließ, hatte seit Jahren an der Spitze der Medienattacken gegen die Christen gestanden. Als die Regierung begann, Gerüchte über christliche Geheimorganisationen durchsickern zu lassen, hatte Galt den Leitern seiner Unternehmen ein persönliches Memo zugeleitet, das die Anweisung enthielt, mit aller Gründlichkeit über diese Vorgänge zu berichten. Galts Groll gegen die Christen reichte dreißig Jahre zurück in die Zeit, als ihm eines der großen Filmstudios in Hollywood gehört hatte. Christen hatten zu einem Boykott seiner ersten beiden Filme aufgerufen. Diese Boykotts kosteten ihn fast hundert Millionen Dollar an verlorenen Einnahmen. Das hatte Galt nie vergessen. Und nie vergeben.

Allen White lächelte, als er den Text des Data-Net-Berichts durchlas. *Galt wird sich freuen,* dachte er. *Jetzt brauche ich noch ein paar bekannte Finanzberater, die das Problem bestätigen und das ID-System als ideales Mittel begrüßen, um der Betrügereien Herr zu werden.*

Einer der Experten, die er konsultierte, Dr. Rhinehart vom Cal Tech, gab ihm ein paar großartige Informationen, die erheblich dazu beitrugen, der amerikanischen Öffentlichkeit die neuen Maßnahmen zu verkaufen.

»Natürlich werden Drogenhändler, Terroristen, illegale Einwanderer und flüchtige Verbrecher gegen das System kämpfen«, sagte Rhinehart selbstgefällig während des WNN-Interviews. »Sobald die magnetische Tätowierung angebracht ist, braucht die Polizei nur noch Scanner auf den Bürgersteigen zu installieren, die die IDs der Passanten überprüfen. Jeder, der keine magnetische ID hat, wird aufgegriffen. Wir werden in ein paar Wochen unsere Städte gesäubert haben. Ich habe persönlich an der Entwicklung des Data-Net-Systems mitgewirkt«, fügte er mit Andacht hinzu, »und auch dieses neue ID-System hat meine volle Unterstützung.«

Von Rhineharts Gesicht wurde zu Szenen der Unruhen und Plündereien übergeblendet.

Insta-Pol zufolge fiel die Reaktion zunächst fünfzig zu fünfzig aus. Doch als immer mehr Experten sich zugunsten des neuen Systems äußerten, stieg die Akzeptanz auf fast siebzig Prozent. WNN setzte sich an die Spitze einer Kampagne, um die Alton-Regierung zu zwingen, das magnetische ID-System einzuführen.

Innerhalb weniger Tage war ein vorläufiges »Gesetz« verabschiedet worden, das das neue ID-System allen Data-Net-Benutzern zur Verfügung stellte. Da es kein anderes Zahlungssystem mehr gab, galt das für alle. Die Data-Net-Funktionäre begannen mit der Anwerbung Tausender Arbeitsloser, um die Markierstationen zu besetzen.

Weniger als eine Woche später tauchten in den ID-Zentren im ganzen Land die ersten »freiwilligen Benutzer« auf. Zehntausende von Menschen standen Schlange, um sich ihre Identifikationsnummer unter die Haut ihrer rechten Hand tätowieren zu lassen. Die meisten akzeptierten die Maßnahme als notwendiges Übel – notwendig, wie die Medien unermüdlich betonten, um die Verbrecher herauszufiltern.

Jeff Wells war zum ersten Mal in seinem Leben zu einem regelmäßigen Fernsehzuschauer geworden. Er wußte, daß vieles von dem, was über sein System verbreitet wurde, aus Trivialitäten, Gerüchten und sogar dreisten Lügen der Medien bestand.

»Das einzige, wofür das Fernsehen wirklich gut ist, ist der Schlaf«, sagte er eines Morgens zu Karen. »Ich muß es nur einschalten, und nach zehn Minuten bin ich fest eingeschlafen.«

Sie lachten. In letzter Zeit hatten sie sehr wenig Anlaß dazu gehabt. Karen hatte mit ihrem Vater gesprochen, doch an seiner steifen Reaktion erkannte sie, daß er wußte, daß sie abgehört wurden.

Sie hatte ihm nicht viel sagen können, außer, daß sie ihn liebte und ihn gerne sehen würde.

»Geht es dir gut?« fragte Bill Eison, der sonst nie irgendwelche Gefühle am Telefon zeigte.

»Ja«, antwortete sie. »Jeff und mir geht es gut. Er hat das Projekt fast abgeschlossen. In ein paar Wochen dürften wir es hinter uns haben. Dann werden wir versuchen, zu dir zu kommen.«

»Ich glaube nicht, daß das im Augenblick ratsam wäre«, erwiderte ihr Vater hastig. *Versuchte er sie zu warnen, oder war er einfach nur übervorsichtig?* fragte sie sich. Als sie aufgelegt hatte, blieb sie mit tränennassem Gesicht an ihrem Schreibtisch sitzen.

»Was ist los?« fragte Jeff.

Karen wischte sich über die Augen und sagte: »Ach, es ist nur diese verrückte Welt, in der wir leben.«

Jeff verstand und nickte nur. Karen wußte nicht, daß er bereits ein halbes Dutzend Abhörgeräte, die im Raum versteckt waren, gefunden und unbrauchbar gemacht hatte. Er fragte sich, ob die Leute, die ihn mit den Geräten abhörten, glaubten, eine schlechte Serie erwischt zu haben, oder ahnten, daß er sie abschaltete. Er wußte es nicht, und es war ihm im Grunde auch egal. Sobald das Projekt abgeschlossen war, würden er und Karen in aller Stille aus Washington verschwinden – vielleicht nach Wyoming. Wenigstens die Pferde und Rinder würden noch normal sein. Dann fiel ihm auf, daß in all seinen Gedanken an die Zukunft Karen eine Rolle spielte. Er wußte nicht mehr genau, wann ihm diese Erkenntnis aufgegangen war, aber er wußte plötzlich, daß er sie liebte. *Empfindet sie genauso?* fragte er sich.

Karen saß schon wieder an ihrer Konsole und gab Daten ein, die Jeff zuvor zusammengestellt hatte. Seit das Data-Net in voller Funktion war, waren die Anforderungen exponentiell angestiegen. Irgendwie hatte Jeff es geschafft, ein internes System zu installieren, daß es den vielen zusammengeschalteten Computern ermöglichte, sich selbst umzuprogrammieren, wenn es notwendig war.

»Ganz einfach«, hatte Jeff gesagt, als sie ihn nach den technischen Einzelheiten gefragt hatte. »Es ist einfach ein schlaues Programm.«

»Klar«, erwiderte sie. »Und ein schlaues Programm ist ein Programm, das von einem Schlauberger geschrieben wurde.«

Jeff lachte und entgegnete: »Nein, ein schlaues Programm ist ein Programm, das neue Daten interpretieren und seine eigene Logik den neuen Bedürfnissen anpassen kann.«

In der Theorie klang das simpel, aber bisher hatte noch niemand einen Compiler geschrieben, wo dazu in der Lage war. Jeffs Programm war buchstäblich in der Lage, sich selbst zu programmieren! Hätte genügend Rechnerkapazität zur Verfügung gestanden, um das System zu erweitern, wäre das Programm zu aktivem Denken und unabhängigen Entscheidungen fähig gewesen. Seit Wochen wurde nun schon ein Großteil der Software, die für die glatten Abläufe im Data-Net notwendig war, von dem internen Compiler entworfen.

Die neue Idee, an der Jeff zur Zeit arbeitete, war, an jedem Terminal einen Sprachgenerator zu installieren. Sprachgeneratoren waren nichts neues; sie waren schon in den achtziger Jahren verwendet worden. Inzwischen waren die meisten elektrischen Geräte und Autos damit ausgestattet. Doch die Eingabe und Ausgabe waren auf ein paar einfache gesprochene Kommandos beschränkt. Kein Computerprogramm hatte je die volle verbale Kommunikation beherrscht – bis jetzt.

Angenommen, Jeffs Programm funktionierte – und Karen hatte nicht den geringsten Zweifel daran – so bestand die Möglichkeit, das System in praktisch jeder Sprache der Welt durch gesprochene Worte zu steuern. Mit seiner Bibliothek von Sprachen und seiner Fähigkeit zur Selbstprogrammierung würde das Data-Net das erste System mit echter künstlicher Intelligenz sein.

Plötzlich bemerkte Karen eine Unregelmäßigkeit auf ihrem Bildschirm. Mitten in den Daten, die sie eingab, erschien auf einmal eine Gruppe unleserlicher Symbole. Sie rief nach Jeff, der gerade die Sprachdateien in das System einspeiste, die von externen Programmierer-Teams an verschiedenen Universitäten erstellt worden waren.

»Jeff, ich habe hier ein Problem. Schau dir das mal an und sag mir, was du davon hältst.«

Jeff kam zu Karens Terminal herüber.

»Was gibt´s?« Er lächelte. Sie sah hübsch aus, wenn sie so finster dreinblickte.

»Keine Ahnung«, erwiderte sie und wies das System an, die Datei auszudrucken. »Irgend etwas ist plötzlich mitten in der Datei aufgetaucht, die ich gerade eingegeben habe. Vielleicht ist es ein Speicherfehler.«

»Nein, das kann nicht sein«, sagte Jeff, während er zusah, wie der Drucker mehrere Seiten mit Daten ausgab. »Das System würde den fehlerhaften Bereich umgehen und eine Nachricht an die Wartung schicken, den defekten Kern zu ersetzen.«

Als er die gedruckten Seiten aufnahm, flüsterte er Karen zu: »Es ist eine Nachricht von deinem Vater!«

»Eine Nachricht! Wie ...«

»Pssst!« Jeff legte seinen Finger an die Lippen. Dann ging er hinüber zu seiner Aktentasche und holte ein kleines Gerät mit einer Antenne hervor. Er legte einen Schalter um und sagte: »Jetzt ist es okay. Ich habe ihre Übertragung gestört.«

Im Überwachungsraum am anderen Ende des Flurs riß sich der Agent den Kopfhörer herunter und fluchte. »Schon wieder dieses Rauschen«, beklagte er sich bei dem anderen Agenten, der sich in der Nähe auf einem Sessel lümmelte.

»Wahrscheinlich statische Störungen von irgendwoher aus dem Gebäude. Versuch mal eine andere Frequenz.«

»Habe ich schon«, erwiderte der erste Agent wütend. »Die Störung scheint auf allen Kanälen zu sein.«

»Dann muß es am Stromnetz des Gebäudes liegen. Mach einfach einen Bericht und laß die von der Wartung sich darum kümmern. Wir hängen jetzt seit Wochen hier herum, und die haben nie etwas anderes getan als zu arbeiten. Was soll das Ganze überhaupt?«

Indessen ließ in Jeffs Büro Karen ihrem Erstaunen freien Lauf. »Was meinst du mit einer Nachricht? Wie kann Daddy uns eine Nachricht schicken? Könnte das nicht eine Fehlermeldung vom System sein?«

»Nein, Karen. Der Computer würde Fehlermeldungen auf dem Drucker ausgeben. Das hier ist in hexadezimalem Format. Jemand spricht in Maschinensprache durch den Compiler. Das kann nur dein Vater sein. Es ist ein Code, den wir immer verwendet haben.«

»Kannst du ihn entschlüsseln?« Karen konnte immer noch nicht ganz begreifen, was Jeff da sagte. Wie konnte ihr Vater durch den Computer mit ihnen reden?

Jeff saß bereits an seinem Terminal und tippte. »Normalerweise benutzen wir die Datenbank, die dann unsere Anweisungen in die Maschinensprache übersetzt – in diesem Fall in hexadezimaler Form. Also weise ich den Compiler an, die hexadezimalen Zeichen ins Englische zu übersetzen.«

Jeff rief das Übersetzungsprogramm auf, und plötzlich erschien eine Botschaft auf dem Bildschirm: »Karen und Jeff, Ihr seid in großer Gefahr. Kontaktiert mich auf Station zwei – Dad.«

»Es ist tatsächlich von Daddy!« rief Karen. »Wie ist das möglich?«

»Damals, als ich an dem Data-Net-Programm arbeitete, diskutierten dein Vater und ich über die Machbarkeit parallel arbeitender Prozessoren und darüber, wie der Hauptcontroller funktionieren müßte. Oft schickten wir uns Ideen über das Data-Net zu, durch den Compiler selbst. Ich dachte, ich hätte diesen Kanal schon vor langer Zeit geschlossen. Offenbar hat dein Vater einen Weg gefunden, ihn wieder zu öffnen. Station zwei ist eine andere Systemkonsole, die ich in seinem Institut eingerichtet habe. Er ist selbst auch ein ziemlich gewitzter Programmierer«, sagte Jeff bewundernd. »Ich glaube kaum, daß es außer ihm noch einen Programmierer gibt, der diesen Kanal direkt in die Speicherbanken des Data-Net wieder hätte öffnen können. Jeder, der Zugang zu dem internen Compiler hat, könnte darüber Daten eingeben und damit den Überwachungssystemen ein Schnippchen schlagen. Auf den Compiler zugreifen zu können ist ungefähr so, als könnte man Geld von der größten Bank der Welt abheben, ohne daß sich das zurückverfolgen läßt.«

»Kannst du Daddy jetzt erreichen?« fragte Karen atemlos.

»Ich glaube schon«, sagte Jeff, während er dem System weitere Anweisungen eingab. »Aber erst möchte ich sichergehen, daß die Daten in beiden Richtungen verschlüsselt werden und die Mitteilungen nirgendwo aufgezeichnet werden. Was das Data-Net betrifft, wird niemand je erfahren, daß wir miteinander in Verbindung gestanden haben.«

Sobald seine Anweisungen installiert waren, tippte Jeff ein: »Hallo, Dr. Eison, wie geht es Ihnen?«

»Gut, Jeff«, kam fast sofort die Antwort. »Ist Karen bei Ihnen?«

»Ja, Sir«, tippte Jeff die Antwort ein. »Was ist los?«

»Ich habe lebenswichtige Informationen für Sie und Karen«, antwortete Dr. Eison. Die Dringlichkeit, mit der Eison Jeff kontaktieren wollte, rührte aus dem, was er von mehreren engen Kollegen im ganzen Land gesehen und gehört hatte. Sie hatten ihm davon berichtet, daß Freunde und Bekannte ohne Verhandlung verhaftet und eingesperrt wurden. Einige sprachen davon, daß in verschiedenen Teilen des Landes Internierungslager eingerichtet worden seien, in denen politische Gefangene festgehalten wurden. Bis zu dem Vorfall mit Jeff und Karen hatte er das nur für ein Gerücht gehalten. Doch dann wurde ihm klar, daß hier irgend etwas zum Himmel stank. Er hatte eine systematische Überprüfung seiner Freunde durchgeführt, von denen er wußte, daß sie Christen oder Juden waren. Zu seinem Entsetzen hatte er festgestellt, daß etliche davon vermißt wurden, zusammen mit ihren ganzen Familien.

Als seine Nachforschungen sich ausweiteten, wurde er immer vorsichtiger. Er wußte ja, wie rücksichtslos der Geheimdienst mit ihm umgegangen war, und er zweifelte nicht daran, daß sie noch zu erheblich härteren Maßnahmen fähig waren. Was er nicht wußte, war, daß eine Gruppe, die nichts mit den Bundesbehörden zu tun hatte, die Fortschritte seiner Nachforschungen genau beobachtet hatte.

Da Dr. Eison nach dem Verbleib einiger vermißter Kollegen forschte, kam die Gruppe, die ihn überwachte, zu dem Schluß, daß man ihm trauen könne. Es war offensichtlich, daß er keine formelle Untersuchung durchführte. Bill Eison war müde und hatte Angst vor dem, was er entdeckt hatte. Um sich selbst machte er sich keine Sorgen, aber Karen ... das war etwas anderes. Eines Abends betrat er sein Motelzimmer in Washington, wo er an einer Konferenz über das Star-Cluster-Projekt teilnahm. Kaum hatte er die Tür geöffnet, sah er im trüben Licht der untergehenden Sonne die Silhouette eines Mannes stehen.

»Wer ist da?« fragte Eison, während er die Hand nach dem Lichtschalter ausstreckte.

»Bitte schalten Sie nicht das Licht an, Doktor«, bat die schattenhafte Gestalt höflich. »Mir ist es lieber, wenn Sie mein Gesicht jetzt noch nicht sehen.«

Eison fügte sich und setzte sich in den großen Lehnsessel. »Was wollen Sie?« fragte er.

Zu seiner Überraschung registrierte er, daß er keine Angst hatte. Die Ereignisse der letzten Monate schienen alle Emotionen aus ihm herausgepreßt zu haben. *Vielleicht bin ich auch nur zu wütend, um mich darum zu scheren*, dachte er.

»Doktor, ich weiß, daß Sie Nachforschungen nach einigen Ihrer Kollegen angestellt haben. Ich habe Informationen für Sie, die für Sie von Nutzen sein könnten. Kenn Sie einen Dr. Epps?«

»Paul Epps? Klar. Er ist ein alter Freund aus dem Raumfahrtprogramm. Warum?«

»Ich habe einen Brief von Dr. Epps. Er sagte, Sie würden erkennen, daß er ihn geschrieben hat.« Damit reichte er Eison ein handgeschriebenes Blatt.

Lieber Bill,

nur damit Du weißt, daß wirklich ich es bin, der Dir dies schreibt, möchte ich Dich an unseren Campingausflug von 1960 erinnern. Weißt Du noch, wie wir beschlossen, den Freund zu fangen, der sich in unser Lager verirrt hatte – den parfümierten Freund?

Eison lächelte bei der Erinnerung. Er und drei andere Studenten hatten im Yosemite-Nationalpark gezeltet, als ein Stinktier, angelockt von dem Geruch der Lebensmittel, in das Lager eingedrungen war. Paul Epps erzählte den andern, er als Bauernsohn wisse, daß ein Stinktier einen nicht anspritzen könne, wenn man es am Schwanz packte und hoch emporhob. Eison, jung und gutgläubig, wie er war, packte das Tier am Schwanz und hob es vom Boden hoch. Das Stinktier, das von Pauls Theorie noch nichts gehört hatte, bespritzte sie prompt allesamt mit seinem durchdringend riechenden Sekret – Volltreffer. Sie versäumten mehrere Tage lang die Vorlesungen, weil einige überempfindliche Professoren die stinkenden Studenten des Hörsaals verwiesen. Trotz Bädern in Tomatensaft dauerte es über eine Woche, bis der Gestank verflog.

Eison las weiter. Er hatte keinen Zweifel, daß der Brief echt war.

Einige meiner Angehörigen werden in einem Lager außerhalb von Phoenix festgehalten, weil sie Juden sind. Bill, es sind anständige Leute, deren einziges Verbrechen es ist, Juden zu sein.

Ich fürchte, wir erleben zur Zeit eine Wiederholung dessen, was in Deutschland während des Zweiten Weltkriegs geschah. Wenn Du dem Mann helfen kannst, der Dir diesen Brief bringt, bitte ich Dich dringend, es zu tun. Möglicherweise werde ich selbst auch verhaftet werden.

Eison ließ den Brief sinken. Er war sichtlich erschüttert.

»Glauben Sie, was in dem Brief steht, Doktor?« fragte sein Besucher.

»Ja, das tue ich. Ich kenne Paul gut. Es ist nur schwer zu glauben, daß so etwas tatsächlich passieren kann. Wir sind nicht in Deutschland. Wir sperren keine unschuldigen Bürger ein.«

»Ich bin sicher, daß viele Leute in Deutschland damals dasselbe sagten, Doktor. Aber sie warteten, bis es zu spät war, etwas dagegen zu tun.«

»Was kann ich für Sie tun?«

»Ich glaube, Sie kennen Jeff Wells?«

»Ja, ich habe mit ihm an dem Erdbebenprogramm gearbeitet. Meine Tochter ist jetzt seine Assistentin.«

»Soviel ich weiß, ist er der Urheber des sogenannten Data-Net-Systems. Ist das richtig?«

»Ja«, erwiderte Eison. Falls der Mann ein Agent der Regierung war, hatte er sich soeben eine lange Gefängnisstrafe eingehandelt, das wußte er.

»Unseren Informationen zufolge hat Mr. Wells versucht, Kontakt zu Ihnen aufzunehmen, als ihm Zweifel bezüglich der Anwendung seiner Arbeit kamen. Wir glauben auch, daß er der Schlüssel dazu ist, daß eine Menge unschuldiger Menschen ihre Freiheit zurückerhalten können.«

»Was kann ich tun?« wiederholte Eison. Der Gedanke, daß das Grauen Nazideutschlands sich in den Vereinigten Staaten erneut abspielen könnte, stand ihm vor Augen. *Niemand wird zu unserer Rettung kommen, wie es die USA in Europa taten*, dachte er grimmig.

»Wir brauchen jemanden, dem Wells vertraut und der Kontakt zu ihm aufnehmen kann. Er ist in großer Gefahr, und sobald das Data-Net voll funktionsfähig ist, werden er und Ihre Tochter eliminiert werden. Wenn das geschehen ist, gibt es kein Zurück mehr.«

»Warum sollten die das tun?« fragte Eison erschüttert. Er hatte angenommen, Jeff sei zu wertvoll, als daß ihm etwas passieren könnte.

»Er stellt eine Bedrohung dar, weil er der einzige Mensch ist, der das System angreifen kann. Ich versichere Ihnen, Doktor, unsere Quellen besagen eindeutig, daß Wells eliminiert werden wird, sobald Dr. Loo das System beherrscht.«

»Dr. Loo?« fragte Eison. »Meinen Sie Kim Loo?«

»Ja. Er ist hinzugezogen worden, um die Verwaltung des Systems zu übernehmen, sobald es funktionsfähig ist.«

Eison kannte Kim Loo gut. Er war ein brillanter Wissenschaftler, hing jedoch politisch an dem Gedanken einer einheitlichen Weltregierung. Zu oft hatte er angehört, wie Loo sich über diese Philosophie erging. Selbst im liberalen Berkeley war Loo gefeuert worden, weil er zuviel Unruhe unter den Studenten stiftete.

»Ich werde Ihnen helfen. Sagen Sie mir, wie.«

»Können Sie Wells auf eine Weise kontaktieren, so daß niemand, wirklich niemand, etwas davon weiß?«

Eison dachte einen Augenblick lang nach. Dann antwortete er: »Ich glaube schon. Aber was soll ich ihm sagen?«

»Die Wahrheit, Doktor. Die absolute, schmutzige Wahrheit. Sein System wird dazu verwendet, Millionen amerikanischer Bürger zu überwachen. Wenn das Laser-Identifikationssystem in Funktion ist, liegen Leben und Tod von Wells und Ihrer Tochter im Belieben der Regierung. Im Augenblick sind es die Christen und die Juden. Wer weiß, wen es als nächstes treffen wird?«

Das war vor zwei Wochen gewesen. In der Zwischenzeit hatte Bill Eison fieberhaft daran gearbeitet, den Kanal wieder zu öffnen, den er und Jeff verwendet hatten, als sich das Data-Net noch im Anfangsstadium seiner Entwicklung befand. An diesem Tag hatte er endlich Jeffs Paßwort entdeckt, mit dem sich der geheime Nachrichtencompiler neu starten ließ. Es lautete »Karen«. Sofort übermittelte er die verschlüsselte Botschaft, die Karen auf ihrem Bildschirm gesehen hatte.

Jeff konnte kaum glauben, was er da auf dem Bildschirm las. Dr. Eison breitete den ganzen Verschwörungsplan vor ihm aus, wie er ihm erläutert worden war. Teile davon hatte Jeff bereits erraten, aber sein Verstand wollte einfach nicht akzeptieren, daß die Regierung der Vereinigten Staaten Bürger zusammentrieb, um sie massenweise auszurotten.

»Mein Gott!« rief Karen, als sie die Nachricht ihres Vaters las. »Ist denn das möglich, Jeff?«

»Du kennst deinen Vater, Karen. Meinst du, man könnte ihm so etwas weismachen, wenn es nicht wahr wäre?«

Sie dachte darüber nach, und wußte, daß es stimmte. Ihr Vater machte in bezug auf wissenschaftliche Genauigkeit keine Kompromisse; er mußte jede Einzelheit überprüft haben, bevor er solche Informationen weitergab. »Nein, es ist wahr«, sagte sie mit Tränen in den Augen.

Nach einer Pause von einigen Sekunden tippte Jeff ein: »Was soll ich tun?«

Das Terminal antwortete: »Halten Sie sich die Optionen offen, und verschwinden Sie dort. Gruppe wird Sie mit bestem Fluchtmittel kontaktieren.«

»Was bedeutet das?« fragte Karen, als sie die letzte Nachricht sah.

»Er will, daß ich die Verbindung zum Terminal zwei offenhalte, damit wir später wieder an den Compiler herankönnen.«

»Kannst du das tun?« fragte Karen, während Jeff den Kanal zum Compiler schloß.

»Ehrlich gesagt, ich weiß es nicht. Ich habe in das Hauptprogramm jede erdenkliche Sicherung eingebaut. Es kämmt regelmäßig die Dateien durch und sucht nach unautorisierten Einträgen. Ich habe keine Ahnung, ob es zu knacken ist. Es ist ungefähr so, als ob man versucht, sich selbst im Schach zu schlagen.«

»Du bist der einzige, der dich im Schach schlagen kann«, sagte Karen bewundernd und schlang ihren Arm um seine Taille. »Ich liebe dich, Jeff Wells.«

Jeff war gleichzeitig erschrocken und froh. »Wirklich? Ich auch.«

»Du kannst dich doch nicht selber lieben«, neckte ihn Karen.

»Nein ...«, stammelte er. »Ich meine, ich liebe dich auch.«

»Ich weiß«, flüsterte Karen. »Ich habe nur darauf gewartet, bis du es auch wußtest.«

Kapitel 22

Die Falle

»Daß die Botschaft gefälscht sein könnte, ist nicht möglich, oder?« fragte Karen Jeff, nachdem er das Terminal abgeschaltet hatte.

»Nein. Außer deinem Vater wußte niemand über den Kanal Bescheid.«

»Aber wenn man ihn nun gezwungen hat, die Paßwörter zu verraten«, fragte sie. Falls es so war, wollte sie es eigentlich gar nicht wissen. Sie schüttelte die Vorstellung ab, ihr Vater könnte unter Drogen gesetzt worden sein – oder Schlimmeres.

»Das wäre möglich«, erwiderte Jeff nach einigem Nachdenken. »Aber was könnten sie damit gewinnen, daß sie uns warnen? Außerdem bestätigt seine Nachricht in hohem Maße das, was wir bereits wußten.«

»Was sollen wir tun?« flüsterte Karen. Sie war beinahe gelähmt vor Furcht. Im ganzen Land herrschte das Chaos, ihr Vater war praktisch ein Gefangener in seinem eigenen Labor, und jetzt waren sie selbst auch in Gefahr. Es sah hoffnungslos aus.

»Wir verschwinden hier«, sagte Jeff mit erheblich mehr Zuversicht in der Stimme, als er im Augenblick empfand. »Aber wir müssen äußerst vorsichtig sein. Sollte irgend jemand argwöhnen, daß wir wissen, was hier gespielt wird, werden sie uns in das tiefste Loch sperren, das sie haben.

Im Augenblick brauchen sie mich noch, und solange ich Dr. Loo hinhalten und den einen oder anderen kleinen Fehler im Data-Net belassen kann, wird uns nichts passieren. In der Zwischenzeit werde ich mich im System ein wenig umsehen.«

»Kannst du das tun, ohne Verdacht zu erregen?« fragte Karen, wieder ganz die professionelle Systemanalytikerin. »Ich dachte, das Data-Net zeichnet alles auf, was darin vorgeht.«

»Stimmt. Zumindest bis zu einem gewissen Grad. Aber ich habe bei der Programmierung des Systems ein paar interne Diagnoseroutinen installiert, die nicht dokumentiert werden und nur mit meinen persönlichen Paßwörtern zugänglich sind. Ich wollte nicht, daß das System allzu autonom wird. Wenn tatsächlich massenweise Menschen abtransportiert und eingesperrt werden, muß es darüber irgendwo im Netzwerk Aufzeichnungen geben«, sagte Jeff, mehr zu sich selbst als zu Karen. Er begann, seine speziellen

Paßwörter für die Aktivierung der internen Diagnoseroutine einzugeben. »Ich möchte wissen, ob der Justizminister bei irgendwelchen Treffen mehrerer Schlüsselfiguren dabei war.«

Damit rief Jeff die Datei über Fred Lively, dem Justizminister der USA auf. Die offizielle Datei zeigte nur die normalen Aktivitäten Livelys als Vorsitzender der NCLU, aber in den Backup-Dateien entdeckte Jeff mehrere zusätzliche Buchungen von Orten, die aus der offiziellen Datei gelöscht worden waren. Einer dieser Einträge war ein Telefonanruf aus dem Konferenzzentrum auf Jekyll Island, Georgia.

»Mission erfolgreich!« sagte Wells, während er tiefer in die Dateien vordrang. »Der alte Fred ist auch einer von den Oberbonzen der Bruderschaft. Schauen wir uns mal an, was er in letzter Zeit so getrieben hat. Karen, schau dir das an!«, sagte Jeff aufgeregt. »Es gab eine ganze Batterie von Anrufen zu den verschiedensten Orten, seit Lively Justizminister wurde. Hier sind die Anrufe in Livermore zur Zeit unserer Festnahme.«

Die Dateien zeigten Anrufe nach Sacramento, Livermore und Los Angeles, alle während der Zeit, als Jeff und Karen unterwegs nach Kalifornien waren.

»Hallo ... was ist denn das?« fragte Jeff laut. »Ich verfolge mal diese Nummer in L.A. zurück.«

»Innerhalb von Sekunden antwortete das Data-Net mit einer Beziehung zwischen der Nummer in L.A. und der geheimen Nummer der CIA in Washington.

»Das ist eine Verbindung zur CIA«, sagte Jeff jubelnd. Er hatte jetzt Feuer gefangen. Er blätterte durch die internen CIA-Dateien und fand die Nummer aufgelistet. Die Zuordnung lautete: »Hauptquartier – mutmaßlicher Terrorist Juan Marquez.«

»Lively stand in ständigem Kontakt mit bekannten Terroristen«, sagte Jeff und blätterte weiter. »Und die CIA hat seinen Anschluß die ganze Zeit überwacht. Warum haben sie wohl darüber nicht die Präsidentin informiert? Könnte es sein, daß die Präsidentin schon längst darüber Bescheid wußte? Menschenskind, schau dir das an!« rief er, als die nächste Datei geladen wurde. »Das ist eine interne Vollmacht zur Umleitung von fast hundert Personenzügen zur offiziellen Verwendung durch die Regierung. Wer das wohl angeordnet hat .. und warum?«

Seine Finger flogen regelrecht über die Tastatur, als er das Programm anwies, ihm die Antwort zu geben. Fast augenblicklich erschien auf dem Bildschirm die Antwort: »Autorisierung durch KAPVS.«

»KAPVS? Was ist das?« fragte Karen, die wie hypnotisiert vor dem Bildschirm stand.

»KAPVS heißt Kathy Alton, Präsidentin, Vereinigte Staaten«, antwortete Jeff. »Mit ihrem Paßwort läßt sich über das Data-Net auf jede Transaktion zugreifen. Das ist eine Änderung, die ich neulich in einem der neuen Unterprogramme von Dr. Loo gesehen habe. Es bedeutet, daß sie ein Blankoscheckbuch für das System hat.« Jeff tippte ein: »Zugriff autorisiertes Terminal.«

Der Computer antwortete: »Sub:4.«

»Sub:4«, flüsterte Karen, den Blick gebannt auf den Bildschirm gerichtet, »aber das ist doch ...«

»Das ist Cal Rutlands Terminal«, beendete Jeff ihren Satz. »Er hat die Schlüssel der Regierung in der Hand. Hallo ... was ist denn das?«

Jeff bemerkte ein internes Memo, das umgeleitet worden war, wonach der Vermerk über den Transfer aus der offiziellen Datei gelöscht worden war. Da Jeff alle Daten in seiner Diagnosedatei sichern ließ, um das Hauptsystem überprüfen zu können, war dort der Transfer immer noch verzeichnet.

»Dr. Loo ist weiter, als ich dachte«, sagte er. »Offenbar hat er einen Weg gefunden, permanente Daten aus dem Data-Net zu löschen, nur daß er nichts von meinem Backup-Speicher wußte.«

Jeff gab die Anweisung ein, den Transfer zurückzuverfolgen, und der Computer antwortete: »Sub:2.«

»Das ist doch das Terminal der Präsidentin«, sagte Karen, nachdem sie den Index der zugeteilten Terminals überflogen hatte.

»Korrektur«, sagte Jeff rasch. »Das *war* das Terminal *des* Präsidenten. Präsidentin Alton ließ es aus ihrem Büro entfernen. Sie sagte, sie verstehe nichts von Computern und brauche kein Terminal. Außerdem, schau dir das Datum an.«

Karen riß die Augen auf. »Das war der Tag, an dem Präsident Hunt ermordet wurde. Warum hat Cal Rutland an diesem Tag ein Memo von seinem Terminal zu dem von Präsident Hunt verschoben?«

»Nicht nur von seinem Terminal«, sagte Jeff, als er die Daten überflog. »Er hat auch ein Memo von Hunts Datei zu seiner verschoben ... Ich weiß!« rief er, als ihn die Erkenntnis traf. »Er hat eine Datei des Präsidenten gegen eine seiner eigenen ausgetauscht. Schauen wir mal ...«

Als Jeff die Datei aufrief, die von Sub:2 nach Sub:4 verschoben worden war, fiel Karen beinahe in Ohnmacht.

»Jeff, das ist eine Rede, die Präsident Hunt geschrieben hat. Aber es ist nicht die Rede, die Cal Rutland der Presse übergeben hat. Sieh mal, der Präsident spricht die Christen von jeder Mittäterschaft bei den Anschlägen der Terroristen frei.«

»Ja, und ich wette, daß die Rede, die Rutland veröffentlicht hat, im Verzeichnis des Präsidenten für jedermann sichtbar herumliegt.«

Jeff wies den Computer an, das Memo auf die Laserdisc zu kopieren, die an sein Terminal angeschlossen war. Sekunden später war die Datei übertragen und gespeichert.

»Wir müssen diese Information bekannt machen«, sagte Jeff, während er das System anwies, eine Liste aller Orte auszudrucken, zu denen die Züge umgeleitet worden waren. »Ich schätze, daß sich an diesen Orten die Lager befinden, in denen amerikanische Bürger illegal festgehalten werden. Jetzt müssen wir nur noch einen Weg finden, diese Information an die Öffentlichkeit zu bringen.«

Jeff sandte einen Befehl an den Compiler, den Kanal nach Livermore wieder zu öffnen. Wenige Sekunden später stand die Verbindung. Wieder kommunizierte Jeff mit Dr. Eison.

»Mir ist nicht wohl dabei«, sagte er zu Karen, während er seine Botschaft eintippte. »Als ich mir dieses System ausgedacht habe, waren wir noch im Anfangsstadium des Data-Net, so daß ich mir nicht die Mühe gemacht habe, irgendwelche Tarnprogramme einzubauen.«

»Aber du hast doch gesagt, daß niemand merken würde, daß du über den zentralen Compiler kommunizierst«, sagte Karen gespannt.

»Stimmt«, sagte Jeff, immer noch die Tastatur bearbeitend, »aber immer, wenn das System an die Leitung geht, wird die verfügbare Prozessorzeit registriert. Was man sehen könnte, falls jemand sich die Mühe macht, das zu überprüfen, wäre, daß im Hauptprozessor Rechenzeit verbraucht wird, ohne daß sie irgendeinem konkreten Benutzer zugewiesen ist. Das ist unmöglich.«

»Ach, du machst dir viel zu viele Sorgen um deine Maschine«, neckte ihn Karen. Sie fühlte sich geradezu erleichtert im Vergleich zu den vergangenen Wochen, da sie nun wenigstens eindeutige Beweise hatten; jetzt mußten sie sie nur noch an die Öffentlichkeit bringen. Hätte Karen gewußt, daß im Hauptprozessorraum Dr. Loo eifrig damit beschäftigt war, ihrem Geheimnis auf die Spur zu kommen, wäre sie nicht so sorglos gewesen.

»Können Sie den Benutzer ausfindig machen?« fragte Loo den Programmierer.

»Nein, Sir. Es ist geradezu unheimlich. Es ist, als wäre die CPU von selbst langsamer geworden. Ich könnte schwören, daß da irgendwo ein Programm kompiliert wird, wenn wir nicht den Compiler dichtgemacht hätten.«

»Sind Sie sicher, daß wir nichts an der Leitung haben, das Maschinenzeit verbrauchen könnte?« fragte Loo, während er innerlich alle möglichen Erklärungen Revue passieren ließ.

»Ganz sicher, Sir. Wir haben sogar die Benutzer von außen gesperrt. Ich wette, die Service-Telefone laufen inzwischen heiß.«

Ganz wie ich erwartet habe, dachte Kim Loo im Stillen. *Wells ist der einzige Mensch, der in der Lage ist, das Überwachungssystem und meine Fallen zu umgehen. Irgendwie hat er sich direkten Zugang zum Compiler verschafft. Ich frage mich, was er da treibt?* Er wählte Cal Rutlands Nummer.

»Ja«, antwortete Rutland. »Was gibt´s?«

»Mr. Rutland, wir haben ein Problem«, sagte Loo emotionslos. »Ich glaube, daß Wells ein Programm laufen läßt, mit dem er die Fallen umgehen kann, die ich ihm gestellt habe. Es ist durchaus möglich, daß er Nachrichten zu jemandem außerhalb des Systems sendet.«

»Was?« rief Rutland ins Mikrofon. »Doktor, überwachen Sie die Sache weiter. Ich überprüfe Wells.«

»Gut«, erwiderte Loo und legte auf. *Dieser Wells ist der beste Mann, den ich je getroffen habe,* dachte er bewundernd. *Ein Jammer, daß man ihn nicht anwerben kann.*

Rutland legte den Hörer auf und begab sich direkt zum Labor im Kellergeschoß, wo Wells sein Büro eingerichtet hatte. Als er die Tür erreichte, drehte er vorsichtig den Knauf. »Verschlossen«, fluchte er tonlos. Er wußte, daß er sich nicht an Wells anschleichen konnte.

Drinnen hörte Jeff das Klicken des Türknaufs, als die Mechanik an den Riegel anschlug. Sofort drückte er auf die »Clear«-Taste auf seiner Konsole, und das Programm schloß den Kanal und nahm seine normale Tätigkeit wieder auf.

Vor der Tür kam Rutland zu dem Schluß, daß er am besten den Ahnungslosen spielte. Wells war kein Narr. Er klopfte an die Tür.

Karen öffnete die Tür und sagte gelassen: »Oh, Mr. Rutland, Sie sind es. Kommen Sie herein.«

Wenn es etwas gab, worin Cal Rutland gut war, dann war es das Durchschauen von Menschen. Karens nonchalante Art verriet ihm, daß Loos Verdacht richtig war. Wells war zu gefährlich geworden. Er und das Mädchen würden eliminiert werden müssen.

Innerhalb einer Stunde saß er in Amir Husseins Büro. Rutland wußte, daß dies der einzige völlig sichere Ort war. »Ich glaube, daß Wells zu einem Risiko geworden ist, das wir uns nicht mehr leisten können«, eröffnete Rutland die Unterredung.

»Inwiefern?« fragte der dunkelhäutige Mann, während er einige Papiere in seine Aktentasche packte. Er bereitete sich auf den Abflug nach Israel vor, wo er die Besetzung beaufsichtigen würde. Es wäre ihm lieber gewesen, das Problem mit Wells später zu klären, aber er wußte, daß Rutland in den letzten drei Jahren viele

Male seine Fähigkeit unter Beweis gestellt hatte, Menschen und Situationen zu analysieren.

»Dr. Loo ist sicher, daß Wells mit jemandem außerhalb des Systems kommuniziert.«

»Kann er seine Anschuldigung beweisen?« fragte Hussein gleichmütig. »Sie wissen ja, wie diese Akademiker sind. Es gibt soviel professionelle Eifersucht unter ihnen. Vielleicht will er Wells nur loswerden, damit er der Guru sein kann.«

»Der Gedanke kam mir auch«, sagte Rutland, während er nach den Dokumenten griff, die Loo ihm gegeben hatte. »Dr. Loo hat schlüssige Beweise dafür, daß jemand das Programm des Hauptsystems verändert hat. Er ist sicher, daß Wells die Christen in die Lage versetzt hat, das System zu benutzen. Wir werden den Zugang nicht kontrollieren können, bis die ID-Scanner installiert sind.«

Bei dieser Bemerkung verengten sich Husseins Augen. »Er hat den Christen Zugang zum System verschafft, nachdem ich befohlen hatte, sie zu eliminieren?«

»Ja. Dr. Loo hat eine Karte von einer der Personen, die wir aufgegriffen haben, in das System eingegeben. Sie wurde normal verarbeitet, aber die Transaktion tauchte nie in einer der permanenten Dateien auf. Sobald der Name in die Arrestliste eingetragen war, so daß das Programm erkennen konnte, daß die Person verhaftet ist, wurde die Karte vom System abgelehnt. Offenbar verschafft Wells den Benutzern Zugang, bis wir sie verhaften, und dann löscht er ihre Dateien. Bis sie tatsächlich verhaftet sind, haben sie freien Zugang zum System und praktisch unbegrenzten Kredit.«

»Töten Sie ihn sofort!« befahl Hussein. Seine Wut kannte keine Grenzen. Selbst der sonst so stoische Rutland spürte einen Schauder, wenn der Führer sich so erregte.

»Die Kontrolle über die Christen ist entscheidend für unsere Pläne«, tobte er und fuhr mit dem Arm über den Schreibtisch, so daß alles zu Boden krachte.

Das winzige Gerät, das in dem Klammerhefter auf Husseins Schreibtisch verborgen war, hörte auf zu funktionieren, als es auf den Boden aufschlug, aber die Zuhörerin hatte genug erfahren. Rasch verschloß sie den tragbaren Empfänger, den sie in ihrem Aktenkoffer verbarg, und machte sich auf den Weg ins Kellergeschoß.

Amelia Durant war vor dreißig Jahren als Sharon Vinetta, Tochter jüdischer Eltern, in Israel geboren worden. Mit siebzehn war sie vom Mossad, dem israelischen Geheimdienst, angeworben worden, um für die Arbeit als verdeckte Agentin in den USA ausgebildet zu werden. Nachdem sie den Auftrag angenommen hatte, wurde sie in die Vereinigten Staaten geflogen und in einer Familie in New York untergebracht, deren Tochter zehn Jahre zuvor bei einem Autounfall ums Leben gekommen war, und wuchs fortan als amerikanische Bürgerin auf; alle Unterlagen über Amelia Durant waren so verändert worden, daß sie und Sharon Vinetta ein und dieselbe Person wurden. Der Mossad arbeitete offensichtlich nicht weniger effizient als die Bruderschaft und wußte seit langem über die Zukunftspläne dieser Gruppe Bescheid.

Amelia war auf die besten Schulen gegangen, hatte eine Ausbildung in Kryptologie erhalten und war dann in Washington eingesetzt worden, wo sie sich rasch Zugang zu den geheimsten Akten der Nation verschaffte. Sie ließ sich von der Bruderschaft anwerben und verschaffte ihr entscheidende Dokumente. Gleichzeitig konnte sie aufgrund ihres fast perfekten Gedächtnisses den Mossad ständig über die Agenten auf dem laufenden halten, die die Bruderschaft in Washington und Israel einschleuste. Über mehrere Jahre hinweg hatte sie entscheidend dazu beigetragen, daß ein Profil der Bruderschaft und ihrer Zielsetzungen erstellt werden konnte. Nun lagen zwei schattenhafte Organisationen in einem tödlichen Zweikampf um die Kontrolle über die USA und letzten Endes über die ganze Welt.

Amelia erreichte das Kellergeschoß. Als sie sich dem Flur näherte, der zu Wells´ Büro führte, holte sie einen kleinen Zylinder aus der Tasche und verbarg ihn in der Handfläche. An der Tür wurde sie von einem Sicherheitsbeamten aufgehalten.

»Was wollen Sie hier?« fragte er, die Hand auf der Waffe im Halfter unter seiner Jacke.

»Ich suche das Archiv«, sagte Amelia unterwürfig. »Ist es nicht mehr hier?«

»Nein!« antwortete der Sicherheitsbeamte scharf. »Zu diesem Bereich hat nur befugtes Personal Zutritt.«

»Tut mir leid«, sagte die junge Frau scheinbar eingeschüchtert. »Ich bin neu hier, und man hat mir gesagt, das Archiv wäre im Keller.«

Der Sicherheitsbeamte milderte seinen strengen Blick und sagte: »Da hat Sie jemand an der Nase herumgeführt. Das Archiv ist schon seit zwei Jahren nicht mehr hier.«

»Na, dann vielen Dank«, erwiderte Amelia mit leiser Stimme. »Dann werde ich wohl weitersuchen müssen.«

Als sie sich zum Gehen wandte, ließ sie den Aktenstapel fallen, den sie bei sich trug, und stöhnte leise: »Oh nein, nicht schon wieder.«

»Warten Sie, ich helfe Ihnen«, erbot sich der Sicherheitsbeamte, bückte sich und hob einige der auf dem Boden verstreuten Akten auf. Als die Frau an ihm vorbeistrich, setzte sie ihm den verborgenen Zylinder ins Genick und drückte auf den Knopf. Sofort griff der erschrockene Sicherheitsbeamte nach seiner Waffe, aber noch während sein Verstand ihm sagte, daß er hereingelegt worden war, weigerten sich seine Muskeln, ihm zu gehorchen. Bewußtlos sackte er auf dem Teppichboden zusammen.

Mit raschen Bewegungen tippte die junge Frau die Codenummer ein, die ihr Zugang zu Wells´ Arbeitsbereich verschaffte. Als sie den Raum betrat, legte sie ihren Finger an die Lippen, um Karen zu signalisieren, sie solle keinen Laut von sich geben. Mit ein paar schnellen Handbewegungen bedeutete sie Jeff und Karen, ihr zu folgen.

Jeff war von Natur aus vorsichtig und wollte etwas sagen. Wieder zog Amelia die Augenbrauen zusammen, legte den Finger an die Lippen und winkte mit der anderen Hand heftig ab. Dann vollführte sie das internationale Handzeichen für Tod, indem sie ihren Zeigefinger quer über ihren Hals zog. Sie reichte Karen eine kurze, handgeschrieben Notiz von ihrem Vater: »Karen, folge der Person, die dir diese Notiz gibt, ohne Fragen oder Zögern. Es bedeutet, daß Euer Leben in unmittelbarer Gefahr ist.« Karen blickte von dem Zettel auf und signalisierte Jeff, ihnen zu folgen, während sie rasch auf die Tür zuging.

Als sie draußen auf dem Flur waren, sagte die junge Frau: »Sie müssen genau das tun, was ich Ihnen sage, wenn wir eine Chance zu entkommen haben wollen. Die Sicherheitspolizei wird sich jeden Augenblick auf den Weg zu Ihnen machen. Wenn wir nicht aus dem Weißen Haus heraus sind, bevor entdeckt wird, daß Sie weg sind, haben wir überhaupt keine Chance mehr.«

»Der Sicherheitsbeamte ...« Karen erschrak, als sie die zusammengesunkene Gestalt auf dem Fußboden sah.

»Ist er ...«

»Er ist nur bewußtlos«, sagte die Frau scharf. »Helfen Sie mir, ihn durch die Tür zu schaffen. Das kann uns ein paar zusätzliche Minuten verschaffen, bis sie hineinkommen.«

»Ich helfe Ihnen«, sagte Jeff, tippte den Zugangscode ein und fügte dann eine Reihe neuer Ziffern hinzu.

Als er Karens verwirrten Blick bemerkte, erklärte Jeff mit einem verschlagenen Grinsen: »Ich habe das System umprogrammiert, so daß ich meinen Zugangscode ändern kann. Das System ist erheblich vielseitiger, als irgend jemand hier ahnt.«

Während sie auf den Sicherheitsaufzug zueilten, sagte die junge Frau: »Mein Name ist Amelia. Ich gehöre zu der Gruppe, die daran arbeitet, unserem Volk seine Regierung zurückzugeben. Im Parkdeck wartet ein Wagen auf uns. Sobald wir den Sicherheitsaufzug rufen, bleiben uns noch zwei Minuten, um aus dem Parkdeck herauszukommen. Der Sicherheitsdienst wird wissen, daß etwas nicht stimmt, wenn der Aufzug ohne den richtigen Zugangscode für heute benutzt wird.«

»Ich wünschte, Sie hätten mir etwas davon gesagt«, sagte Jeff im Laufen. »Ich hätte das System so umprogrammieren können, daß es den Ruf ignoriert.«

»Keine Zeit«, keuchte die junge Frau. »Es ging alles zu schnell. Wir hatten vor, vor der Flucht Kontakt zu Ihnen aufzunehmen, aber Rutland hat soeben Befehl erhalten, Sie sofort zu eliminieren.«

»Aber warum?« rief Karen erschrocken. Sie rannten schneller. »Jeff wird doch immer noch gebraucht.«

»Sie haben herausgefunden, daß Sie es den Christen ermöglicht haben, ihre Data-Net-Karten weiterhin zu benutzen«, antwortete Amelia schwer atmend.

Karen blickte zu Jeff hinüber, der ebenfalls keuchte. »Ich sitze zuviel am Computer herum«, sagte er außer Atem. »Wenn ich die Chance bekomme, werde ich mehr Sport treiben, das verspreche ich.« Dann grinste er schief und antwortete auf Amelias Bemerkung: »Ich konnte schließlich nicht zwanzig Millionen Leute hungern lassen, oder?«

Sie erreichten den Aufzug, und Amelia tippte den einzige Zugangscode ein, den sie kannte – den Code von Vizepräsident Grant.

Der Monitor antwortete: »Bestätige: Zugang Vizepräsident.«

»Der Vizepräsident?« sagte Jeff und zog überrascht und bewundernd die Augenbrauen hoch.

»Ja. Er ist einer von uns; er will die Regierung wieder in den Händen der Wähler sehen. Er könnte uns eine große Hilfe sein, aber ich fürchte, wenn man entdeckt, daß er uns geholfen hat, wird er kompromittiert sein.«

»Nicht, wenn Sie mir einen Computer mit einem Zwei-Megahertz-Modem beschaffen können«, entgegnete Jeff zuversichtlich.

»Sie können die internen Codes ändern?« fragte Amelia erstaunt.

»Es gibt eigentlich nichts, was man mit einem Computersystem wie dem Data-Net nicht machen könnte. Vielleicht ist das ein bißchen zuviel«, fügte er hinzu. »Dr. Eison hatte recht; es birgt zuviel Macht, als daß man es jemandem anvertrauen könnte, am wenigsten den Politikern.«

»Hier geht es um mehr als Politik«, ergänzte Amelia, während sich die Aufzugtür öffnete. »Hier geht es um den Kampf zwischen Gut und Böse.«

Jeff rechnete halb damit, daß der Aufzug voll von Geheimdienstleuten sein würde. In seinem Geist stiegen Bilder von den Männern auf, die ihn aus Kalifornien zurückgebracht hatten. Sie würden nicht zögern, jemanden zu töten, wenn man ihnen den Befehl dazu gab; soviel war ihm klar. Doch der Aufzug war leer. Sie traten ein, und Amelia drückte auf den Knopf mit der Aufschrift »Personal-Parkdeck«.

Im Kontrollraum des Sicherheitsdienstes hatte das Signal, das den Aufzug rief, sofort eine Reaktion ausgelöst. Der Beamte, der für die Sicherheitsystem im Weißen Haus verantwortlich war, sagte: »Jemand hat den Sicherheitsaufzug gerufen. Wollen irgendwelche von den hohen Tieren das Gebäude verlassen?«

Der andere Sicherheitsbeamte warf einen Blick auf seinen Computerbildschirm und antwortete: »Auf meiner Liste steht nichts.«

»Aber irgend jemand hat den Aufzug gerufen. Überprüfen wir das lieber.«

»Vielleicht ist es nur die Wartung, die eine Routineprüfung durchführt«, meinte der andere Mann. »Ich rufe an und überprüfe das.«

Es dauerte ein paar Sekunden, bis er den Leiter der Tagesschicht erreicht hatte. Als der endlich antwortete, machte er mit einigen ausgesuchten Formulierungen deutlich, daß seine Leute keine Wartungsarbeiten im Weißen Haus durchführten, ohne vorher den Sicherheitsdienst zu informieren. Als er den Hörer auf die Gabe knallte, hörte der Sicherheitsbeamte am anderen Ende ihn noch murmeln: »Blödmann!«

Daraufhin setzte der Beamte mehrere Vorgänge gleichzeitig in Bewegung. Er drückte auf den Knopf für den stillen Alarm, der alle Sicherheitsleute im Weißen Haus darüber informierte, daß die Sicherheitsvorschriften des Weißen Hauses durchbrochen wurden. Dann wandte er sich an seinen Kollegen und sagte: »Ich mache mich auf den Weg zum Parkdeck. Es war nicht die Wartung.« Nachdem er die Konsole an seinen Partner übergeben hatte, eilte er zur Tür hinaus. Er wußte, daß die anderen Sicherheitsbeamten mindestens fünf Minuten brauchen würden, um das Parkdeck zu erreichen; er konnte es in weniger als zwei schaffen.

Der Aufzug schien Jeff eine Ewigkeit zu brauchen, um das VIP-Parkdeck zu erreichen. Er konnte sich vorstellen, was beim Sicherheitsdienst vorging, nachdem sie den Aufzug gerufen hatten. Nach all den Schwierigkeiten der letzten Zeit hatte er keinen Zweifel, daß die Beamten zuerst schießen und später Fragen stellen würden. *Ich hätte das Alarmsystem abschalten können, wenn ich nur*

Bescheid gewußt hätte, dachte er bei sich. Er wußte, daß ihr Leben jetzt von Minuten abhing.

Der Aufzug hielt auf dem Parkdeck, und die Türen glitten zur Seite. Als sie hinaustraten, atmete Jeff erleichtert auf. »Keine Sicherheitsleute«, verkündete er.

»Bald werden welche da sein«, warnte Amelia. »Folgen Sie mir, schnell! Wir haben keine Zeit zu verlieren.«

Jeff und Karen hefteten sich an ihre Fersen, während sie auf eine der parkenden Limousinen zurannte. Sie hatte die Schlüssel griffbereit und blieb vor dem Lincoln stehen. Jeff hörte das Klicken, als die elektronischen Schlösser auf den Magnetschlüssel reagierten.

»Einsteigen!« befahl Amelia, während sie hinter das Steuerrad glitt.

Jeff und Karen kletterten auf die Rückbank. Amelia hatte bereits eine Chauffeursmütze auf und startete den Wagen.

Der Sicherheitsbeamte war immer noch auf dem Weg hinunter in den ersten Stock. Er verfluchte sich für seine Dummheit. Er hatte versucht, den Sicherheitsaufzug zu benutzen, weil er glaubte, damit schneller zu sein als über die Treppe. Doch Amelia hatte den »Warten«-Schalter betätigt, als sie den Aufzug verließ. Dieses kleine Detail rettete ihnen das Leben.

Als der Sicherheitsbeamte die Tür zum Parkdeck aufstieß, bog der schwarze Wagen bereits um die Ecke. Schnaufend rannte er auf das Parkdeck hinaus. Er hörte das Quietschen der Reifen, sah aber nichts mehr von dem Wagen oder seinen Insassen. Einen Augenblick lang schöpfte er Atem; dann rief er die Zentrale an, um Bericht zu erstatten.

Cal Rutland sah auf seiner eigenen Sicherheitskonsole, wie der Alarm ausgelöst wurde. Die Einrichtung war eine Vorsichtsmaßnahme, die er persönlich nach Hunts Tod eingerichtet hatte. Die Konsole verschaffte ihm den Überblick über alle Überwachungsmonitore und Sicherheitsalarms im Weißen Haus. Sekunden nach dem Alarm war er unterwegs zu Wells´ Büro. Ein kurzer Anruf mit seinem Taschentelefon beim Sicherheitsdienst bestätigte ihm, daß der Sicherheitsaufzug von Wells´ Stockwerk aus angefordert worden war. Er wies die Sicherheitszentrale an, den nächsten verfügbaren Agenten zu ihm vor den Data-Net-Raum zu schicken. Er und der Agent trafen fast gleichzeitig ein. Der Sicherheitsbeamte blieb stehen und tippte seinen Zugangscode ein.

»Das Schloß reagiert nicht«, sagte der Beamte frustriert zu Rutland.

»Versuchen Sie es mit dem Generalcode des Sicherheitsdienstes, Sie Blödmann!« fuhr Rutland den nervösen Beamten an.

»Das habe ich schon, Sir«, stammelte er. »Er funktioniert nicht.«

»Er muß!« bellte Rutland und schob den Mann zur Seite. »Damit geht jede Tür in diesem Gebäude auf.«

»Jetzt nicht mehr«, sagte ein zierlich gebauter Mann mit asiatischen Zügen, der gelassen durch den Flur auf sie zukam. Dr. Kim Loo konnte nicht anders, als Jeff Wells im Stillen zu bewundern. *Wer hätte gedacht, daß Wells es schaffen würde, mit Hilfe des Data-Net die Sicherheitsschlösser des Weißen Hauses umzuprogrammieren?*

»Wie meinen Sie das?« knurrte Rutland Loo an.

»Schicken Sie Ihren Sicherheitsbeamten weg, bitte«, erwiderte Loo höflich.

»Gehen Sie!« befahl Rutland dem Beamten, der nur zu gern gehorchte. Er fürchtete Rutland. Die meisten Leute, die im Weißen Haus arbeiteten, taten das.

»Offenbar haben wir den jungen Mr. Wells wieder einmal unterschätzt«, sagte Loo gelassen. »Er hat sein Netzwerk mit dem internen Sicherheitssystem verbunden, und Ihren Generalcode umprogrammiert.«

»Können Sie ihn wiederherstellen?« Rutland gelang es mit Mühe, seine Wut zu beherrschen.

»Ja, aber es wird mindestens eine Stunde dauern. Sie können sicher sein, daß Wells nicht mehr da drinnen ist. Es ist unbedingt erforderlich, daß er gefaßt wird!« Plötzlich war es Loo, der die Befehle erteilte. »Er ist in der Lage, unbegrenzten Schaden anzurichten.«

Durch zusammengebissene Zähne erwiderte Rutland: »Wir werden ihn aufhalten, Doktor, seien Sie versichert. Wir verfügen über Möglichkeiten, von denen er nichts ahnt.« Damit wandte er sich um und eilte zurück in sein Büro. Er wußte, daß er diese Angelegenheit schnell und effektiv erledigen mußte. Er würde die Bruderschaft nicht enttäuschen, der er sein Leben verpfändet hatte. Er griff nach seinem Telefon.

»Lively? Rutland. Wir haben Grund zu der Vermutung, daß Wells und das Mädchen entkommen sind. Sie haben Hilfe von jemandem innerhalb des Weißen Hauses erhalten und sind mit einer der Limousinen geflogen. Können Sie sie aufspüren?«

»Das können wir«, sagte Lively beruhigend. »Ich habe jedes Fahrzeug der Regierung mit einem Peilsender ausgestattet. Wir werden wissen, wo sie sind, sobald sie an einem der ID-Scanner vorbeikommen. Sollen wir sie stoppen?«

»Nein!« sagte Rutland kalt. »Verfolgen Sie sie bis zu ihrem Ziel. Ich will herausfinden, wer noch damit zu tun hat. Dann werden wir die Verräter ausschalten.«

»Ich informiere sie, sobald wir eine Spur von ihnen haben«, sagte Lively und legte auf, wobei er leise vor sich hin summte.

»Die Sache läuft großartig«, sinnierte er. »Wir treiben die Christen zusammen, und die Juden auch. In diesem Land wird es sich leben lassen, sobald wir die Moralapostel und die Geldschneider los sind.«

Lively rief im Kommandozentrum seines Geheimdienstes an. »Geben Sie mir Marla.«

Marla West war Livelys Sicherheitschefin. Sie hatte sich seit den frühen achtziger Jahren, als Präsident Reagan ihnen mit seinen familienfreundlichen Lebensschützer-Sprüchen viel Kummer gemacht hatte, in der NCLU engagiert. Sie hatten ihn überdauert, genau wie all die andern Rechten. Was Lively an den Leuten, die sich Christen nannten, am meisten verabscheute, war ihr Mangel an Hingabe an ihre Sache. Sie gaben immer klein bei, wenn das Terrain rauh wurde.

Marla West dagegen kannte keine Grenzen in ihrer Hingabe an die anti-christliche Sache. In den neunziger Jahren war sie verurteilt worden, weil sie mehrere Häuser von Gemeinden in Brand gesteckt hatte, die der NCLU viele Schwierigkeiten gemacht hatten. Sie hatte ihre Strafe abgesessen und kam noch entschlossener aus dem Gefängnis heraus, als sie hineingekommen war. Christen zu verfolgen war für sie das reinste Vergnügen

»Ja, Fred«, sagte die Frau mit dem steinernen Gesicht so sanft wie möglich ins Telefon. Marla West war fünfzig und sah zehn Jahre älter aus. Sie war schon immer übergewichtig gewesen und hatte schon mit dreißig graue Haare und Falten bekommen. Sie tat so, als machte es ihr nichts aus, daß andere Leute sie häßlich fanden. In Wirklichkeit machte es ihr etwas aus – sogar eine Menge.

Als Jugendliche hatte sie einmal eine Woche lang an einer christlichen Gemeindefreizeit teilgenommen. Die anderen Mädchen hatten sie »Pummel« genannt, oder »Oma«, weil ihr Gesicht älter aussah. Eines Abends hatte sie zweien von ihnen aufgelauert, als sie von einem Picknick zurückkamen. Sie hatte nur einen abgebrochenen Besenstiel, aber den gebrauchte sie auf das Fürchterlichste. Dem einen Mädchen brachte sie eine Platzwunde am Kopf bei; durch das viele Blut wirkte es wie ein Massaker. Das andere Mädchen verprügelte sie mit dem Besenstiel, bis es überall im Gesicht und auf den Armen blaue Flecken hatte.

Da es dunkel war, konnte keines der beiden Mädchen die Angreiferin richtig sehen, und Marla hätte unentdeckt davonkommen können, hätte sie es sich nur verkneifen könne, die beiden wissen zu lassen, daß sie es war. Doch am nächsten Tag besuchte sie die beiden im Krankenhaus und sagte zu ihnen: »Na, wer sieht jetzt wie eine alte Frau aus?« Noch am gleichen Tag wurde sie nach Hause geschickt und durfte nie wieder an dem Lager teilnehmen.

Von da an entwickelte sie eine verzehrenden Haß gegen alle, die sich Christen nannten.

»Marla, wir haben einen Notfall«, sagte Lively gelassen. »Zwei Leute, die am Data-Net arbeiten, haben sich zum Überlaufen entschlossen. Sie sind im Augenblick in einer Limousine der Regierung unterwegs. Wir müssen sie ausfindig machen, bevor sie das Fahrzeug wechseln.«

»Um wen geht es?« fragte sie.

»Jeff Wells und seine Assistentin Karen Eison«, sagte Lively ungerührt.

»Puh«, sagte Marla West. »Ganz schön stark. Ich dachte, Wells wäre das Gehirn hinter dem Netzwerk.«

»Sehen Sie nur zu, daß Sie sie erwischen«, sagte Lively. »Rutland will, daß sie eliminiert werden, sobald wir herausgefunden haben, mit wem sie in Verbindung stehen. Wir können uns in dieser Sache keinen Fehler leisten.«

»Ich mache keine Fehler«, entgegnete Marla West. »Ich habe sie bereits auf dem Schirm, genau wie jedes andere Regierungsfahrzeug. Im Augenblick fahren sie den Martin Luther King Boulevard entlang. Ich würde sagen, höchstwahrscheinlich wollen sie zum alten Flughafen.«

Lively gab seinem Sicherheitsdienstleiter ein Zeichen. Er schrieb »MLK-Flughafen« auf einen Zettel und reichte ihn dem Beamten. Sofort erging eine Meldung an alle Einheiten in der Nähe, und innerhalb von nicht einmal fünf Minuten war der Kontakt hergestellt.

»Sir, eine unserer Einheiten ist in Sichtweite der Limousine«, sagte der Sicherheitsdienstleiter.

»Sie sollen ausreichend Abstand halten«, befahl Lively. »Ich will sie nicht aus den Augen verlieren, aber sie sollen auch noch nicht merken, daß wir sie gefunden haben.«

»Was machen wir jetzt?« fragte Jeff Amelia, während sie durch die belebten Straßen fuhren.

»Wir haben alles vorbereitet«, erwiderte sie, als sie den unscheinbaren Wagen einige Querstraßen hinter sich bemerkte. *Ich frage mich, warum die Bullen sich nicht ein paar Corvettes oder Astons anschaffen*, sinnierte sie. *Ihre Autos sind so unauffällig, daß man sie unter Tausenden erkennt.* Zu Jeff und Karen sagte sie nichts. *Für mich ist der Job leichter, wenn die beiden sich keine Sorgen machen.*

»Wir werden die Limousine gleich verlassen«, sagte sie. »Halten Sie sich bereit, auszusteigen, wenn ich es Ihnen sage.«

Sie bog in eine kleine Seitenstraße ab, die in einem Bogen zurück auf den MLK Boulevard führte. Sie war sicher, daß der Wagen hinter ihnen eine Verfolgung nicht riskieren würde, aber der Peilsender, den sie installiert hatten, würde die Verfolger auf ihrer

Spur halten. Wie erwartet fuhr der Wagen langsam an der Seitenstraße vorbei und setzte seinen Weg auf dem MLK fort.

»Wir klemmen uns wieder dahinter, sobald sie auf die Hauptstraße zurückkommen«, gab der Fahrer an die Zentrale durch. »Die Seitenstraße ist nicht groß genug, um ihnen zu folgen, ohne daß sie uns sehen.«

»Passen Sie nur auf, ob sie den Wagen wechseln«, warf Lively ein.

»In der Gasse war ein brauner Caprice geparkt«, gab der andere Agent zurück. »Wir werden jeden Wagen überprüfen, der herauskommt.«

»Halten Sie sich bereit«, sagte Amelia zu Jeff. »Wenn ich fast anhalte, springen Sie und Karen hinaus und laufen zu dem Mülltransporter hinüber. Steigen Sie hinten hinein.«

»Ein Mülltransporter«, rief Karen und zog die Nase kraus. »Igitt.«

»Immer noch besser als eine Kugel im Kopf«, erwiderte Amelia. »Müllgestank läßt sich abwaschen. Machen Sie sich bereit ...«

Jeff streckte die Hand aus und öffnete die Tür. Als Amelia den Wagen fast auf Schrittempo verlangsamte, ergriff er Karens Arm, stieg aus dem Wagen und stürmte los. Karen stolperte, aber Jeff fing sie auf und hielt sie auf den Beinen. Während sie auf den Mülltransporter zurannten, öffnete sich das Heck. Jeff zog Karen mit sich in den Müll, und die Klappe schloß sich wieder.

Sie hörten nicht mehr, wie Amelia sagte: »Viel Glück – und Gott mit euch!« Dann parkte sie die Limousine hinter dem wartenden Caprice, rannte vor und öffnete die Fahrertür. Als sie einstieg, richteten sich auf dem Rücksitz eine junge Frau und ein junger Mann auf. Sie fuhr los.

Als sie aus der Nebenstraße wieder auf den MLK Boulevard einbog, fädelte sich einige Straßenzüge hinter ihr der dunkle Wagen wieder in den Verkehr ein. Sie lächelte.

»Wir haben sie«, sagte der Fahrer zu seinem Partner, der sofort das Hauptquartier anrief. »Wir folgen einem 93er Caprice. Wells und das Mädchen sitzen auf dem Rücksitz. Sie fahren Richtung Flughafen.«

»Das ist zu leicht«, rief Lively ins Mikrofon. »Ich wette, es hat noch einen zweiten Wechsel gegeben. Ich will, daß ein zweiter Wagen an der Einmündung wartet. Beobachten Sie, wer aus dieser Nebenstraße kommt.«

»Hier Wagen zwei. Verstanden«, sagte ein Agent namens Kruger.

Ein paar Minuten später kam der Mülltransporter aus der Gasse.

»Eben kommt ein städtischer Mülltransporter aus der Nebenstraße«, meldete Kruger.

»Folgen Sie ihm!« befahl Lively. »Und halten Sie ausreichend Abstand. Sie sollen nicht merken, daß wir ihnen noch auf der Spur sind. Ich schicke zusätzliche Einheiten an die Strecke, die sich mit der Verfolgung abwechseln können.«

Lively war begeistert. Er wußte, daß sie den Plan zur Befreiung von Wells vereitelt hatten. Jetzt würde er ihnen zeigen, wer cleverer war.

Der Mülltransporter setzte seine normale Route fort und hielt immer wieder an, um Müll zu laden. Karen war nahe daran, sich zu übergeben, so sehr setzte ihr der Gestank zu.

»Halt durch, Karen«, sagte Jeff und drückte ihre Hand. Freilich war er sich seines eigenen Magens auch nicht sicher, falls sie noch lange in diesem Laster bleiben mußten. »Versuch an etwas anderes zu denken.«

»Habe ich schon versucht«, erwiderte Karen, während sie sich ein Tuch vor die Nase hielt. »Aber mir fällt nichts anderes ein als Müll ... und Ratten ...«

Fast eine Stunde lang setzte der Mülltransporter seine vorgeschriebene Route fort und entlud Müllbehälter in den Laderaum. Eine Zeitlang fürchtete Jeff, sie könnten unter den Müllbergen begraben werden und ersticken. Dann bog der Laster plötzlich von der üblichen Route ab und fuhr mit Höchstgeschwindigkeit, also ungefähr fünfundsechzig Stundenkilometern, auf die Vororte von Maryland zu.

Im Verfolgerwagen erstattete Kruger Bericht. »Zentrale, der Laster ist in den Arlington Boulevard eingebogen. Ich schätze, er will zu einem Treffpunkt zwischen hier und Fairfax.«

»Was gibt es da draußen?« fragte Lively Marla West am Telefon.

»Ich sehe nach«, erwiderte sie und rief die möglichen Zielorte auf ihren Computerbildschirm. »Es gibt einen kleinen Flugplatz ungefähr zwanzig Meilen von der gegenwärtigen Position des Lasters. Vielleicht haben sie einen kleinen Jet dort.«

»Schicken Sie ein LAARS-Team hin«, befahl er.

»Wollen Sie sie über bewohntem Gebiet abschießen?« fragte sie ungläubig. »Da wohnen eine Menge Leute rund um diesen Flugplatz.«

»Schicken Sie ein LAARS-Team hin«, wiederholte Lively wütend. »Wells ist erheblich wichtiger als ein paar Zivilisten auf dem Boden.«

»Okay«, antwortete sie, während sie ihre Spezialeinheit in Andrews anrief. »Wenn sie rechtzeitig dort sein wollen, werden sie jedoch einen Helikopter nehmen müssen.«

»Sie sollen außer Sicht bleiben, bis wir wissen, was die mit Wells vorhaben«, befahl Lively. »Aber sie sollen sich bereithalten.«

Dreißig Minuten später, als der Mülltransporter auf die Startbahn in Merrifield einbog, war der Helikopter bereits hinter einem drei Meilen entfernten Hügel in Stellung. Die Seitentür der uralten Huey-Maschine war offen, und der Agent hielt einen LAARS-Boden-Luft-Raketenwerfer schußbereit.

Als der Laster hielt, rief der Fahrer: »Wenn ich die Klappe öffne, kommen Sie ´raus und rennen Sie. Folgen Sie der Agentin, sie wird Sie führen.«

Jeff hörte einen metallischen Schlag vorn im Laster; das Schlagen der Fahrertür, wie er vermutete. Dann hörte er die Hydraulik der Heckklappe. Draußen wartete eine junge Frau auf sie. Er bemerkte, wie sich ihre Nase krauszog, als sie sich aus dem Müllhaufen herausarbeiteten. Sie lief voran, und Jeff und Karen folgten ihr ohne ein Wort.

Zwei Minuten später rollte ein kleiner Privatjet die Startbahn entlang. Er blieb einen Moment stehen, bis die Turbinen sich zu der achtzigprozentigen Schubkraft für den Start hochgearbeitet hatten. Dann ließ der Pilot die Bremsen los, und das Flugzeug raste die kurze Startbahn entlang. Da die Maschine für zwölf Passagiere ausgelegt war und nur drei zu tragen hatte, sprang sie buchstäblich von der Startbahn hoch und stieg rasch in den wolkenlosen Himmel auf.

Der Helikopter erhob sich über den Hügel und ging direkt unter der Flugbahn der Düsenmaschine in Position. Der Agent mit dem Raketenwerfer zielte auf die heißen Turbinen des Flugzeuges. Eine kleine Rauchwolke und ein Schwall von Funken waren alles, was man von dem Start der hitzesuchenden Rakete sah. Sie schoß empor, auf das beschleunigende Flugzeug zu. Selbst mit seiner Höchstgeschwindigkeit von siebenhundert Stundenkilometern hätte der Jet der mit dreifacher Schallgeschwindigkeit fliegenden Rakete nicht entkommen können. Sie brauchte nur Sekunden, um ihn einzuholen.

Vom Boden aus sah man den Feuerball, als die Maschine sich in ihre Bestandteile auflöste, nachdem die Rakete die Turbinen getroffen hatte und mit der Gewalt einer Hundert-Kilo-Bombe explodiert war.

Das zerbrechliche Flugzeug wurde in tausend winzige Teile zerblasen. Brennender Treibstoff regnete auf den Interstate Highway 66 herab und zerstörte Autos, die das Pech hatten, sich genau in der Flugbahn zu befinden.

»Erledigt«, gab der Pilot des Huey an die Zentrale durch.

»Überlebende?« fragte Lively ruhig.

»Unmöglich«, berichtete der Pilot. »Die Maschine kam in einer Million Stücken herunter. Die haben gar nicht gemerkt, was los war.«

Schade, dachte Lively. *So macht es nur halb soviel Spaß, sie zu töten.*

»Es gibt einige Brände auf der Autobahn und einigen Nebenstraßen«, berichtete der Pilot. »Soll ich die Feuerwehr benachrichtigen?«

»Nein!« sagte Lively kalt. »Die werden früh genug davon erfahren. Ihr Pech, daß sie zur falschen Zeit am falschen Ort waren.«

Der Fahrer des anderen Verfolgerwagens meldete sich. »Hier Wagen eins«, sagte er. »Wir sind immer noch hinter dem Caprice. Was sollen wir tun?«

»Macht sie fertig«, sagte Lively beiläufig.

Das dunkelgrüne Regierungsfahrzeug beschleunigte, bis es neben dem alten Caprice mit Amelia Durant am Steuer entlangrollte. Der Agent auf dem Beifahrersitz kurbelte die Scheibe herunter und machte sich bereit, mit seiner Uzi auf den anderen Wagen zu schießen.

Doch statt dessen sah er sich den Mündungen zweier Kampfgewehre gegenüber, mit denen die beiden Mossad-Agenten auf dem Rücksitz des Caprice auf ihn zielten. Das letzte, was jeder der Männer in dem Verfolgerwagen hörte, war der Aufschrei seines Kollegen: »Was zum ...?«

Lively ahnte nicht, was mit seinen Agenten geschah. Er ging davon aus, daß sie die Verräter eliminierten. Er verließ den Kontrollraum und ging zurück in sein Büro. Nachdem er sich an seinen Schreibtisch gesetzt hatte, schenkte er sich einen Drink ein und rief Rutland an. »Hier Lively«, sagte er in scharfem Ton zu der Sekretärin. »Geben Sie mir Rutland.«

Rutland nahm dem Hörer ab, als das Signal ertönte, das ihm einen Anrufer ankündigte. »Ja?«

»Es ist Mr. Lively«, meldete die nervöse Sekretärin.

»Schießen Sie los«, sagte er, nachdem sie den Anruf durchgestellt hatte.

»Die Sache ist erledigt, Sir«, berichtete Lively mit einem Grinsen.

»Sind Sie sicher?« gab Rutland zurück. »Ich kann keine Fehler gebrauchen.«

»Völlig sicher«, sagte Lively in herzlichem Ton, trotz der Verärgerung, die er empfand. Er mochte Rutland eigentlich nicht besonders. Eines Tages würde er diesem arroganten politischen Lakaien eine Lektion erteilen müssen, beschloß er.

Rutland legte den Hörer auf und machte sich eine Notiz, die er an Hussein in Israel weiterleiten wollte. *Er wird zufrieden sein*, dachte Rutland, während er sich entspannte. Wells war keine Gefahr mehr.

Kapitel 23

Der Untergrund

»Randy, du kannst nicht schon wieder hinaus«, flehte Harriet. »Warum bleiben wir nicht hier? Hier sind wir doch gut aufgehoben.«

»Wir sind nicht gut aufgehoben, Harriet«, antwortete er mitfühlend. »Wir verstecken uns hier in den Wäldern, während viele unserer Freunde wahrscheinlich Hilfe brauchen.«

»Aber du hast doch die Fernsehsendungen gesehen«, protestierte sie mit Tränen in den Augen. »Alle, die zu unserer Gruppe gehören, werden als Terroristen gejagt. Man wird dich verhaften.«

»Harriet, ich weiß, daß das alles sehr schwer für dich gewesen ist, aber du mußt dich zusammenreißen. Gott will nicht, daß wir uns hier draußen verstecken, während wir anderen helfen könnten. Hier können noch zehn bis zwölf Leute mehr unterkommen, wenn wir uns ein bißchen einschränken.«

»Zwölf Leute mehr!« Harriet traute ihren Ohren nicht. »Randy, du hast letztes Mal schon fünf Leute mitgebracht.«

»Und wenn ich kann, werde ich versuchen, jeden Tag noch weitere fünf mitzubringen. Irgend jemand oder irgend etwas hat dafür gesorgt, daß meine Karte in dem System immer noch funktioniert. Du weißt, daß die Konten der meisten Christen eingefroren worden sind. Jetzt reden sie davon, jedem eine Laser-ID-Nummer einzutätowieren. Wenn das geschieht, wird keiner von uns mehr in der Lage sein, irgend etwas zu kaufen. Ich habe Gerüchte über ein Untergrundnetz gehört. Offenbar glauben noch eine Menge anderer Leute, daß die Regierung im Unrecht ist. Ich will mit dem Untergrund in Kontakt treten, wenn möglich.«

Randy ahnte nicht, daß Jeff Wells sein Wohltäter war. Als Dr. Rhinehart zum ersten Mal versucht hatte, die Konten der Christen einzufrieren, hatte Jeff das Data-Net-System angewiesen, nicht nur die Konten wieder freizugeben, sondern ihnen auch unbegrenzten Kredit innerhalb des Systems zu gewähren. Bis die Laser-ID eingeführt war, würden sie immer noch kaufen und verkaufen können.

»Ich weiß, du hast recht, Randy, und ich will ja auch helfen. Aber mir macht das alles solche Angst. Ich war auf das alles nicht vorbereitet.«

»Nein, darauf konnte auch niemand vorbereitet sein, Liebling. Aber wenn wir nur an uns selbst denken, dann haben diejenigen gewonnen, die hinter dieser ganzen Sache stecken. Solange wir bereit sind, uns für andere in die Bresche zu werfen, wird Gott eingreifen; das weiß ich einfach.«

Dasselbe hatte sich Harriet schon hundertmal gesagt, seit dieser Alptraum begonnen hatte. Sie rief sich Gottes Handlungsanweisung in Erinnerung: »Sorgt euch also nicht um morgen ...« Aber irgendwie schien ihr das nicht zu helfen. Sie wußte, daß sie sich nicht in erster Linie um Randys oder ihre eigene Sicherheit Sorgen machte. Es ging um Matthew. Irgendwie schaffte sie es nicht, loszulassen und Gott zu vertrauen – zumindest nicht so, wie es Randy offenbar konnte. Tief in ihrem Innern kannte Harriet die Wahrheit.

Sie war immer zur Gemeinde und in die Sonntagsschule gegangen, schon als kleines Mädchen. Als sie dreizehn war, hatte sie sogar ihr Leben an Christus übergeben. Aber sie wußte, daß sie damals zum größten Teil nur mit den anderen Jugendlichen mitgelaufen war, die sich für Christus entschieden hatten. Sie hatte sich nicht wirklich Christus ausgeliefert. Sie hatte sich dem Gruppendruck ausgeliefert. In manchen Kreisen führte Gruppendruck zu Drogen und Sex. In ihrer Umgebung führte er dazu, Christ zu werden. Das war es, was sich ihre Eltern am meisten gewünscht hatten. Sie hatten eine Mustertochter gebraucht, um sie in der Gemeinde vorzuzeigen: ihre wunderbare, gläubige Tochter. *Es war alles so leicht gewesen*, dachte sie, *erst die christliche Schule, dann das christliche College.* Die ganze Zeit über hatte sie Ressentiments und Rebellion empfunden, ohne es je zu zeigen.

Ihre einzige rebellische Handlung war Randy gewesen. Als sie ihn kennenlernte, war er im zweiten Jahr auf dem Clemson College und alles andere als ein Christ. Da ihr Vater ihr verboten hatte, sich mit Randy zu treffen, trafen sie sich heimlich. Als er nach seinem College-Abschluß einen Studienplatz für Jura in Alabama bekam, brannten sie durch. Eine Zeitlang hatte sie Angst, ihr Vater könnte an einem Herzanfall sterben. Doch nach etwa einem Jahr akzeptierten ihre Eltern die Situation, wenn auch mit Vorbehalten.

Dann, als Randy im zweiten Studienjahr war, hatten einige Studentengruppen einen christlichen Referenten eingeladen. Sie war aus Neugier hingegangen, und Randy hatte sie begleitet. An jenem Abend hörte Randy eine Botschaft, die sein Leben veränderte. Als die Einladung ausgesprochen wurde, sich für ein Leben mit Jesus Christus zu entscheiden, sah Harriet zu ihrem Entsetzen ihren Mann nach vorn gehen.

Von diesem Augenblick an hatte Randy nie zurückgeblickt. Er

verschlang christliche Bücher und versäumte es nie, abends seine Bibel zu lesen. Schon nach einem Jahr war es Randy, der eine widerstrebende Harriet mit auf Seminare und Großveranstaltungen schleppte. Sie ging mit, aber irgendwie wußte sie, daß er etwas hatte, das ihr fehlte.

All die Jahre, dachte sie, *all die Jahre wußte ich, daß etwas nicht stimmte. Ich habe nur so getan als ob, nur eine Rolle gespielt.* Dann wurde ihr klar: *Ich hätte beinahe für den Rest meines Lebens so weitergemacht.*

Plötzlich platzte Harriet heraus: »Randy, ich muß dir etwas sagen. Ich bin nicht sicher, ob ich ein Christ bin.«

»Ich weiß, Liebling«, sagte Randy ohne Verurteilung in der Stimme.

»Du weißt es!« sagte sie erstaunt. »Du meinst, du wußtest, daß ich in Wirklichkeit kein Christ bin, und hast all die Jahre nichts gesagt?«

»Hättest du mir zugehört, wenn ich etwas gesagt hätte?«

Harriet dachte einen Augenblick darüber nach und antwortete dann: »Nein, ich glaube nicht; nicht, bevor das hier passierte. Ich habe die Rolle so gut gespielt, daß ich sie mir mit der Zeit selbst geglaubt habe. Jetzt weiß ich, daß ich Jesus brauche«, sagte Harriet, und ihre Augen füllten sich wieder mit Tränen. »Es ist nicht das, was wir durchmachen, was mich so erschreckt. Es ist die Angst selber.«

»Harriet, du mußt wissen, daß ich meistens genauso viel Angst habe wie du. Nur weiß ich, daß Gott immer noch am Ruder sitzt, und das werde ich auch dann noch glauben, wenn wir alle sterben müssen.«

»Ich weiß es auch, Randy. Ich habe den Frieden gesehen, den Mom in sich hatte, als Dad an Krebs erkrankte. Denselben Frieden sehe ich auch in dir. Das ist es, was ich will.«

»Ich habe wirklich einen Frieden in mir, den ich nicht für möglich gehalten hätte. Ich nehme an, das ist das einzige, was mich die ganze Zeit über aufrecht gehalten hat. Wenn ich am meisten Angst habe – zum Beispiel, als diese Burschen den Bus anzugreifen versuchten – scheint Gott meinen Willen zu übernehmen und mir Kraft zu geben.«

»Das wünsche ich mir auch für mich von ganzem Herzen«, rief Harriet.

Randy ging mit seiner Frau den Heilsplan durch, den sie schon so oft gehört hatte. Doch diesmal galt er ihr. Sie befahl ihr Leben, ihre Familie und ihre Zukunft Jesus Christus an.

»Vergiß nicht, Harriet«, sagte Randy, als sie sich umarmten, »daß Furcht ein ganz normales, menschliches Gefühl ist; Panik aber nicht. Das Wissen, daß Gott wirklich am Ruder sitzt, überwindet die Furcht und vertreibt die Panik.«

»Ich weiß, was du meinst, Randy«, sagte sie. »Ich will, daß du gehst. Ich werde Gott bitten, daß er dich zu jemandem schickt, der deine Hilfe braucht.«

Als Randy das Blockhaus verließ, fühlte er sich, als hätte er gerade den Friedensnobelpreis bekommen – allerdings vom Herrn.

Randy fuhr zu der kleinen Ortschaft Winder und sah vor dem Eingang des Gerichtsgebäudes eine lange Menschenschlage warten. »Was da wohl los ist?« sagte er laut. Am Postamt sah er ein Schild im Fenster, auf dem stand, daß jeden Montag von acht bis siebzehn Uhr die Data-Net-IDs ausgegeben würden. Da es Montag war, mußte das die Erklärung für die Schlange sein. Er beschloß, ein Risiko einzugehen und herauszufinden, so viel er konnte. Er parkte den alten Lieferwagen eine Querstraße weiter und ging zu Fuß zurück zu der wartenden Schlange.

»Was ist los?« fragte er einen älteren Mann, der am Ende der Schlange stand.

»Das ist schlimmer, als ein Auto anzumelden«, erwiderte der Mann finster. »Man sollte meinen, daß die ein besseres System dafür haben.«

»Worauf warten die Leute hier?«

»Ja, was glauben Sie denn?« brummte der alte Mann. »Es geht um diese neue ID. Ich wollte erst gar nicht mitmachen dabei, aber dann habe ich einen Brief von der Sozialversicherung bekommen, in dem stand, daß ich meine Zuteilung nicht mehr bekomme, wenn ich nicht die richtige ID habe.«

Randy spürte, wie sein Herz klopfte. *Jetzt ist es also soweit,* dachte er. *Die Tätowierung unter der Haut. Der nächste Schritt auf dem Weg zu dem ZEICHEN!*

»Ich dachte, die Präsidentin hätte gesagt, die ID wäre vollkommen freiwillig«, sagte Randy mehr zu sich selbst als zu dem alten Mann.

»Das ist vielleicht die offizielle Version in den Medien, aber versuchen Sie nur einmal, etwas zu kaufen, dann werden Sie schon sehen. Der einzige Scanner, der funktioniert, ist der, der die ID auf Ihrer Hand liest. Klar ist es freiwillig, wenn Sie keinen Wert darauf legen zu essen.«

Wenn es schon bis Winder gekommen ist, dann hat es wahrscheinlich das ganze Land erreicht, folgerte Randy. *Solange die Nahostkrise uns so in Atem hält, wird auch kaum jemand groß dagegen protestieren.* Er wußte, daß er das Data-Net nicht länger benutzen konnte, da er nicht vorhatte, sich tätowieren zu lassen. Dann traf ihn die Erkenntnis wie ein Hammer. *Sie werden die*

Leute herausfiltern die keine Tätowierung haben, sobald das System voll in Funktion ist! Man wird nicht mehr gefahrlos durch die Straßen gehen können.

»Wie viele Leute müssen die ID hier noch bekommen?« fragte er.

»Na ja, ich bin ein ›W‹«, sagte der alte Mann und hörte auf, Randy anzustarren. »Henry Wallace. Ich schätze, ich bin fast der Letzte. Wie heißen Sie eigentlich? Haben Sie keine Benachrichtigung bekommen, daß Sie sich wegen Ihrer ID melden sollen?«

Randy geriet ein wenig in Panik. Zwei andere Leute hatten sich umgedreht und starrten ihn an. »Ich war die letzten paar Tage zum Angeln draußen«, sagte er. Es war nicht einmal eine Lüge. Er war mit ein paar von den anderen, die im Blockhaus lebten, zum Angeln gewesen.

»Na, Sie werden Ihre Benachrichtigung zu Hause finden«, sagte der alte Mann mürrisch. »Versuchen Sie gar nicht erst, Ihre Karte zu benutzen, falls Ihr Name nicht mit ›Z‹ anfängt. Ich habe es heute morgen mit meiner versucht, und es hat nicht funktioniert. Ich hoffe nur, daß ich noch vor Feierabend durchkomme. Ich kann nicht noch die ganze Woche warten. Sie kommen nur montags her.«

»Ja, das habe ich am Postamt gesehen«, sagte Randy. »Deshalb bin ich gleich hergekommen.«

»Also, mir ist egal, mit welchem Buchstaben Sie anfangen. Ich war eher hier«, sagte der Mann drohend.

»Schon gut«, sagte Randy höflich. »Ich kann noch eine Woche warten. Ich komme nächsten Montag wieder. Bei dieser langen Schlange würde ich wahrscheinlich sowieso nicht mehr vor fünf durchkommen.«

»Ja, und diese Vögel werden auch keine Minute länger bleiben«, nörgelte der Mann weiter. »Bürokraten!«

Randy entfernte sich langsam von der Schlange und ging auf seinen Lieferwagen zu. Plötzlich merkte er, daß jemand ihm folgte. Unwillkürlich beschleunigte er seinen Schritt. Die Schritte hinter ihm wurden ebenfalls schneller.

»Das war wirklich dumm von mir«, schalt sich Randy. »Ich hätte wissen müssen, daß sie jemanden dahaben würden, der beobachtet, wer sich keine ID holt.«

Er spürte Panik in sich aufsteigen und kämpfte gegen die Versuchung, zu seinem Lieferwagen zu rennen. Er wußte, daß es ihm nichts nützen konnte. Wer immer es war, würde ihn einholen, bevor er aus der Ortschaft heraus war. Und mit dem Nummernschild des Lieferwagens war es nur eine Frage der Zeit, bis sie ihn zum Blockhaus zurückverfolgt hatten.

Idiot! sagte er sich. *Es war idiotische von dir, nicht einmal die Nummernschilder auszutauschen. Jetzt werden sie Harriet und die andern auch erwischen.*

Er hatte den alten Lieferwagen fast erreicht. Statt stehenzubleiben, ging er weiter. *Vielleicht wissen sie nicht, daß ich in dem Lieferwagen gekommen bin*, dachte er. *Zumindest verschafft das Harriet und den anderen etwas mehr Zeit. Wenn ich nicht wiederkomme, fliehen sie vielleicht ... aber wo sollen sie hin?* dachte er niedergeschlagen.

Er blickte sich um. Der Mann, den er aus dem Augenwinkel wahrgenommen hatte, war nirgendwo zu sehen. Er entspannte sich ein wenig.

Vielleicht habe ich es mir nur eingebildet, sagte er sich. *Wahrscheinlich war es nur jemand auf dem Weg nach Hause.*

Plötzlich trat eine Gestalt aus dem Schatten eines der Gebäude an der alten Straße hervor.

»Ich glaube, Sie sind an Ihrem Wagen vorbeigegangen«, sagte er fast nonchalant.

Eine Welle von Adrenalin schoß durch Randys Adern. Er unterdrückte den Impuls zu fliehen und erwiderte: »Ich weiß nicht, was Sie meinen. Was für ein Wagen?« Zum ersten Mal, seit dieser Wahnsinn begonnen hatte, wünschte er sich, er wäre bewaffnet. Es machte ihm nichts aus, daß er erwischt wurde, aber jetzt hatte er noch sieben andere Leute in Gefahr gebracht.

»Mr. Cross, wir haben nach Ihnen gesucht«, sagte der Mann. Er war nur von durchschnittlicher Größe, aber Randy sah, daß er sehr muskulös gebaut war, und aus seiner Haltung war deutlich zu ersehen, daß er sich keine Sorgen darum machte, daß Randy zu einem Problem werden könnte.

»Was wollen Sie?« fragte Randy, der sich in sein Schicksal ergab. *Was würden sie mit ihm und den anderen anstellen?* fragte er sich. Noch während er daran dachte, was diese Gefangennahme mit sich bringen würde, spürte er eine Welle der Erleichterung. *Wenigstens hat Harriet den Herrn kennengelernt*, dachte er lächelnd. *Gott wird sie durchtragen, wie er mich durchgetragen hat.*

»Mr. Cross ... Randy, ich gehöre zu einer Gruppe, die sich zum Ziel gesetzt hat, den Christen zu helfen ...«

»Was?« platzte Randy heraus. »Dann gehören Sie nicht zu einer Regierungsbehörde?«

»Ja und nein«, sagte der Mann. »Aber lassen Sie uns zu Ihrem Wagen gehen. Ich möchte nicht zuviel Aufmerksamkeit erregen.«

Als sie auf den alten Ford zugingen, fragte Randy: »Wer sind Sie? Und woher wußten Sie, wer ich bin?«

»Alles zu seiner Zeit«, sagte der Mann leise, während sie in den Lieferwagen einstiegen.

Randy drehte den Zündschlüssel herum, und die treue alte Maschine erwachte zum Leben. »Wohin?« fragte er.

»Auf den Highway 20«, erwiderte sein Passagier.

Während Randy langsam durch die Straßen fuhr, die aus der Stadt herausführten, gingen ihm tausend Gedanken durch den Kopf, aber er spürte, daß sein Passagier ihm zur rechten Zeit alles sagen würde, was er wissen mußte. Als sie den Stadtrand erreichten, begann ihm der Mann eine Geschichte zu erzählen, die so unfaßbar erschien, daß Randy sie vermutlich nicht geglaubt hätte, wären da nicht seine eigenen Erfahrungen seit den Unruhen gewesen.

»Mein Name spielt im Augenblick keine Rolle«, sagte Agent Shepperd. »Ich bin, oder ich war zumindest ein FBI-Agent mit Sonderauftrag bei einer Abteilung des Geheimdienstes. Vor einigen Wochen ist mir etwas passiert, das mein Leben verändert hat.«

Dann begann ihm Shepperd die Geschichte von Bob und Ellen Cofer zu erzählen, einschließlich ihrer Verhaftung und ihrer Festsetzung in dem Strafzentrum. »Soviel ich weiß, wurden sie zu einem dauerhafteren Aufenthaltsort irgendwo im Westen gebracht«, sagte er.

»Ich kann es nicht glauben«, sagte Randy und schüttelte den Kopf. »Oder genauer gesagt, ich kann es glauben, aber ich will nicht. Ich habe Gerüchte über Konzentrationslager für Christen gehört, aber es fällt mir immer noch schwer, daran zu glauben.«

»Ich weiß, wie Sie sich fühlen«, nickte Shepperd. »Ich wurde nach dieser Episode zurück nach Washington beordert. Mein Verstand sagte mir, daß ich nicht mehr in der Lage sein würde, etwas zu verändern, wenn die herrschenden Machthaber erführen, wie ich wirklich über die Dinge dachte. Also erzählte ich ihnen eine Geschichte von meiner Abneigung gegen Agent Tooms, die nicht ganz unzutreffend war. Ich verpflichtete mich zur vollen Zusammenarbeit bei der Jagd auf die Terroristen – womit offenbar Leute wie Sie gemeint sind. Tooms ist ein Schwein, und wegen seiner üblen Personalakte wurde er als Wärter in eines der Lager im Westen geschickt.

Ich verbrachte mehrere Wochen in Washington mit Nachforschungen über diese sogenannte Terrorgruppe. Was ich entdeckte, jagte mir genügend Angst ein, um zu erkennen, daß ich irgendwie helfen mußte. Ich überzeugte das Justizministerium davon, daß ich die Schlupflöcher der Terroristen ausfindig machen könne, und wurde zurück nach Atlanta geschickt. Offenbar hat es hier nach der Verhaftung John Elders eine starke Widerstandsbewegung gegeben, und dem Geheimdienst ist es bisher beim besten Bemühen nicht gelungen, das Hauptquartier des Untergrundes ausfindig zu machen.«

»Wie haben Sie mich dann gefunden?« fragte Randy.

»Ich bin vor ein paar Wochen hier mit der Untergrundbewegung in Kontakt getreten. Ich habe sogar Rod Wilton verhaftet, einen der Führer.«

»Ich kenne Rod«, sagte Randy wütend. »Er hat im Johnson Space Center gearbeitet, bevor er zu Scientific Atlanta wechselte; er ist Doktor der Mathematik. Er ist genauso wenig ein Terrorist wie ich. Diese Idioten in Washington säubern unser Land von seinen besten Köpfen, genau wie die Nazis es damals in Deutschland taten.«

»Genug, genug«, erwiderte Shepperd und hob zum Schein die Arme schützend vor sich. »Ich bin ja auf Ihrer Seite. Ich habe Wilton nicht ausgeliefert. Statt dessen habe ich ihm geholfen, ein sicheres Haus außerhalb der Stadt zu erreichen. Es wahr allerdings nicht einfach. Die CRC-Gruppe war lange Zeit überzeugt, ich sei ein untergeschobener Agent der Regierung.«

»Kann ich mir vorstellen«, sagte Randy kühl. »Ich bin immer noch nicht sicher, daß Sie das nicht sind.«

»Hören Sie, wenn ich den Rest der Gruppe, die Sie versteckt haben, aufgreifen wollte, brauchte ich nur die Nummernschilder dieses Lieferwagens verfolgen zu lassen. Ich wette, Sie haben sich nicht einmal die Mühe gemacht, ein paar neue Nummernschilder zu stehlen, stimmt´s?«

Randy wurde leicht rosa. »Nein. Der Wagen hat meinem Vater gehört. Er stand jahrelang draußen auf seiner alten Farm.«

»Für einen Haufen amoklaufender Terroristen versteht ihr nicht allzuviel von eurem Geschäft, was?« sagte Shepperd lächelnd.

»Nein, ich glaube nicht«, stimmte Randy zu. »Wir haben uns immer an die Gesetze gehalten.«

»Daran habe ich gesehen, daß das ganze eine Verschwörung war, um einen Haufen ganz gewöhnlicher Bürger loszuwerden«, sagte Shepperd. »Keine organisierte Gruppe würde die Dummheiten machen, die man Ihnen vorwirft.«

»Aber wer steckt hinter alledem?« fragte Randy, während Shepperd ihm signalisierte, langsamer zu werden und in einen schmalen Feldweg einzubiegen.

»Offensichtlich geht das Ganze von den höchsten Ebenen unserer Regierung aus. Ihre Leute haben sich ein paar erbitterte Feinde gemacht. Jemand innerhalb der Regierung hat ihnen freie Hand gegeben, Sie loszuwerden. Biegen Sie da vorn links ab ...«

Randy bog in einen alten Farmweg ein, der aussah, als wäre er seit Jahren nicht mehr benutzt worden. Vor ihnen hatten die Sträucher den Weg beinahe bis zur Hälfte überwuchert. Er bremste ab und sah, daß ein umgefallener Baum fast den ganzen Weg versperrte.

»Fahren sie weiter«, befahl Shepperd.

»Aber ich komme nicht an diesem Baum vorbei«, sagte Randy und schaltete in den zweiten Gang.

Noch während er sprach, wurde der Baum von der Straße weggezogen. Er fuhr daran vorbei, und der Baum glitt wieder über den Weg. Auf der anderen Seite sah er mehrere Männer und Frauen, die den Baum in seine ursprüngliche Position zurückschoben. Andere verwischten die Reifenspuren, die sie hinterlassen hatten. Sekunden später hätte nur noch ein ausgebildeter Spurenleser erkennen können, daß ein Fahrzeug auf dem Weg entlanggefahren war.

»Wer sind diese Leute?« fragte Randy, während er etwas beschleunigte.

»Das sind ein paar von Ihren Freunden«, erwiderte Shepperd mit einem Grinsen. »Sie lernen ziemlich schnell.«

Sie fuhren noch etwa eine Viertelmeile, dann gab Shepperd Randy ein Zeichen, in eine Auffahrt zu einem riesigen alten Farmhaus mit zwei großen Scheunen dahinter einzubiegen. Soweit Randy erkennen konnte, war das Haus vollkommen verlassen. Auf der Auffahrt waren keinerlei Reifenspuren zu sehen. Er wollte schon anhalten, als sich eine der Scheunentüren öffnete und ein Mann ihm winkte, den Wagen hineinzufahren. Kaum war er drinnen, schlossen sich die Türen wieder. Durch den Rückspiegel sah Randy noch zwei Kinder, die ihre Reifenspuren beseitigten.

Shepperd griff durchs Fenster und zog am Türgriff. Er stieg aus und winkte Randy, ihm zu folgen. Doch als sie die Scheune durchquerten, wäre Randy beinahe gestolpert, als er die gewaltigen Mengen von Lebensmitteln und anderen Vorräten sah, die darin aufgestapelt waren.

»Die andere Scheune ist noch besser gefüllt«, sagte Shepperd. »Wir haben einen hochstehenden Wohltäter.«

Verwirrt folgte Randy dem Agenten aus der Scheune und ins Haus.

Randy war fasziniert. Von außen ließ das alte Haus kein Lebenszeichen erkennen, doch drinnen wimmelte es vor Aktivität. Als sie an der Küche vorbeikamen, sah er einige Leute, die in mehreren großen Mikrowellenöfen Essen zubereiteten.

»Kein Rauch«, sagte Shepperd, ohne daß Randy danach gefragt hatte.

Randy grunzte bestätigend. Sie gingen weiter und kamen in einen Raum, der offenbar einmal einer sehr großen Familie als Wohnzimmer gedient hatten.

Randy erkannte etliche Männer und Frauen wieder, die er auf Kundgebungen vor den Unruhen kennengelernt hatte, darunter seinen alten Freund Rod Wilton.

»Rod, es ist gut, dich zu sehen«, sagte Randy begeistert. »Wie geht es Cory?«

»Sie ist irgendwo in einem der Lager«, antwortete Wilton traurig. »Ich habe sie vor den Unruhen zuletzt gesehen. Normalerweise wäre ich bei ihr gewesen, aber wir waren gerade in Cape Canaveral dabei, eine japanische Rakete hochzuschießen.«

Randy sah voll Mitgefühl die Qual im Gesicht seines Freundes. »Das tut mir leid, Rod. Das wußte ich nicht.«

»Ja, ich weiß«, sagte Wilton und umarmte seinen langjährigen Freund. »Wie geht es Harriet? Und Matthew?«

»Harriet! Oh, ich muß Kontakt zu ihr aufnehmen. Sie ist inzwischen bestimmt schon ganz krank vor Sorge. Es geht ihnen beiden gut«, fügte er hinzu.

Er drehte sich zu Shepperd um und fragte: »Gibt es eine Möglichkeit, Harriet eine Nachricht zukommen zu lassen?«

»Das wird nicht nötig sein«, erwiderte Shepperd und reichte Randy einen Becher Kaffee. »Es ist schon jemand auf dem Weg zum Blockhaus. Ihre Familie wird in einem oder zwei Tagen hier sein. Die anderen in Ihrem Blockhaus werden auf andere Quartiere verteilt.«

»Andere Quartiere?«, fragte Randy. »Heißt das, es gibt noch mehr solche Häuser?«

»Zum Teil sogar noch größere und bessere«, warf Rod Wilton ein. »Es gibt eine Menge Amerikaner, die mit unserer Regierung nicht einverstanden sind.«

»Aber es gibt eine Menge mehr, die damit einverstanden sind«, warf Shepperd wütend ein. »Vergessen Sie das nicht!«

Kapitel 24

Überraschendes Treffen

Bill Eison saß im Livermore-Laboratorium in Kalifornien und machte sich Sorgen. Seit jenem ersten Tag, als es ihm gelungen war, in den Hauptcompiler einzubrechen, hatte er versucht, Jeff und Karen zu erreichen. Er wußte, daß Dr. Loo inzwischen Verdacht geschöpft haben mußte, aber ohne den Schlüssel, um die Paßwörter des Compilers zu knacken, hatte er keine Möglichkeit, seinen Verdacht zu erhärten.

Dr. Eison wollte Jeff dringend informieren, daß er im Kontakt zu einer Gruppe von Leuten stand, die den Christen und Juden zu helfen versuchten, der Fahndung der Behörden zu entgehen. Der Kontakt war infolge der Verhaftung seines alten Freundes Dr. Ben Moore entstanden. Eison hatte jeden Gefallen einfordern müssen, den irgend jemand in Washington ihm schuldete, um Moore freizubekommen. Schließlich hatte er das FBI überzeugt, daß Moore von entscheidender Bedeutung für ein streng geheimes Projekt war, an dem Livermore und das Cal Tech gemeinsam arbeiteten: das hochgepriesene Raketenabwehrsystem namens »Star Cluster«. Früher oder später, das wußte er, würde jemand bemerken, daß Moores Name erst nachträglich auf die Personalliste gesetzt worden war, aber angesichts der Bedrohung im Nahen Osten und der Terroristen im Westen würde es wohl eine Weile dauern.

Ungefähr einen Monat nach Dr. Moores Freilassung war Bill Eison nach Washington geschickt worden, um über das Star-Cluster-Programm Bericht zu erstatten. Eines Abends erhielt er dort Besuch von einem FBI-Agenten namens Shepperd. Der Agent hatte ihm die Akte gezeigt, die verändert worden war, damit Moores Name im Star-Cluster-Programm auftauchte. Eison fürchtete schon, seine Zeit sei gekommen. Doch statt ihn zu verhaften, erzählte ihm Shepperd eine unglaubliche Geschichte über Konzentrationslager, und daß nur ein Mensch wirklich helfen könne: sein Freund Jeff Wells.

Shepperd wußte, wie riskant es war, Dr. Eison zu kontaktieren, als er hörte, daß der Wissenschaftler nach Washington kommen würde. Wenn Eison beschloß, ihn ans Messer zu liefern, würde er kurz darauf selbst auf dem Weg in ein Lager sein; daran hatte er keinen Zweifel. Doch während er nach der Episode mit den Cofers in Washington arbeitete, hatte er erfahren, daß ein junges Computergenie namens Jeff Wells derjenige war, der das Data-Net entwickelt und aufgebaut hatte. Der Name erinnerte ihn an etwas, und als er in den Archiven nachforschte, fand er, was er suchte. Jeffs Großvater und Namensvetter Oberst Jeffrey Wells war ein Freund von Shepperds Vater gewesen. Oberst Wells und Shepperds Vater hatten während des Krieges und etliche Jahre danach im Raumfahrtzentrum in Florida zusammengearbeitet.

Es fiel ihm schwer zu glauben, daß ein Mann, dem sein Vater so vollkommen vertraut hatte, einen Enkel haben konnte, der ein Verräter an seinem Land war. Es war ein großes Risiko, sich Einblick in die streng geheime Akte über Jeff Wells zu verschaffen, in der verzeichnet war, daß Wells versucht hatte, aus dem Projekt auszusteigen, aber gefaßt und zurückgebracht worden war. Außerdem ging klar daraus hervor, daß das einzige Druckmittel, das die Regierung gegen Wells in der Hand hatte, seine Assistentin Karen Eison war. Die Akte zeigte, daß der Vater des Mädchens, Dr. William Eison, unter strenger Beobachtung stand und alle Anzeichen zeigte, selbst von der Regierungslinie abtrünnig zu werden. Es war vorgesehen, ihn zu internieren, sobald Wells das Data-Net-System vollendet hatte und Star Cluster in Funktion war.

Nun war Dr. Eison nach Washington gerufen worden, um über die Fortschritte des Star-Cluster-Projektes zu berichten. Shepperd erkannte, daß dies seine einzige Chance war, an Eison heranzukommen. Mit überraschend geringen Schwierigkeiten verschaffte er sich den Auftrag, Eison zu observieren, während er sich in Washington aufhielt. Seine Befehle waren unmißverständlich: Eison durfte keinen Kontakt zu seiner Tochter oder Wells haben.

Es war reiner Zufall, daß Shepperd auf die geänderte Personalakte gestoßen war, als sie noch im Eingangskorb lag und nicht untersucht worden war.

Was Shepperd nicht ahnte, war, daß seine Bemühungen nicht unbemerkt geblieben waren. Innerhalb des Kaders von Agenten, die mit der Jagd auf die Terroristen beauftragt waren, gab es eine Gruppe von Männern und Frauen, die insgeheim gegen die Maßnahmen der Regierung arbeiteten. Sie hatten vielen Christen und Juden bei der Flucht geholfen. Shepperd hatte bereits vermutet, daß es im Umfeld der Regierung mehrere gut organisierte Widerstandsgruppen gab. Die Schwierigkeit war, herauszufinden, wer auf wessen Seite stand.

Shepperd wußte, daß er etwas tun mußte. *Aber was?* fragte er sich eines Abends auf dem Weg zu seinem Wagen, der im Parkhaus der Regierung stand. *Diese »Bruderschaft« ist mächtiger als die Regierung selbst. Auf irgendeine Weise ist Wells der Schlüssel zu ihrer Macht. Wenn das Data-Net nicht funktioniert, haben sie keine Chance, mehrere Millionen Amerikaner unter Kontrolle zu halten. Und ohne die Hilfe der Medien haben sie keine Chance, den Rest an der Nase herumzuführen.* »Die Pressefreiheit ist zu einem schlechten Theaterstück verkommen«, rief er frustriert. »Da liegt das Problem.«

»Ganz meine Meinung«, kam eine leise Stimme irgendwo aus dem Schatten.

Erschrocken griff Shepperd unwillkürlich nach seiner Waffe. »Wer ist da?« knurrte er.

»Eine Freundin«, sagte die Frauenstimme in gelassenem, unaufdringlichem Ton. »Ich glaube, wir denken über manche Dinge sehr ähnlich.«

»Ich weiß nicht, wovon Sie reden«, sagte Shepperd vorsichtig, während er die Frau mißtrauisch beäugte. Er erkannte sie wieder – sie war die Leiterin der Archivabteilung, in der er während der vergangenen Tage viel Zeit verbracht hatte. Seine Vorgesetzten hatten angenommen, er durchkämme die Akten nach Hinweisen auf terroristische Aktivitäten, die für die Fahndung von Nutzen sein könnten, und er hatte ihnen genügend Informationen zukommen lassen, um sie zufriedenzustellen. Doch die meiste Zeit hatte er damit verbracht, über eine Geheimorganisation zu recherchieren, die nur unter dem Namen »Bruderschaft« bekannt war und innerhalb der Regierung arbeitete. Er vermutete, daß sie schon eine lange Geschichte hatte und inzwischen den innersten Kern der Regierung infiziert hatte, einschließlich des Präsidentenamtes.

Vorsichtig verlagerte Shepperd seinen Standort in besseres Licht. Die junge Frau folgte ihm, achtete jedoch sorgfältig darauf, immer gerade außerhalb des direkten Lichtes zu bleiben. *Sie ist es*, dachte er mit Gewißheit, als mehr Licht auf ihr Gesicht fiel. *Sie ist die Leiterin des Archivs.* Während der ersten Tage war es ihm schwergefallen, sie nicht anzustarren. Ihre durchdringend blauen Augen, die feingemeißelten Züge und ihre makellose Haut ließen sie aussehen wie ein Titelbild des *Vogue*-Magazins. Ihm war aufgefallen, daß sie nie von ihrem Schreibtisch aufzublicken schien und selten Pausen machte, wenn überhaupt. Eine Gelegenheit, mit ihr persönlich zu sprechen, hatte er nie gefunden. Wenn er eine Frage hatte, wurde sie von einem der anderen Mitarbeiter weitergegeben, aber ihm entging nicht, wie sehr ihre Untergebenen sie respektierten und daß sie immer die Antworten auf ihre Fragen hatte. Seine jahrelange Ausbildung ließ ihn jedoch nicht im Stich. Alles in ihm schrie Alarm: *Paß auf.*

»Ich kann es Ihnen nicht verdenken«, sagte sie sanft.

»Was denn?« fragte Shepperd vorsichtig.

»Daß Sie sich Gedanken darüber machen, was in unserer Regierung los ist.«

»Ich mache mir keine ...« fing er an.

»Was da los ist, ist eine Verschwörung, um Millionen von Amerikanern aufgrund ihrer Religion oder Rasse einzusperren und dann zu eliminieren«, sagte sie mit Zorn in der Stimme. »Ich weiß, wer und warum, aber ich weiß nicht, was ich dagegen tun kann.«

»Warum erzählen Sie das mir?« fragte Shepperd, die Nerven zum Zerreißen gespannt. »Ich bin nur ein Feldagent.«

»Sie unterschätzen sich, Agent Shepperd«, erwiderte sie. »Und jetzt sollten Sie mich lieber küssen, sonst hält uns noch jemand für Verschwörer.«

Sie ging auf ihn zu und küßte ihn, als wäre es das Selbstverständlichste auf der Welt. Die mit Bewegungssensoren ausgestatteten, lichtempfindlichen Fernsehkameras nahmen sie auf, als sie ins Licht trat.

Im Überwachungsraum sagte einer der Sicherheitsbeamten zu seinem Kollegen: »Ich wußte doch, daß dieser Agent ungewöhnlich viel Zeit im Archiv verbrachte. Jetzt weiß ich auch warum. Schau dir das an.« Er zoomte näher an das Paar heran, das völlig ineinander vertieft zu sein schien.

»Der Glückspilz«, sagte der andere Beamte. »Sie sieht wirklich toll aus. Wer hätte gedacht, daß unser kleines ›Fräulein Prüde‹ sich einen Kerl angeln würde, der doppelt so alt ist wie sie?«

»Wenn es das ist, dann würde ich glatt mit ihm tauschen.«

»Mach dir keine Hoffnungen. Sie ist vielleicht verrückt, aber das heißt noch lange nicht, daß sie dumm ist«, sagte der andere Sicherheitsbeamte scherzhaft, als Shepperd und die junge Frau in ihrem Wagen verschwanden.

Als sie das Parkhaus verließen, sagte Shepperd: »Nachdem wir uns geküßt haben, könnten Sie mir zumindest Ihren Namen sagen, oder?«

Sie lachte. »Ich heiße Kathy Birk. Ich dachte, das wüßten Sie, nachdem Sie soviel Zeit im Aktenarchiv verbracht haben.«

»Nein«, erwiderte er wahrheitsgemäß. »Ich war zwar neugierig, aber ich habe schon vor langer Zeit gelernt, daß Leute, die Fragen stellen, auch eine Menge Fragen gestellt bekommen.«

»Außerdem«, sagte sie neckend, »haben Sie sich so manche Akten angeschaut, die für Ihre Nachforschungen nicht gerade notwendig waren.«

»Woher ...«

»Woher ich das weiß?« beendete sie seinen Satz. »Mr. Shepperd, ich bin keine Bibliothekarin. Ich bin eine ausgebildete Feldagentin, die im Archiv eingesetzt wird, um genau solche Abtrünnigen zu fangen, wie Sie einer sind. Nur gut, daß ich ebenfalls eine Abtrünnige bin, meinen Sie nicht auch?«

»Kein Zweifel«, stimmte er zu, als sie in eine Seitenstraße einbogen. Kaum hatten sie die Kurve genommen, als sich hinter ihnen ein Bäckerei-Lieferwagen einfädelte und die Straße versperrte.

Als sie den verwirrten Ausdruck auf Shepperds Gesicht bemerkte, sagte sie nonchalant: »Das ist nur für den Fall, daß uns jemand folgen sollte.«

Shepperd war beeindruckt. Offenbar war diese Widerstandsgruppe ziemlich professionell organisiert. Man hatte Fluchtwege und bewegliche Straßensperren vorbereitet. Diese Leute mußten gewußt haben, daß er mit dem Mädchen kommen würde.

»Mein Wagen ist sauber«, sagte sie. »Wir können offen reden.«

Shepperd nickte.

»Sind Sie bereit, dabei mitzuhelfen, dieses Krebsgeschwür aus der Regierung auszumerzen?« fragte sie ohne Umschweife. »Auch wenn Sie dabei Ihr eigenes Leben riskieren?«

»Sie sind ziemlich direkt«, sagte er. »Woher soll ich wissen, daß Sie nicht ein Teil des Krebsgeschwürs sind?«

»Wenn ich das wäre, dann wären Sie jetzt auf dem Weg in ein Lager oder hätten ein Loch mehr im Kopf, Mr. Shepperd«, erwiderte sie trocken.

»Punkt für Sie«, sagte er. »Diese Gruppe ist alles mögliche, nur nicht subtil.«

»Ja, und Sie kennen nur einen Teil der ganzen Geschichte. Die Absicht dieser Gruppe ist, alle Christen und Juden in Straflager zu stecken, die Regierung in die Hände eines Mannes namens Amir Hussein zu legen, den sie den ›Führer‹ nennen, und ...«

»Hussein?« unterbrach Shepperd. »Amir Hussein, der neue Sonderbotschafter in Israel?«

»Genau der. Eine Gruppe von Fanatikern, die sich selbst die ›Bruderschaft‹ nennt, hält ihn für ihren langerwarteten Führer, der die Welt beherrschen und eine einheitliche Weltregierung errichten wird.«

»Woher wissen Sie das?« fragte Shepperd, der Mühe hatte, das Gehörte zu verarbeiten. »Die Wirtschaft kontrollieren, vielleicht ... aber die Regierung übernehmen?«

»Sie haben ohne Bedenken zugelassen, daß bei dem Erdbeben in Japan drei Millionen Menschen ums Leben kamen, und sie haben vor, zwanzig Millionen Amerikaner umzubringen. Was bringt Sie auf den Gedanken, daß sie nicht die Regierung übernehmen wollen? Das Land liegt in Trümmern. Amerika ist reif für einen Diktator, wenn er nur neuen Wohlstand verspricht. Was sind schon ein paar Millionen Christen und Juden im Vergleich zu einem neuen Auto alle drei Jahre?«

»Woher wissen Sie das?« fragte er wieder. »Was für Beweise ...«

»Sie werden zur rechten Zeit so viele Beweise bekommen, wie Sie brauchen.«

Kathy wußte, daß Shepperd ein wichtiges Bindeglied in dem Plan war, die Bruderschaft zu stoppen. Aber würde sie ihn davon überzeugen können?

Während der nächsten Stunden informierte Kathy Donald Shepperd über alles, was sie über die Bruderschaft und ihre Führungsriege wußte. Oft unterbrach sie Shepperd, um Lücken zu füllen, etwa über die Erfassungszentren, auf die er bei seinen Nachforschungen gestoßen war. Schließlich setzte sie ihn einige Straßen von seinem Hotel entfernt wieder ab.

»Sie müssen Dr. Eison überzeugen, uns zu helfen«, sagte sie mit Nachdruck. »Jeff Wells ist der Schlüssel zu ihrer Macht, so wie John Elder der Schlüssel ist, um das CRC zu organisieren.«

Shepperd war zu schockiert, um zu antworten. Sie hatte seine Absicht erraten, mit Dr. Eison Kontakt aufzunehmen. *War es so offensichtlich?* fragte er sich.

»Sie haben seine Akte studiert«, sagte sie, ohne daß er sie gefragt hatte.

Als er aus dem Wagen stieg, sagte Kathy: »Wir haben arrangiert, daß Sie Dr. Eison überwachen, wenn er eintrifft. Viel Glück.« Damit rollte sie davon.

Das frühere Zusammentreffen mit Dr. Eison hatte zu der Botschaft geführt, die der Wissenschaftler über das Data-Net absetzte. Der Kontakt über Data-Net war ein Akt der Verzweiflung gewesen, der funktioniert hatte. Durch solche Taten wurde oft das Schicksal ganzer Nationen entschieden. Doch jetzt hatte er seit mehreren Tagen nichts mehr von Jeff und Karen gehört. Seine codierten Botschaften blieben unbeantwortet.

Kapitel 25

Befreit

Pläne zur Befreiung John Elders waren schon verschiedentlich diskutiert worden, doch da er im Hochsicherheitstrakt in Andrews festgehalten wurde, erschienen sie undurchführbar. Als einer der Sicherheitsbeamten der Gruppe die Information zuspielte, daß Elder verlegt werden sollte, handelte man schnell. Sobald die Gewißheit bestand, daß Elder in die Hauptstadt transportiert wurde, begannen sich die Räder zu drehen.

Der Anruf erreichte Warner über sein Funktelefon, während er mit einigen der CRC-Organisatoren in Atlanta zusammentraf. Warner hatte auch bereits erfahren, daß ein FBI-Agent aus Washington mit dem CRC zusammenarbeitete und bald in Atlanta zu ihnen stoßen würde. Er wollte unbedingt den Namen des Agenten erfahren, aber er hielt es für zu riskant, noch weitere Fragen zu stellen.

Nach dem Anruf konnte Warner seine Erregung kaum zügeln. Er gab die Nachricht an die Gruppenleiter weiter und verließ dann das verlassene Bürogebäude, das ihnen als behelfsmäßiges Hauptquartier diente. Er mußte Rutland anrufen – so schnell wie möglich. Das hier würde seine Freikarte sein, um Franklin loszuwerden.

Kaum war er draußen, beschloß er, sofort anzurufen. Er trat in eine kleine Gasse neben dem Gebäude und schaltete sein Taschentelefon ein. Normalerweise wäre er in einer so gefährlichen Gegend vorsichtiger gewesen, aber er war zu aufgeregt, um zu warten, bis er die Sicherheit seines Wagens erreicht hatte. Als das Telefon aktiviert war, gab es einen leisen Pfeifton von sich, während es die verfügbaren Funkfrequenzen nach einem freien Kanal absuchte.

Die beiden Männer, die Warner beobachtet hatten, als er aus dem Gebäude kam, hatten ihn aus den Augen verloren. »Wo ist dieser Kerl hin?« fragte einer der beiden.

»Keine Ahnung«, erwiderte der andere wütend. »Aber wir müssen ihn finden. Ich brauche dringend einen Schuß.«

In diesem Augenblick hörten sie das Pfeifen des Funktelefons aus der Gasse. Sie kamen gerade um die Ecke, als Warner Rutlands Washingtoner Nummer wählte. Das Letzte, was Archie Warner hörte, war das leise »Pop« der schallgedämpften Pistole. In weniger als einer Minute hatten die beiden Verbrecher ihn um sämtliche Wertsachen erleichtert, einschließlich des Funktelefons. Der Mann mit der Pistole hob das Telefon auf, als Rutlands Sekretärin gerade fragte: »Wer spricht dort bitte?«

»Tut mir leid. Falsche Nummer«, sagte er lachend, als er das Telefon abschaltete. John Elder erfuhr es nie, aber er verdankte sein Leben diesen beiden Raubmördern.

Wenige Stunden später wurde Elder vor Sonnenaufgang aus seinem Bett gezerrt und in einen wartenden Wagen geführt. Alles geschah so schnell und heimlich, daß er annahm, man würde ihn wahrscheinlich töten. Er hatte inzwischen gelernt, keine Fragen zu stellen, solange man ihn nicht zum Sprechen aufforderte. Die Verhöre, die er hinter sich hatte, waren brutal genug gewesen.

Als er zum ersten Mal auf seine Rechte gepocht hatte, hatte der Mann, der das Verhör führte, seinen Trapezmuskel mit einem Starkstromstab berührt und den Schalter umgelegt. Der Schmerz war furchtbar gewesen. Der Mann lachte und forderte Elder auf, sein Verlangen nach Wahrung seiner Bürgerrechte zu wiederholen. Sobald der Schmerz auf ein erträgliches Maß gesunken war, hatte er erneut auf seinem Recht auf juristischen Beistand bestanden. Und ein weiteres Mal hatte der Starkstromstab Wellen des Schmerzes durch seinen Körper gesandt.

Elder hatte von Folter gehört und darüber gelesen, besonders innerhalb der Reihen des Christentums durch die Jahrhunderte, aber erst als er sie am eigenen Leib erlebte, konnte er wirklich ermessen, wie demoralisierend sie sich auf die Psyche auswirken konnte. Der Schmerz an sich war schlimm genug, aber es war das Gefühl der Hilflosigkeit, auf die rasch die Hoffnungslosigkeit folgte, das ihm emotional am meisten zu schaffen machte. John Elder konnte sehr gut verstehen, warum Kriegsgefangene vor denen kapitulierten, die sie gefangen hatten. Wenn man sich nicht völlig einer höheren Macht anbefahl, erschien alles andere als bedeutungslos und leicht aufzugeben.

Das Verwirrende an seiner Prüfung war, daß seine Peiniger ihm im Grunde überhaupt keine Fragen stellten. Es war, als sollte er nur für irgend etwas weich gemacht werden. Man verlangte nicht von ihm, daß er ein Geständnis unterschrieb oder seinen Glauben widerrief, wie er es ursprünglich erwartet hatte. Er wurde nach seinem Namen, seinem Beruf und nach dem Namen seiner Frau gefragt. Letzteres hatte den erwünschten Effekt, ihn ständig an sie denken zu lassen. Wenn er es wagte, Fragen zu stellen oder sich irgendwie zu widersetzen, bekam er einen Schlag mit dem Starkstromstab.

An diesem Morgen wurde er einfach ohne ein Wort fortgeschleppt. Er wußte, daß es nicht zu einem normalen Verhör ging, und hatte echte Angst. Die Fenster der Limousine waren vollkommen verdunkelt, so daß er nicht nach draußen sehen konnte; genausowenig konnte man von außen hineinsehen. Aus den Geräuschen von draußen schloß er, daß sie sich einer Stadt näherten. Da er wußte, daß man ihn in Andrews festgehalten hatte, nahm er an, daß es Washington war.

Der Wagen hielt, und Elder hörte ein Geräusch, das ihm irgendwie vertraut erschien. Es dauerte einen Moment, bis sein Gehirn die Verbindung herstellte. Es war eine sich öffnende Garagentür. Der Wagen fuhr wieder an, und er hörte, wie sich die Tür schloß. Bevor der Wagen wieder hielt, stülpte ihm sein Bewacher einen schwarzen Sack über den Kopf und murmelte: »Keinen Laut ...«

Elder wurde über einen Betonfußboden vorwärts gestoßen und hörte etwas wie das Öffnen einer Aufzugtür. Er wurde hineingeschoben. *Ein Bürogebäude,* dachte er. *Aber wo, und warum?* Der Aufzug hielt, und Elder wurde hinaus in den Flur geschoben. Er stolperte, und ein anderer Mann ergriff seinen Arm und zerrte ihn den Flur entlang. Immer noch hatte er keine Ahnung, wo er sich befand. Bitter wie Galle stieg die Furcht in ihm auf. Er schluckte sie hinunter und betete lautlos zu Gott, ihm Kraft zu geben. Man brachte ihn zum Stehen, und seine Handschellen wurden entfernt. Schweigend erwartete er den nächsten Schritt seiner Peiniger. Jemand zog den Sack von seinem Kopf. Zuerst fiel es ihm schwer, klar zu sehen. Er war in einer schlecht beleuchteten Zelle gefangen gewesen und hatte die letzten Minuten in völliger Dunkelheit zugebracht; seine Pupillen brauchten Zeit, um sich an das helle Licht zu gewöhnen.

»Willkommen, John Elder«, sagte der Mann gelassen. »Ich habe lange darauf gewartet, Sie zu sehen.«

Elder blinzelte immer noch in dem hell erleuchteten Raum. Als er den Mann deutlich sehen konnte, durchfuhr ihn plötzlich ein Stich der Furcht. »Sie!« sagte er heiser. Er hätte es geschrien, aber seine Stimmbänder waren nicht mehr ans Sprechen gewöhnt, geschweige denn ans Schreien. Das Bild, das er sah, erfüllte ihn mit Entsetzen. Es kam direkt aus den Alpträumen seiner Kindheit. Der dunkelhäutige Mann hinter dem Schreibtisch der Präsidentin war der Mann aus seinen Träumen.

»Ich bin es«, erwiderte der Mann. »Ich hoffe, unsere Freunde haben sich gut um Sie gekümmert.«

Elder sagte nichts. Er wußte, daß sein Alptraum Wirklichkeit geworden war. Der Mann, der dort auf dem Stuhl des höchsten Amtes der Nation saß, war der Feind all dessen, was ihm heilig war. Er erinnerte sich an die Worte des Propheten Daniel: »Der König tut, was er will. Er wird übermütig und prahlt gegenüber allen Göttern, auch gegenüber dem höchsten Gott führt er unglaubliche Reden. Dabei hat er Erfolg, bis der Zorn Gottes zu Ende ist. Denn was beschlossen ist, muß ausgeführt werden.«

»Ich kenne Sie!« platzte Elder heraus. »Sie sind der Böse!«

Husseins Augen brannten vor Zorn. Der Sicherheitsbeamte trat vor, doch der dunkelhäutige Mann hielt ihn auf. »Lassen Sie uns allein!« befahl er.

»Aber Sir«, protestierte der Beamte.

»Lassen Sie uns jetzt allein!« befahl er wieder, und der Beamte verließ den Raum.

»Böse ist ein relativer Begriff, John Elder«, sagte Hussein glatt, nachdem er seine Beherrschung wiedergewonnen hatte. »Die meisten Leute in diesem Land würden sagen, daß Sie böse sind. Ich könnte Sie töten lassen, und die Bevölkerung würde mich als Helden feiern.«

»Vielleicht können Sie die Leute zum Narren halten«, sagte Elder wachsam, »aber kein Mensch kann Gott zum Narren halten!«

»Was kümmert mich Ihr Gott!« zischte Hussein und erhob sich von dem Sessel. »Hat er denn Ihnen und Ihren erbärmlichen Anhängern helfen können? Nein. Ich herrsche jetzt. Ihr Gott ist ein Mythos. Selbst Ihre eigenen Schulkinder wissen das!«

»Auch Schulkinder sind leicht zu täuschen«, sagte Elder, der jetzt mehr Freimut gewann. Er unterschätzte nicht den Mann, den er vor sich hatte, doch jetzt, wo er seinem Alptraum gegenüberstand, fand er ihn nicht annähernd so beängstigend, wie er ihn sich vorgestellt hatte.

»Was wollen Sie von mir?« fragte Elder. »Ich weiß, daß Sie diese ganze Episode nicht nur geplant haben, um mich zu beeindrucken.«

Husseins Augen verengten sich, als er den Zorn in sich aufsteigen spürte. Dann lächelte er. »Sehr gut, John. Versuchen Sie Ihren Gegner aus der Fassung zu bringen, dann werden Sie in der Lage sein, ihn zu manipulieren.«

Elder sagte nichts, aber er erkannte, daß der Mann vor ihm ebenso anfällig für Zorn war wie jeder andere auch. Das war nicht viel, aber es war ein Spalt in der Rüstung.

»Ich möchte Ihnen ein Geschäft anbieten«, sagte Hussein.

»Was für ein Geschäft«, fragte Elder vorsichtig. Er wußte, daß der sogenannte Führer etwas von ihm wollte, aber konnte sich nicht vorstellen, was.

»Ich habe die Macht, Sie und alle anderen Christen in Amerika zu vernichten. Wir haben Sie isoliert und von allen anderen abgeschnitten. Aber ich verspüre keinen Wunsch, Sie zu vernichten, solange ich noch eine andere Wahl habe. Ihrer schönen Frau Julia geht es nicht gut im Gefängnis, fürchte ich.«

Elder erbleichte, als Hussein seine Frau erwähnte. Während seiner Gefangenschaft hatte er täglich für sie gebetet, doch innerlich hatte er auch gebetet, daß sie nicht in Gefangenschaft geraten würde. Er erschauerte bei dem Gedanken, daß ihr zerbrechlicher Körper der gleichen Behandlung ausgesetzt sein könnte wie seiner. Plötzlich stellte sein Geist die Verbindung her. *Darum haben sie mich also gefoltert*, dachte er. *Sie wollen, daß ich weiß, was Julia erleiden wird – oder vielleicht schon erleidet*. Hussein spürte sofort, daß er bei Elder einen Nerv getroffen hatte. »Ich bin bereit, Ihre Frau freizulassen.«

»Im Austausch gegen was?« fragte Elder, als Hussein mehrere Sekunden geschwiegen hatte.

»Im Austausch dafür, daß Sie mir Loyalität zu meiner Sache schwören«, sagte er, und seine Augen schienen Elders Seele zu durchdringen.

Elder kämpfte die Furcht nieder, die in ihm aufstieg. Er tat das einzige, was ihm in diesem Moment einfiel: Er kniete nieder und betete. Sein Verstand war so betäubt, daß er sich nur noch an das Vaterunser erinnern konnte. So begann er: »Vater unser im Himmel ...«

»Aufhören!« schrie Hussein Elder an und schlug ihn ins Gesicht. »Sie werden Ihren falschen Gott in meiner Gegenwart nicht erwähnen!«

»Wenn er ein falscher Gott ist, warum fürchten Sie sich dann schon vor der Erwähnung seines Namens?« fragte Elder, während er sich erhob.

»Sie werden leiden, und Ihre Frau wird noch mehr leiden«, zischte Hussein wütend. »Sie hatten Ihre Chance; jetzt werden Sie bezahlen, und Ihre elenden Anhänger werden vom Angesicht der Erde ausgemerzt werden ... angefangen bei Ihrer Frau.«

Elder entgegnete: »Wenn Sie mich töten, werde ich mich freuen, daß ich würdig befunden werde, um seines Namens willen zu leiden. Wenn Sie meine Frau töten, werde ich mich um ihretwillen freuen. Je mehr von uns Sie verfolgen, desto mehr werden sich unseren Reihen anschließen – Sie können nicht gewinnen. Sie sind geschlagen – damals, jetzt und für immer.«

Wieder schlug Hussein Elder ins Gesicht. »Sie werden als Letzter sterben! Sie sind derjenige, der Ihre Anhänger zum Tod verurteilt! Sie sind ein Narr!«

»Ich habe keine Anhänger«, erwiderte Elder, während er sich das Blut vom Mund wischte. »Wir alle dienen dem einzigen wahren Gott. Sie haben es schon früher versucht und sind unterlegen. Am Ende werden auch Sie sich vor dem Herrn beugen müssen.«

»Niemals!« schrie Hussein. »Niemals! Ich diene dem Herrscher der Erde. Die Nationen der Erde werden meine Fußstütze sein.« Er drückte auf einen Knopf an der Seite des Präsidentenschreibtischs, und zwei hünenhafte Leibwächter traten ein.

»Bringen Sie diesen Terroristen an den Ort, den wir für ihn und seinesgleichen vorbereitet haben. Sie dürfen ihm Manieren beibringen, aber töten Sie ihn nicht. Er muß leben, um seine Schuld zu bekennen.«

Elders Arme wurden auf den Rücken gedreht, und die Handschellen wurden ihm wieder angelegt. Einer der Männer preßte sein Gesicht auf den massiven Schreibtisch, an dem Jefferson und Lincoln gesessen hatten. Beim Aufschlag platzte seine Augenbraue auf, und Blut tropfte auf den Teppich. Er war benommen, als sie seinen Kopf wieder hochrissen.

Hussein sagte leise: »Wir werden uns wieder unterhalten. Das nächste Mal werde ich arrangieren, daß ihre Frau uns Gesellschaft leisten wird. Im Moment sind ein paar von den Sicherheitsbeamten mit ihr beschäftigt.«

Als Elder zwischen den beiden Leibwächtern hinaustaumelte, sagte er mit klarer, fester Stimme: »Größer ist der, der in uns ist, als der, der in der Welt ist.« Er hörte noch, wie Husseins Flüche in seinen Ohren gellten, als der Leibwächter zu seiner Rechten ihm die Faust an die Schläfe rammte. Er verlor das Bewußtsein, als sie ihn zum Aufzug schleppten.

»Wo kommt er hin?« fragte einer der Geheimdienstleute die beiden, die ihnen in der Parkebene entgegenkamen.

»Ins Lager nach Arizona«, sagte der riesige Mann, während er Elder am Kragen hochhob. »Er wird lernen, was es heißt, Mitglieder unserer Regierung zu ermorden. Eine Rückfahrkarte gibt es nicht.«

Elder kam wieder zu sich, aber er beschloß, sich bewußtlos zu stellen. Als der Hüne Elder zu dem wartenden Wagen hinüberschleifte, sagte einer der Leibwächter: »Moment mal! Ich kenne Sie beide nicht. Bei welcher Abteilung sind Sie?«

»Wir sind von der Sondereinheit«, sagte der Kleinere. »Wir sind neu aus dem Justizministerium dazugestoßen.«

»Und Sie haben den Auftrag bekommen, den Anführer der Terroristen zu transportieren? Kommt mir komisch vor«, sagte der Geheimdienstler und zog seine Waffe. »Sie bleiben, wo Sie sind, während ich im Hauptquartier anrufe.«

»Machen Sie, was Sie wollen!« sagte der Hüne wütend. »Aber warum überprüfen Sie nicht einfach erst einmal unsere Befehle?

Das würde uns allen einen Rüffel von ganz oben ersparen. Wir haben uns nicht um diesen Auftrag gerissen, und Lively hat es gar nicht gern, wenn man seine Befehle in Frage stellt, das wissen Sie ja.«

»Da hat er recht«, sagte der andere Leibwächter. »Zeigen Sie mir Ihre Befehle.« Als er nach den Papieren griff, die ihm die beiden Männer entgegenhielten, packte der Hüne seinen Arm und schwang ihn buchstäblich durch die Luft. Sein Kollege war überrascht und feuerte just in dem Moment, als sein Partner auf ihn zugeflogen kam. Die Kugel traf den anderen Mann aus nächster Nähe in der Brust. Er kam nicht mehr dazu, ein zweites Mal abzudrücken; der Körper seines Kollegen traf ihn wie ein zwei Zentner schwerer Kartoffelsack. Er wurde gegen die Betonwand geschleudert und ging bewußtlos zu Boden.

»Wer sind Sie?« stammelte Elder.

»Dann sind Sie also wach«, sagte der kleinere Mann. »Dachte ich mir. Stehen Sie auf, und beeilen Sie sich. In ungefähr dreißig Sekunden wird es hier von Sicherheitsbeamten wimmeln.«

Der Hüne schlang seinen Arm um Elders Hüfte und hievte ihn in den Wagen wie ein Gepäckstück. Der andere Mann sprang auf den Fahrersitz und legte den Gang ein. Die Reifen rauchten immer noch, als der erste der zwanzig Sicherheitsbeamten die Parkebene erreichte. Bevor sie einen Schuß abgeben konnten, bog der Wagen um eine Ecke und verschwand außer Sicht.

Der bewußtlose Geheimdienstler kam gerade wieder zu sich und schrie: »Schnappt sie! Sie haben Elder!«

Drei Gruppen von Sicherheitsbeamten sprangen in die drei Fahrzeuge, die sich noch auf der Parkebene befanden. Der benommene Geheimdienstler hörte, wie sich die Anlasser drehten, aber keiner der Wagen sprang an. Einer der Sicherheitsbeamten nach dem anderen brach in Fluchen aus, als sie die Motorhauben öffneten und die zerschnittenen Drähte sahen.

»Wir werden unseren Plan etwas ändern müssen«, sagte der Fahrer zu seinem Partner, der mit Elder auf dem Rücksitz saß. »Sie werden jeden Moment Alarm geben.«

»Wer sind Sie?« fragte Elder noch einmal. Er rätselte, ob er befreit oder von einer anderen Gruppe gekidnapt wurde.

»Wir sind Freunde, Pastor«, sagte der Hüne freundlich. »Wir gehören zu Randy Cross´ Bibelkreis.«

Elder fing an zu lachen. »Na, ich vermute, es ist eine ganze Weile her, seit Randy Gelegenheit hatte, diesen Bibelkreis abzuhalten.«

»Ja, das stimmt«, sagte der Hüne schmunzelnd, »aber wir dachten, Sie würden uns schneller Glauben schenken, wenn wir Ihnen sagen, daß wir Randy kennen. Halten Sie still, Pastor, ich werde Sie gleich von diesen Handschellen befreien.« Er versuchte es mit seinem Generalschlüssel, den einer der FBI-Agenten beschafft hatte, die Shepperd für den Widerstand rekrutiert hatte. Er funktionierte wie versprochen. Elder rieb sich die Handgelenke, um das Blut wieder zirkulieren zu lassen.

John Elder hatte viele Fragen, aber er wußte, daß sie warten mußten, bis sie in Sicherheit waren – falls es so etwas wie Sicherheit für sie gab. Er wußte auch, daß Hussein vor nichts zurückschrecken würde, um ihn wieder aufzuspüren. *Warum machen sie so ein Aufheben um einen Baptistenprediger aus Atlanta?* fragte er sich.

Als Hussein erfuhr, daß Elder von zwei Männern in der Garage befreit worden war, kam er einem Tobsuchtsanfall nahe. Sofort rief er Rutland an, der sich mit Kathy Alton auf einem offiziellen Empfang für die arabischen Emissäre bei den Vereinten Nationen befand.

Rutland funkelte den Geheimdienstagenten an, der die Nachricht hinüber an ihren Tisch brachte. »Ich sagte Ihnen doch, daß ich keine Störung wünsche!« sagte er wütend. Er wußte, daß der nächste Schritt des Planes die Besetzung Israels durch die Araber vorsah. Dann würden die Juden zu Sklaven ihrer früheren Tagelöhner werden.

»Sir, Sie haben einen dringenden Anruf von Mr. Hussein. Er sagte, er müsse Sie unter allen Umständen erreichen.«

Der Führer würde uns nie unterbrechen, wenn es nicht von äußerster Dringlichkeit wäre, dachte Rutland. »Sagen Sie ihm, ich werde unverzüglich da sein.« Er entschuldigte sich bei der arabischen Delegation und eilte so schnell er konnte zum Telefon.

»Ja, Sir«, antwortete Rutland, als er sich Husseins ins Telefon geschriene Nachricht über Elder angehört hatte. »Ich kümmere mich persönlich darum.«

Rutland war sichtlich beunruhigt, als er den Hörer auflegte und den Konferenzraum verließ. *So erregt habe ich den Führer noch nie erlebt. Was ist so wichtig an diesem Pastor? Die Araber werden ohne mich auskommen müssen. Kathy Alton wird früh genug von der Sache mit Elder erfahren,* entschied er.

Indessen fing John Elder tatsächlich an zu glauben, daß er den Klauen der Bruderschaft entronnen sei. Nach Wochen oder Monaten der Gefangenschaft – er war nicht sicher, wie lange es gedauert hatte – war er endlich frei.

Der Hüne schaute Elder an, und es schien fast, als könne er seine Gedanken lesen. »Es ist noch nicht vorbei, Pastor«, sagte er leise. »Wir sind mitten im Feindesland und fahren in einem feindlichen Wagen. Wir haben noch einen weiten Weg vor uns.«

»Ich verstehe«, erwiderte Elder mit einem Lächeln. »Aber wer sind Sie – außer daß Sie Freunde von Randy sind?«

»Nun, eigentlich gehörten wir unter Präsident Kilborne zum Geheimdienst, aber wir wurden aus dem Dienst der Regierung entlassen, nachdem Hunt gewählt worden war. Wir gehören zu einer Bewegung, die dazu beitragen will, unsere Regierung von dem Krebsgeschwür zu befreien, das in ihr wächst.«

»Wie sind Sie in die Garage des Weißen Hauses hineingekommen?«

»Ich weiß es nicht genau. Offenbar gibt es innerhalb unserer Gruppe eine Verbindung zum nationalen Sicherheitssystem. Bei uns weiß jeder nur das, was er unbedingt wissen muß, falls einer aufgegriffen wird.«

»Wie ist Ihr Plan?« fragte Elder, als er seine alte Energie zurückkehren fühlte.

»Wir haben nicht weit von hier einen zweiten Wagen. Wir werden umsteigen, und andere werden in diesem Wagen weiterfahren«, sagte der Fahrer, während er das Fahrzeug durch die Nebenstraßen manövrierte. Er entdeckte die Seitenstraße, in der sich der zweite Wagen befinden sollte, und bog ein.

»Das ist er«, sagte der Fahrer und kam hinter einem großen Lastwagen zum Stehen.

»Das ist er?« fragte Elder.

»Ja, das ist er, Pastor«, sagte der Hüne mit einem warmen Lächeln.

»Ein Mülltransporter?« sagte Elder mit einem verwirrten Blick.

»Tja, wir hatten in letzter Zeit überdurchschnittliches Glück beim Klauen von Mülltransportern. Offenbar rechnet niemand damit, daß jemand so etwas stehlen will.«

»Verständlich«, sagte Elder, als der Geruch in seine Nase drang. »Lassen Sie mich raten. Sie haben vermutlich nicht vor, mich im Führerhaus mitfahren zu lassen, stimmt´s?«

»Richtig geraten, Pastor«, sagte der Hüne, während er an dem Hebel zog, der die Klappe der Müllpresse herabsinken ließ. »Hinein mit Ihnen.«

»Sie sind sicher, daß Sie beide zu den Guten gehören und nicht zur Bruderschaft. Richtig?« fragte Elder schicksalsergeben, während er in den stinkenden Müllhaufen kroch.

»Denken Sie an das, was der Herr gesagt hat, Pastor: ›Nicht das, was durch die Nase in einen Menschen hineingeht ...‹«

»Oder so ähnlich«, rief Elder, während sich die Klappe hinter ihm schloß.

Der Fahrer streifte sich einen schmutzigen Overall und eine Mütze auf, glitt hinter das Steuer des riesigen Lasters und fuhr langsam davon. Auf dem Beifahrersitz zog der Hüne sein Jackett und seine Krawatte aus und versuchte, seine mächtige Gestalt in den Overall zu zwängen, der für ihn bereitlag. »Er paßt nicht besonders«, sagte er zum Fahrer.

»Er wird reichen müssen. Bei einer richtig genauen Untersuchung würden wir sowieso beide auffliegen. Jetzt mach dich auf und tu was für dein Geld.«

»Ja, klar«, antwortete er. »Wenn sie meinen Lohn verdoppeln, mache ich immer noch ein schlechtes Geschäft dabei. *Das* ist es bestimmt nicht, wofür ich aufs College gegangen bin.«

Der Laster setzte seinen Weg entlang der Straße fort und sammelte den Müll aus den Behältern ein. Mit jeder Ladung wurde Elders Deckung im Laderaum besser.

»Ich hoffe, ihr Jungs vergeßt nicht, daß ich hier hinten drin bin«, rief Elder, als sich der Laster allmählich füllte.

Das Regierungsfahrzeug, mit dem sie gekommen waren, schoß mit drei anderen Männern davon. Statt in entgegengesetzter Richtung von dem Müllwagen zu fahren, steuerten die Männer direkt nach Norden, in der Absicht, das Auto soweit wie möglich vom Ort des Fahrzeugwechsels fortzubringen, ohne die Fahnder auf diesen Ort hinzuweisen. Als die drei Männer durch die Stadt rasten, konnten sie nicht ahnen, daß Fred Livelys Geheimdienstagenten den Peilsender bereits aufgenommen hatten und jede ihrer Bewegungen verfolgten.

»Es sind nach wie vor drei Männer im Wagen«, sagte der Agent, als er den Wagen einen Straßenzug weit vorüberfahren sah. »Sollen wir sie uns vorknöpfen?«

»Ja«, sagte Lively am anderen Ende. »Aber zuerst müssen wir Elder zuverlässig identifizieren; wir können uns keine Verwechslung leisten.«

»Das wird ein bißchen schwierig sein«, erwiderte der Agent. »Wirklich sichergehen können wir nur, wenn wir sie stoppen.«

»Dann stoppen Sie sie eben, Sie Idiot!« schrie Lively ins Telefon. Rutlands Anweisungen waren von brutaler Eindeutigkeit. Elder war um jeden Preis zu eliminieren.

Der Agent gab seinem Partner ein Zeichen, als sie hinter dem verfolgten Wagen her auf den Highway rasten. »Wir brauchen Hilfe«, gab er an die Zentrale durch. »Sind noch andere Wagen in der Nähe?«

»Ja«, sagte die Funkerin mit einem Blick auf ihren Bildschirm. »Ich habe sie bereits angewiesen, dem Fahrzeug den Weg abzuschneiden. Bleiben Sie dahinter, um den Fluchtweg zu versperren, falls sie eine Kehrtwende versuchen sollten.«

»Wir sind jetzt in Position.«

In dem Wagen, von dem man glaubte, Elder säße darin, sagte der Fahrer Sam Rosen: »Wir werden verfolgt.«

»Wo sind sie?« fragte einer der Männer auf dem Rücksitz.

»Ungefähr drei Querstraßen zurück, und sie holen rasch auf. Sie müssen eine Wanze an diesem Wagen haben. Sie werden versuchen, uns zu stoppen.«

»Das dürfen wir nicht zulassen«, sagte der andere Mann. »Dann würden sie wissen, daß der Pastor entkommen ist, und schließlich den vermißten Mülltransporter und uns in Verbindung bringen. Wir müssen dem Laster mehr Zeit verschaffen. Es wird noch eine gute Stunde dauern, bevor sie wieder wechseln können.«

»Halt dich fest!« rief Rosen. »Dann liefern wir ihnen eben ein kleines Rennen.« Er trat das Gaspedal durch. Der starke Motor brüllte auf, und sie rasten dem frühmorgendlichen Verkehr entgegen, der nach Washington hereinfloß.

»Er hat uns entdeckt!« rief der Agent, als er den Wagen regelrecht auf die Gegenspur springen sah. »Mann, wie ich das hasse. Halt dich fest. Dieser Bursche wird nicht leicht zu schnappen sein.« Er rammte den Fuß aufs Gaspedal und scherte ebenfalls auf die Gegenfahrbahn aus.

Die Insassen der Autos auf der Gegenspur waren an miserable Fahrer gewöhnt (schließlich lebten sie in Washington), aber zwei Wagen, die ihnen mit halsbrecherischer Geschwindigkeit entgegenjagten, waren zuviel für sie. Einige wichen im allerletzten Moment auf die Böschung aus, um den Zusammenstoß zu vermeiden. Manche zeigten das internationale Zeichen für unfähige Autofahrer und gaben Kaskaden von wilden Flüchen von sich.

Beide Wagen schlängelten sich durch den Verkehr und rasten durch die belebte Straße auf die Washington-Parkway-Brücke zu. Der Fahrer des FBI-Wagens, der sich aus der entgegengesetzten Richtung dem Schauplatz näherte, erkannte die Situation und beschloß, die Straße mit seinem Wagen zu blockieren. Leider blickte Sam Rosen in diesem Augenblick zurück und sah nicht, daß der Wagen vor ihm stand. Er rammte das FBI-Fahrzeug mit fast hundertdreißig Stundenkilometern, prallte gegen die Leitplanke, überschlug sich und stürzte hinab in den Potomac, nahe dem Little-Falls-Damm. Der FBI-Wagen wurde auf der Straße herumgewirbelt und krachte gegen mehrere andere Fahrzeuge, bevor er auf der anderen Seite der Autobahn zum Stehen kam.

Sobald der Bericht Lively erreichte, rief er Rutland an. »Wir sind sicher, daß es Elder war«, sagte er mit Schweißperlen auf der Stirn. »Aber der Wagen ist kurz vor dem Damm in den Potomac gestürzt. Das Wasser ist dort fast zwanzig Meter tief. Es wird ein paar Stunden dauern, bevor die Froschmänner es finden.« *In letz-*

ter Zeit scheint nichts mehr zu klappen, dachte Lively. »Aber Elder muß in dem Wagen gesessen haben«, log er Rutland an. »Unser Mann hat ihn zuverlässig identifiziert, bevor der Wagen abstürzte. Elder saß in dem Wagen, darauf wette ich mein Leben.«

»Das haben Sie bereits«, sagte Rutland kalt. Selbst durchs Telefon fühlte Lively, wie diese toten Augen ihn anstarrten. Unwillkürlich erschauerte er.

»Ich rufe wieder an, sobald wir sie haben«, sagte Lively mit falscher Begeisterung. Doch die Leitung war bereits tot.

»Haben sie Elder erwischt?« fragte der dunkelhäutige Mann.

»Lively sagt ja. Aber ich glaube, er lügt.«

»Er lebt«, stimmte Hussein zu und lehnte sich im Präsidentensessel zurück. »Ich weiß es.«

Kapitel 26

Das Zeichen

»Hier sind ein paar saubere Sachen für Sie, Pastor«, sagte Randy Cross, als John Elder das alte Farmhaus außerhalb von Clayton, Georgia, betrat.

»Ich weiß das zu schätzen, Randy«, sagte Elder. »Ich rieche allmählich etwas reif ... vielleicht sogar ein wenig überreif.«

Nachdem er sich fast zwei Stunden lang in dem Mülltransporter versteckt gehalten hatte, war Elder in den Kleinlaster eines CRC-Sympathisanten umgestiegen, der Waren nach Atlanta brachte.

Offensichtlich glaubten die meisten Amerikaner immer noch, daß die allgemeine Hetzjagd genau das war, als was sie dargestellt wurde: eine legale Fahndung nach verdächtigen Terroristen. Die Medien spielten eine Schlüsselrolle dabei, die Öffentlichkeit davon zu überzeugen, daß keine Bürgerrechte verletzt wurden. Hohe Beamte in der Regierung Alton versicherten, daß es in Amerika niemals wahllose Verhaftungen gegeben habe oder geben werde. Da die meisten führenden Christen unmittelbar von der Verhaftung bedroht waren, gab es buchstäblich niemanden, der an die Öffentlichkeit treten und den offiziellen Darstellungen widersprechen konnte. Dabei hätte jeder, der sich die Mühe gemacht hätte, es nachzuprüfen, offensichtliche Hinweise gefunden, die die Darstellung der Regierung widerlegten: die Hunderttausende von Christen und Juden, die vermißt wurden.

Mit jeder Woche, die verging, zog sich die Schlinge enger zusammen, als das Data-Net-System durch die magnetischen IDs ergänzt wurde. Jeder, der versuchte, ohne eine gültige ID das System zu benutzen, lief Gefahr, sofort verhaftet zu werden, da die magnetischen Scanner praktisch in allen amerikanischen Städten verfügbar waren. Als die Lebensmittelvorräte, die in der Anfangsphase eingelagert worden waren, zur Neige zu gehen begannen, machten sich die Führer der Bewegung Gedanken darum, welches ihr nächster Schritt sein sollte.

Amir Hussein tobte, als bestätigt wurde, daß Elder sich nicht in dem aus dem Potomac geborgenen Wagen befand. Er verdoppelte seine Bemühungen, die Christen ausfindig zu machen. Jeder Versuch, den Anschein zu erwecken, als sei die Umstellung auf das ID-System freiwillig, wurde fallengelassen.

»Schließen Sie alle Benutzer ohne permanente ID aus«, befahl Hussein.

Präsidentin Alton verkündete die sofortige Einführung des Systems und begründete den Schritt damit, die Insta-Pol-Ergebnisse seien ein klarer Auftrag der amerikanischen Bevölkerung. Das System wurde zum Öffentlichen Gesetz Nr. 186, verabschiedet durch die Organe, die bis zum erneuten Zusammentritt des Kongresses die Gesetzgebung vollzogen,.

Randy Cross brachte John Elder auf den neuesten Stand, soweit er ihnen bekannt war. Dann sagte er: »Pastor, Sie sind hierher gebracht worden, weil das CRC Ihre Hilfe braucht. Wir wollen die Bruderschaft vor Amerika und der ganzen Welt entlarven.«

»Ich sehe nicht, wie ich dabei eine große Hilfe sein kann«, sagte Elder, als er das enorme Ausmaß dieses Plans begriff. »Ich kann einige Leute von unserer Ortsgruppe kontaktieren, aber ohne finanzielle Mittel und IDs können wir keinen Kontakt zu den anderen Gruppen herstellen.«

»Das Land ist praktisch zur Diktatur geworden, seit Präsidentin Alton ins Amt gekommen ist«, sagte Donald Shepperd. »Wenn wir damit Schluß machen wollen, brauchen wir Ihre Hilfe.«

»Darf ich fragen, wer Sie sind?« fragte Elder.

»Mein Name ist Don Shepperd. Ich war einer der FBI-Agenten, die an das Justizministerium ausgeliehen wurden, um bei der Jagd auf die Terroristen zu helfen.«

»Dons Hilfe ist ein Geschenk des Himmels«, fügte Randy hinzu. »Er hat Ihre Befreiung geplant, ebenso wie die Befreiung einiger anderer wichtiger Leute.«

»Aber was kann ich beitragen?« fragte Elder. »Ich bin nichts als ein Pastor ohne Gemeinde.«

»Du bist ein bißchen zu bescheiden, John«, sagte Bill Frost, der soeben den Raum betrat.

»Bill! Ich dachte, sie hätten dich geschnappt«, sagte Elder, während er seinen langjährigen Freund umarmte.

»Haben sie auch. Ich wurde in ein Lager in Arizona gebracht. Don hat meine Befreiung organisiert.«

»Was ist mit deiner Frau?« fragte Elder, und er dachte dabei an seine eigene.

»Sie ist irgendwo in einem anderen Lager, John. Wir können nicht genügend Leute entbehren, um sie zu befreien, jedenfalls nicht im Augenblick. Wir kämpfen hier ums Überleben. Wir können es uns nicht leisten, diesen Kampf zu verlieren.« Als er den gequälten Ausdruck in Elder Gesicht sah, fügte Frost hinzu.

»Deine Frau Julia ist aber in Sicherheit. Es geht ihr gut; sie macht sich nur Sorgen um dich.«

»Heißt das, sie ist nicht in Haft?« sagte Elder, während seine Knie ein wenig nachgaben.

»Setz dich, John«, sagte Randy. »Du hast eine Menge durchgemacht. Wir erzählen dir die Einzelheiten später. Im Augenblick kannst du getrost sein, daß Julia in Sicherheit ist. Wir würden die Bruderschaft nicht an sie heranlassen. Sie hätten bestimmt versucht, dich durch sie unter Druck zu setzen.«

»Das haben sie schon versucht, oder jedenfalls Hussein«, sagte Elder und entspannte sich ein wenig. »Mir geht es gut, ich bin nur müde.«

»Also nichts, was sich nicht durch eine gute heiße Dusche beheben ließe«, sagte Frost. »Das können wir dir bieten.«

»Sagten Sie Hussein?« unterbrach Shepperd. »Meinen Sie damit Amir Hussein?«

»So nennt er sich selbst«, sagte Elder, unwillkürlich mit den Zähnen knirschend, »aber ich habe den Verdacht, daß er noch unter einem anderen Namen bekannt ist.«

»Was meinen Sie?« fragte Shepperd.

»Ach ... nichts«, erwiderte Elder geheimnisvoll. »Das ist nur eine dieser Ideen, die einen Christen als Radikalen brandmarken. Vielleicht sogar als Verrückten!« Elder schaute sich im Kreis der erbärmlich kleinen Gruppe von Leuten um, die entschlossen waren, sich der Macht der Regierung entgegenzustellen.

»John, wir haben einen Plan, der so radikal ist, daß er vielleicht sogar funktionieren könnte«, sagte Randy. »Wir wollen, daß Sie uns helfen, die Christen im ganzen Land zu organisieren, um ihre Freiheit zurückzugewinnen.«

»Ich weiß nicht, ob es Ihnen aufgefallen ist«, sagte Elder lächelnd, »aber ich bin im Augenblick nicht gerade der populärste Mann im Land. Wie ich höre, bin ich sogar tot.« Sofort wünschte Elder, er hätte das nicht gesagt. Er wußte, daß drei gute Männer gestorben waren, um ihm die Freiheit zu verschaffen.

Als er die Grimasse auf Elders Gesicht sah, bemerkte Bill Frost: »Wir alle hier würden unser Leben hingeben, wenn wir damit der Sache der Freiheit dienen könnten. Die Männer, die ihr Leben ließen, kannten das Risiko; sie waren bereit, es auf sich zu nehmen.«

»Ich weiß, wie Sie sich fühlen«, fügte eine andere Stimme aus dem Nebenzimmer hinzu. Einen Augenblick später trat Jeff Wells durch die Tür.

»Das ist Jeff Wells«, sagte Randy zu Elder.

»Den Namen habe ich schon irgendwo gehört«, erwiderte Elder nachdenklich.

»Jeff ist verantwortlich für das Data-Net-Programm; das heißt, er war es«, sagte Shepperd.

»Ah ja, Wells. Jetzt weiß ich, wer Sie sind«, sagte Elder mit hochgezogenen Augenbrauen. »Sie sind der junge Computerzauberer, der das Erdbeben voraussagte.«

»Jeff ist offiziell ebenfalls tot. Das Flugzeug, in dem er hätte sitzen sollen, wurde außerhalb von Washington abgeschossen.«

»Abgeschossen?« fragte Elder verständnislos.

»Abgeschossen mit einer hitzesuchenden Rakete. Vier von unseren Leuten sind bei dem Absturz gestorben.«

»Ja«, sagte Jeff, und in seinem Gesicht blitzte für einen Augenblick der Zorn auf, den er empfand. »Hätte Don nicht einen doppelten Tausch geplant, so wären Karen und ich in diesem Flugzeug gewesen.« Er begann zu berichten, was sich von seiner ersten Begegnung mit Amelia Durant bis zu ihrer Ankunft auf dem Flugplatz ereignet hatte.

Unmittelbar bevor Jeff und Karen aus dem Mülltransporter steigen sollten, war ein anderes Paar aus dem Taxi gesprungen und zu der Maschine hinübergerannt. Jeff und Karen hatte man in ein anderes Auto gesetzt und später in einen Lastwagen umsteigen lassen, der nach Atlanta fuhr. Als sie sich von dem kleinen Flugplatz entfernten, hatten sie die Explosion der Privatmaschine beobachtet.

»Der Pilot und drei weitere Leute waren an Bord dieser Maschine«, sagte Jeff zähneknirschend. »Sie starben an unserer Stelle!«

»Es waren Mossad-Agenten«, sagte Shepperd. »Sie haben uns geholfen, mit diesem Chaos fertigzuwerden. Sie haben fast überall Kontakte.«

»Was hat der israelische Mossad mit der Sache zu tun?«

»Ach, das wissen Sie wahrscheinlich noch gar nicht. Die Vereinigten Staaten haben sechs Atombomben auf israelische Verteidigungseinrichtungen fallen lassen, unter dem Vorwand, einen Wahnsinnigen namens Moshi Amitt davon abzuhalten, mehrere Kobaltbomben zu starten.«

»Ich habe von Amitt gehört«, sagte Elder erstaunt. »Er gehörte zur Bewegung der Zeloten in Israel: anti-christlich und anti-amerikanisch.«

»Nun, jetzt ist er nur noch ein Häuflein radioaktiver Staub«, sagte Shepperd trocken. »Aber die USA haben vorgeschlagen, eine Besatzungsmacht nach Israel zu schicken, die hauptsächlich aus Arabern besteht.«

»Das werden die Israelis niemals zulassen!« rief Elder. »Ich bin oft dortgewesen. Sie wissen, daß die Araber sie bei der ersten sich bietenden Gelegenheit vom Erdboden ausmerzen würden. Nötigenfalls würden sie sich mit Knüppeln wehren.«

»Genau das ist der Plan«, erklärte Shepperd. »Der Mossad glaubt, daß Husseins Absicht ist, die Juden vollkommen zu eliminieren, angefangen mit Israel.«

Elder glaubte, sein Kopf würde explodieren. »So vieles ist in dieser kurzen Zeit geschehen. Ich war Pastor einer wachsenden Gemeinde hier in Atlanta und hatte einen Fernsehverkündigungsdienst, der Menschen im ganzen Land erreichte. Ich dachte, wir wären in Sicherheit, aber ich schätze, daß mein eigenes Ego mich geblendet hat. Sicher, ich arbeitete für das Werk des Herrn, aber ich war so beschäftigt mit meinen eigenen Aktivitäten, daß mir vollkommen entgangen ist, was um mich herum los war.«

»Diesen Schuh müssen wir uns alle anziehen«, sagte Shepperd und schaute die anderen im Zimmer an. »Ich glaube, keiner von uns hätte sich je träumen lassen, daß so etwas geschehen könnte – bestimmt nicht hier in Amerika. Aber wir sind nicht anders als die Deutschen vor Hitler oder die Russen vor Lenin. Niemand glaubt je, daß ihm so etwas passieren könnte.«

Elder war überwältigt von Gefühlen. »Wir waren so gefesselt von unseren materiellen Gütern, daß wir nicht einmal bemerkt haben oder uns nicht darum scherten, als wir anfingen, unsere Freiheit für diese Güter aufzugeben.

Wir töten ungeborene Kinder, weil sie unserem Wohlstand im Weg sind; unsere Kinder nehmen Drogen, damit sie sich nicht der Realität eines sinnlosen Lebens stellen müssen; unseren Politikern geht es mehr darum, gewählt zu werden, als um unser Land. Und was das Schlimmste ist, das Volk Gottes nahm die Wahrung seines Lebensstils wichtiger als die Aufgabe, die Welt für Christus zu erreichen. Und das gilt für mich ebenso wie für alle anderen«, fügte Elder hinzu.

»Du bist zu hart gegen dich selbst«, sagte Bill Frost. »Du hast uns gewarnt, und wir haben versucht, uns zu ändern. Nur war es schon zu spät, als wir endlich aufwachten.«

»Glauben Sie, daß dies die Zeit der Trübsal ist, Pastor?« fragte Randy Cross. Er stellte die Frage, die viele andere beschäftigte, ohne daß sie sie stellten.

»Ehrlich, ich weiß es nicht«, erwiderte Elder seufzend. »Ich glaube, daß Hussein zu Satans Plan gehört, die Welt zu unterwerfen. Aber vergessen Sie nicht, daß niemand den Zeitpunkt kennt; nur Gott kennt ihn. Wenn dies die Zeit der Trübsal und Hussein tatsächlich der Antichrist ist, wird er bis zuletzt die Oberhand behalten, bis Christus wiederkommt. Aber wenn er einfach nur ein aufgeblasener Diktator ist wie Stalin oder Hitler, dann kann er besiegt werden. Wir müssen einfach beten, daß Gottes Wille geschieht, und dann so handeln, wie er uns führt.«

Elder sah Shepperd an und fragte: »Was kann ich schon tun? Wenn das ID-System so luftdicht ist, daß wir nicht einmal mehr Lebensmittel kaufen können, wie sollen wir dann die Untergrundgruppen im Land erreichen?«

»Ich glaube, dabei kann ich helfen«, sagte Jeff, als Karen das Zimmer betrat. Sie hatte ein kleines elektronisches Gerät in der Hand, das er in die Tasche gesteckt hatte, als sie aus dem Labor flohen. »Dies ist Karen Eison, meine ... meine Verlobte« sagte er.

Der überraschte Ausdruck auf dem Gesicht der jungen Frau verriet Elder, daß diese Mitteilung auch für sie eine Neuigkeit war, aber sie sagte nichts.

»Dieser Scanner ähnelt denen, die im Data-Net verwendet werden«, sagte Jeff und nahm das kleine Gerät von Karen entgegen. »Die Ausgabe des Scanners wird an eine Zentralstelle gesendet, wo die Nummer überprüft wird. Im Grunde läuft das nicht anders als bei der Karte, nur daß die Nummer mit einem Thermallaser dauerhaft unter der Haut angebracht wird. Es handelt sich um eine magnetische Substanz, die von außen nicht zu sehen ist, aber ein empfindlicher Magnetscanner kann sie lesen.«

»Absolute Kontrolle«, sagte Elder. »Man kann ohne die Nummer nicht mehr kaufen oder verkaufen.«

»Na ja, fast absolut«, erwiderte Wells mit einem Grinsen. Karen versetzte ihm einen Rippenstoß, und er gab sich Mühe, wieder ernst zu werden.

»Was wir Ihnen gleich zeigen werden, Pastor, ist im Augenblick niemandem außerhalb dieses Raumes bekannt«, sagte Shepperd. »Es ist unbedingt erforderlich, daß es geheim bleibt. Worauf es ankommt, ist, daß wir einen Weg finden, die Information landesweit an unsere Gruppen weiterzugeben, ohne daß die Regierung Wind davon bekommt. Dabei kommt Ihnen eine wichtige Rolle zu. Wir wissen, daß die Ortsgruppen von Angehörigen der Bruderschaft infiltriert wurden; vielleicht ist das bei einigen Gruppen immer noch der Fall. Wenn auch nur ein Wort über das, was Sie gleich sehen werden, an die Öffentlichkeit dringt, sind wir erledigt.«

Elder setzte sich auf den nächsten Stuhl. »Ich werde tun, was ich kann«, sagte er mit aller Zuversicht, die er aufbringen konnte. *Ein Dutzend Leute gegen die ganze Macht der Regierung*, dachte er. *Wir sind wirklich Gideons Handvoll.*

»Geben Sie mir Ihre Hand«, sagte Wells. Er fuhr mit dem Scanner über die Hand des Pastors, und das kleine Gerät gab ein kreischendes Geräusch von sich, bei dem alle erschrocken zusammenfuhren.

»Sehr wirksam, um Leute darauf aufmerksam zu machen, daß jemand ohne ID versucht hat, das System zu benutzen oder auch nur an einem Scanner vorbeiging, ohne zu wissen daß er da ist. Wäre dieser Scanner mit dem System verbunden, so wäre gleichzeitig ein Signal an den Zentralprozessor gesendet worden und hätte dort einen Alarm ausgelöst. Ich vermute, daß inzwischen Agententeams überall in den Städten stationiert sind, die nur darauf warten, sich jeden Entdeckten zu schnappen.«

»Ich verstehe«, sagte Elder, der sich langsam von dem Schreck erholte.

»Jetzt passen Sie auf«, sagte Wells, während er ein weiteres kleines Gerät, das er aus seiner Tasche geholt hatte, über Elders Hand rollte.

Elder spürte nicht das Geringste.

»Was war das?« fragte er.

Wieder fuhr Wells mit dem Scanner über Elders Hand, aber diesmal ertönte kein Alarmton. Statt dessen blinkte an dem Gerät ein grünes Lämpchen auf.

»Sie sind durch«, sagte Wells triumphierend. »Jetzt sind Sie offizieller Teilnehmer des Data-Net-Systems.«

Auf den fragenden Blick des Pastors hin fuhr Wells fort: »Ich habe gerade eine Nummer auf Ihre Hand gedruckt. Sie ist nicht dauerhaft, aber sie wird ungefähr drei Monate halten, oder dreißigmal Waschen, je nachdem, was zuerst kommt.«

Er gab einen Grunzlaut von sich, als Karen ihm einen weiteren Rippenstoß versetzte. »Sie wird mit der Zeit verblassen, wenn Ihre Haut sich erneuert«, sagte Karen leise. »Aber sie ist wasserfest und kratzfest.«

»Das heißt, ich könnte das Data-Net jetzt benutzen?« fragte Elder, während er auf seine Hand starrte. Er konnte kein Zeichen irgendwelcher Art entdecken.

»Damit ist nur das Problem gelöst, eine Nummer auf Ihre Hand zu bekommen«, sagte Wells. »Wenn Sie jetzt versuchen würden, das Data-Net zu benutzen, würde Ihre Nummer nicht zu Ihrem Fingerabdruck auf dem Systemzugangsscanner passen, und Sie würden wieder einen Alarm auslösen.«

»Aber wie ...«

»Geduld, Pastor«, schmunzelte Wells. »Lassen Sie mich erklären. Das System hat Aufzeichnungen über jeden, der eine Nummer erhalten hat, noch von damals, als die Karten ausgegeben wurden. Ich wußte, daß das Fälschen von Karten zu einem blühenden Geschäft werden würde, also baute ich eine zweite Überprüfung ein: den Zeigefingerabdruck jedes Karteninhabers. Die ID-Nummer muß also auch mit dem richtigen Fingerabdruck zusammenpassen. Wer versucht, das System mit der Karte eines anderen zu benutzen, wird sofort abgewiesen.«

»Ich glaube, ich verstehe«, sagte Elder. »Ich komme also an den Scannern vorbei, aber ich kann nicht das System benutzen, richtig?«

»Nicht ganz«, erwiderte Wells und rollte auf seinem Bürostuhl hinter den Schreibtisch. »Ich nehme an, daß Dr. Loo inzwischen gute Nummern und schlechte Nummern im System identifiziert hat. Wenn Sie also mit einer falschen Nummer an einem Scanner vorbeikommen, geht der Alarm los.«

»Demnach sind wir wieder da, wo wir angefangen haben«, sagte Elder.

»Nicht ganz«, wiederholte Jeff.

»Nun hör schon auf, Jeff, das wird allmählich irritierend«, sagte Karen. »Ich weiß, daß du schon eine Lösung ausgearbeitet hast. Rück schon heraus damit.«

»Eigentlich war es ganz einfach.« Jeff schaute Karen an, die in gespielter Agonie ihre Augen verdrehte. »Okay, vielleicht war es nicht ganz so einfach. Aber es wird funktionieren«, sagte Jeff breit grinsend.

»Ich habe ein Fenster offengelassen, um von außen auf das Data-Net zuzugreifen, nachdem Dr. Eison uns gewarnt hatte, daß wir verdächtigt werden.«

»Dr. Eison?« wiederholte Elder. »Ein Verwandter von Ihnen, Karen?«

»Ja, Sir, mein Vater. Er ist Physiker an den Livermore-Laboratorien in Kalifornien. Er ist auf die Pläne der Regierung gestoßen, die Christen und Juden einzusperren; dann hat er zwei und zwei zusammengezählt.«

Jeff fuhr fort: »Ich kann also immer noch von außen auf das Data-Net zugreifen. Aber es gibt da zwei Probleme: Erstens bin ich sicher, daß Dr. Loo inzwischen meine Systemfallen aktiviert hat, um jeden Versuch zu überwachen, von außen auf das System zuzugreifen. Andernfalls würde jeder Hacker auf der Welt versuchen, sich freien Zugang zu verschaffen. Zweitens verfügt praktisch jedes Telefonsystem im Land über die Fähigkeit, Anrufe sofort zurückzuverfolgen und sogar die Nummer des Angreifers an den Empfänger zu senden. Also würde ich schon durch meinen ersten Anruf der Regierung unsere Telefonnummer und unseren Aufenthaltsort verraten.«

Elder fühlte sich allmählich wie in einer Zwickmühle. »Gibt es eine Möglichkeit, diese Probleme zu umgehen?«, fragte er Wells.

»Ich glaube ja. Um das herauszufinden, sind wir heute hier. Ich sagte, daß praktisch jedes Telefonsystem die Fähigkeit besitzt, Anrufe zurückzuverfolgen, aber nicht alle. Das System, das hier in Clayton verwendet wird, ist noch mechanisch. Als AT&T in den frühen achtziger Jahren aufgeteilt wurde, verwendeten viele der kleineren, privaten Telefongesellschaften noch mechanische Systeme. Die meisten stellten im Lauf der Jahre auf elektronische Systeme um, aber nicht alle. Shepperd hat herausgefunden, daß diese kleine Ortschaft immer noch das alte System hat. Es dauert mehrere Minuten, bis das elektronische System sich durch die mechanischen Relais´ hindurchgeschlängelt hat. Also rechne ich mir aus, daß ich ungefähr zehn Minuten habe, um in das System hineinzukommen, es zu modifizieren und dann jede Spur meines Eindringens zu verwischen. Von diesem Zeitpunkt an wird mich das System als normalen Zugriff akzeptieren, aber es wird alle Spuren meines Besuchs löschen, sobald ich wieder hinausgehe.«

»Das können Sie tun?« sagte Elder staunend. Er hatte nicht alles verstanden, aber er erkannte, daß Wells ein Genie war.

»Wir werden sehen, Pastor. Wenn nicht in einer halben Stunde oder so die Schurken hier auftauche, können Sie davon ausgehen, daß wir es geschafft haben.«

»Klingt sehr tröstlich«, sagte Elder mit dem ersten Anflug von Humor, den er seit Wochen verspürt hatte.

»In Wirklichkeit«, sagte Jeff grinsend, »werde ich es wissen, sobald ich mein Programm im Data-Net aktiviere.«

Wells setzte sich an das Terminal und gab das Paßwort ein, das er im Betriebssystem versteckt hatte.

Sobald er mit dem Zentralrechner verbunden war, antwortete der Bildschirm:

»Zugriff genehmigt, Luke. Möge die Macht mit dir sein.«

»Mal wieder einer seiner kleinen privaten Scherze«, sagte Karen und blickte Jeff mit zusammengekniffenen Augen an.

»Vielleicht würde ›Möge der Herr mit dir sein‹ besser passen«, sagte Elder.

»Gute Idee«, stimmte Jeff zu. »Ich werde es ändern, wenn ich hinausgehe.«

Als nächstes gab er ein: »Code 777 aktivieren.«

Das Terminal antwortete: »Code 777 läuft. Geben Sie Daten ein.«

»Was ist Code 777?« fragte Elder, der neben Wells saß und fasziniert zuschaute.

»Das ist das Programm, das ich im System versteckt habe«, erwiderte Wells.

»Warum 777?« fragte Elder.

»Das ist Gottes Zahl der Vollkommenheit, nicht wahr?« antwortete Jeff. »So wie die 666 die Zahl Satans ist?«

»Woher in aller Welt weißt du denn das?« fragte Karen verblüfft.

»Ich habe die Bibel schließlich auch gelesen«, sagte Wells und stellte sich beleidigt.

»Jetzt aktivieren wir nur noch einen Block von Nummern, die Sie für Ihre Ortsgruppen verwenden können, und dann dürfte es keine Schwierigkeiten mehr mit dem Data-Net geben. Sie sollten sie allerdings davor warnen, das System zu oft und zu bald zu benutzen. Diese Konten haben unbegrenzten Kredit. Wir wollen das System schließlich nicht lahmlegen, sonst könnte jemand Verdacht schöpfen.«

»Wäre das denn möglich«, fragte Shepperd, dem eine Idee kam.

»Ich denke schon«, antwortete Jeff nach kurzem Nachdenken. »Solange mein Programm im System ist, werden die Transaktionen nicht aufgezeichnet.«

»Wie erreichen Sie denn dann, daß die Konten ausgeglichen bleiben?« fragte Shepperd, hinter dessen Stirn es sichtlich arbeitete.

»Das ist eigentlich ganz einfach ... jedenfalls nicht allzu kompliziert«, sagte er mit einem Seitenblick auf Karen, die lächelte. »Wenn einer von Ihren Leuten das System benutzt, wird automatisch eine Überweisung von der Zentralbank auf das Konto des Händlers vorgenommen; vorausgesetzt, das System bestätigt, daß der Benutzer genügend Kredit hat. In unserem Fall wird das System immer einen Kontostand anzeigen, der den Kaufpreis übersteigt. Darum ist Vorsicht angebracht, um den Bogen nicht zu überspannen.

Als nächstes führt das Data-Net am Ende des Tages eine Überweisung vom Bankkonto des Benutzers auf die Zentralbank durch. Inzwischen hat sie alle Transaktionen des Tages überwacht, um sicherzustellen, daß niemand im Lauf eines Tages zuviel Kredit in Anspruch nimmt. Im Fall Ihrer Gruppe wiederum wird dieser Saldo nicht aufgezeichnet, weil ja die einzelnen Transaktionen nirgendwo aufgezeichnet werden.

Da diese Konten in Wirklichkeit nicht existieren, werden die Überweisung und der Systemauftrag von meinem Programm erzeugt.«

»Erzeugt?« hakte Shepperd nach.

»Ja. Ich erzeuge buchstäblich die Geldmittel, indem ich das geringwertigste Bit bei jeder Überweisung, die durch das System läuft, abrunde und in einer besonderen Datei speichere, die eigens zu diesem Zweck dient.«

»Das geringwertigste Bit? Könnten Sie das erklären?« fragte Shepperd.

»Sicher. Wir benutzen für das Data-Net ein 64-Bit-Computersystem. In Wirklichkeit jedoch geht jede Zahl unendlich weiter. Wir runden sie willkürlich bei vierundsechzig Stellen ab, weil damit unser Genauigkeitsbedarf gedeckt ist. Wollten wir die Koordinaten für einen Flug zum Mars berechnen, würden wir ein 128-Bit-Computersystem benutzen. Mein Programm registriert also den gesamten Geldfluß durch das System und speichert dann das hypothetische fünfundsechzigste Bit in einer Datei.

Wenn ich zum Beispiel das sechzehnte Bit speichern würde, würde mein System bei jeder Transaktion einen Zehnteldollar oder zehn Cents abzweigen. Aber das können wir nicht machen, weil jemand diese zehn Cents vermissen würde. Da wir jedoch willkürlich bei vierundsechzig Bit aufhören, kann das fünfundsechzigste Bit auch niemand vermissen. Sie sehen also, es ist eigentlich ganz einfach.«

»Aber wieviel Geld kommt zusammen, wenn Sie eine so unbedeutende Zahl speichern?« fragte Shepperd skeptisch.

»Nun, schauen wir mal in meinem Register nach«, sagte Jeff und gab die entsprechenden Befehle ein. »Im Augenblick akkumuliert das System seit etwa drei Wochen, und wir haben einen Kontostand von dreizehn Milliarden Dollar.«

»Dreizehn Milliarden!« rief Shepperd, der beinahe vom Stuhl fiel. »Meine Güte, das macht Sie zum größten Bankräuber aller Zeiten!«

»So habe ich das noch gar nicht betrachtet«, sagte Jeff, während er sich aus dem System ausloggte. »Aber Sie haben wahrscheinlich recht. Vergessen Sie jedoch nicht, daß das Geld in Wirklichkeit gar nicht existiert. Ich habe es künstlich erzeugt.«

»Genau wie die Regierung, was?« scherzte Shepperd. Zu Elder gewandt fuhr er fort: »Pastor, Sie haben ein Blanko-Scheckbuch für Ihre Leute. Jetzt müssen wir Sie nur noch zu ihnen bringen, ohne dabei einem der mehreren Tausend Regierungsagenten in die Arme zu laufen, die auf der Suche nach Ihnen sind. Dreizehn Milliarden, was?« sagte er kopfschüttelnd. »Gehen wir einkaufen.«

Kapitel 27

Ausser Kontrolle

»Ich will, daß die Verhaftungen schneller vorangehen!« wies Hussein Rutland beim Frühstück an. Hussein hatte eine der Gastsuiten für Würdenträger im Weißen Haus bezogen. Von hier aus konnte er sich leicht in die täglichen Regierungsgeschäfte einschalten.

»Ich werde tun, was Sie sagen, Sir«, erwiderte Rutland monoton und legte seine Gabel auf den Tisch.

»Aber Sie sind nicht meiner Ansicht«, sagte Hussein, als er den Ausdruck auf Rutlands Gesicht sah.

»Wenn wir zu rasch vorgehen, werden wir viele Leute verschrecken, Sir. Schon jetzt haben wir Spione in unserem eigenen System. Wells und Elder haben Hilfe von Leuten innerhalb der Regierung bekommen. Und mehrere unserer Sicherheitsbeamten sind übergelaufen.«

»Ich kenne all diese Ausreden«, zischte Hussein durch die Zähne. »Aber wir müssen die Christen so schnell wie möglich eliminieren. Sobald die Christen weg sind, werden sich die anderen an das neue System anpassen. Sie hängen zu sehr an ihrem Wohlstand, als daß sie es riskieren würden, sich die Almosen der Regierung entgehen zu lassen. Bald werden wir den gesamten Drogenhandel kontrollieren. Damit verfügen wir über das Geld und die Mittel, alle Städte zu beherrschen.

Furcht ist der Schlüssel zur totalen Kontrolle«, sagte Hussein, und ein wahnsinniges Leuchten erschien in seinen Augen. »Die Bürger müssen uns mehr fürchten als alles andere. Diejenigen, die Christen und Juden bei sich verstecken, werden sie an uns ausliefern, wenn sie selbst dadurch in Gefahr geraten.«

Rutland war sichtlich beunruhigt, obwohl er nach außen keine Regung zeigte. Er hatte noch nie zuvor erlebt, wie der Führer die Beherrschung verlor, doch seit Elders Flucht war Hussein geradezu außer sich, als ob er den Mann tatsächlich fürchtete.

»Ich werde Lively anweisen, die Verhaftungen zu beschleunigen«, sagte Rutland emotionslos.

»Nein!« entgegnete Hussein scharf. »Lively ist inkompetent. Ich will, daß er eliminiert wird. Übertragen Sie Marla die Verantwortung. Sie hat den nötigen Eifer. Lively ist nicht mehr zuverlässig;

er ist gierig und auf seinen eigenen Vorteil bedacht. Er haßt die Christen, aber nur, weil sie gegen seine dekadente Gruppe gearbeitet haben. Wir brauchen jemanden, der sie genausosehr haßt wie ich – einfach nur, weil sie da sind.

Außerdem wünsche ich, daß das Militär sofort von allen führenden Offizieren gesäubert wird, die nicht zur Bruderschaft gehören. Wenn wir herrschen wollen, brauchen wir die absolute Kontrolle. Ich werde nicht dieselben Fehler wiederholen, die andere in der Geschichte gemacht haben. Wir werden dem Großen Führer den Weg bereiten.«

»Aber ich dachte, Sie wären der Führer!« rief Rutland überrascht.

»Sie haben sich das Recht verdient, es zu erfahren, mein Kamerad. Ich bin nur der Vorläufer unseres Großen Führers. Er kann seinen rechtmäßigen Platz nicht einnehmen, solange die Christen noch da sind. Das wissen sogar sie selbst. Sie bilden sich ein, es sei ihre Bestimmung, durch die sogenannte ›Entrückung‹ aus dieser Welt entfernt zu werden. Ich dagegen beabsichtige, sie durch Vernichtung zu entfernen.

Der Führer hat mir offenbart, daß Elder der Schlüssel zu unseren Plänen in Amerika ist. Er hat die Fähigkeit, alle Christen zu vereinen. Ohne ihn haben sie keinen Führer. Scheuchen Sie ihn aus seinem Versteck. Fangen Sie an, die Christen zu töten, bis er sich ergibt!« befahl Hussein.

In einem anderen Gebäude, mehrere Straßenzüge vom Weißen Haus entfernt, fand eine andere Besprechung statt; eine Besprechung, die General Louis Gorman, den Chef des Kommandostabes, sichtlich erschütterte.

»Sind Sie sicher, Oberst?« fragte General Gorman kopfschüttelnd. »Das scheint einfach zu unglaublich zu sein – Verräter in den Reihen des amerikanischen Militärs!«

General Louis Gorman war seit dreißig Jahren stetig als Armeeoffizier aufgestiegen. Als die Depression in den neunziger Jahren begann, wußte er, daß harte Zeiten auf sein Land zukamen. Seine Großeltern hatten die Depression der dreißiger Jahre erlebt, und als ein Junge, der in New York aufwuchs, hatte er sie oft davon erzählen hören. Sie hatten ihn davor gewarnt, daß das Land direkt auf eine neue Depression zustürmte.

Was Louis Gorman Sorgen machte, war, daß die Nation heute nicht mehr die Charakterstärke besaß, eine wirtschaftliche Depression zu akzeptieren. Die Leute waren viel abhängiger von der Regierung, und er wußte aus erster Hand, daß die Regierung der Vereinigten Staaten bis in den Kern faul war.

Des öfteren hatte er Gerüchte über eine Geheimgesellschaft

gehört, die innerhalb der Regierung operierte. Jetzt hatte er Beweise, daß sie auch innerhalb des Militärs tätig war. Jemand hatte seinem Adjutanten Oberst Anderson Kopien geheimer Mitteilungen zugesandt, in denen Anweisungen für einen Putsch in den obersten Rängen des Militärs enthalten waren. Es wurden darin sogar die Namen der hochrangigen Offiziere erwähnt, die die Führung übernehmen sollten. General Louis Gormans Name stand nicht auf der Liste. Die Namen der meisten seiner engeren Mitarbeiter ebenfalls nicht. Es fanden sich dort nur Namen von karrieresüchtigen Jasagern, die dem Kurs der gegenwärtigen Regierung folgten wie Schoßhündchen.

Normalerweise hätte General Gorman solche Vorstellungen möglicherweise als wilde Spekulationen frustrierter Soldaten beiseite geschoben, deren Budgets zu sehr beschnitten worden waren, aber was er hier sah, wies auf eine solche Geheimgesellschaft hin. Und das Klima im Land war reif für eine Machtübernahme. *Lieber Gott*, dachte er. *Wenn ich nur daran denke, was sie im Namen der Gerechtigkeit den Christen antun.* Selbst aus den Reihen des Militärs waren mehrere Tausend Leute verhaftet worden. Bisher waren alle seine Proteste vergeblich gewesen. Hunderttausende von Menschen waren einfach verschwunden. Jetzt wußte er, warum. »Diese Lager, Oberst – wo befinden die sich?« fragte er.

Die anderen führenden Offiziere im Raum waren von dem bisher Gehörten ebenso schockiert. Sie waren Berufssoldaten, die für die Freiheiten ihres Landes gekämpft hatten. Auch sie hatten angenommen, daß sich die Kampagne der Regierung gegen Terroristen richtete. Jetzt wurde ihnen klar, daß sie den Medien auf den Leim gegangen waren wie alle anderen auch.

»Unsere Information gibt die Positionen von drei Lagern an, Sir. Sie sind auf der Karte eingezeichnet. Gegenwärtig kennen wir eines in Arizona und zwei in Kalifornien. Anderen Daten zufolge werden derzeit mindestens zwanzig weitere Lager eingerichtet, aber Einzelheiten darüber sind bisher nicht bekannt.«

»Sind Sie sicher?«

»Ja, Sir«, erwiderte der Nachrichtendienstoffizier. »Ich habe mir die Satellitenfotos der Israelis selbst angesehen. Es besteht kein Zweifel. Es handelt sich um kürzlich eingerichtete Lager; in jedem davon sind etwa hunderttausend Menschen interniert.«

Ein Murmeln ging durch den Raum. »Hunderttausend!« Ein anderer Brigadegeneral warf ein: »Wie ist das möglich?«

»Wir glauben, daß bisher fast zwei Millionen Menschen verhaftet wurden, Sir. Deshalb werden noch viele weitere Lager gebraucht werden. Jedes Lager könnte am Ende etwa eine halbe Million Menschen aufnehmen.«

»Fünfhunderttausend Menschen!« rief General Gorman ungläubig. Er kannte seinen Adjutanten als einen sehr gründlichen Mann, dem es nicht ähnlich sah, wilde Behauptungen in den Raum zu werfen, die er nicht durch Fakten belegen konnte. »Was könnte das Ziel all dessen sein?« fragte der General. Doch innerlich hatte er das scheußliche Gefühl, daß er die Antwort bereits kannte.

»Ich glaube, es gibt noch eine weitere Entdeckung, die Licht auf diese Frage werfen wird«, sagte Oberst Anderson, der Mühe hatte, seine professionelle Objektivität zu wahren. Er hatte die Fotos gesehen und die Berichte gelesen, die jemand ihm geschickt hatte, und doch fiel es ihm immer noch schwer, das Ganze zu glauben. Es war so bizarr, daß er sich zuweilen frage, ob das Ganze nicht fabriziert war. Aber die Fakten waren eindeutig.

»Sir, die Israelis haben uns Daten ihres Bios-Satelliten geschickt.«

»Bios?« sagte der General stirnrunzelnd. »Ist das nicht ihr Wettersatellit?«

»Das hat man unseren Nachrichtendienst glauben lassen, Sir. Aber jetzt haben die Israelis das wahre Wesen von Bios enthüllt. Es ist ein Strahlungssuchsatellit, der systematisch den Standort jeder einzelnen Atomwaffe in unserem Land aufgezeichnet hat.«

»Was?« donnerte General Abbott, der Kommandant der Luftwaffe. »Sie meinen, die sind in der Lage, all unsere atomaren Geräte aufzuspüren?«

»Ich fürchte ja, Sir«, sagte der rotgesichtige Major neben Oberst Anderson. »Selbst unsere Atom-U-Boote. Sie sind uns in dieser Technik mindestens zehn Jahre voraus.«

»Also diese findigen ...« murmelte General Gorman bewundernd.

»Sir, der Satellit zeigt eine Atomwaffe in dem Lager in Arizona an. Ungefähr zehn Kilotonnen«, sagte der Oberst grimmig.

»Eine Zehn-Kilotonnen-Bombe in einem Internierungslager ... wozu?« fragte der General seinen Adjutanten. Doch er erriet die Antwort, noch während er die Frage stellte.

»Sir, der einzig logische Schluß, den wir ziehen können, ist, daß mit der Bombe das Lager vernichtet werden soll«, erwiderte der Oberst.

Ein Schauder des Entsetzens lief durch den ganzen Raum voller Spitzenoffiziere. Der Oberst rief die Grafik aus dem Satellitendetektor auf den Bildschirm, auf der die aktuelle Verteilung der amerikanischen Atomwaffen zu sehen war. Blinkende Pfeile wiesen auf neue Standorte hin; der jüngste zeigte auf die Wüste von Arizona. Jeder der Anwesenden wußte, daß es in diesem Gebiet kein Atomwaffenlager gab.

Der General stand auf und betrachtete mehrere Minuten lang den Bildschirm, bevor er sprach. »An den Absichten unserer führenden Regierungsmitglieder kann kein Zweifel bestehen. Eine Zehn-Kilotonnen-Bombe würde dieses Lager in radioaktiven Staub verwandeln. Von keinem der dort Inhaftierten würde auch nur eine Spur übrigbleiben.«

»Aber Lou, wie könnte die Regierung glauben, daß sie mit so etwas davonkommt, selbst wenn sie Kontrolle über die Waffe hätte?« fragte General Abbott ungläubig. »Ich würde die achte Division der Luftwaffe schicken, um das Weiße Haus auszubomben, wenn das passieren würde.«

»Ich glaube dir, Stub, und ich vermute, daß unsere führenden Regierungsmitglieder das ebenfalls glauben. Sie glauben sicherlich auch, daß ich die achte Division der Armee gegen sie aufmarschieren lassen würde, wenn es sein müßte. Also gibt es nur eine logische Schlußfolgerung, nicht wahr?«

General Robert »Stub« Abbott saß regungslos da und starrte seinen langjährigen Freund an. Es gab nur einen logischen Schluß: Sie würden alle aus dem Weg geräumt werden müssen, bevor die Waffe eingesetzt wurde!

»Meine Herren, ich glaube, wir alle sind im Augenblick in größter Gefahr«, sagte General Gorman sachlich. »Die Leute, die fähig sind, so mit ihren eigenen Landsleuten umzugehen, dürfen keine Kontrolle über das Militär der Vereinigten Staaten gewinnen.«

Im Hintergrund des Raumes lauschte eine einsame Gestalt aufmerksam der Besprechung. *Ich muß so schnell wie möglich Rutland benachrichtigen*, dachte der Mann.

»Meine Herren, ich hätte gern so schnell wie möglich eine Liste vertrauenswürdiger Offiziere«, sagte General Gorman. »Ich muß Ihnen nicht sagen, daß es sowohl auf Schnelligkeit als auch auf strengste Geheimhaltung ankommt. Wir treffen uns wieder, sobald die Informationen zur Verfügung stehen. In der Zwischenzeit würde ich vorschlagen, daß wir uns bedeckt halten.«

»Wie sollen wir unsere Untergebenen davon überzeugen, daß wir nicht paranoid sind oder selbst die Macht übernehmen wollen?« fragte General Abbott.

»Ich schätze, wir haben jetzt Gelegenheit, herauszufinden, was für eine Art Offiziere wir in Wirklichkeit sind, Stub«, sagte Gorman grimmig. Dann fügte er hinzu: »Ich weiß nicht einmal, ob ich selbst es glauben würde.«

Rutland führte sofort Husseins Befehl aus, Fred Lively als Justizminister abzusetzen. Präsidentin Alton erließ die Ernennungsurkunde, und innerhalb eines Tages saß Marla West im Justizministerium, ebenso wie Lively einige Monate zuvor.

Bevor er wußte, wie ihm geschah, sah sich Fred Lively vom Zugang zum Weißen Haus ausgeschlossen. »Das können Sie mit mir nicht machen«, schrie Lively Rutland durchs Telefon entgegen. »Ich wende mich an die Presse.«

»Wenn Sie das tun, werden Sie feststellen, daß es Ihre letzte Pressekonferenz ist«, sagte Rutland emotionslos. »Oder vielleicht möchten Sie dem Führer Ihren Standpunkt erläutern.«

Lively spürte, wie der kalte Hauch des Todes ihn anwehte. Rasch sagte er: »Nein, ich tue, was Sie sagen. Ich stehe hinter der Sache.«

Marla West war begeistert über ihre Ernennung als Justizministerin durch Präsidentin Alton. Ihre Loyalität gegenüber Fred Lively dauerte nur so lange, bis Rutland ihr sagte, der Führer habe sie auserwählt, die Säuberungsaktion gegen die Christen zu leiten.

Das letzte Mal, das Fred Lively lebendig gesehen wurde, war, als er seine Wohnung verließ, um sich mit Mitgliedern der NCLU zu treffen. Nach der offiziellen Darstellung war er betrunken gefahren und mit dem Wagen von der Straße abgekommen. Die Polizei fand Lively in seinem Wagen im Potomac, kurz oberhalb des Dammes. Es war fast genau die Stelle, an der auch der Wagen der Terroristen geborgen worden war.

Die Szenen, die sich in Atlanta abspielten, waren typisch für das, was auch in Hunderten anderer Städte im ganzen Land vor sich ging. Bewaffnete Geheimdienstagenten, die der Regierung loyal ergeben waren, traten die Türen aller Häuser ein, in denen Leute wohnten, die man verdächtigte, Terroristen bei sich aufgenommen zu haben. Unter dem Deckmantel des Kriegsrechts verfügten die Agenten über unbeschränkte Vollmachten, jeden Bürger zu verhaften und einzusperren. Amerika war zu einem Polizeistaat geworden. Als immer mehr Menschen schon beim leisesten Verdacht verhaftet wurden, gab es immer weniger Orte, an denen sich Christen verstecken konnten. Für die Juden gab es überhaupt keine mehr.

In einem verlassenen Bankgebäude am Stadtrand von Atlanta konferierte John Elder mit mehreren führenden CRC-Mitgliedern. Das Data-Net hatte Banken beinahe überflüssig gemacht, da das System alle Transaktionen abwickelte und die Kredite regelte.

Elder erläuterte seinen Plan, überall im Land Zufluchtsstätten einzurichten und dann eine Untergrundzeitung herzustellen, um die Informationen über die Bruderschaft an die Öffentlichkeit zu bringen. Shepperd war es gelungen, weitere Leute aus Washington zu rekrutieren, und gemeinsam arbeiteten sie an der Zusammenstellung schlüssiger Beweise für die Existenz der Bruderschaft und ihrer geplanten Unterwerfung Amerikas.

Indessen war Jeff Wells im Farmhaus eifrig damit beschäftigt, die Geldmittel für Elders Gruppen fließen zu lassen.

Er ist ganz der alte Jeff, dachte Karen.

Sie hatte nicht geahnt, wie deprimiert er über den Mißbrauch seiner Fähigkeiten gewesen war. Jetzt, da er wieder ein Ziel hatte, vertiefte er sich voller Begeisterung in seine Arbeit.

Jeff hatte die Paßwörter entdeckt, mit denen Präsidentin Alton den Transport der Inhaftierten in die verschiedenen Lager autorisierte. Mit einem Tastendruck verstümmelte er die Paßwörter, so daß für mehrere Tage nichts mehr gehen würde. Die Züge, die in Atlanta gebraucht wurden, wurden bis ins tiefste Arkansas umgeleitet; diejenigen, die für Chicago bestimmt waren, wurden nach New Hampshire geschickt, und so weiter. Jeff konnte sich ein Kichern nicht verkneifen, als er sich vorstellte, wie Rutland auf dieses Chaos reagieren würde. Dr. Loo würde dadurch nicht gerade auf seiner Beliebtheitsskala steigen.

Es tat Karen gut, zu sehen, wie begeistert Jeff war. Bevor sie sich wieder an die Arbeit an der Untergrundzeitung machte, beugte sie sich herab und küßte ihn auf den Nacken. Jeff hörte zu tippen auf und ergriff ihre Hand. Sanft küßte er ihre Handfläche. »Die Welt wird für unsere Kinder ein besserer Ort sein«, versprach er ihr.

»Ich hoffe, du hast recht«, erwiderte Karen und schluckte ihre Tränen herunter. *Im Augenblick sieht alles ziemlich erbärmlich aus*, dachte sie. *Eine Handvoll Leute gegen die Regierung. Beim kleinsten Fehler werden wir alle erwischt.*

Im ersten Stock des verlassenen Bankgebäudes hörte Bill Frost Geräusche von draußen und spähte durch die verstaubten Jalousien auf die Straße hinab. Was er sah, sandte ihm einen kalten Schauer durchs Herz. Unten standen fünf Einsatzfahrzeuge der Polizei, aus denen Polizisten in voller Kampfausrüstung stiegen. Jemand mußte der Polizei einen Tip über ihr Treffen gegeben haben.

»Die Polizei ist draußen!« rief Frost den anderen zu. »Wir müssen sofort hier weg!«

Shepperd reagierte instinktiv und sammelte die Papiere ein, die auf dem abgenutzten Konferenztisch ausgebreitet lagen. Die Dokumente durften nicht in die Hände der Polizei fallen. Sie enthielten die Einzelheiten über die Einrichtung der Zufluchtsstätten. Shepperd, der daran gewöhnt war, an unvorhergesehene Ereignisse zu denken, hatte Elder geraten, seine Notizen auf Reispapier niederzuschreiben, wie es die CIA und das KGB damals im zwanzigsten Jahrhundert getan hatten. Er holte sein Gasfeuerzeug hervor, entzündete es und hielt die Flamme an das Reispapier. Das Ergebnis kam augenblicklich und spektakulär: Das Papier löste sich buchstäblich in Rauch auf.

»Wie viele Polizisten sind es?« rief Shepperd Frost zu, als das letzte der Dokumente zu Asche verbrannt war.

»Ungefähr dreißig!« rief Frost hektisch zurück. *Lieber Gott*, betete er, *laß nicht zu, daß jetzt alles verloren ist, wo wir so weit gekommen sind. Hilf uns.*

»Sie gehen kein Risiko ein«, sagte Shepperd zu Elder, als sie den Raum verließen. »Hoffen wir, daß sie nicht wissen, daß Sie hier sind.« Im Flur sagte Shepperd ruhig zu den anderen: »Das Wichtigste ist, daß John der Polizei nicht in die Hände fällt. Wenn sie ihn erwischen, bekommen wir nie wieder die Chance, ihn zu befreien.«

»Machen Sie sich keine Sorgen um mich«, sagte Elder ebenso gelassen. »Versuchen Sie sich selbst in Sicherheit zu bringen.«

»Sehr edel gedacht, John« erwiderte Bill Frost, während er versuchte, seinen Puls unter Kontrolle zu bekommen. »Aber du bist der Schlüssel zu unserer Organisation. Du mußt entkommen.«

»Ihr könnt doch nicht meinetwegen ...« fing Elder an, doch Shepperd schnitt ihm das Wort ab.

»Hören Sie, mit Reden verschwenden wir hier nur unsere Zeit. Ich habe vor, uns alle hinauszubringen. Folgen Sie mir!« befahl Shepperd. Er wußte, daß die Polizisten die Ausgänge vorn und hinten abdecken würden, bevor sie in das Gebäude eindrangen. Er wußte auch, daß sie über die Treppe kommen würden. Soweit irgend jemand wußte, waren die Aufzüge außer Betrieb. In Wirklichkeit jedoch funktionierte einer von ihnen. Shepperd hatte ihn kurzgeschlossen, indem er das Hauptenergiesystem angezapft hatte. Er trat in den Aufzug, und die anderen folgten. Als die Türen sich geschlossen hatten, riß er den Steuerungskasten auf und kniff das Kabel für die Anzeige mit einer kleinen Zange entzwei.

»Jetzt sehen sie nicht, daß sich der Aufzug bewegt«, sagte er zu seinem kleinen Häuflein von Verschwörern. Er wartete fast fünf Minuten, bevor er etwas tat. Niemand in der Gruppe sagte etwas während der unendlichen Wartezeit. Sie alle wußten, daß ihre Sicherheit in Shepperds Händen lag, und sie verließen sich auf sein Urteil.

Nur John Elder sprach. »Ich schlage vor, daß wir die Zeit zum Beten nutzen«, sagte er mit einer Gelassenheit, die der Gruppe Zuversicht gab. Dann leitete er sie im Gebet, und sie baten darum, daß Gott ihnen Gnade erweisen möge. Sie hörten den Lärm unter sich, als die Polizei das Gebäude stürmte und die Türen der Büros eintrat. Shepperd drückte auf den Knopf mit dem Pfeil nach unten und betete, der alte Aufzug würde beim hinabfahren nicht zuviel Lärm machen. Er hielt auf der Ebene des Vordereingangs.

»Aber hier stehen doch die Polizeifahrzeuge!« rief Frost.

»Genau«, erwiderte Shepperd. »Mit irgend etwas müssen wir doch fahren, oder?« Der Aufzug hielt, und Shepperd steckte den Kopf hinaus. Er zog seinen Revolver aus dem Halfter und winkte den anderen, vorauszugehen. Sie gehorchten mit Verwirrung in den Gesichtern.

Als Shepperd aus dem Gebäude trat, starrte sie ein junger Polizist erschrocken an. Shepperd zog seine FBI-Marke hervor und hielt sie dem Polizisten unter die Nase.

»Verladen Sie diese Gefangenen in den Bus«, befahl er.

»Was …«, stammelte der junge Beamte.

»Verladen Sie sie einfach in den Bus, okay?« befahl Shepperd noch einmal in seinem autoritärsten Tonfall. »Hinten sind noch weitere Verdächtige.«

Der verwirrte Polizist öffnete die Seitentür des Kleinbusses, und die »Gefangenen« stiegen ein.

»Danke«, sagte Shepperd. »Es kommen noch mehr, warten Sie also hier.« Damit glitt er hinter das Lenkrad des Wagens.

»Warten Sie mal«, sagte der Beamte in völliger Verwirrung. »Wer sind Sie eigentlich?«

»Shepperd, FBI. Ich gehöre zur Anti-Terror-Einheit. Wir haben die Meldung eingereicht. Danke für Ihre Hilfe.«

»Gern geschehen …«, stotterte der junge Mann, während er sich darüber klar zu werden versuchte, was er tun sollte.

Bevor der Polizist wußte, wie ihm geschah, hatte Shepperd den Kleinbus gestartet und den Gang eingelegt. Eine Sekunde später rollte er davon und ließ den Beamten rätselnd zurück.

Als die Einheiten, die das Gebäude gestürmt hatten, unverrichteter Dinge zurückkehrten, waren Shepperd und die anderen bereits in die Autos umgestiegen, die sie einige Straßenzüge weiter geparkt hatten. In der Nähe lungerte eine Gruppe verwegen aussehender Jugendlicher herum, die die geparkten Wagen gierig beobachteten. Shepperd ging zu ihnen hinüber, gab einem der jungen Männer die Schlüssel und sagte: »Nehmt euch den Bus; er gehört euch. Kein Haken bei der Sache.« Er grinste, als der Haufen verwirrter Möchtegern-Autodiebe in den Bus kletterte und in der entgegengesetzten Richtung davonfuhr. »Das dürfte die Polizei für eine Weile beschäftigen«, sagte er, während er dem Kleinbus nachblickte.

Aus dem ganzen Land gingen bei Rutland Nachrichten ein, daß die Unterstützung, die die Alton-Regierung in der Vergangenheit in der Öffentlichkeit genossen hatte, rasch nachließ. Bürgern wurde von Agenten der Regierung, die oft übermäßig gewalttätig vorgingen, die Türen eingetreten – all das nur aufgrund leichtfertiger Anschuldigungen ihrer Nachbarn. Unter dem Strich ergab sich, daß weniger als fünf Prozent dieser Durchsuchungen auf Spuren der gesuchten Christen oder Juden führten. Enttäuschte und arbeitslose Bürger nutzten das System aus, um denen Schaden zuzufügen, denen es besser ging als ihnen.

Rutland bat seinen Kontaktmann bei Insta-Pol, eine vertrauliche Erhebung über die jüngsten Maßnahmen bei der Fahndung nach den Terroristen durchzuführen. Die Ergebnisse waren alarmierend. Die ursprüngliche Unterstützung von fast achtzig Prozent war auf weniger als fünfzig Prozent abgesunken.

Und jetzt dieser jüngste Vorfall mit Elder in Atlanta, dachte er. Als Hussein davon erfahren hatte, daß die Polizei Elder hatte entwischen lassen, war er ausgerastet. Fast zehn Minuten lang tobte er und drohte, die verantwortlichen Polizeibeamten eliminieren zu lassen. Er ging sogar so weit, einen Atomschlag auf Atlanta vorzuschlagen, um Elder auszuschalten. Rutland fragte sich, ob der Mann, den er verehrte und dem er mit seinem ganzen Leben zu dienen geschworen hatte, dabei war, den Verstand zu verlieren. *War dies das Leiden, an dem Adolf Hitler scheiterte?* fragte er sich. Beide Männer hatten in ihren frühen Stadien brillantes Geschick bewiesen, nur um später durch irrationales Verhalten ihre Erfolge zunichte zu machen.

Eine weitere beunruhigende Neuigkeit hatte Rutland von seinem Informanten im Stab von General Abbott erreicht. Der Kommandostab wußten von den Lagern und von der Atombombe, die verwendet werden sollte, um als Test das Lager in Arizona zu vernichten. Nachdem das Militär Wind von der Sache bekommen hatte, mußte schnell gehandelt werden, wenn sie nicht wohlbewaffneten und disziplinierten Gegnern gegenüberstehen wollten. Sie würden nicht so leicht zu stoppen sein wie die christlichen »Schafe«. Rutland war hin- und hergerissen, ob er Hussein berichten oder selbst mit den Generälen fertigwerden sollte. Normalerweise hätte er sich ohne Zögern an den Führer gewandt, doch er machte sich Sorgen, daß ein offenes Vorgehen gegen die militärische Führung eine Revolte innerhalb der Streitkräfte auslösen würde. Sie waren noch lange nicht so weit, daß sie sich diesem Tiger stellen konnten. *Es ist besser, dem Führer nichts zu sagen,* beschloß er. *Wenn der Kommandostab wieder zusammentritt, werden wir die Verräter verhaften.*

Er wußte, um die Öffentlichkeit zu überzeugen, brauchte er Beweise, echte oder gefälschte. Er würde Marla West anrufen; ihre Agenten würden gebraucht werden, wenn Gorman und seine Gruppe eingekreist werden sollten.

Das elektronische Pfeifen seiner Privatleitung riß ihn aus seinen Gedanken. »Mr. Rutland, wir haben ein Problem mit dem DataNet«, sagte Dr. Loo, der einen Computerausdruck studierte.

»Was ist los?« knurrte Rutland ins Telefon.

»Ich schlage vor, Sie kommen sofort her und schauen es sich selbst an«, erwiderte Loo ungerührt. »Die Sache ist kritisch.«

Beim Hinausgehen knallte Rutland die Tür zu seinem Büro so laut zu, daß seine Vorzimmerdame erschrocken zusammenfuhr und das Telefon vom Schreibtisch fegte. Sie wußte, daß er ins Kellergeschoß wollte und mindestens für einige Minuten fortbleiben würde. Sie eilte in sein leeres Büro und ersetzte seinen Füllfederhalter durch ein identisches Schreibinstrument, das mit einem empfindlichen Abhörgerät ausgestattet war. So sorgfältig wie möglich verwischte sie jede Spur, daß sie sich im Zimmer befunden hatte. Sie hatte Angst vor Rutland, aber die Informationen, die sie am Tag zuvor erhalten hatte, hatten sie davon überzeugt, daß sie der Gruppe helfen mußte, die gegen die Regierung arbeitete. Ihre Schwester und ihr Schwager waren verhaftet und wer-weiß-wohin gebracht worden, nur weil sie die Tochter eines Freundes in ihrem Haus versteckt hatten.

»Was ist los?« rief Rutland Loo zu, als er in dessen Büro stürmte.

Loo schien Rutlands Benehmen nicht einmal zu bemerken. »Wir haben ein Problem«, sagte er ungerührt. »Schauen Sie sich das an.« Er schob Rutland einen dicken Stapel Ausdrucke entgegen.

Rutland stieß sie wütend zurück. »Erzählen Sie mir einfach das Wesentliche. Was ist schiefgegangen?«

Loo ordnete die Papiere zu säuberlichen Stapeln, bevor er antwortete. »Offenbar sind in einem der Unterprogramme Veränderungen vorgenommen worden. Die Züge, die die Inhaftierten aufnehmen sollten, sind an entlegene Zielorte kreuz und quer im Land umgeleitet worden.«

»Was!« schrie Rutland. Er wußte, wie diese Information auf Hussein wirken würde. »Können Sie das in Ordnung bringen?«

»Ja«, antwortete Loo einsilbig.

Rutland war aufs Äußerste erregt. »Wie lange wird es dauern?«

»Einen Tag vielleicht; höchstens zwei. Aber dann wird es nochmals mehrere Tage dauern, die Züge zu ihren ursprünglichen Zielen zurückzuleiten.«

Rutland wußte, daß die vorläufigen Haftzentren inzwischen aus allen Nähten platzen mußten. Ohne die Züge würden sie die

Verhaftungen einstellen müssen, falls sie nicht die Aufmerksamkeit der Medien erregen wollten. »Erledigen Sie das so schnell wie möglich«, befahl Rutland und wandte sich zum Gehen. Er fing an, den asiatischen Wissenschaftler zu hassen, der so gleichgültig gegenüber ihren Problemen zu sein schien.

Rutland wollte schon den Raum verlassen, als Dr. Loo ihm nachrief: »Das ist nicht Ihr größtes Problem, Mr. Rutland.«

»Was denn noch?« fuhr Rutland Loo an, der ihm immer noch den Rücken zukehrte.

»Diese Fehler sind auf das Tun von Mr. Wells zurückzuführen.«

»Was?!?« schnappte Rutland und blieb wie angewurzelt stehen. »Das ist unmöglich. Wells ist tot. Er ist bei einem Flugzeugabsturz ums Leben gekommen.«

»Er ist der einzige Mensch, der in der Lage wäre, Änderungen am Betriebssystem vorzunehmen. Selbst ich kann nur kleinere Eingriffe an diesem System durchführen. Es ist wahrhaft genial«, sagte Loo bewundernd. »Ich habe seine interaktive Struktur immer noch nicht ganz durchschaut. Seine Fähigkeit, sich selbst umzuprogrammieren, grenzt an menschliches Denken.«

»Sie müssen sich irren!« protestierte Rutland mit sichtlicher Frustration. »Woher wissen Sie, daß es nicht einfach ein Fehler in Ihrem Programm ist?«

»Weil ich persönlich einen anderen Zug zu einem der ursprünglichen Zielorte geleitet habe. Daraufhin leitete ihn das System gezielt zu dem am weitesten entfernten Ort um, der verfügbar war. Nein, Mr. Rutland, das ist kein Programmfehler; es ist ein gezielter Versuch, die Inhaftierungen zu sabotieren.«

Rutland glaubte, sein Kopf würde explodieren. *Wie konnte Wells noch am Leben sein? Dahinter mußte dieser Shepperd stecken! Sie müssen zweimal getauscht haben, wenn Wells nicht an Bord der abgeschossenen Maschine war. Dieser Idiot Lively!* dachte er. *Wenn er nicht schon tot wäre, würde ich ihn jetzt umbringen lassen!*

»Was können Sie tun, um Wells aus dem System herauszuhalten?« fragte er den Asiaten, der viel kleiner war als er. Dr. Loo ließ sich jedoch durch Rutlands kaum verhüllte Drohung nicht einschüchtern.

»Nichts«, antwortete er. »Absolut nichts. Dieser junge Mann ist der Michelangelo der Computertechnik. Wenn er in das System hineinwill, dann kann er hinein. Offenbar hat er Paßwörter eingebaut, die es ihm ermöglichen, den Compiler direkt anzusprechen. Ich wüßte wirklich gern, wie er das gemacht hat. Das System loggt ihn niemals ein oder aus, und die Systemuhr zeigt niemals die Prozessorzeit an, die er verbraucht.«

»Können wir das System abschalten?« fragte Rutland frustriert.

»Ja, wenn Sie bereit sind, die amerikanische und europäische Wirtschaft abzuschalten. Wir sind bei sämtlichen Transaktionen vollkommen abhängig vom Data-Net, einschließlich der unautorisierten Ausgaben von Mr. Wells.«

Rutland stürmte aus Loos Büro und kehrte auf direktem Weg zurück in sein Büro, wo er sich sofort mit Hussein verbinden ließ. Die Sekretärin sagte, er habe eine Besprechung mit Präsidentin Alton. Rutland hielt sich gar nicht erst damit auf, im Büro der Präsidentin anzurufen. Er ging einfach hinüber und verkündete der Sekretärin, er gehe hinein. Die aufgeregte Sekretärin wollte gerade die Präsidentin anrufen, als Rutland die Tür öffnete.

»Was soll das bedeuten?« fragte Hussein, als Rutland eintrat.

»Es tut mir leid, Sir, aber wir haben ernste Probleme, und ich denke, daß Sie und die Präsidentin darüber sofort informiert werden wollen.«

Hussein hatte noch nie erlebt, daß Rutland durch irgend etwas aus der Fassung geriet. Er wußte, daß die Sache wirklich ernst sein mußte, wenn er deswegen in ihre Besprechung hineinplatzte. »Sprechen Sie«, sagte er leiser.

»Wells ist noch am Leben. Er hat sich in das System eingeschaltet und unsere sämtlichen Züge umgeleitet.«

»Wie ist das möglich«, schrie Hussein mit einer Stimme, die irgendwie nicht seine eigene zu sein schien. »Sie sagten doch, Wells sei in dem Flugzeug gestorben.«

»Offenbar hat Shepperd unseren Männern nur vorgegaukelt, daß Wells in dem Flugzeug saß. Dr. Loo ist sicher, das Wells bis heute das Data-Net-System benutzt.«

»Schalten Sie das System ab!« befahl Hussein Rutland. »Er macht sonst all unsere Pläne zunichte.«

»Wenn wir das tun, Sir, bringen wir die Wirtschaft unserer Verbündeten zum Zusammenbrechen und machen uns zum Gespött der ganzen Welt.«

»Sie haben natürlich recht«, sagte er, mit einem Blick auf Kathy Alton. Sie hörte Rutlands Mitteilungen gelassen an. Was Hussein nicht wußte, war, daß die Präsidentin ihre Gelassenheit mit steigenden Dosen eines gewissen weißen Pulvers verstärkte.

»Was schlagen Sie vor?« fragte Hussein.

Die Frage überraschte Rutland. Er war es gewohnt, Entscheidungen zu treffen, aber nicht, wenn Hussein anwesend war. Dann befolgte er nur Befehle.

»Ich glaube, sie halten sich in der Gegend von Atlanta versteckt«, sagte Rutland mit Nachdruck. »Dort sind Elder und Shepperd zuletzt von der Polizei gesehen worden. Wir können davon ausgehen, daß auch Wells sich in dieser Gegend aufhält. Ich schlage vor, daß wir mehrere Tausend unserer besten Agenten in das Gebiet entsenden und nötigenfalls jedes einzelne Haus durchsuchen. Wir haben keine Ahnung, was Wells mit dem Data-Net vorhat. Ich nehme an, daß er bereits einen Weg gefunden hat, unser neues ID-System zu neutralisieren.«

»Ist das möglich?« fragte Hussein scharf. »Sagte Dr. Loo nicht, es sei unbesiegbar?« Nur Hussein selbst wußte, daß der nächste Schritt bei dem ID-System darin bestand, eine weitere Zahl in den Code einzuschließen. Diese Zahl würden nur diejenigen erhalten, die dem Großen Führer Treue schworen. Letzten Endes würden alle anderen von dem System ausgeschlossen werden. Dann, und erst dann, würde das System vollendet sein.

»Dr. Loo meint, Wells sei in der Lage, es zu besiegen. Wells hat Paßwörter einprogrammiert, die ihm von außen Zugang zum Hauptprogramm ermöglichen.«

»Ihr Vorschlag ist exzellent«, sagte Hussein ohne sichtbare Regung. »Sorgen Sie dafür, daß er umgesetzt wird.«

»Ich würde die Fahndung gern selbst beaufsichtigen, wenn Sie es erlauben.«

»Ein weiterer exzellenter Vorschlag. Lassen Sie das Dokument aufsetzen, und die Präsidentin wird es beglaubigen.«

Kathy Alton bestätigte den »Vorschlag« mit einem leichten Nicken.

Kapitel 28

GEGENANGRIFF

Jeff Wells kauerte über seinem tragbaren Terminal und arbeitete im Data-Net-Programm daran, Kredit für die fünf oder sechs Millionen Familien bereitzustellen, die nach John Elders Schätzung aus dem System gelöscht worden waren. Er überprüfte seinen Kreditakkumulator und stellte fest, daß sich bereits ein Plus von zwanzig Milliarden Dollar angesammelt hatte. »Junge, das wäre ein Spaß, soviel Geld auszugeben«, sagte Jeff neckend zu Karen. »Der Kongreß muß ziemlich kreativ gewesen sein, als er jeden Tag eine solche Summe ausgab, was?«

»In den siebziger Jahren hat ein Senator einmal gesagt: ›Eine Milliarde hier, eine Milliarde dort, das läppert sich zusammen‹. Bist du sicher, daß all diese Überweisungen nicht zurückzuverfolgen sind?« fragte sie, während sie zusah, wie er die Kontendateien zusammenstellte.

»Ganz sicher«, erwiderte er grinsend. »Mein Programm arbeitet so ähnlich wie ein Indianer, der rückwärts geht und seine Spuren hinter sich verwischt.«

»Paß nur auf, daß du nicht einem Bären in die Arme läufst, während du rückwärts gehst«, sagte sie und umarmte ihn.

»Hallo. Was ist denn das?« rief Jeff, als sein Bildschirm aufblinkte.

»Was *ist* das?« fragte Karen, als auch sie das blinkende Symbol bemerkte.

»Ich habe vor einigen Tagen eine spezielle Funktion eingebaut. Ich wollte wissen, was unsere Freunde im Weißen Haus so treiben, also habe ich ihre Konten angezapft, damit sie dieses Blinksymbol von sich geben, wann immer sie benutzt werden. Gerade eben ist Präsidentin Altons Konto geöffnet worden.«

»Daran ist nichts Ungewöhnliches«, bemerkte Karen, während Jeff auf ein paar Tasten drückte. »Sie muß wahrscheinlich Rechnungen bezahlen wie jeder andere auch.«

»Nur daß von Cal Rutlands Terminal aus auf ihr Konto zugegriffen wurde«, sagte er, während der Drucker die Datei auszugeben begann. »Er ist autorisiert worden, morgen eine Düsenmaschine des Verteidigungsministeriums zu benutzen. Schauen wir mal, wo er hinwill.« Wells gab das Paßwort für den Luftwaffenstützpunkt Andrews ein und überprüfte den Flugplan. »Da haben wir´s. Der Flug geht von Washington nach Atlanta.«

Karen schaute ihn verwirrt an. »Rutland kommt nach Atlanta? Warum das wohl?«

»Ich weiß nicht«, antwortete Jeff. »Aber wir sollten lieber Shepperd Bescheid sagen.«

Karen machte sich auf die Suche nach dem Agenten, der mit Elder daran arbeitete, Reisen in andere Städte zu planen. »Don, wir haben da etwas, das Sie sich anschauen sollten. Jeff ist auf etwas Merkwürdiges gestoßen.«

Mit knappen Worten informierte Jeff den Agenten über seine Entdeckung. »Könnte eine normale Dienstreise sein«, meinte Shepperd, »aber natürlich glaube ich keine Sekunde lang daran. Wenn Rutland, Husseins rechte Hand, in Atlanta ist, dann geht es um ernste Geschäfte. Und da wir in der Nähe von Atlanta sind, vermute ich, daß wir damit zu tun haben. Können Sie noch mehr herausfinden, Jeff?«

»Ich versuche es«, erwiderte Jeff und rief die anderen Paßwörter des Weißen Hauses auf. »Schauen Sie sich das an!« rief er, als die Datei erschien.

»Was bedeutet das alles?« fragte Shepperd, als die Daten den Bildschirm füllten und herabrollten.

»Das sind alle Transaktionen, die heute über das Konto der Justizministerin gelaufen sind. Es sind Flugreservierungen aus dem ganzen Land.«

»Überprüfen Sie die Zielorte«, sagte Shepperd rasch. In seinem Nacken stellten sich die Haare auf. Er roch Gefahr.

Jeff wies das Programm an, die Zielorte der angekauften Tickets auszugeben. Die ersten zwanzig, die auf dem Bildschirm erschienen, sagten ihnen alles: Atlanta, Georgia.

»Sie bringen Agenten aus dem ganzen Land hierher«, sagte Shepperd. »Sie werden jedes Haus nach uns durchsuchen! Irgendwann werden sie unsere Spur finden. Wir müssen die anderen warnen und dann hier verschwinden – so schnell wie möglich!«

»Einen Augenblick«, sagte Jeff gelassen. »Wir sind von Anfang an auf der Flucht gewesen. Wenn wir von hier weggehen, könnte es problematisch für mich werden, ein anderes mechanisches Telefonrelaissystem zu finden.«

»Das nächste ist in Mississippi«, sagte Shepperd.

»Und was ist mit dem Risiko, all unsere Leute und Vorräte so schnell zu transportieren?« fragte Elder, der von der Tür aus zugehört hatte und jetzt den Raum betrat.

»Was bleibt uns denn für eine Wahl?« knurrte Shepperd. »Das sind Profis. Sie werden uns letzten Endes aufspüren.«

»Warum zerstreuen wir die Agenten nicht einfach?« fragte Jeff mit einer Grimasse.

»Was hast du jetzt wieder vor?« fragte Karen den wie ein Honigkuchenpferd grinsenden Jeff.

»Ein Vorteil eines vollkommen bargeldlosen Systems«, sagte Jeff, während er neue Instruktionen eingab, »ist, daß es beiden Seiten von Nutzen sein kann. Und jetzt sitzen wir auf der kontrollierenden Seite.« Er bearbeitete seine Tastatur noch einige Minuten lang, bevor er innehielt.

»Ich habe gerade alle Reservierungen storniert«, sagte er triumphierend. »Außerdem habe ich alle Paßwörter im Justizministerium ungültig gemacht. Die Regierung ist also praktisch vom Data-Net ausgeschlossen.«

»Für wie lange?« fragte Shepperd.

»Dr. Loo und seine Leute werden vermutlich einen oder zwei Tage brauchen, bis sie einen Weg gefunden haben, mit dem Problem fertigzuwerden. Ich habe das System außerdem angewiesen, alle Flüge nach Atlanta zu streichen. Ab morgen früh um vier verschwindet die Stadt Atlanta aus allen Flugbuchungscomputern im Land. Ach ja, und um sechs Uhr wird sich der Hauptcomputer im Flughafen von Atlanta abschalten und seine gesamten gespeicherten Daten löschen. Der Flughafen wird für ein paar Tage geschlossen bleiben.«

Shepperd pfiff durch die Zähne. »Ich bin froh, daß Sie jetzt auf unserer Seite sind.«

»Das war ich immer«, sagte Jeff lächelnd. »Ich wußte nur eine Weile lang nicht, welche Seite welche war.«

Jeff Wells wußte, daß er wesentlich mehr mit den Leuten gemeinsam hatte, die er jetzt unterstützte, als mit irgendwelchen anderen, mit denen er bisher zu tun gehabt hatte. John Elder erinnerte ihn an seinen eigenen Vater, der sich immer als Christ bekannt hatte. Für Jeff war die Sache klar. Ebenso, wie er sofort gemerkt hatte, daß Burschenschaften nichts für ihn waren, kam er jetzt zu dem Schluß, daß das Christentum genau das Richtige für ihn war.

»Das verschafft uns mindestens zwei Tage für die Evakuierung«, sagte Shepperd, an die Gruppe gewandt. »Fangen wir an zu packen. Wir ziehen jeweils mit zwei Autos auf einmal ab, angefangen morgen früh. Unser Ziel ist der Stützpunkt in Mississippi. Jeff, Sie und Karen fahren in einem der Kleinbusse. John, Sie und vier von den anderen nehmen den zweiten. Für den Notfall werden unterwegs saubere Fahrzeuge zum Wechseln bereitstehen.«

»Ich wünschte nur, ich könnte die Gesichter dieser Agenten sehen, wenn sie morgen ins Flugzeug zu steigen versuchen«, sagte Jeff grinsend. »Und all die Flüge, die umgeleitet wurden, um sie aufzunehmen, werden im Eimer sein, wenn die Reisebüros feststellen, daß sie Atlanta nicht mehr in ihren Computern haben.«

Die ganze Gruppe brach in Gelächter aus, als sie sich das Chaos vorstellten, auf das die Regierungsagenten am nächsten Morgen stoßen würden.

»Wir müssen unseren Leuten in Atlanta Bescheid geben, daß auch sie sich so schnell wie möglich aus dem Staub machen sollen«, sagte Elder zu Shepperd. »Sonst erwischt es sie statt uns.«

»Schon geschehen, Pastor«, erwiderte Jeff. »Ich habe das zentrale AT&T-Büro in Chicago angewiesen, all unsere Zufluchtsstätten anzurufen und die verschlüsselte Nachricht zu hinterlassen, auf die wir uns geeinigt haben.«

»Natürlich wird sich das System die Füße abwischen, wenn es wieder geht. Richtig?« fragte Shepperd.

»Richtig«, antwortete Jeff und lächelte Karen an. »Und es werden gebührenfreie Anrufe sein, auf Kosten von Data-Net.«

Shepperd setzte sich auf einen Stuhl neben Wells. »Jeff, können Sie die Daten jedes Systembenutzers verändern?« fragte er.

»Klar«, erwiderte Jeff. »Sagen Sie nur, was Sie wollen, und ich kann es machen, solange ich im Compiler bin.«

»Könnten Sie auch allen Benutzern einen Minus-Kontostand verschaffen?«

»Klar«, sagte er. Plötzlich ging ihm auf, worauf Shepperd hinauswollte. »Ich kann sogar veranlassen, daß die Regierung die Gehälter pfändet, um die Defizite zu decken, und das Privateigentum beschlagnahmen läßt.«

»Dann tun Sie das!« rief Shepperd. »Ich glaube, es ist an der Zeit, einen Gegenangriff zu starten. Bis wir uns in Mississippi neu eingerichtet haben, dürfte der Durchschnittsamerikaner die Nase ziemlich voll haben von dem neuen System.«

Am nächsten Tag befand sich das ganze Land in einem heillosen Aufruhr. Die FBI-Agenten, die auf den Flughäfen eintrafen, um ihre Tickets nach Atlanta abzuholen, entdeckten, daß nicht nur keine Tickets für sie bereitlagen, sondern daß es überhaupt keine Flüge mehr nach Atlanta gab – nie wieder!

Einer der Agenten war Carl Tooms, der inzwischen kaum mehr als ein Gefängniswärter war, seit er nach Arizona verbannt worden war. Als man ihn an diesen gottverlassenen Ort geschickt hatte, hatte er angenommen, er würde dort die Hauptverantwortung tragen. Statt dessen arbeitete er jetzt unter einer Frau aus dem Justizministerium.

Wenn ich der Chef wäre, wäre es gar nicht so schlecht, dachte er. *Da laufen ein paar hübsche Käfer im Lager herum.* Doch er und die anderen Männer hatten jetzt ausdrückliche Anweisung, die Frauen in Ruhe zu lassen. In letzter Zeit gingen weitere verrückte Befehle ein: Die Gefangenen sollten mehr zu essen erhalten; Familien sollten zusammen untergebracht werden; und das Schlimmste, kein Regierungsbeamter durfte sie anrühren. *Wir könnten genausogut eine Sonntagsschule betreiben*, dachte Tooms angewidert.

Anfangs war der Lagerbetrieb ganz nach Tooms´ Geschmack gewesen. Wenn einer der Gefangenen starb, schleppten ihn die Wärter einfach mitten in der Nacht hinaus und begruben ihn lautlos. Das hatte eine große Wirkung auf die anderen; sie lebten in Furcht vor den Lagerwärtern. Doch jetzt stellten sich selbst einige der Wärter schützend vor die Gefangenen. »Es macht mich krank«, hatte Tooms mindestens hundertmal zu jedem gesagt, der ihm zuhörte.

Schließlich hatte er angefangen, die Schuld an all seinen Problemen auf Donald Shepperd zu schieben. *Wenn Shepperd nicht so einen Skandal wegen dieses Weibs in Chicago angezettelt hätte, wäre ich jetzt nicht hier*, dachte er wütend. Er hatte sogar Gerüchte gehört, Shepperd sei zu einem Verräter geworden und arbeite jetzt mit den Terroristen zusammen. Als Agenten für einen Einsatz in Atlanta angefordert wurden, hatte Tooms sich freiwillig gemeldet. Dies war seine Chance, sich zu rehabilitieren und es gleichzeitig Shepperd heimzuzahlen. Vielleicht würde er sogar sein eigenes Lager bekommen. Schon der Gedanke, ein Lager unter sich zu haben, begeisterte ihn.

Am nächsten Tag war er früh auf den Beinen; er wollte einer der ersten in Atlanta sein. Er hatte gehört, daß vielleicht sogar Rutland selbst nach Atlanta kommen würde. *Die anderen haben vielleicht Angst vor ihm*, dachte Tooms, *aber ich glaube, ich könnte prächtig mit ihm auskommen*. Tooms parkte seinen Wagen am Flughafen von Tucson und machte sich auf den Weg zur Abflughalle. Er checkte sein Gepäck am Schalter ein, nachdem er dem Angestellten, der ihm weiszumachen versuchte, es gebe keine Flüge nach Atlanta, ein paar ausgesuchte Schimpfwörter um die Ohren geknallt hatte. »Stellen Sie das Gepäck einfach auf dieses Fließband«, schrie Tooms den älteren Mann an, und markieren Sie es mit ›Atlanta‹!«

»Dann soll er doch selber versuchen, sein Gepäck wiederzufinden«, murmelte der Angestellte unhörbar, während Tooms fluchend davonstürmte.

»Was soll das heißen, meine Reservierung liegt nicht vor?« fuhr Tooms die Angestellte am Ticketschalter der Fluggesellschaft an. »Ich bin Regierungsbeamter. Ich muß heute nach Atlanta.«

»Tut mir leid, Sir, aber Ihre Reservierung ist nicht in unseren Unterlagen.«

Tooms fluchte laut und sagte: »Dann verschaffen Sie mir einen Platz in der nächsten verfügbaren Maschine nach Atlanta.«

»Tut mir leid«, sagte die frustrierte Angestellte, »aber wir haben keine Flüge nach Atlanta.«

»Was soll das heißen, Sie haben keine Flüge nach Atlanta? Heißt das, es ist alles ausgebucht?«

»Nein, Sir«, erwiderte die junge Frau. »Atlanta taucht auf unseren Flugplänen überhaupt nicht auf.«

»Was?« schrie Tooms, dessen Gesichtsfarbe seinen extrem angestiegenen Blutdruck verriet. »Atlanta steht nicht auf Ihren Flugplänen? Atlanta ist der Nabel der ganzen Ostküste. Tausende von Flügen gehen jeden Tag dorthin.«

»Es tut mir leid, Sir«, sagte sie energischer. »Ich kann Ihnen nur das sagen, was der Computer mir sagt. Es gibt heute keine Flüge nach Atlanta. Wenn Sie mir Ihre Telefonnummer hinterlassen, kann ich Sie benachrichtigen lassen, sobald die Flüge wieder aufgenommen werden.«

Tooms ließ noch ein paar nicht wiedergabefähige Wörter fallen und suchte sich dann ein Telefon, um dem FBI-Chef von Atlanta die Situation zu erklären. Als er die Telefone gefunden hatte, standen lange Schlangen von Wartenden davor. Es mußte Tausende von gestrandeten Passagieren geben, sagte er sich, wenn alle Flüge nach Atlanta ausgefallen waren. Er drängelte sich nach vorn und zeigte einer sehr frustrierten Frau, die ihre Firma in New York anrufen wollte, seine Dienstmarke.

»Ich brauche dieses Telefon«, sagte er in Befehlston, als der Mann vor ihr auflegte.

»Sie und hundert andere Leute«, sagte sie wütend. »Warten Sie gefälligst, bis Sie an der Reihe sind.«

»Hören Sie, Lady. Hier geht es um Regierungsangelegenheiten. Treten Sie zur Seite.« Damit schob er sie unsanft vom Telefon weg.

Kochend vor Wut erwiderte sie: »Wenn Sie von der Regierung sind, dann sind Sie ein Teil des Problems. Idiot!«

Vor jeder Telefonzelle waren Data-Net-ID-Scanner installiert. Die gültige ID mußte verifiziert werden, bevor irgendeine Transaktion vorgenommen werden konnte; das galt auch für Ferngespräche. Tooms fuhr mit der Hand an dem magnetischen Scanner vorbei, bevor er seine spezielle Regierungs-Codekarte in den Kartenleser des Scanners steckte. Sobald die ID-Karte gelesen war, ertönte der Alarm. Er und alle anderen, die dort standen, erschraken bei dem Geräusch.

»Haltet den Mann fest!« schrie die wütende Frau. »Er ist ein Terrorist oder so etwas.«

Mehrere Männer schoben sich nach vorn. Tooms griff ins Jackett nach seiner Waffe, doch dann fiel ihm ein, daß er sie nicht bei sich hatte. Selbst Agenten der Regierung war es verboten, in Flugzeugen Feuerwaffen bei sich zu tragen. Er hatte sie in den Koffer gepackt, den er zuvor eingecheckt hatte. Die Männer ergriffen ihn und hielten ihn nieder, bis ein Sicherheitsbeamter, der das Gerangel gesehen und den Alarm gehört hatte, ihn in Handschellen abführte. Tooms gab sein ganzes Repertoire an Obszönitäten von sich, als man ihn in den Kleinbus der Flughafenpolizei schob.

Dieselbe Szene spielte sich mit kleinen Variationen überall im Land ab, wo Agenten in den Flughäfen einen Alarm im Data-Net auslösten, wenn sie versuchten, ihre Kontaktleute in Atlanta zu erreichen. Schließlich schafften es einige, die Behörden in Atlanta zu erreichen, indem sie ihre eigene ID benutzten statt der speziellen Karte, die vom Justizministerium ausgegeben worden war.

In Atlanta landete unterdessen Cal Rutland an Bord eines kleinen Düsenflugzeuges des Verteidigungsministeriums auf dem Luftwaffenstützpunkt Dobbins. Der Pilot steuerte die Maschine auf die private Landebahn und brachte sie zum Stehen. Als Rutland aus dem Flugzeug stieg, sah er Paul Crimmins, den Leiter der Exekutivabteilung des Justizministeriums in Atlanta, mit aschgrauem Gesicht auf sich zukommen. Ein Blick genügte, um zu sehen, daß etwas nicht stimmte.

»Was ist los?« fragte Rutland, und seine Augen verengten sich zu schmalen Schlitzen, so daß er aussah wie eine Schlange kurz vor dem Zupacken.

»Keiner unserer Agenten ist in Atlanta eingetroffen, Sir«, sagte der verzweifelte Agent zögernd. Er hatte Gerüchte über Rutlands Macht und Rücksichtslosigkeit gehört, und er verspürte nicht den geringsten Wunsch, herauszufinden, ob diese Gerüchte zutrafen.

»Was soll das heißen, die Agenten sind nicht eingetroffen? Warum nicht?« schrie Rutland wütend.

»Wir wissen es nicht genau, Sir«, erwiderte Crimmins vorsichtig. »Es muß irgendein Fehler im Data-Net-System vorliegen – es ist einfach unmöglich, einen Flug nach Atlanta zu buchen. Vor ein paar Stunden ist der Flughafen von Atlanta wegen eines totalen Computerausfalls für unbestimmte Zeit völlig stillgelegt worden. Wir wissen nicht, wann das System wieder einsatzfähig ist.«

»Wells!« spie Rutland hinaus. »Er setzt das System gegen uns ein. Sagen Sie Ihren Männern, sie sollen sich Mietwagen nehmen und nach Atlanta fahren«, befahl er dem zitternden Agenten. »Tun Sie es sofort; die wissen, daß wir hinter ihnen her sind!«

Crimmins schwieg ein paar Sekunden und suchte nach einem Weg, Rutland auch noch den Rest zu berichten. »Wir haben noch ein anderes Problem, Sir.«

»Was?« fragte Rutland und fuhr zu dem Agenten herum. Er raste so sehr vor Wut, daß Crimmins glaubte, er würde ihn schlagen.

»Die Agenten, die versucht haben, ihre Kreditkarten vom Justizministerium zu benutzen, sind verhaftet worden. Aus irgendeinem Grund hat das System sie als Terroristen identifiziert. Bisher hatten wir wenig Erfolg mit unseren Bemühungen, ihre Freilassung zu erwirken.«

»Wells!« fluchte Rutland, während sie auf den Hangar zuschritten. Er wußte, daß die Gruppe, nach der sie suchten, längst über alle Berge sein würde, bis sie das Chaos im Data-Net entknotet hatten. Die ganze Aktion war eine völlige Pleite. Hussein würde toben.

»Lassen sie die Maschine betanken!« befahl Rutland dem Agenten. »Ich fliege sofort nach Washington zurück.«

»Was wird aus unseren Agenten, Sir?«

»Ich werde das System in ein paar Tagen wieder in Ordnung gebracht haben«, knurrte Rutland. »Lassen Sie sie ihren normalen Aufgaben nachgehen, wo sie sind.«

Innerhalb von drei Tagen hatte das gesamte Team aus Atlanta sich in Dentville, Mississippi, auf einer Farm, die einem Angehörigen eines der Mitglieder gehörte, wieder versammelt. Die Sicherheitsmannschaft hatte ihre Anweisungen erhalten, und alle notwendigen Versorgungskanäle waren eingerichtet.

»Wie ist es gelaufen?« fragte Shepperd, als der Kleinlaster vor der riesigen alten Baumwollscheune zum Stehen kam.

»Wir sind unterwegs ein paarmal an Straßensperren ins Schwitzen gekommen«, sagte Elder, »aber Ihre Papiere waren perfekt. Wo sind Jeff und die anderen?«

»Sie sind schon drinnen am Einrichten. Wir haben den Drachen in den letzten Tagen ein wenig in die Nüstern gekniffen. Jetzt müssen wir uns allmählich an eine ernsthafte Planung machen.«

Als sich die Gruppe versammelte, war die Atmosphäre deutlich von Optimismus geprägt. Monatelang hatten sie den Feind als unbesiegbar betrachtet, aber jetzt hatten sie erfahren, daß sie der Bruderschaft Paroli bieten konnten. Und das ohne Gewalt. Shepperd hatte mit diesem Thema wochenlang Schwierigkeiten gehabt, bis John Elder es ein für allemal zu den Akten legte.

»Der Herr sagt: ›Betet für eure Feinde und tut ihnen Gutes. So werdet ihr glühende Kohlen auf ihre Häupter sammeln‹. Das muß unser Standpunkt sein«, sagte Elder zu Shepperd nach einer hitzigen Debatte über den Einsatz von Guerilla-Taktiken. »Weder ich noch irgendein anderes Mitglied CRC wird sich an Morden beteiligen, wie auch immer die Rechtfertigung lauten mag«, sagte Elder. »Wir haben hier nicht nur mit menschlicher Gier zu kämpfen. Wir kämpfen gegen Fürstentümer und Gewalten. Dies ist buchstäblich der ewige Kampf Satans und seiner Horden gegen Gott und seine Heerscharen. Durch Waffengewalt können wir nicht gewinnen – nicht diesen Kampf.«

»Hätten Sie denn Einwände dagegen, sie durch Verwirrung und Frustration aus der Bahn zu werfen, Pastor?« fragte Shepperd.

»Nicht die geringsten«, antwortete Elder heiter. »Wir werden ihre saubere kleine Welt auf den Kopf stellen.«

Pläne wurden geschmiedet, nach denen Elder sich mit CRC-Führern im ganzen Land treffen sollte, um die Veröffentlichung der Untergrundzeitung vorzubereiten. Man einigte sich darauf, daß die Zeitung, die den Namen *Wahrheit* erhalten sollte, in mindestens sechs Gebieten wöchentlich erscheinen sollte. Es sollten Fakten über die Bruderschaft präsentiert werden, die die meisten Amerikaner leicht aus eigener Erfahrung verifizieren konnten. Anfangs sollte von der Verschwörung gegen die Christen und Juden noch keine Rede sein.

»Wenn wir die Glaubwürdigkeit der Führung unterminieren und den Schleier der Geheimhaltung durchbrechen können, wird die Organisation stürzen«, sagte Elder immer wieder.

»Die wichtigste Waffe, die wir haben, ist das Gebet«, erinnerte Elder seine zweite Führungsriege. »Sie müssen Ihre Leute in Gebetsgruppen organisieren, die vierundzwanzig Stunden am Tag eine Gebetswache halten. Bilden wir uns nicht ein, daß unsere Pläne und Ideen diese Schlacht gewinnen werden; das werden sie nicht! Solange Gottes Volk nicht ohne Unterlaß betet, wird der Feind die Oberhand behalten.«

In ganz Amerika organisierten sich die Christen, die Juden und diejenigen, die sie unterstützten, zu Hilfs- und Gebetsgruppen. Innerhalb von drei Wochen knieten fast hunderttausend Christen zu jeder Tages- und Nachtzeit zum Beten nieder. Elder spürte mit jedem Tag, wie die Macht des Volkes Gottes stärker wurde. Hussein spürte es auch.

»Es ist tatsächlich passiert!« schrie Hussein Rutland an. »In diesem Augenblick organisiert er den Widerstand gegen uns!«

»Wells?« fragte Rutland verwirrt. Seit dem Fiasko in Atlanta war Rutland klar geworden, daß er im Umgang mit dem Data-Net vorsichtig sein mußte. Es war, als könne Wells seine Post lesen.

Als er begriffen hatte, daß Wells Zugang zu den Computern im Weißen Haus hatte, war er beinahe in Panik geraten. *Hunts Brief!* Er hatte seine persönlichen Verzeichnisse durchsucht, um zu sehen, ob noch irgendeine Spur seines Verrats zurückgeblieben war. Sobald er sicher war, daß er jede Spur von den Dateiverschiebungen verwischt hatte, atmete er erleichtert auf, aber dann ging er einen Schritt weiter. Er löschte alle Aufzeichnungen und Memos, die er irgendeinem anderen Mitglied der Bruderschaft gesandt hatte. Er war sicher, daß es jetzt keine erkennbare Verbindung mehr zu ihm gab.

»Nein, nicht Wells, Sie Idiot!« sagte Hussein wütend. Seit dem Fiasko in Atlanta wurde sein Ton immer beleidigender; er hatte sogar begonnen, an Rutlands Loyalität zu zweifeln.

»Elder organisiert die Christen gegen uns. Wenn wir sie nicht stoppen, werden sie all unsere Pläne unterminieren«, tobte er. Hussein spürte, wie seine innere Kraft nachließ. Statt von der Kraft in seinem Innern zehren zu können, spürte er Stiche der Furcht – nein, des Entsetzens. Dieselben Emotionen, die er benutzt hatte, um seine Umgebung zu beherrschen, fingen nun an, ihn zu beherrschen.

»Aber die Christen halten sich immer noch versteckt«, erklärte Rutland gelassen. »Die Polizei ist angewiesen, jeden, der gesehen wird, sofort zu verhaften, und durch unsere Fahndung werden jeden Tag mehrere Hundert aufgespürt. Wir haben jetzt fast zwei Millionen in den Lagern inhaftiert.«

»Sie Idiot!« schrie Hussein. »Die gehen uns doch freiwillig ins Netz, um die Lager organisieren zu können!«

Hussein hatte recht. Einer der Pläne Elders sah vor, daß viele untergeordnete Leiter sich verhaften und in die Lager schicken ließen, wo sie die Leute in Hilfs- und Gebetsgruppen organisierten. Nur den Frauen und Kindern wurden die Strapazen der Inhaftierung erspart. Zehntausende von Christen meldeten sich freiwillig, sich verhaften zu lassen, obwohl die Brutalitäten in Lagern, die von Männern wie Tooms geleitet wurden, keine Grenzen kannte. Christen wurden von den Wärtern geschlagen und mißhandelt, und viele mußten ihr Leben lassen; und dennoch kamen immer mehr Freiwillige.

Den Fernsehsendern wurde verboten, die jüngsten Insta-Pol-Ergebnisse zu veröffentlichen. Die Unterstützung für die Regierung war auf unter zwanzig Prozent gesunken. Vom Data-Net wollte fast keiner mehr etwas wissen. Die meisten Amerikaner wußten nie von einem Tag auf den anderen, ob sie würden kaufen können, was sie brauchten, oder nicht. Diejenigen, denen wegen angeblicher Kontenüberziehungen von der Regierung die Grundstücke beschlagnahmt oder die Gehälter gepfändet wurden, rasten vor Wut. Die Kaufleute, die das Data-Net benutzen, fürchteten um ihr Leben, wann immer das System einen Kunden ablehnte, was oft vorkam.

Wells setzte seine Sabotageakte fort, indem er das System in gewissen Zeitabständen störte. Manchmal brach das System während der Spitzenzeiten für bis zu vier Stunden völlig zusammen. Zu anderen Zeiten ging ohne erkenntlichen Grund überall der Systemalarm los. Häufig gaben die Computer den Druckern die Anweisung Papier herauszuspulen, was in jeder Data-Net-Station ein heilloses Chaos anrichtete.

Die Regierung konnte die Schuld an den Fehlern nicht auf ihre wahre Quelle – Wells – schieben, weil sie fürchtete, dadurch das Zutrauen in die Integrität des Systems selbst zu untergraben. Jetzt spielten Wells und Shepperd mit einer neuen Idee: mit Hilfe des Data-Net die Regierung ihrer finanziellen Mittel zu berauben. Die Einkünfte aus den Data-Net-Gebühren und den staatlichen Drogenverkäufen machten es der Regierung rasch möglich, ihre normale Arbeit wiederaufzunehmen, einschließlich der Sozialleistungen für die Öffentlichkeit.

»Sobald der Durchschnittsamerikaner wieder seinen täglichen Schuß öffentlicher Gelder bekommt, wechselt er ganz schnell wieder zurück in Husseins Lager«, sagte Shepperd.

Donald Shepperd hatte einen neuen Sinn in seinem Leben gefunden. Als er die Verschwörung gegen die Christen entdeckt hatte, hatte er sich zunächst aufgrund seines starken Gerechtigkeitssinnes eingemischt. Doch jetzt, wo er seit Monaten mit ihnen zusammenlebte und mit ihnen aß, kamen neue Gefühle hinzu: Er liebte diese Leute. Es war das erste Mal seit dem Tod seiner Frau vor fast zwölf Jahren, daß er wieder starke persönliche Bindungen einging.

Shepperd beobachtete John Elder genau und lernte ihn als einen Mann von unzweifelhafter Integrität kennen, doch darüber hinaus hatte er noch etwas anderes: Er hatte Frieden inmitten des Chaos. Mehrere Male hatte Shepperd zu Elder gesagt, er wünsche sich auch diese Zuversicht, aber er bekam es gedanklich nicht klar. Elder hatte ihm gesagt, es sei Gott, der ihn rufe, aber das konnte er auch nicht akzeptieren. Er hatte zuviel Falsches in seinem Leben getan, um zu glauben, daß Gott, falls es ihn überhaupt gab, ihn in seiner Mannschaft haben wollte. *Nein, Gott ist nur ein kuscheliges, warmes Gefühl, das man bekommt, wenn man mit guten Leuten wie diesen hier zusammen ist*, sagte er sich. Eines der Dinge, die ihm an Elder besonders gefielen, war, daß er nicht versuchte, irgend jemandem seine Religion aufzuzwingen. Er verteidigte seine Überzeugungen kompromißlos, und er und Shepperd hatten ein paar hitzige Debatten über grundlegende Fragen wie Abtreibung und Crack-Babys. Doch sobald die Debatten vorüber waren, behandelte Elder ihn stets wieder als einen Freund und Verbündeten, dem er vertraute. Shepperd merkte, daß er sich in immer mehr Bereichen Elders Sichtweise anschloß.

»Jeff, ich brauche mehr Lebensmittel und Vorräte für die Lager«, sagte Shepperd. *Es ist unglaublich, was Wells mit einem Computer alles anstellen kann*, staunte er im Stillen. Er konnte nach Belieben Züge umleiten, Versorgungsgüter verteilen, ja selbst Kredite verschieben. *Er muß die Machthaber in Washington zum Wahnsinn treiben*, sinnierte er. *Sie können ihn nicht aussperren, und sie können das System nicht abschalten.*

Schon erledigt, sagte Jeff fröhlich, während er einer neuen Reihe von Programmanweisungen den letzten Schliff gab. »Ich habe auch Befehl erteilt, daß einige der Leute des Pastors in den Lagern zum Wachdienst eingeteilt werden.«

»Wie in aller Welt haben sie das hingekriegt?« fragte Shepperd verblüfft.

»Ach, das war ganz ein-« Jeff unterbrach sich, als er an Karens Kommentar dachte. Dann fuhr er fort: »Ich habe die Datei gefunden, die die Einteilung und den Turnus der Wachen enthält. Dann brauchte ich nur die Nummern der Leute des Pastors für die anderer Wachen einzusetzen. Danach habe ich noch die alten Wachen in entlegene Städte transferiert. Ich konnte das nicht bei zu vielen machen, ohne Verdacht zu erregen, aber ich habe zwanzig Mann eingeschleust. Nach und nach kann ich noch mehr Leute einteilen.«

»Und wenn sie erwischt werden?« fragte Shepperd. Er wußte, welches Schicksal sie erwartete: die Exekution.

»Das ist fast unmöglich«, antwortete Jeff. »Die Aufgaben werden willkürlich auf die vorhandenen Lagerwärter verteilt. Dann hält man die Leute von bewohnten Gebieten fern, damit sie niemandem erzählen, womit sie ihre Brötchen verdienen. Kein einzelner Mensch kennt alle ihre Namen. Nicht mehr, seit Fred Lively tot ist. Außerdem habe ich angefangen, Guthaben von den Konten der Regierung abzuziehen«, sagte Wells enthusiastisch. »Spätestens in ein paar Wochen werden der Regierung die ersten Schecks platzen.«

»Was haben Sie mit den Krediten angestellt?« fragte Shepperd und schlug Wells begeistert auf die Schulter.

»Ach, die habe ich hierhin und dorthin verteilt«, schmunzelte Jeff. Dann blickte er zu Karen hinüber, die ihre Augenbrauen hochzog.

»Er hat hundert Milliarden Dollar nach Israel geschickt«, sagte sie. »Das Geld wird dort für den Wiederaufbau gebraucht.«

»Und vierhundert Milliarden habe ich nach Kalifornien geschickt, damit sie für die Leute verwendet werden, die durch das Erdbeben obdachlos geworden sind. Ich habe vor, außerdem hundert Milliarden oder so an die Küstenwache zu schicken, damit sie den Drogenhandel wirksamer unterbinden kann, falls wir das neue Drogengesetz kippen können«, sagte Jeff.

»Das wird noch eine Weile dauern«, bemerkte Elder, der eben den Raum betrat.

»John, du bist zurück«, rief Shepperd dem Mann zu, der ihm in der Zwischenzeit ein guter Freund geworden war.

»Ja, ich habe mich mit den CRC-Leitern in Georgia, Alabama und Tennessee getroffen. Wir haben gerade unsere erste Ausgabe der *Wahrheit* veröffentlicht. Jeff, Ihr Programm hat perfekt funktioniert. Die Übertragung durch den Westar-6-Satelliten hat die Daten gleichzeitig an unsere Druckereien in sechs verschiedenen Gebieten übermittelt.«

»Ihr habt einen Satelliten verwendet, um eine Untergrundzeitung zu übertragen?« fragte Shepperd ungläubig.

»Ja, das war erheblich einfacher, als sie durchs Land zu transportieren«, sagte Jeff.

»Was ist, wenn das Signal zurückverfolgt wird«, fragte Shepperd, der ewige Pessimist.

»Jeff hat einen der militärischen Kanäle des Westar-Satelliten verwendet und das Signal durch einen elektronischen Verzerrer geschickt«, sagte Elder.

»Einen Verzerrer! Woher haben unsere Ortsgruppen Verzerrer?«

»Wir haben die Geräte über das Staatliche Zeugamt bezogen«, sagte Jeff grinsend.

»Ich hätte nicht fragen sollen«, sagte Shepperd mit einem gespielten Stöhnen. »Sind Sie sicher, daß Sie kein Gauner waren, bevor wir uns begegnet sind?«

In Washington richteten Wells Machenschaften im Data-Net auf allen Ebenen Chaos an. Rutland wußte, daß sie ein paar Erfolge brauchten, sonst würden noch mehr von den Bürokraten die Seite wechseln. Er kam zu dem Schluß, daß es trotz aller Risiken an der Zeit war, gegen die Militärs vorzugehen. Wenn sie die Macht des

Militärs unter ihrer Kontrolle hatten, würden die Wankelmütigen rasch wieder ins Glied zurückkehren.

Einige Wochen zuvor, als General Gorman sich mit seinen vertrauenswürdigsten Kollegen getroffen hatte, war ein weiteres Treffen angesetzt worden, zu dem die anderen Kommandeure eine Liste aller loyalen Offiziere mitbringen sollten.

Mit dieser Information gerüstet, hatte Rutland Marla West benachrichtigt, ihre Agenten bereitzuhalten. »Das ist unsere Gelegenheit, das Militär zu säubern. Diese Liste ist von unschätzbarem Wert. Lassen Sie den Raum abhören, und bereiten Sie unsere führenden Leute im Militär darauf vor, das Kommando zu übernehmen. Wir werden Gorman und seine Mitverschwörer als Verräter hinstellen, die einen Staatsstreich planen.«

Rutlands Sekretärin, die über das im Büro versteckte Abhörgerät dem Gespräch lauschte, benachrichtigte sofort ihre Kontaktperson, die die Information rasch an das nächste Glied in der Kette weiterleitete, bis es schließlich Shepperd erreichte. Als Shepperd die Einzelheiten erfuhr, wußte er, daß dies ihre beste Chance war, Kontakt zu den loyalen Elementen im Militär aufzunehmen. Er mußte es riskieren.

Wells zapfte das Telefonsystem des Pentagons an. Er stellte einen Anruf auf General Gormans privater Hotline durch.

General Gorman erschrak, als das Telefon klingelte. Seine Hotline war ausschließlich für Krisensituationen reserviert. »Ja!« rief er scharf ins Mikrofon, in der Annahme, einen jüngeren Offizier an der Leitung zu haben. »Was für ein Problem gibt es?«

»General Gorman, hier spricht ein Freund. Gehen Sie bitte auf Verzerrer zwei.«

»Wer ist da?« rief Gorman. Doch Shepperd hatte bereits den Verzerre eingeschaltet, den Jeff ihm verschafft hatte. Er wollte nichts riskieren, für den Fall, daß Gormans Telefon abgehört wurde. Obwohl er wußte, daß der Raum jeden Tag »saubergemacht« wurde, konnten passive Wanzen unentdeckt bleiben, wie sich auch in ihren eigenen Abhöraktionen erwies.

Gorman schaltete seinen Verzerrer auf Code zwei. Niemand außer den anderen Kommandeuren verfügte über diesen speziellen Code, aber er wußte, daß der Mann am anderen Ende der Leitung keiner von ihnen war. »Hier ist General Gorman. Mit wem spreche ich?« fragte er heiser in seiner besten Kommandeursstimme.

»Sie kennen mich nicht, General, aber ich habe von Ihnen gehört. Mein Name ist Donald Shepperd. Ich bin FBI-Agent – das heißt, ich war es, bis Hussein und seine Bruderschaft die Regierung übernommen haben.«

»Hussein? Amir Hussein, der Sonderbeauftragte der Präsidentin für die Krise im Nahen Osten?« fragte Gorman. Plötzlich klickte etwas in seinem Verstand. *Natürlich, das erklärte den Einsatz von Atomwaffen gegen Israel, ohne daß Admiral Benton davon wußte.*

»Genau der«, sagte Shepperd. »Er weiß von Ihrem kürzlichen Treffen mit Mitgliedern des Generalstabes. Sie und die anderen sind in ernster Gefahr.«

»Ich weiß nicht, wovon Sie reden«, schnappte Gorman, der plötzlich sehr wachsam wurde.

»Sie hatten einen Spion in Ihrer Gruppe, General. Ich würde Ihnen gern mehr sagen, aber wir wissen im Moment noch nicht, wer es war. General, wir waren es, die Ihrem Adjutanten die Informationen über die Lager zugeleitet haben. Das Material stammte größtenteils vom Mossad. Ein paar Mossad-Agenten arbeiten mit uns zusammen.«

»Ich verstehe«, sagte der General und entspannte sich. »Ich danke Ihnen, Mr. Shepperd. Ich kümmere mich darum.«

»General, können Sie etwas unternehmen?«

»Das Wichtigste zuerst«, sagte Gorman. »Zuerst müssen wir uns um die Unterwanderer kümmern. Wie kann ich Sie erreichen?«

»Überhaupt nicht, General. Aber hinterlassen Sie einfach eine an mich adressierte Nachricht in Ihrer Nachrichtenbox im Pentagon. Wir lesen Ihre Computerpost regelmäßig.«

»Aber wie können Sie ...« Die Leitung war tot.

General Gorman rief seinen Adjutanten Major Brian Philmore herein. »Ich möchte, daß Sie einige Nachrichten eigenhändig ausliefern«, sagte er zu Philmore, dem Sohn eines langjährigen Kameraden, den er seit der Akademie kannte.

Die Botschaft lautete: »Müssen uns dringend treffen. Gleicher Ort, Mittwoch, 0700.«

»Händigen Sie dies General Abbott persönlich aus. Niemand sonst darf es zu Gesicht bekommen.

»Ja, Sir«, erwiderte der jugendlich aussehende Major. »Wird gemacht.«

Am nächsten Mittwoch trafen sich die Verschwörer, um über die Informationen zu sprechen, die Shepperd geliefert hatte.

»Meine Herren«, begann General Gorman, »ich muß Ihnen nicht sagen, daß unsere Nation von einer schweren Gefahr aus dem Innern der Regierung bedroht ist. Diese Bruderschaft ist ein Krebsgeschwür, das bis in den innersten Kern unserer gegenwärtigen Führung vorgedrungen ist. Es ist fast ein Jahr her, daß der Kongreß das letzte Mal zusammentrat, und es scheint keinerlei Ansätze zu geben, unsere konstitutionelle Republik wiederherzustellen. Ich glaube, uns bleibt keine andere Wahl, als unsere gemeinsame militärische Macht einzusetzen, um die Alton-Regierung zu zwingen, den Kongreß wieder einzuberufen und diese Verschwörung gegen die Demokratie aufzudecken. Haben Sie Ihre Listen von Offizieren dabei, von denen wir wissen, daß Sie loyal zu unserer Sache stehen?«

General Abbott ergriff das Wort. »Ja, General. Und wir haben bereits vorbereitende Maßnahmen ergriffen, um die Regierung in Gewahrsam zu nehmen.«

Marla West hatte ihr Team mehrere Stunden vor dem geplanten Beginn des Treffens in Stellung gebracht. Der Raum war mit den neuesten lautgesteuerten Mikrodetektoren bestückt, die für Wanzensuchgeräte praktisch unerkennbar waren. Die Empfänger standen in einem anderen Zimmer in der Nähe. Zwei achtspurige Laser-Aufnahmegeräte zeichneten jedes Geräusch auf.

Der Agent, der die Anlage bediente, lauschte aufmerksam den Worten des Generals.

Nach fast zehn Minuten wandte er sich an Marla West und fragte: »Haben Sie genug?«

»Ja«, sagte sie ekstatisch. »Wenn wir dieses Band noch ein bißchen selektiv bearbeiten, dürfte es die Top-Meldung in den Abendnachrichten werden und zur Erschießung mehrere Generäle führen. Aber stellen Sie unbedingt diese Liste sicher«, ermahnte sie die Agenten, die sich darauf vorbereiteten, den Konferenzraum zu stürmen. »Mit ihr können wir das Militär von Verrätern säubern.«

So lautlos wie möglich schlichen die zehn Agenten den Flur entlang; so fixiert waren sie auf ihren Auftrag, daß keinem von ihnen der merkwürdige Umstand auffiel, daß keine Wache vor der Tür stand. Die unerfahrene Marla West bemerkte es, aber sie dachte nur: *Diese Idioten fühlen sich allzu sicher!* Sekunden später stürmten die Agenten den Raum, in dem die Besprechung stattfand.

»Sie sind alle verhaftet!« schrie der erste Agent, während er seine Maschinenpistole auf die Offiziere richtete.

»Unter welcher Anklage?« fragte General Gorman gelassen, ohne sich zu erheben. Er hatte während des Nahostkrieges drei Jahre in einem Kriegsgefangenenlager im Irak zugebracht. Er war kein Mann, den man leicht einschüchtern konnte.

»Verrat!« rief der Agent. »Und jetzt stehen Sie auf und legen Sie die Hände auf den Kopf!«

Die Kommandeure und ihre Adjutanten erhoben sich gehorsam, und die Agenten durchsuchten sie nach Waffen.

»Sie sind sauber«, sagte der Agent in das kleine Funkgerät, das er in der Hand hielt.

Einen Augenblick später stürmte Marla West in den Raum. Sarkastisch sagte sie: »Sieht aus, als ob Sie und Ihre Jungs in der Klemme stecken, was, General?«

»Vielleicht«, erwiderte Gorman. »Aber ehrlich, Sie glauben doch nicht, daß Sie damit davonkommen, die kommandierenden Offiziere der Armee, der Marine und der Luftwaffe zu verhaften, oder?«

»Aber sicher, General«, sagte Marla West lachend. »Wenn wir unsere Bänder von dieser Besprechung noch etwas bearbeiten, werden Sie alle die Schlagzeilen füllen, bis zu dem Tag, an dem Sie erschossen werden. Und wir werden eine Liste Ihrer Verschwörer haben.« Sie wandte sich an Major Brian Philmore und bedeutete ihm, General Gorman die Blätter abzunehmen. »Wenn es Ihnen nichts ausmacht, Major, dann können Sie mir diese Liste jetzt übergeben.«

»Brian! Sie sind auch in diesen Wahnsinn verwickelt?« sagte der General angeekelt. »Sie sind eine Schande für diese Uniform und für Ihr Land.«

»Er steht auf der richtigen Seite, General«, sagte Marla West spöttisch. »Sie sind der Verräter!«

»Sie und Ihre Bruderschaft sind die Verräter«, sagte Gorman bitter. »Sie glauben doch nicht im Ernst, daß die amerikanische Öffentlichkeit das schlucken wird, oder?«

Marla lächelte und wandte sich den Listen in ihrer Hand zu. »Sie werden glauben, was die Medien ihnen sagen. Und die Medien werden glauben, was wir ihnen liefern. Sie sind noch größere Idioten als Sie, General.«

Sie betrachtete die Papiere, die Philmore Gorman abgenommen hatte, runzelte die Stirn und knurrte den General an: »Was soll das?«

»Genau das, was da steht«, antwortete Gorman lächelnd. »Vielleicht wollen Sie es Ihren Agenten hier vorlesen.«

Der hochgewachsene Agent, der den Angriff geleitet hatte, riß der Justizministerin die Papiere aus der Hand. »Was zum ...??« rief er.

»Überraschung!« erwiderte der General und zitierte das, was auf den Papieren stand, die er Philmore ausgehändigt hatte. »Bitte lächeln – Versteckte Kamera!«

In diesem Augenblick traten mehrere Soldaten mit Maschinenpistolen in den Raum. Der kommandierende Sergeant brachte seine Waffe in Anschlag und sagte: »Wenn einer von Ihnen auch nur mit einem Muskel zuckt, hacken meine Männer Sie in Stücke!«

»Er meint es ernst«, sagte der General gelassen. »Wissen Sie, seine Schwester sitzt in einem von Ihren Lagern.«

Die Geheimdienstagenten legten vorsichtig ihre Waffen nieder.

Sie waren der Überzahl und der Bewaffnung der Soldaten hoffnungslos unterlegen, und sie wußten es.

»Damit kommen Sie nicht davon!« schrie Marla West, während man ihr Handschellen anlegte. »Ich bin die Justizministerin.«

»Ja, und ich bin der kommandierende General, also ranghöher als Sie«, sagte Gorman mit einem breiten Grinsen. »Sergeant, es wäre mir lieb, wenn Sie diese Leute für eine Weile außer Sicht halten könnten. Zumindest so lange, bis wir einige ihrer Freunde aus dem Weg geschafft haben.«

»Mit dem größten Vergnügen, General. Sie brauchen nur ein Wort zu sagen, und ich ziehe sie endgültig aus dem Verkehr.«

Der Gesichtsausdruck des Sergeants ließ keinem der Geheimagenten den geringsten Zweifel, daß er es ernst meinte – todernst.

»Ich hoffe, das wird nicht nötig sein, Sergeant. Nicht, wenn unsere Freunde Ihnen keine Schwierigkeiten machen.«

Marla West schrie immer noch wilde Flüche heraus, als man die Gruppe abtransportierte. Gorman sah noch, wie der Sanitäter, der die Soldaten begleitete, ihr ein starkes Beruhigungsmittel injizierte. Sie sackte fast sofort zusammen.

Kapitel 29

ENTKOMMEN

Zum ersten Mal in seinem Leben hatte Rutland Angst. Er war immer davon ausgegangen, daß die Bruderschaft gewinnen und er an diesem Sieg Anteil haben würde. Jetzt schien es, als ginge alles schief, was sie unternahmen. Er hatte keine Ahnung, was aus Marla West und den Männern geworden war, die Gorman verhaften sollten. Sie waren einfach verschwunden. Nicht einmal das FBI konnte eine Spur finden, wo sie festgehalten wurden. Er wußte nur, daß Gorman und die anderen noch in Freiheit und ständig von Elite-Nahkampfsoldaten umgeben waren. Noch schlimmer war, daß die der Bruderschaft angehörenden hohen Offiziere einer nach dem anderen verschwanden. Die anderen würden sehr bald in Panik geraten, falls sich die Bruderschaft nicht bald eine Lösung einfallen ließ.

Hussein raste vor Wut.

»Ich bin von inkompetenten Deppen umgeben«, schrie er Rutland und Präsidentin Alton an. »Alles ist verloren, wenn wir die Kontrolle über das Militär verlieren. Sie müssen das FBI anweisen, General Gorman zu verhaften. Wenn er aus dem Weg ist, werden die anderen klein beigeben.«

»Das ist nicht möglich«, erklärte ihm Kathy Alton zum dritten Mal. Auch sie hatte Angst, aber sie wußte, daß Hussein unrealistische Forderungen stellte. Sie konnte einfach nicht die Führung der Streitkräfte übernehmen. Die Soldaten würden den Befehlen ihrer Kommandeure folgen, nicht ihren. Das war nur zu deutlich geworden.

»Wenn wir Druck ausüben, wird die Armee gegen uns revoltieren«, sagte sie ruhig. »Im Moment haben wir sie wenigstens noch nicht gegen uns.«

»Wir haben die Bomben«, wütete Hussein. »Sind die Bomben schon einsatzbereit?«

»Nein, Sir«, sagte Rutland und blickte zu Mrs. Alton hinüber. »Bisher nur eine. Wir wollten ihre Wirkung testen, bevor wir die anderen installieren.«

»Bringen Sie sie in Stellung«, rief Hussein. »Wir werden sie benutzen, um die Armee zur Kooperation zu zwingen. Wenn sie sich weigern, vernichten wir die Lager.« Hussein spürte, wie seine

Durchschlagkraft schwand. Es war, als hätte der dunkle Herrscher sein Scheitern bereits akzeptiert. *Nein!* schrie eine Stimme aus seinem Innern. *Wir dürfen nicht scheitern! Der Fürst der Finsternis wird uns beide in alle Ewigkeit quälen, wie er es mit allen anderen tut, die gescheitert sind.*

Hussein wußte, daß er den Verstand verlor. Die Stimmen, die ihn in der Vergangenheit so klar geführt hatten, erfüllten jetzt seinen Geist mit unerträglichem Lärm. Die Furcht, die sie in ihm auslösten, machte ihn rastlos. Er konnte nicht scheitern! Er durfte nicht! Wer scheiterte, auf den wartete der Abgrund.

»Wir können die Lager nicht vernichten …« fing Präsidentin Alton an.

»Sie können es, und Sie werden es!« schrie Hussein sie an. »Wenn Sie es nicht tun, werden auch Sie sterben. Bringen Sie sofort die Bomben in die Lager. Die Christen werden sterben, und alles wird wieder unter Kontrolle sein.«

Als Jason Franklin am nächsten Morgen aufzustehen versuchte, spürte er wieder seine alte Schwäche. Franklin schlief nie lange, aber an diesem Morgen erwachte er noch früher als gewöhnlich. Er hatte Schmerzen im Magen, die nicht nachlassen wollten. Der Vormittag verging, und die Schmerzen wurden stärker. Als er erkannte, was es war, geriet er in Panik – der Krebs war zurückgekehrt! Die Schmerzen wurden von Minuten zu Minute schlimmer. Er griff nach dem Telefon und rief Hussein an.

Hussein hatte seit über drei Tagen nicht mehr geschlafen; er fürchtete sich davor, die Augen zu schließen. Wann immer er es tat, drangen die Dämonen auf ihn ein und verhöhnten ihn.

»Du wirst in der Hölle brennen«, schrien sie ihm zum. »Du dachtest, der Meister würde dich retten, aber er wird sich einen anderen suchen. Du wirst brennen!«

Als das Telefon in seinem Arbeitszimmer klingelte, riß er die Augen auf. »Nein! Hilf mir, Meister!« schrie er.

»Ja, wer ist da?« keuchte Hussein, nachdem er abgenommen hatte.

»Es ist Mr. Franklin, Sir«, sagte der Sicherheitsbeamte, der sein Zimmer ständig überwachte, voller Furcht. »Er sagt, er muß Sie sprechen.«

»Sagen Sie ihm, es geht nicht!« schrie Hussein. »Ich kann ihm nicht helfen. Ich werde ihm nicht helfen!« Er rammte den Hörer auf die Gabel. Seine durchdringenden schwarzen Augen waren tief in die Höhlen gesunken. Sie fuhren unausgesetzt hin und her, als suchten sie etwas, irgend etwas, das den in ihm aufsteigenden Wahnsinn lindern könnte. Der Sicherheitsbeamte hörte ihn schreien, als er die Hände gegen die Augen preßte. »Hilf mir, Meister! Bitte!«

Jason Franklin konnte Husseins Geheul noch durch die Tür zum Zimmer des Sicherheitsbeamten übers Telefon hören. Er konnte kaum hören, wie der Beamte sagte: »Es tut mir leid, Mr. Franklin. Der Führer ist im Moment nicht in der Lage, mit Ihnen zu sprechen.«

Als Franklin das Telefon zu Boden fallen ließ, waren die Schmerzen so stark, daß er keine Luft bekam. Er sank auf sein Bett, wo er mehrere Minuten lang sitzen blieb und wieder zu Kräften zu kommen versuchte. Dann griff er in die Nachttischschublade neben seinem Bett und nahm die kleine Pistole heraus, die er immer griffbereit hatte. Er schob ein Magazin in den Griff und preßte den Lauf gegen seine Schläfe.

Die Haushälterin würde ihn finden, wenn sie später am Vormittag kommen würde. Jason Franklin erkannte seinen ewigen Irrtum lange vorher. Als er den Abzug gedrückt hatte und gleich darauf durch den langen, dunklen Tunnel schwebte, wirbelten die Dämonen um ihn her. »Wieder einer für uns«, kreischten sie, während sie mit ihren Klauen nach ihm harkten.

Franklin schrie, als er den Schmerz spürte. *Aber ich bin doch tot*, dachte er. *Man kann doch nichts mehr spüren, wenn man tot ist.*

Er schrie wieder, als der nächste Dämon an ihm vorbeiraste und sein eingebildetes Fleisch aufriß. »Der Schmerz«, stöhnte Franklin. »Es ist schlimmer als vorher.«

Im neuen CRC-Hauptquartier in Dentville, Mississippi, machten die Pläne für einen Propagandafeldzug gegen die Bruderschaft gute Fortschritte. Die dritte Ausgabe der *Wahrheit* war im Umlauf, und im Data-Net-System herrschte das Chaos.

Jeff Wells war zufrieden mit sich. Die Verschiebung der Regierungsguthaben hatte es Präsidentin Alton praktisch unmöglich gemacht, ihre anti-christliche Kampagne zu finanzieren. Viele der Regierungsagenten auf dem Feld waren von ihren Guthaben abgeschnitten und hatten seit mehrere Wochen keine Gehälter mehr bekommen. Sie erfuhren jetzt aus erster Hand, was zuvor die Christen hatten feststellen müssen: daß es sehr schwer ist, in einer bargeldlosen Gesellschaft ohne Guthaben zu überleben. Die meisten waren bereits dazu übergegangen, Kaufleute mit vorgehaltener Waffe zu überfallen, um sich mit den notwendigen Vorräten zu versorgen. Infolgedessen behandelte die Polizei auch die Agenten wie Kriminelle.

Das Untergrundnetz für die Christen, das John Elder organisiert hatte, funktionierte so gut, daß es praktisch unmöglich war, sie ausfindig zu machen. Wenn die Polizei versuchte, Einsatzteams zu Häusern zu schicken, in denen man Zufluchten vermutete, wurden die Nachrichten abgefangen und die CRC-Mitglieder gewarnt. Alles, was die Polizei bei ihrer Ankunft noch vorfand, waren Kopien der *Wahrheit*.

Polizeiabteilungen, die besonders aggressiv Christen verfolgten, sahen sich plötzlich ihrer finanziellen Quellen beraubt – sowohl, was die Privatguthaben der einzelnen Beamten, als auch, was das Budget der Dienststelle anging. Es war Wells sogar gelungen, die Telefonverbindungen zwischen Washington und dem Rest des Landes zu verzerren, so daß viele Botschaften durch Kuriere gesandt werden mußten, die dann oft in entlegenen Landesteilen ohne Geldmittel strandeten. Als immer mehr Ausgaben der *Wahrheit* in die Hände der Öffentlichkeit gerieten, gewann die Bewegung gegen die Bruderschaft an Schwung. Immer häufiger kam es vor, daß widerwillige Polizisten sich einfach weigerten, die Christen, die sie fanden, zu verhaften.

Jeff gab gerade einem neuen Programm, mit dem er die Abtreibungszentren und die Organbanken um ihre Guthaben bringen wollte, den letzten Schliff, als plötzlich Shepperd in den Raum stürmte.

»Jeff, wir haben einen Notfall!« sagte er. »General Gorman hat erfahren, daß Hussein die Installierung von Bomben in den anderen Lagern angeordnet hat. Er will sie einsetzen, um damit die Generäle zu erpressen. Vielleicht ist er wahnsinnig genug, um sie zu benutzen. Wir müssen so schnell wie möglich das ›Projekt Wahrheit‹ starten. Sind Sie bereit?«

»Ich werde in ein paar Tagen soweit sein«, erwiderte Wells.

Shepperd hatte einen Plan entworfen, um alle Informationen, die seine Männer über die Bruderschaft gesammelt hatten, an die Öffentlichkeit zu bringen.

Als die erste Untergrundzeitung mit Fakten über die Bruderschaft und ihren Einfluß auf die Regierung veröffentlicht worden war, hatten die Medien versucht, sie als unglaubwürdig hinzustellen, doch als immer mehr Informationen an die Öffentlichkeit drangen, begannen mehrere große Zeitungen die Artikel zu übernehmen. So sehr sie sich auch bemühten, gelang es Rutland und seinem Geheimdienst nicht, auch nur eine der zwanzig Druckereien ausfindig zu machen, die nun jede Woche fast fünfzig Millionen Exemplare der *Wahrheit* druckten. Da dank Jeffs guten Verbindungen zum Data-Net die Finanzierung kein Problem war, stand die Zeitung fast überall zur Verfügung. Shepperds Plan erforderte jedoch darüber hinaus die Unterstützung durch einen großen Fernsehsender, die zur Zeit noch fehlte.

Im Data-Net-Hauptquartier grübelte Dr. Loo darüber nach, was er gegen Jeff Wells unternehmen könne. Loo war ein Mann ohne echte Loyalität gegenüber der Bruderschaft. Es machte ihm königlichen Spaß, Cal Rutland in Rage zu versetzen, wann immer er wieder über Wells´ Machenschaften im System zu berichten hatte. Für Kim Loo war das geistige Kräftemessen mit Jeff Wells nicht mehr als ein Schachspiel.

Ich wünschte wirklich, ich hätte mit Wells zusammenarbeiten können, dachte Loo. *Er ist ein Genie, wenn es um Computer geht.*

Loo hatte vergeblich versucht, Fallen einzubauen, um zu entdecken, wie und wann Wells sich in den Hauptrechner einschaltete. Bisher waren seine Bemühungen völlig fruchtlos gewesen. Wells war wie ein Phantom. Das System verzeichnete nirgends die Prozessorzeit, die er verbrauchte. Es zeigte nicht einmal seinen Gebrauch des Telefonnetzes an. Und selbst dann, wenn Loo genau wußte, daß Wells im Compiler aktiv war, war in dem System keine Spur von seinem Zugriff zu entdecken.

Es hat keinen Sinn, sich davon frustrieren zu lassen, sagte sich Loo. *Wells ist einfach besser als ich. Er hat ein System programmiert, das ich beim gegenwärtigen Stand unserer Technik für unmöglich gehalten hätte, und jetzt hat er ein Computerprogramm geschaffen, das keine Spur davon hinterläßt, daß es überhaupt existiert – brillant. Gemeinsam könnten wir jedes Computersystem der Welt anzapfen. Es wäre ein Kinderspiel für uns, die reichsten Männer der Welt zu werden!*

Während der letzten Wochen war es für Dr. Loo zu einer Obsession geworden, Wells zu erwischen. Aber er war seinem Ziel noch keinen Schritt nähergekommen. *Es ist, als ob ein zweijähriges Kind Schach gegen einen Großmeister spielt,* gestand Loo sich ein. *Wells Fähigkeiten sind meinen so hoch überlegen, daß er geradezu in einer anderen Dimension denkt. Ich werde ihn nie in eine Falle locken können.*

Plötzlich kam Loo ein neuer Gedanke. *Was ist mit Dr. Eison? Könnte Wells so unvorsichtig sein, dem Vater seiner Freundin Zugang zum System zu gewähren? Ja, wahrscheinlich würde er das,* dachte er und wurde plötzlich aufgeregt, *denn Wells´ einzige Schwäche ist, daß er sich um andere Menschen schert. Er ist sentimental; deshalb ist er verwundbar.*

Loo dachte daran, Rutland anzurufen, entschied sich aber dann dagegen. Rutland sah die Sache mit Wells viel zu emotional. Er würde vielleicht den Plan, an den Loo dachte, an sich reißen wollen, und das wollte Loo nicht zulassen. Sobald er eine handfeste Spur zu Wells´ Aufenthaltsort hatte, würde er mit Rutland einen »vernünftigen Preis« für die Information aushandeln.

Sofort rief Dr. Loo Ku Chow Li an, seinen langjährigen Freund aus der Drogenbranche.

»Li, hier ist Kim Loo«, sagte er, als der andere Mann sich meldete. »Ich brauche Ihre Hilfe.«

»Ich vermute, das ist nicht nur ein Anruf, um sich zu unterhalten, Dr. Loo«, erwiderte der Kopf des chinesischen Drogenhandels in San Francisco kühl. »Die Dinge laufen bei mir nicht allzu gut, seit Ihr bargeldloses System in Kraft getreten ist.«

»Ich verstehe«, sagte Dr. Loo liebenswürdig. »Selbst ich bin jetzt darauf angewiesen, für die Regierung zu arbeiten. Aber ich versichere Ihnen, daß diese Angelegenheit für uns beide höchst einträchtig sein wird. Haben Sie etwas zum Schreiben?«

»Ja, sprechen Sie«, sagte der andere Mann und drehte sich zu dem Notizblock auf seinem Schreibtisch.

»Ich brauche jemanden, der Dr. William Eisons Telefonleitung für mich anzapft.«

»Wer ist dieser Dr. Eison?« fragte Li.

»Er ist ein Wissenschaftler am Livermore-Laboratorium.«

»Es dürfte ziemlich schwierig sein, eine Leitung in einer Forschungseinrichtung anzuzapfen«, meinte Li.

»Sie werden reichlich davon profitieren, wenn ich die Information bekomme, die ich suche«, sagte Loo. »Ich brauche eine Aufzeichnung aller Anrufe Dr. Eisons bei einer bestimmten Nummer irgendwo im Süden – einer Nummer, die er nur sehr selten anrufen wird, so daß wir uns keine Fehler erlauben dürfen.«

»Alter Freund«, sagte Li gelassen, »Sie wissen doch, daß ich keine Fehler mache. In meiner Branche machen nur wenige mehr als einen. Ich werde das arrangieren. Sie werden wieder von mir hören, wenn ich die Information habe.« Als Loo auflegte, fühlte er sich optimistischer als je in den letzten Wochen. Er wußte, daß Dr. Eison es gewesen sein mußte, der Wells gewarnt hatte. Er hatte zwar keinen Beweis dafür, aber er brauchte auch keinen. Es mußte ein Computerexperte gewesen sein, der immerhin so viel von Wells´ Logik verstand, daß er in das System hatte eindringen können. Loo wußte, daß Dr. Eison über diese Fähigkeit verfügte. Er hatte mehr als einmal gesehen, daß Eison ihm ebenbürtig war; wenige andere kamen ihnen auch nur nahe genug, um in Betracht zu kommen.

In einem anderen Raum im Kellergeschoß des Weißen Hauses wählte der FBI-Agent, der Dr. Loos Telefonanschlüsse überwachte, die Nummer von Cal Rutlands Büro.

Rutlands Sekretärin rief ihn über die Sprechanlage und informierte ihn, Grimes sei am Telefon. »Hier Rutland«, sagte er, verärgert über die Unterbrechung. »Was wollen Sie?«

»Mr. Rutland, ich bin im Einsatz und überwache die Telefonleitungen im Weißen Haus. Ich habe Anweisung, Sie sofort anzurufen, falls etwas Ungewöhnliches geschehen sollte.«

Plötzlich war Rutland hellwach. »Ja, was gibt es?« sagte er freundlicher.

»Dr. Loo hat gerade mit einem gewissen Ku Chow Li in San Francisco telefoniert. Er hat arrangiert, daß Dr. Eisons Telefon in einem staatlichen Laboratorium angezapft wird. Ich dachte, das würde Sie vielleicht interessieren.«

»Ja, vielen Dank«, sagte Rutland grinsend und legte auf. *Loo führt etwas im Schilde,* dachte er. Er wählte die Nummer des FBI-Hauptquartiers. Als die Telefonistin sich meldete, sagte er: »Verbinden Sie mich mit Randall.«

Ohne zu zögern, drückte sie auf die Taste für die private Intercom-Leitung des FBI-Direktors. Sie war nicht so dumm, Rutland zu sagen, er sei in einer Konferenz. Ihr Chef leitete zwar die Behörde, aber er selbst wurde von Rutland geleitet, das war nicht zu übersehen.

»Ich möchte, daß Sie zwei Ihrer besten Agenten auf einen Mann namens Li in San Francisco ansetzen. Sein Vorname ist Ku, glaube ich. Ich habe seine Telefonnummer; seine Adresse können Sie aus den Akten entnehmen.«

»Meinen Sie etwa Ku Chow Li?« fragte Randall.

»Ich weiß nicht, wer es ist«, sagte Rutland ärgerlich. »Finden Sie es heraus!«

»Wenn es Ku Chow Li ist, weiß ich, wer es ist«, sagte Randall. »Ku Chow ist der Kopf der chinesischen Mafia in Chinatown. Er beherrschte den Drogenhandel dort, bis das Data-Net ihm den Hahn zudrehte.«

»Ah, das ergibt einen Sinn«, murmelte Rutland mehr zu sich selbst als zu Randall. »Überwachen Sie ihn gründlich, und zapfen Sie sein Telefon an. Aber er darf nichts merken. Das ist wichtig. Versauen Sie es nicht!«

Hussein wird erfreut sein, dachte Rutland, als er auflegte. *Ich werde ihm Wells´ Kopf auf einem silbernen Tablett darreichen.* Die Aussicht brachte ein Lächeln auf sein Gesicht.

In Livermore kämpfte Bill Eison mit seiner Unentschlossenheit. Er wußte, daß Jeff und Karen noch am Leben waren, seit Jeff ihm eine Nachricht in der Data-Net-Datei hinterlassen hatte. Dann, mehrere Wochen später, hatte Karen ihm eine neue Telefonnummer zukommen lassen. Der Vorwahl nach zu urteilen mußte es eine Nummer aus dem südlichen Mississippi sein. Er sehnte sich danach, mit seiner Tochter zu sprechen, aber er fürchtete, irgendwie ihren Feinden einen Tip zu geben, wenn er die Verbindung über das Data-Net benutzte.

Schließlich jedoch hielt er es nicht länger aus. *Karen ist alles an Familie, was mir noch geblieben ist,* rechtfertigte er sich vor sich selbst. *Ich muß einfach wissen, ob es ihr gut geht.* Er wählte die Nummer über sein Computermodem. Als er den typischen Pfeifton des anderen Modems hörte, wußte er, daß er mit dem Data-Net verbunden war. Er hinterließ eine schlichte Nachricht: »Wie geht es Dir, Karen? Ich liebe Dich. Dad.« Dann tippte er die Nummer ein, die Karen ihm gegeben hatte. Data-Net würde diese Nummer automatisch wählen und seine Botschaft übertragen. Die Telefonverbindung würde nicht länger als zehn Sekunden dauern; danach würde Jeffs Programm alle Spuren seines Anrufs verwischen. Rasch brach er die Verbindung an seinem Terminal ab und verließ das Programm.

Im Haupt-Terminalgebäude von AT&T zeichnete Robert Hawn den Anruf aus dem Livermore-Laboratorium auf, wie er von Li instruiert worden war. Er steckte den kleinen Papierstreifen in die Tasche, auf dem die Telefonnummern dieses Tages verzeichnet waren, einschließlich des Anrufes beim Data-Net-Computer in Washington. Später am Abend traf er sich mit Li in einer Bar und übergab ihm den Streifen. Als Gegenleistung steckte Li dem Fernmeldetechniker ein kleines Päckchen mit weißem Pulver zu.

Als Dr. Loo die Anrufe sichtete, die von dem staatlichen Laboratorium ausgegangen waren, las er die Daten in den Hauptcomputer ein. Er hatte der Maschine alle bekannten Orte und Telefonnummern einprogrammiert, die regelmäßig mit Data-Net kommunizierten. Das war ein einfacher Prozeß mit dem er die gewöhnlichen Anrufe von den ungewöhnlichen scheiden konnte.

Innerhalb von Sekunden hatte der Computer die Daten durchsortiert und für die meisten Nummern Entsprechungen gefunden. Nur drei Nummern paßten heute nicht. Da jeder Anruf, der aus dem Institut herausging, einen ID-Code trug, aus dem die gewählte Telefonnummer hervorging, ließ sich leicht eine der selten benutzten Nummern mit der Zeit, zu der Dr. Eison seinen Anruf getätigt hatte, in Verbindung bringen.

Ah, dachte Dr. Loo, als der Drucker die einzige Nummer ausgab, die all seinen Suchkriterien entsprach. *Es gab also eine Telefonverbindung zum Vorwahlbereich B-601. Das ist im südlichen Mississippi. Ich glaube, wir haben Dr. Wells gefunden – oder genauer gesagt Miss Eison.*

Obwohl er Bedenken dagegen hatte, mußte Dr. Loo das Data-Net-System benutzen, um den genauen Standort der Telefonnummer herauszufinden. Er rief das Lokalisierungsprogramm auf und gab die Vorwahl und die Rufnummer ein.

Das Data-Net-System zeichnet jeden Anruf bei jedem Modem im Land auf, dachte Dr. Loo, während er die Anweisungen für das Suchprogramm eingab. *Die Datei enthält eine Aufzeichnung jedes elektronischen Telefonterminals, das benutzt wurde, um das Signal zu übertragen. Dank Mr. Wells´ Kreativität ist es ein Kinderspiel, jeden beliebigen Anruf von seinem Ausgangspunkt bis zu seinem Ziel zu verfolgen.*

Der Drucker in dem Zentralbüro, in dem Dr. Loo arbeitete, erwachte zum Leben. Die Suchinformationen erschienen auf dem Papier.

Als er die Daten überflog, murmelte Dr. Loo: »Wells ist noch cleverer als ich dachte. Er hat sich eines der alten mechanischen Telefonsysteme gesucht und greift von dort aus auf das System zu.«

Kein Wunder, daß es mir nicht gelungen ist, ihm eine Falle zu stellen, dachte er. *Die alten Relais´ brauchen mehrere Sekunden, um einen Anruf zu verfolgen. In der Zwischenzeit weist er einfach das System an, seinen Zugriff zu ignorieren. Clever, aber nicht clever genug, dank Dr. Eison. Ich kann die genaue Lage seines Schlupflochs nicht bestimmen, aber vielleicht kann es Rutland.*

Dr. Loo ahnte nicht, daß Cal Rutland bereits Befehl gegeben hatte, den Fernmeldetechniker festzunehmen und zu verhören. Er brachte schnell eine zusätzliche Kopie des Berichts zum Vorschein, den er an Dr. Loo übermittelt hatte. Innerhalb von zehn Minuten hatte Rutland Randall angewiesen, Dr. Loo verhaften zu lassen.

Dr. Loo stellte gerade seine Analyse fertig, als die beiden Agenten eintraten. Er wirbelte herum, als er die Tür hörte, und fragte: »Wer sind Sie, und was wollen Sie hier?«

»Dr. Kim Loo, Sie sind verhaftet«, sagte einer der Agenten fest.

»Verhaftet!« rief Loo. »Was wird mir vorgeworfen?«

»Ich habe Anweisung, Sie zu verhaften«, erwiderte der Agent wortkarg. »Sie werden den Direktor selbst fragen müssen.«

Rutland! überlief es Loo wie ein kalter Schauer. Die Agenten schickten sich an, ihm Handschellen anzulegen.

»Warten Sie!« rief Loo. »Ich muß dieses Terminal abschalten.« Loo wußte, daß Wells möglicherweise sein Suchprogramm bemerken konnte.

»Das werden Sie mit dem Direktor aushandeln müssen«, sagte einer der Agenten und schob ihn auf die Tür zu. »Meine Anweisung lautet, Sie zu verhaften – sonst nichts.«

Loo überschüttete die Agenten mit Flüchen, während sie ihn auf den wartenden Aufzug zuschleiften und hineinstießen. Als sie das Bürostockwerk erreichten und die Tür aufglitt, sah Loo Rutland im Flur stehen.

»Sie Narr!« schrie Loo ihn an. »Ich habe Wells gefunden. Jetzt ist er vielleicht gewarnt.«

Der sonst unerschütterliche Rutland fühlte ein schwaches Aufzucken von Panik in seinem Innern. Doch er ließ sich nichts anmerken und antwortete: »Sie haben versucht, sich mit Wells zu einigen. Ich habe eine Kopie des Telefonberichts, den Sie erhalten haben. Sie haben vor, uns zu verladen.«

»Sie erbärmlicher Idiot!« erwiderte Loo. »Wells braucht meine Hilfe nicht. Ich habe versucht, sein Hauptquartier herauszufinden, damit Sie ihn ausschalten können. Wenn er jetzt das Programm entdeckt, das ich gerade habe laufen lassen, werden Sie ihn nie wieder aufspüren.«

Irgendwo in seinem Innern wußte Cal Rutland, daß Dr. Loo die Wahrheit sagte. Zum ersten Mal in seinem Leben hatte Rutland den Charakter eines Menschen falsch eingeschätzt. Zum ersten Mal geriet auch sein Selbstvertrauen ins Wanken.

»Lassen Sie ihn los!« fuhr Rutland die Agenten an.

»Tut mir leid, Sir«, erwiderte der höherrangige Agent schüchtern. »Ich darf nur Befehle des Direktors befolgen.«

»Nehmen Sie ihm diese Handschellen ab«, knurrte Rutland, während seine Augen sich zu Schlitzen verengten und sein Gesicht sich verfärbte. Er wußte, daß er nur die eine Chance hatte, daß Loo ihm Wells´ Aufenthaltsort verschaffen konnte, bevor Wells die Falle entdeckte.

Der Agent wollte wieder Einwände erheben, aber der Zorn in Rutlands Gesicht hielt ihn davon ab. Er wußte so gut wie alle anderen, daß Randall nur ein Strohmann des Weißen Hauses war. Rutland gab die Kommandos, nicht Randall. Er trat hinter Dr. Loo und ließ die Handschellen aufschnappen.«

Loo rieb sich die Handgelenke. »Ich muß zurück ins Computerzentrum. Vielleicht hat Wells das System noch nicht benutzt.« Damit ging er zurück in den Aufzug, dicht gefolgt von Rutland.

In Mississippi hatte Karen Eison an einer Erweiterung zu Jeffs Programm zum Einfrieren der Regierungsfinanzen gearbeitet. Der Kanal ins Data-Net war von Jeff offen gelassen worden, bevor er ging, um sich ein wenig auszuruhen. Shepperd hatte darauf bestanden, daß nur Jeff die Paßwörter für das Data-Net-System kennen durfte. Er wußte, daß es ein Risiko war, wenn nur eine Person die Paßwörter kannte, aber er dachte sich, daß ihre Operation sowieso zu Ende wäre, wenn Jeff gefangen oder getötet würde. Er wollte nicht, daß noch andere Leute das System aktivierten und vielleicht die Behörden auf ihre Spur brachten.

Als Karen sich an die Computer-Konsole setzte, um ihr Programm zu assemblieren, bemerkte sie das Durcheinander von Symbolen auf dem Bildschirm. »Daddy!« rief sie, als sie das Muster wiedererkannte. Es waren dieselben Daten, die sie schon zuvor gesehen hatte, wenn er sich gemeldet hatte. Sie beeilt sich, Jeff zu holen. Obwohl er sich hingelegt hatte, wußte sie, daß er die Botschaft gern für sie entschlüsseln würde.

Sie beugte sich über die Liege und sagte leise: »Jeff, Daddy hat uns wieder eine Nachricht geschickt. Ich brauche deine Hilfe.«

Jeff hatte sie ins Zimmer kommen hören. Er hatte nicht schlafen könne, aber er brauchte auch nicht viel Schlaf. Meistens hatte er nur das Bedürfnis, seinen Geist zu entspannen. Als er Karens Worte hörte, setzte er sich rasch im Bett auf und sagte: »Dein Vater hat eine Nachricht geschickt. Wie?«

»Durch den Data-Net-Kanal, den er schon früher benutzt hat, glaube ich«, antwortete Karen. »Warum? Stimmt etwas nicht?«

»Wahrscheinlich ist alles in Ordnung«, sagte Jeff ruhig. *Es hat keinen Sinn, Karen zu beunruhigen*, dachte er. Innerlich jedoch machte sein Herz einen Salto. Er schloß immer die Schleife in das System, wenn er es angewählt hatte, doch jemand, der sie von außen anrief, würde eine verfolgbare Reihe von Codes hinterlassen. Dr. Loo könnte durchaus clever genug sein, ihren Aufenthaltsort herauszufinden.

Jeff ging rasch zum Terminal hinüber, setzte sich an die Konsole und gab mehrere Befehle ein. Er war nie besonders gut im Tippen gewesen, aber jetzt flogen seine kräftigen Finger geradezu über die Tastatur, als er alle Data-Net-Dateien nach einem Hinweis absuchte, ob eine Verfolgung geschaltet worden war. Als er fand, wovon er gehofft hatte, daß es *nicht* da sein würde, sank sein Kopf. Das Duplikat zeigte, daß eine Verfolgung geschaltet worden war und sogar immer noch offen war. Er tat, was er konnte, um die Ergebnisse zu verzerren, aber er wußte, daß Dr. Loo seine Information bereits hatte. Warum Loo die Verfolgungsroutine offen gelassen hatte, verstand er nicht, aber er hatte keine Lust, so lange zu warten, bis er es herausgefunden hatte. Er verschloß den Data-Net-Kanal zu ihrem Standort und wies das System an, eine einzige weitere Ausgabe zu machen. Der Drucker neben ihm räusperte sich nur einmal, bevor er sich abschaltete.

»Stimmt etwas nicht?« fragte Karen, als sie den verzweifelten Ausdruck auf Jeffs Gesicht bemerkte.

»Doch, doch, alles in Ordnung«, sagte er, während er den Ausdruck herausnahm. »Ich bin nur ein bißchen müde, nehme ich an. Hier ist die Nachricht von deinem Vater. Er schickt dir Grüße und will wissen, ob es dir gut geht.«

Karen nahm den Ausdruck mit einem Lächeln entgegen, doch innerlich wußte sie, daß Jeff sich um irgend etwas Sorgen machte. Er war nicht sehr gut darin, seine Gefühle zu verbergen.

Jeff *machte* sich Sorgen. Sowohl Donald Shepperd als auch Pastor Elder waren zu einem Treffen mit CRC-Mitgliedern unterwegs. Er wußte nicht, was er tun sollte.

Im Data-Net-Hauptquartier in Washington stürmte ein wutschnaubender Dr. Loo in den Computerraum. Er setzte sich an sein Terminal und begann die Systemdateien nach irgendeinem Hinweis zu durchsuchen, daß Wells seine Suchroutine entdeckt hatte.

Erleichtert lehnte er sich auf seinem Stuhl zurück. »Offenbar ist Wells nicht im System gewesen«, sagte er zu Rutland. »Allerdings ist er in einem Maße in der Lage, seine Aktionen zu verschleiern, wie ich es noch nie sonst erlebt habe. Ich schlage vor, daß Sie unverzüglich handeln.«

Nachdem er die Lage des vermuteten Hauptquartiers erfahren hatten, informierte Rutland Hussein.

Als Rutland die Einzelheiten der Entdeckung Loos geschildert hatte, erwiderte Hussein. »Hervorragend, mein Freund. Gute Arbeit. Jetzt werden wir dieser Rebellion ein Ende setzen.«

Rutland fragte sich, was er tun würde, wenn er erfuhr, daß die Suchdatei auf Loos Terminal so lange offen geblieben war. *Jetzt läßt sich nichts mehr daran ändern*, sagte er sich. *Jetzt kommt es darauf an, daß wir Wells töten, bevor sie wieder evakuieren können.*

»Wir können nicht das Data-Net benutzen, um unsere Leute in Stellung zu bringen«, sagte er zu Hussein. »Wells würde die Aktivitäten auffangen und seine Leute warnen.«

»Wie wollen Sie das lösen?« fragte Hussein, während in seinen Augen der Haß blitzte, der in ihm kochte. Er wollte, daß Wells starb, ebenso wie Elder und die anderen. Er hatte den Fehler begangen, Elder nicht töten zu lassen, als er die Chance dazu hatte, aber er würde denselben Fehler nicht ein zweites Mal begehen.

Rutland hatte bereits einen Plan. Nach dem Vorfall in Atlanta würde er nicht wieder versuchen, Agenten von außen hinzuzuziehen. Er würde vier Agenten aus New Orleans beauftragen, den Unterschlupf zu finden und zu zerstören. Loo konnte ihm den genauen Ort nicht nennen, aber er würde nicht schwer zu finden sein. Es war unmöglich, ein Quartier zu betreiben, das mehrere Dutzend Menschen beherbergte, ohne irgendwelche verräterischen Zeichen zu hinterlassen.

Rutland rief das Haftzentrum in New Orleans an und sprach mit Ralph Butcher, dem Bezirksleiter des Geheimdienstes. Die Sekretärin konnte kaum glauben, daß es wirklich Rutland war, der anrief. »Ich hole ihn an den Apparat, Sir«, sagte sie mit leicht zitternder Stimme. Mit Rutland zu reden, war fast so aufregend, als ob man mit der Präsidentin selbst redete.

»Ja, Sir«, sagte Butcher, nach Atem ringend. Er war die zwei Treppen vom Haftzentrum unter dem Büro buchstäblich emporgesprungen. Es herrschte Chaos, schon seit Wochen. Die Befehle, die er aus Washington erhielt, waren ein einziges Durcheinander. Oft wurden Haftbefehle für die falschen Leute erteilt. Erst gestern hatte er Leute geschickt, um die vierjährige Tochter eines kommunalen Beamten zu verhaften – als Terroristin! Er verlor zusehends das Vertrauen seiner eigenen Leute.

»Ich möchte, daß Sie einen sehr wichtigen Auftrag für mich übernehmen«, sagte Rutland so höflich, wie er es bei seiner herrschsüchtigen Art über sich brachte. »Es handelt sich um eine Angelegenheit, die für die Präsidentin und für unser Land von entscheidender Bedeutung ist.«

Butcher, der zwei Jahre zuvor noch ein kleiner Beamter im Außenministerium gewesen war, fühlte sich geschmeichelt. *Für Präsidentin Alton etwas tun! Ich hätte nicht einmal gedacht, daß sie überhaupt weiß, daß es mich gibt.* In Wirklichkeit wußte sie es auch nicht.

Rutland setzte ihm den Plan auseinander, ohne ihm zu verraten, wer die Leute in dem Unterschlupf wirklich waren. »Ich will, daß jeder dort getötet wird«, sagte er mit Nachdruck. »Kein einziger darf entkommen!«

Er wünschte, er könnte sich selbst darum kümmern, aber Wells hatte ihn in Washington isoliert. Nun, damit würde es ein Ende haben, sobald Wells eliminiert war.

»Hören Sie genau zu«, fuhr Rutland fort. »Bis diese Sache erledigt ist, dürfen Sie keine Regierungsfahrzeuge benutzen oder in irgendeiner Weise aufs Data-Net zugreifen.«

»Wie sollen wir dann zu diesem Unterschlupf kommen?« fragte Butcher. Er war offensichtlich nicht der allergeschickteste Agent der Welt und dachte nur so, wie man es ihm im Außenministerium beigebracht hatte: Die Regierung sorgt für alle Bedürfnisse.

»Stehlen Sie ein Auto! Und stehlen Sie alles, was immer Sie unterwegs brauchen. Aber benutzen Sie auf keinen Fall das Data-Net. Haben Sie verstanden?«

»Ja, Sir«, erwiderte Butcher, obwohl es unverkennbar war, daß er nicht verstanden hatte. Er hatte immer gedacht, daß es die Terroristen wären, die Sachen stehlen – nicht die Regierungsbeamten.

»Rufen Sie mich an, sobald es vorbei ist«, befahl Rutland und legte auf. *Idioten,* murmelte er. *Die ganze Regierung ist voll von Idioten!*

Trotz Butchers scheinbar schwacher Persönlichkeit hatte er eine ausgleichende Eigenschaft: die Fähigkeit, gute Männer auszuwählen. Nur aus diesem Grund ertrugen ihn seine Vorgesetzten.

Mit Hilfe dieser Gabe suchte er vier exzellent qualifizierte Agenten für die Aufgabe aus. Butcher wußte, sie waren rücksichtslos ... aber intelligent. Sie würden die Terroristen ausfindig machen und das Ungeziefer ausrotten.

Die Männer, die er auswählte, waren in der Tat bestens geeignet. Alle waren Drogenhändler gewesen, bis sie nach der Legalisierung der Drogen von der Regierung für die Jagd auf die Terroristen angeworben worden waren. Sie waren begierig, dem Dienst im Haftzentrum zu entrinnen. Das hier war niedrige Arbeit, die wenig oder gar keine Aussichten auf Gewinn brachte. Und für diese vier war Gewinn alles, was zählte. Sie nutzten ihre Rollen als Regierungsagenten zu ihrem größtmöglichen Vorteil. Vor Butcher hatten sie keinerlei Respekt, aber immerhin war er klug genug, sie in Ruhe zu lassen.

Aufgrund der Angaben von Dr. Loo kreisten sie das Gebiet ein, das durchsucht werden mußte. Sie waren zuversichtlich, den Unterschlupf zu finden, wenn sie erst einmal nahe genug daran waren.

Ihr erster Schritt bestand darin, in einer nahegelegenen Ortschaft einen Wagen zu stehlen, was ihnen keinerlei Schwierigkeiten bereitete.

Bewaffnet mit mehreren Maschinenpistolen, rechneten sie damit, sich unterwegs problemlos mit allem versorgen zu können, was sie brauchten. Ihr Anführer, Andy Mowr, wandte sich an die anderen: »Vielleicht wird uns dieser Ausflug außer Gewinn auch einiges an Unterhaltung bringen.«

Das Team verließ New Orleans und machte sich auf den Weg nach Dentville, Mississippi. Nach der Karte lag Dentville am nächsten an dem Gebiet, das Dr. Loo bezeichnet hatte. Sie waren froh, wieder einmal in ihrem erwählten Beruf tätig zu sein: Plündern.

Früher waren die Vier in der Lage gewesen, ihr Einkommen durch den Handel mit neuartigen Drogen zu ergänzen. Doch das Data-Net machte es schwierig, Drogen in Geld umzusetzen, so daß sie begonnen hatten, Leute auszurauben, um sich das Nötige zu verschaffen. Aber in letzter Zeit war die Beute nicht mehr sehr üppig gewesen.

»Was glaubst du, wer diese Leute sind?« fragte einer der Agenten Mowr.

»Wer weiß?« erwiderte Mowr. »Und wen interessiert das? Nach dem, was Butcher gesagt hat, müssen sie aber ganz gute Geschäfte machen. Wir werden uns einfach bedienen an dem, was sie haben. Sobald wir fertig sind, brauchen sie es sowieso nicht mehr. Außerdem beschweren sich Tote nicht.«

»Meinst du, es sind auch ein paar Frauen da?«

»Würde mich nicht überraschen, Jungs. Paßt also auf, wohin ihr schießt. Wir wollen doch keiner Dame weh tun, nicht wahr?«

Die anderen lachten rauh. Unter Mowrs Anführerschaft hatten sie sich durch New Orleans vergewaltigt und gemordet. Ihre Technik war einfach: Sie benutzten ihre Regierungsausweise, um sich Zugang zu den Häusern zu verschaffen, und plünderten dann nach Herzenslust. Sie ließen keine Zeugen zurück, die sie identifizieren konnten, nicht einmal Frauen und Kinder. Doch die örtlichen Behörden kamen ihnen allmählich auf die Spur. Erst vor zwei Nächten wären sie beinahe in einem Haus, das sie gerade plünderten, erwischt worden. Ein Nachbar hatte gesehen, wie sie in das Haus eindrangen, und die Schreie von drinnen gehört. Nur wenige Augenblicke, nachdem sie sich davongemacht hatten, war die Polizei eingetroffen.

»Bis wir zurückkommen, wird Gras über die Sache gewachsen sein, und wir werden wieder unseren Spaß haben können«, sagte Mowr und lachte schnaubend über seinen eigenen kranken Humor.

Sie waren etwa zwei Stunden unterwegs, als der Agent am Steuer sagte: »Wir haben kaum noch Benzin. Wir müssen bald anhalten.«

»Suchen wir uns einen schönen, entlegenen Ort«, sagte Mowr. »Wir werden unsere Kreditkarten benutzen.«

»Sagte Butcher nicht, wir sollen die Karten nicht benutzen?«

»Ich meine unsere Kaliber-30-Karten«, sagte Mowr und lachte wie ein grunzendes Schwein.

Die anderen lachten mit. Sie taten immer, was Mowr sagte. Sie hatten Angst vor ihm. Er schien keine Menschlichkeit zu besitzen; es machte ihm wirklich Spaß, Menschen weh zu tun.

Sie verließen die Autobahn und folgten einer schmalen Landstraße in eine kleine, ländliche Ortschaft. »Hier gibt es nur eine Tankstelle«, sagte er zu Mowr.

»Mehr brauchen wir auch nicht«, knurrte Mowr, während er seine Maschinenpistole entsicherte. »Fahr ´rein.«

Als der Wagen zum Stehen kam, trat ein alter Mann aus dem verfallenen Gebäude.

»Sie brauchen Benzin?« fragte er.

»Nee, wir wollten hier essen«, erwiderte Mowr mit seinem üblichen Sarkasmus.

»Ich hab´ nicht viel für Schlauberger übrig, Mister«, gab der Mann ohne Scheu zurück. »Wenn Sie ein Komiker sind, haben Sie die falsche Ausfahrt erwischt. Das hier ist eine Tankstelle.«

Die anderen im Wagen fingen an zu kichern, aber ein Blick in Mowrs Gesicht sagte ihnen, daß das ein Fehler wäre. Das Letzte, was der Tankstellenbesitzer sah, war die Mündung der Maschinenpistole, die Mowr aus dem Fenster steckte. Mowr drückte ab und jagte dem ahnungslosen alten Mann einen Kugelhagel in den Leib.

Eigentlich hatte Mowr den Mann erst töten wollen, nachdem sie ihr Benzin hatten. Es war immerhin möglich, daß jemand die Schüsse hörte und nachschaute. *Na, wenn jemand kommt, hat er Pech,* dachte Mowr finster. *Der alte Dickschädel hat es nicht besser verdient.* »Steig aus und mach den Tank voll«, befahl Mowr einem der Agenten auf dem Rücksitz.

Der Agent verlor keine Zeit und griff nach der Zapfpistole. Kaum hatte er angefangen, als aus einem Laden an der Straße ein Mann stürmte und in ihre Richtung starrte. »Was ist passiert?« rief er. »Ich glaube, ich habe Schüsse gehört.«

Mowr mähte ihn nieder, wo er stand. Er brach auf der staubigen Straße zusammen, als seine Frau aus dem Laden kam. Sie begann zu schreien, als sie ihren Mann zu Boden stürzen sah.

Mowr legte die Waffe an und drückte wieder auf den Abzug. Die Frau war sofort tot und fiel auf den leblosen Körper ihres Mannes.

»Schade eigentlich«, sagte Mowr gefühllos. »Sie sah gar nicht schlecht aus.«

In den anderen Geschäften starrten mehrere Leute aus den Fenstern. Schockiert betrachteten sie das Drama, das sich vor ihren Augen abspielte. Hier in der ländlichen Ortschaft Compton waren die meisten Probleme, mit denen die Nation zu kämpfen hatte, an den Leuten vorübergegangen. Sie hatten gesehen, wie die Christen und die Juden von Regierungsagenten abtransportiert wurden, aber sie hatten angenommen, daß es sich um Terroristen handelte. Sie hatte noch nie gesehen, wie jemand getötet wurde – schon gar nicht ihre eigenen Freunde.

Mowr wußte, was zu tun war. Der kleine Ort war tot von dem Augenblick an, als die Agenten sie betreten hatten. Es durfte keine Zeugen geben. »Durchkämmt das Dorf«, befahl er den anderen beiden Männern, die noch im Wagen saßen. »Bringt sie alle um.«

Damit drehte er sich um und begann die Ladenfenster mit dem Kugelhagel aus seiner Waffe zu bedecken. Glas splitterte, und Schreie des Entsetzens waren zu hören. Wer zu fliehen versuchte, wurde auf der Straße niedergemäht. Wer um Gnade bettelte, wurde an Ort und Stelle erschossen. In weniger als drei Minuten war das Massaker vorüber. Dreiundzwanzig gesetzestreue Bürger hatten auf die harte Weise gelernt, daß auch ihre Rechte verletzt werden konnten.

Das Töten war für Mowr wie eine Droge. Er durchsuchte jedes Gebäude nach noch Lebenden, die er umbringen konnte. Als er sicher war, daß keine Zeugen mehr am Leben waren, kehrte er zum Wagen zurück.

»Bist du fertig?« knurrte er den Agenten an, der den Tank füllte.

»Ja«, erwiderte der andere wie betäubt von dem Geschehen.

»Dann zieh den Schlauch ab, du Dummkopf«, sagte Mowr und deutete auf den Tankstutzen, aus dem das Benzin hervorquoll.

Der andere Mann schaltete eilends die Pumpe ab und schraubte den Tankdeckel auf. Dann zwängten sich die vier Männer wieder in den Wagen und rasten zurück auf die Autobahn.

Im Hinterzimmer des Haushaltswarengeschäfts öffnete eine kleine Gestalt die Falltür zum Keller, wo sie eine Inventur der Konservenwaren gemacht hatte. Als die Schüsse ertönten, hatte sie die Tür gerade weit genug geöffnet, um zu sehen, was draußen vorging. Was sie sah, erschreckte sie so sehr, daß sie die Tür wieder geschlossen und sich im Keller verkrochen hatte. Diese Reflexhandlung hatte ihr das Leben gerettet. Jetzt kam sie heraus und fand ihre Mutter und ihren Vater tot auf dem Boden ihres kleinen Ladens. Der Anblick ließ sie beinahe in Ohnmacht fallen. Doch der Haß, der dann in ihr aufstieg, gab ihr die Kraft, ihre Qual zu überwinden. Sie hatte den Wagen gesehen, als er an der Tankstelle auf der anderen Straßenseite vorgefahren war. Er war ihr aufgefallen, weil selten Fremde in den Ort kamen. Sie versuchte sich an so viele Einzelheiten zu erinnern, wie es ihr in ihrem aufgewühlten Zustand möglich war. Es war ein weißer Wagen gewesen, ein Chevrolet, mit vier Männern darin.

Sie ging zum Telefon und rief das Büro des Bezirkssheriffs an. Nicht einmal die automatisierten Data-Net-Telefone hatten ihr kleines Dorf bisher erreicht. Der Anruf wurde über Jackson geleitet, wo die Transaktion zur Verrechnung über Data-Net verzeichnet wurde.

»Büro des Sheriffs«, meldete sich eine Telefonistin.

»Hier ist Melissa Graves in Compton«, sagte die junge Frau schluchzend. »Jemand hat hier gerade alle Leute im Dorf umgebracht! Ich habe mich versteckt, sonst wäre ich auch tot. Bitte, Sie müssen herkommen! Es ist furchtbar!«

»Beruhigen Sie sich, und sagen Sie mir genau, was passiert ist«, sagte die Telefonisten in dem Tonfall, den sie immer benutzte, um verstörte Anrufer zu beschwichtigen.

Melissa erzählte die ganze Geschichte und gab eine kurze Beschreibung des Wagens der Täter. Die Telefonistin, die normalerweise keinen Alarm auslöste, solange kein Beamter die Angaben überprüft hatte, spürte, daß Melissa die Wahrheit sagte. Sie sandte sofort eine Fahndungsmeldung an die Staatspolizei. Gleichzeitig schickte sie einen Deputy in die Ortschaft.

Im CRC Hauptquartier in Dentville grübelte Jeff darüber nach, was er tun sollte. Er fühlte sich vollkommen sicher, wenn er mit Computern arbeiten konnte, aber wenn es darum ging, einen Angriff zu planen, war er hilflos. *Soll ich den Unterschlupf evakuieren?* fragte er sich. *Und wenn ja, wohin sollen wir dann?* Das war Shepperds oder Pastor Elders Verantwortung, aber er hatte das nagende Gefühl, daß sie in ernsten Schwierigkeiten waren, wenn er nichts unternahm.

Komm schon, Jeff, sagte er zu sich selbst. *Benutze deinen Verstand.* Kaum hatte er das gedacht, als ihm eine Idee kam. *Was würde Rutland tun, wenn er wüßte, wo wir sind? Er könnte bestimmt nicht selbst rechtzeitig aus Washington hier sein – nicht, solange ich jede seiner Bewegungen, oder genauer gesagt seiner Transaktionen, verfolgen kann.*

Transaktionen, sagte Jeff sich lautlos. *Rutland mußte jemanden hier in der Nähe kontaktieren, um den Unterschlupf zu finden. New Orleans war die nächste Stadt von nennenswerter Größe.* Noch während er überlegte, aktivierte er die Data-Net-Verbindung. Seine Finger flogen über die Tastatur, und er startete eine Suche nach allen Telefonanrufen, die aus dem Weißen Haus nach New Orleans gegangen waren.

Sofort reagierte das System: Ein Anruf war aus dem Büro der Präsidentin zu einer Nummer in New Orleans gegangen. Er durchsuchte die entsprechende Datei nach der Adresse. Er fand sie und verglich die Adresse mit einer Liste bekannter Regierungseinrichtungen. Er fand die Entsprechung. Rutland, oder sonst irgend jemand, hatte beinahe sofort nach dem Start von Dr. Loos Suchprogramm in New Orleans angerufen.

Auf einen Impuls hin durchsuchte Jeff die Polizeidateien von New Orleans nach Fahrzeugen, die als gestohlen gemeldet worden waren, da er sich sagte, daß Agenten, die den Auftrag hatten, das CRC-Hauptquartier ausfindig zu machen, bestimmt nicht riskieren würden, daß er ihnen auf die Spur kam, indem sie ein Regierungsfahrzeug benutzten. Es gab Hunderte als gestohlen gemeldete Fahrzeuge in New Orleans, aber nur eines, das mit der Zeit und dem Ort zusammenpaßte, für die er sich interessierte: einen weißen 99er Chevrolet.

Jeff programmierte eine Suchroutine nach späteren Polizeiberichten, in denen Fahrzeuge vorkamen, die dieser Beschreibung entsprachen. Es gab nur einen. Ein weißer Chevrolet mit vier Männern darin war an einem Massenmord in einer kleinen Ortschaft in Mississippi beteiligt, ungefähr zweihundert Meilen von New Orleans entfernt – auf einer direkten Verbindungslinie zwischen New Orleans und dem CRC-Hauptquartier. Zufall? *Vielleicht,* dachte Jeff. *Aber von solchen Zufällen können Sieg oder Niederlage in einem Krieg abhängen.* Er mußte entscheiden, was zu tun war, und zwar schnell.

Mowr und seine Mörderbande setzten ihren Weg in Richtung Dentville, Mississippi, ohne Umwege fort. »Sollten wir diesen Wagen nicht lieber wechseln?« fragte der Fahrer Mowr. »Was ist, wenn uns da hinten jemand gesehen hat?«

»Sei nicht blöd«, knurrte Mowr. »Da war keiner mehr, der uns hätte sehen können. Der Tank ist noch fast voll. Da lasse ich doch den Wagen jetzt nicht stehen.«

Die anderen wußten, daß sie die wichtigste Regel für einen Angriffsauftrag verletzten: Sie hatten ein Verbrechen begangen und setzten ihren Weg im gleichen Fahrzeug fort. Inzwischen mußte der Wagen auch als gestohlen gemeldet sein. Doch sie taten, was Mowr befahl; sie wußten, daß er nicht zögern würde, mit ihnen genauso zu verfahren wie mit den Leuten in Compton.

Jeff wußte, was er tun mußte. Er schaltete sich in das Notrufnetz der Staatspolizei von Mississippi ein. Er wußte, daß das ein Risiko war; solange die Verbindung stand, war es möglich, sie über das Data-Net zurückzuverfolgen.

Falls Dr. Loo die Leitungen überwachte, konnte er möglicherweise den Ausgangspunkt identifizieren. Doch dieses Risiko mußte er eingehen. Wenn das Massaker in Compton das Werk eines Angriffsteams war, befand sich der CRC-Unterschlupf in ernster Gefahr. Möglicherweise waren ihnen die Agenten jetzt schon auf der Spur.

Jeff schickte eine Fahndungsmeldung an die Highway-Patrouillenstationen zwischen Compton und Dentville, einschließlich einer Beschreibung des gestohlenen Wagens und der vier Männer. Er setzte alles auf eine Karte. Falls das Team nicht in direkter Richtung nach Dentville unterwegs war, hatte er soeben alle Patrouilleneinheiten im südlichen Mississippi in die falsche Richtung dirigiert.

In den Patrouillenstationen war die Meldung gerade eingegangen, und alle Einheiten hatten Anweisung erhalten, entlang der

Autobahn und aller Hauptstraßen zwischen Compton und Dentville in Stellung zu gehen. Die Meldung besagte, daß die vier Männer in dem Wagen bewaffnet und äußerst gefährlich seien.

Mowr befahl dem Fahrer, von der Autobahn abzubiegen und eine Nebenstraße nach Dentville zu suchen. Er wußte nicht wie, aber irgendwie spürte er, daß die Polizei auf sie aufmerksam geworden war. Er hatte die meiste Zeit seines Lebens damit verbracht, seinen Instinkten zu gehorchen; er würde sie auch jetzt nicht ignorieren. Mowr war ein Mann ohne Gewissen. Er empfand nichts für die Menschen, die er getötet hatte, einschließlich derer in Compton. Sie waren einfach zur falschen Zeit am falschen Ort gewesen. Für Mowr zählte nur ein Menschenleben: seines.

»Wir sind bald da«, sagte Mowr zu den anderen. »Ich rieche es. Fahr zu dem Farmhaus da vorne. Wir brauchen ein paar Informationen.«

Mowr kannte nur einen Weg, um irgend etwas zu erreichen: rohe Gewalt. Er hatte vor, sich einen der Ortsansässigen zu greifen, alles aus ihm herauszuholen, was er über ungewöhnliche Vorgänge in der Gegend wußte, die Geisel zu töten und das Ziel anzugreifen. Er wußte, daß sie nahe daran sein mußten, aber seine Informationen hatten das Suchgebiet nur auf mehrere Quardratmeilen eingegrenzt.

Jeff rief alle Männer im Unterschlupf zusammen und sagte ihnen, was er über das Angriffsteam, das zu ihnen unterwegs war, wußte oder wenigstens vermutete. Nachdem die Highway-Patrouille alarmiert war, konnten sie nichts mehr tun als warten, bis etwas passierte.

Die ehemaligen FBI-Agenten, die mit dem CRC zusammenarbeiteten, hatten ihre Anweisungen von Shepperd: Sie sollten im Fall eines Angriffs keine Risiken eingehen. Obwohl Shepperd sich Elders Entscheidung, keine Regierungskräfte anzugreifen, unterordnete, legte er dies nicht so aus, als ob sie sich nicht verteidigen dürften. Seine Agenten waren ständig bewaffnet. In diesem Notfall gingen sie zu ihrem verborgenen Waffenlager und brachten einiges an schwererer Artillerie zum Vorschein. Wenn die Angreifer auf ihr Gelände stießen, würden sie die Bewohner nicht so passiv vorfinden wie die meisten anderen, mit denen sie zu tun hatten.

»Was zum ...« sagte der erschrockene Fahrer, als er in den Feldweg einbog, der zu der Farm hinaufführte. Der Weg war größtenteils durch einen großen, umgestürzten Baum versperrt.

Plötzlich alarmiert, blickte Mowr sich rastlos nach irgendeinem Hinweis auf eine Falle um. Er hatte selbst schon genug Fallen gestellt, um außergewöhnlichen Dingen gegenüber grundsätzlich mißtrauisch zu sein.

»Sieht aus, als wäre er erst in den letzten Tagen umgestürzt«, sagte der Fahrer, als er sich die Kiefer näher anschaute. Er fühlte sich erleichtert. Seine Nerven waren seit Compton zum Zerreißen gespannt. Sie hätten den Wagen längst stehenlassen sollen; soviel wußte er.

»Sieh zu, ob du daran vorbeikommst«, befahl Mowr und entsicherte seine Waffe. Alles sah normal aus, abgesehen von dem Baum. Möglicherweise fehlte dem Besitzer der Farm einfach die Ausrüstung, um ihn von dem Feldweg herunterzuziehen.

Der Fahrer ließ den Wagen langsam auf die Wegböschung rollen. Mehrere bewaffnete Männer sahen ihm von ihren gut getarnten Stellungen im Kornfeld aus dabei zu. Als der Wagen um den Baum herumkam, sah der Fahrer direkt vor sich auf dem Weg einen großen, silberfarbenen, zylindrischen Tank, der auf einem Traktor befestigt war. Er steuerte nach rechts, um nicht dagegen zu prallen. Plötzlich gab der Boden unter den Rädern nach, und der Wagen legte sich auf die Seite in den Straßengraben.

Mowr überschüttete den Fahrer mit einer Serie von Flüchen. Er ahnte nicht, daß genau ein solches Mißgeschick auf dem alten Feldweg sorgfältig inszeniert worden war. »Steigt aus und schaut euch den Schaden an«, befahl Mowr den anderen. Er blieb im Wagen sitzen, die Waffe außer Sicht – aber schußbereit.

Als die drei Männer aus dem Wagen stiegen, rief ihnen jemand vom Feld aus zu: »Lassen Sie Ihre Waffen fallen und legen sie die Hände auf den Kopf. Sie sind umzingelt.«

Durch puren Zufall hatte Mowr das Gelände gefunden, das er suchte. Doch statt von seinem Angriff überrascht zu werden, waren sie dank Jeffs Warnung darauf vorbereitet.

Die erschrockenen Agenten ließen ihre Waffen fallen und riefen: »Nicht schießen – wir sind Regierungsagenten ...«

»Seid still, ihr Idioten«, fuhr Mowr sie an. Er hob seine Waffe, um das Feld, aus dem der Zuruf gekommen war, mit einem Kugelhagel zu bedecken.

Als der Ex-FBI-Agent den Lauf der Maschinenpistole aus dem Wagenfenster ragen sah, reagierte er instinktiv. Die LAARS-Rakete, mit der er auf den Wagen zielte, war scharf und schußbereit. Er drückte sanft auf den Abzug, und der solide Raketenmotor brüllte auf. Das Geschoß legte die Entfernung zum Wagen in weniger als einer Sekunde zurück und schlug ein, bevor Mowr auch nur eine Salve abgeben konnte. Die Explosion der Rakete und des silbernen Zylinders löschte den Wagen ebenso aus wie die drei Männer, die darin gekommen waren.

Der Feuerball war eine Meile weit zu sehen. Ein Polizist von der Highway-Patrouille, der an einer der Straßensperren Dienst tat, sah die Explosion. »Was zum ...« sagte er laut. So etwas hatte er noch nie im Leben gesehen. Wenige Sekunden später erreichte ihn der ohrenbetäubende Lärm. Er warf seine Maschine an und raste in Richtung der Explosion davon.

Als der Polizist die Farm erreichte, war nur eine einsame Gestalt zu sehen. Einer der Ex-FBI-Agenten stand auf dem Zufahrtsweg, in einen Overall gekleidet.

»Was ist passiert?« fragte der verblüffte Polizist, als er das brennende Wrack sah.

»Ein paar Idioten in einem weißen Auto sind in den Propangastank gerast, den ich auf meinem Traktor befestigt hatte«, sagte der Agent in gedehntem Mississippi-Akzent. »Die hatten Kanonen aus allen Fenstern gesteckt. Schätze, die wollten die Farm ausrauben. Geschieht ihnen recht, schätze ich. Außerdem gibt´s hier eh nicht viel zu klauen.«

»Sie hatten großes Glück«, sagte der Polizist. »Das hier waren wahrscheinlich die Mörder, nach denen wir gesucht haben. Sie haben in Compton dreiundzwanzig Leute umgebracht. Fast den ganzen Ort ausgelöscht. Ich werde ein paar von unseren Gerichtsmedizinern anfordern, um ihre Identität zu bestätigen. Fassen Sie nichts an.«

»Keine Sorge«, sagte der Agent gelassen, während der Agent zu seinem Mobiltelefon griff, um die Meldung durchzugeben. *Gut, daß wir diesen Propangastank zur Hand hatten*, dachte er im Stillen. *Er ging hoch wie eine Bombe, als die LAARS einschlug.*

Die Staatspolizei machte Fotos vom Unfallort und führte eine gerichtsmedizinische Untersuchung der Leichen durch. Als man sich überzeugt hatte, daß dies die Männer gewesen waren, die Compton angegriffen hatten, entfernten sie die Leichen und den demolierten Wagen.

Für einige Tage liefen die Aktivitäten auf der Farm auf Sparflamme, bis die Luft in der Gegend wieder rein war. Dann kehrten Shepperd und Elder ins Hauptquartier zurück.

»Wir müssen schnell handeln«, sagte Shepperd zu den anderen am ersten Abend, als sie wieder zusammen waren. »Es ist nur eine Frage der Zeit, bis Rutland es wieder versucht. Nächstes Mal ist es dann vielleicht nicht nur ein Haufen Gangster, sondern die Armee.«

»Ich stimme mit Donald überein«, sagte Elder. »Es ist Zeit, alle Ventile aufzumachen. Wenn wir erwischt werden, haben wir keine Chance mehr.«

In Washington wußte Cal Rutland, daß sein Plan gescheitert war. Butcher hatte sich aus dem Staub gemacht, und von den Männern, die er ausgeschickt hatte, war nichts zu erfahren. Das CRC wurde kühner, und wenn es nicht sofort gestoppt wurde, konnte die Machtübernahme gefährdet sein.

Kapitel 30

THOMAS GALT

Galt Network, der größte Medienkonzern der Welt, besaß zwanzig Zeitungen, das World News Network und das World Satellite Broadcasting System. Kopf dieses Konglomerats war Thomas Galt. Galt reiste regelmäßig durch die ganze Welt, um sein Imperium zu inspizieren. Wenn er jedoch in Amerika war, wohnte er in einer kleinen Stadt außerhalb von Atlanta.

Seit Jahren hatte er in vorderster Front die Medienattacken gegen die Christen angeführt. Als die Regierungspropaganda gegen die Christen begann, sorgte er dafür, daß darüber ausgiebig berichtet wurde. Die liberale Perspektive der anderen Sender verblaßte gegenüber der der Galtschen Medien. Er hielt die Christen für bigotte Spinner, die allen anderen ihre »viktorianischen« Wertvorstellungen aufzuzwingen versuchten. Da Galt die meiste Zeit seines Lebens einen dekadenten Lebensstil gepflegt hatte, war sein Angriff auf das Christentum ein Verteidigungsmechanismus gegen die Wahrheit.

Während des letzten Jahres jedoch hatte Galt begonnen, an allem möglichen zu zweifeln, einschließlich seiner Einstellung zum Christentum. Er hatte die Christen oft bekämpft, wenn es um Abtreibung, das Crack-Babys-Gesetz, die Legalisierung der Drogen und viele andere Themen ging, an die er persönlich glaubte. Seine Verärgerung über ihren Absolutheitsanspruch hatte ihn motiviert, alles zu unterstützen, was John Elder und seiner »Horde«, wie er sie nannte, ein Dorn im Auge war. Doch als er jetzt sah, in welchen Zustand die Welt geraten war, seit seine Lieblingsanliegen Wirklichkeit geworden waren, wußte er, daß er sich geirrt hatte. Ganz offensichtlich hatte die Legalisierung der Drogen dazu geführt, daß sich ihr Gebrauch durch die ganze amerikanische Gesellschaft ausgebreitet hatte. Waren die Liberalen einst der Überzeugung gewesen, daß die Legalisierung der Drogen die Verbrechensrate reduzieren würde, so hatte sich genau das Gegenteil als wahr erwiesen. Die früheren Drogenkönige waren zu legitimen Geschäftsleuten geworden, doch der Schwarzmarkt war von Jugendbanden übernommen worden. Der Gebrauch billiger Ersatzstoffe, die jeden Monat Tausenden von Süchtigen das Leben kostete, machte die neue Untergrund-Drogenszene aus.

Als die Crack-Babys-Vorlage verabschiedet und Gesetz geworden war, meinte man, dies liege im Interesse der Menschlichkeit. Statt dessen hatte sich ein riesiger neuer Industriezweig entwickelt. Drogensüchtige Frauen wurden dafür angeheuert, schwanger zu werden, damit man die Organe ihrer Kinder ausschlachten konnte. Reiche Kunden, darunter viele seiner eigenen Freunde, »bestellten« sich Frauen mit passenden Blutgruppen, die dann künstlich befruchtet wurden, damit die Organe ihrer Kinder verpflanzt werden konnten. In ihrem Ringen um ewiges Leben brachten die Reichen buchstäblich ihre eigenen Kinder um.

Galt, mittlerweile fast achtzig Jahre alt, hatte seine Firma von einer kleinen Werbeagentur in Atlanta zu einem weltweiten Imperium ausgebaut. In der Zwischenzeit hatte er mehrere Ehen durchlebt, seine eigenen Kinder an Drogen und Alkohol verloren und ein unglückliches, qualvolles Leben geführt. Er war einfach des Lebens müde, und auch dessen, was mit den Christen und Juden in Amerika geschah. Die Hinweise darauf, daß sie verfolgt, vielleicht sogar ermordet wurden, waren überwältigend. Er war schon zu lange im Mediengeschäft, als daß er an seine eigene Propaganda geglaubt hätte. Er wußte, daß man Fakten auswählen konnte, so daß sie genau das Bild ergaben, das der Sender zu liefern wünschte. Er wußte auch, daß die jüngsten Informationen über die Bruderschaft zutreffend waren. Er war mehr als einmal von einflußreichen Leuten angesprochen worden, die ihn zum Beitritt zu einer Geheimgesellschaft überreden wollten, darunter auch Jason Franklin. Vor einigen Jahren hatte er an einer ihrer Versammlungen teilgenommen. All der Mist, den er dort über den Dienst an der Menschheit und der Ehrfurcht vor dem, den sie den »Großen Führer« nannten, gehört hatte, hatte ihn an eine Studentenverbindung erinnert. Der ganze Gedanke war ihm lächerlich erschienen, und das hatte er auch gesagt.

Er hatte geholfen, die Propaganda über die christlichen Terroristen durch sein Medienimperium zu verbreiten, aber in Wirklichkeit war er die ganze Sache leid. Der Tod würde eine Erlösung sein. Doch tief in seinem Denken war noch ein Zweifel, den seine Großmutter dort gepflanzt hatte. Sie war eine überzeugte Christin gewesen und hatte ihm oft biblische Geschichten erzählt, als er ein Kind war. An einige davon erinnerte er sich heute noch, mehr als siebzig Jahre später – besonders an die von dem reichen Mann und Lazarus. Wenn er sich nun irrte? Wenn er nun durch den Tod nicht Frieden finden, sondern an einen Ort der ewigen Qual gelangen würde?

Er hatte oft mit sich selbst darüber gerechtet. Es gab keine Lösung. *Vielleicht sind das nur die verkalkten Gedanken eines senilen al-*

ten Mannes, dachte er. Er dachte oft über Gott nach. Aber wenn er Gott wäre, sagte er sich, würde er niemals jemanden wie Thomas Galt in sein Reich lassen. Er hatte während seines Aufstiegs zur Spitze zu vielen Menschen zuviel Leid zugefügt. Und nun hatte er seinen Einfluß sogar dazu gebraucht, viele von den Menschen zu töten, die Gott nachfolgten.

Durch einen jener göttlichen »Zufälle« traf es sich, daß Thomas Galt just in dem Augenblick einen Anruf von Donald Shepperd erhielt, als er ernsthaft an Selbstmord dachte. Der kühnste Schritt, den das CRC je getan hatte, stand bevor, und dazu brauchten sie die Hilfe eines großen Senders. Da WNN der größte Sender von allen war, beschloß Shepperd, Kontakt zu Thomas Galt aufzunehmen. Die Entscheidung wurde getroffen, nachdem Jeff die Aufzeichnungen durchforstet und sichergestellt hatte, daß Galt kein Mitglied der Bruderschaft war. Er hatte nie für eine ihrer mehreren Hundert Deckorganisationen gespendet und nur an einer ihrer Versammlungen teilgenommen. Wells hatte Galts private Telefonnummer auf seiner Farm in der Nähe von Atlanta beschafft. Nun blieb für Shepperd nur noch zu hoffen, daß er tatsächlich zu Hause sein würde.

Als das Telefon klingelte, meldete sich die Haushälterin. »Kann ich Ihnen helfen?« Sie war gewohnt, sich auf der privaten Leitung zu melden, ohne irgendwelche Informationen preiszugeben.

»Ja. Mein Name ist Shepperd. Ich arbeite für Pastor John Elders Organisation. Fragen Sie bitte Mr. Galt, ob er eine Minute mit mir sprechen würde. Sagen Sie ihm, es sei höchst wichtig.«

Sonderbare Anrufe bei einem der reichsten und exzentrischsten Männer der Welt waren für die langjährige Haushälterin ebenfalls nichts Neues. Sie drückte auf den Warteknopf und sagte zu Galt: »Sir, da ist ein Mr. Shepperd am Telefon. Er sagt, er arbeitet für Pastor Elder. Er möchte mit Ihnen reden. Es sei höchst wichtig.«

»Sagen Sie ihm, ich sei nicht da«, knurrte Galt und nippte an seinem dritten Brandy innerhalb einer Stunde. Aber auch damit schien sich sein Gewissen nicht mehr betäuben zu lassen, bemerkte er müde.

»Er ist nicht da«, sagte die Haushälterin ohne Überzeugung.

»Warten Sie!« sagte Shepperd nachdrücklich. Jetzt wußte er zumindest, daß Galt im Haus war. »Sagen Sie ihm, ich habe Informationen über die Bruderschaft.«

Sie drückte erneut auf den Warteknopf und wiederholte, was Shepperd gesagt hatte. »Er sagt, er hat Informationen über die Bruderschaft.«

»Ist mir egal ...« fing Galt an. Dann unterbrach er sich. »Nein, ich rede mit ihm.«

Die Haushälterin brachte das schnurlose Telefon zu Galt und reichte es ihm.

»Hier Galt. Was wollen Sie?«

»Mein Name ist Shepperd ...«

Galt schnitt ihm das Wort ab. »Ich weiß, wer Sie sind. Sie sind der FBI-Agent, der mit den Terroristen zusammenarbeitet.«

»Das glauben Sie selbst nicht, Galt. Diese Leute sind genauso wenig Terroristen wie die Biene Maja. Wir haben Informationen, die der Bruderschaft ein für allemal das Handwerk legen werden, aber wir brauchen Ihre Hilfe.«

»Meine Hilfe!« Galt verschluckte sich beinahe an seinem Brandy. »Wir sind bisher nicht gerade Verbündete gewesen, wissen Sie.«

»Wenn Sie ein echter Journalist sind, dann werden Sie die Wahrheit hören wollen«, schnappte Shepperd. »Wenn nicht, wird Gott einen anderen gebrauchen.« Von diesem Kommentar war selbst Shepperd überrascht. Offenbar glaubte er wirklich, was John Elder kürzlich gesagt hatte: »Wenn Gott für uns ist, wer kann dann gegen uns stehen?«

»Warum sollte ich einem Haufen Idioten helfen, die gegen allen Fortschritt sind?« sagte Galt ohne echte Überzeugung.

»Weil Sie gesehen haben, welchen Preis die Amerikaner für diesen Fortschritt bezahlen mußten«, erwiderte Shepperd. Er spürte, wie Galt nachgab. Er hatte eine empfindliche Stelle getroffen. »Sie und andere in den Medien haben diesen Leuten eine Menge Schaden zugefügt. Aber ich kann Ihnen versichern, daß nicht einer von ihnen Ihnen deswegen übel will. Wir wollen nur unser Land zurückgewinnen, und dabei können Sie helfen.«

»Wie?« fragte Galt.

»Ich schicke die Instruktionen heute noch zu Ihnen nach Hause. Wenn Sie Gelegenheit hatten, sie in Ruhe durchzulesen, melde ich mich wieder.«

»Nein!« sagte Galt mit ungewohnter Dringlichkeit. »Ich will diese Gruppe radikaler Spinner, zu der Sie gehören, mit eigenen Augen sehen.«

Das überraschte Shepperd. Er hatte im Grunde nicht damit gerechnet, daß Galt sich überhaupt auf irgend etwas einlassen würde. Warum wollte er sie persönlich sehen? Vielleicht wollte er ihnen eine Falle stellen.

»Das kann ich nicht machen«, sagte Shepperd. »Das Risiko ist zu groß.«

»Für wen, Mr. Shepperd? Für Sie oder für mich? Wenn Sie nicht einverstanden sind, will ich nichts mit der Sache zu tun haben.«

Shepperd dachte einen Augenblick nach und antwortete dann:

»Okay, aber ich stelle die Bedingungen. Ich lasse Sie heute abend um sechs Uhr am Bahnhof in Marietta abholen.«

»Ich werde dort sein«, sagte Galt und legte auf. *Warum habe ich das gemacht?* fragte er sich. *Vielleicht werde ich wirklich senil.*

Shepperd kam zu dem Schluß, daß sie das Risiko mit Galt eingehen mußten. Vielleicht konnten sie den Plan auch ohne ihn durchführen, aber es gab keine Gewißheit, daß irgendeiner der anderen Medienzaren ihnen helfen würde. Er rief seinen Kontaktmann in Atlanta an und gab ihm die Einzelheiten über den Treffpunkt mit Galt durch.

An jenem Abend stieg um sechs Uhr in Marietta ein alter Mann aus dem Zug und blieb in der kleinen Bahnhofshalle stehen. Mehrere wild aussehende Jugendliche lungerten außerhalb der Halle herum, und es schienen keine Sicherheitsbeamten in der Nähe zu sein.

Ein guter Ort, um ausgeraubt zu werden, dachte Galt. Er wünschte, er hätte seinen Leibwächter nicht zu Hause gelassen, aber er wußte, daß die Gegenwart eines bewaffneten Leibwächters vermutlich die Leute verscheucht hätte, die er hier treffen wollte. Jetzt war er sich nicht mehr so sicher, daß das eine gute Idee gewesen war.

Zwei der Jugendlichen betraten die Halle und beäugten ihn aufmerksam. »Was machst du hier, alter Mann?« fragte der kleinere der beiden.

»Redest du mit mir?« erwiderte Galt gelassen.

»Ja, alter Mann. Wo ist dein Rollstuhl?«

»Den habe ich bei deinem Babysitter gelassen«, sagte Galt mit demselben Biß, der ihn an die Spitze gebracht hatte.

Der Jugendliche lief rot an und drehte sich um, als sein Kumpan sagte: »Sieht nicht so aus, als wüßte er, wer du bist«, witzelte der andere Teenager.

»Halt´s Maul!« preßte der kleinere Jugendliche durch die Zähne und fügte noch ein paar saftige Ausdrücke hinzu. »Ich werde dich abstechen, alter Mann«, stieß er hervor, während er sein Klappmesser aufschnappen ließ.

»Wenn du das vorhast, bring lieber ein Lunchpaket mit, Sonny«, sagte Galt und umklammerte seinen Stock. »Mit Leuten wie dir bin ich schon fertig geworden, als ich zwölf war.«

Der Jugendliche baute sich vor Galt auf und fing an, mit dem Messer hin und her zu schwingen. In diesem Augenblick schwang die Tür auf, und ein schwer gebauter Mann trat ein. »Ihr könnt jetzt gehen, Jungs«, sagte er grinsend. »Er ist allein.«

Die Jugendlichen grinsten zurück und klatschten ihm auf die Hand, als sie hinausgingen. »Bis später, Bruder«, sagte der Messerschwinger, als er an dem großen Mann vorbeiging.

Galt setzte sich erschöpft auf die Bank.

»Tut mir leid, Mr. Galt, aber ich mußte wissen, ob Sie wirklich allein sind. Schätze, Sie sind es.«

»Ja«, erwiderte Galt. »Allerdings hatte ich bis vor ein paar Sekunden meine Zweifel, ob das klug war. Sie gehören zu Shepperd?«

»Ja, ich bin Paul Brown«, antwortete der Mann und begrüßte Galt mit einem festen Händedruck. »Ich bin wirklich froh, Sie zu sehen, Mr. Galt. Wir sollten aufbrechen; es ist eine lange Fahrt.«

Brown ging voraus, und Galt folgte ihn zu dem wartenden Kleinbus. Als er eingestiegen war, fuhr ein anderer Mann mit einem Wanzensucher an seinem Körper entlang.

»Sie scheinen niemandem zu trauen«, kommentierte Galt, nachdem der zweite Mann signalisiert hatte, daß er sauber war.

»Nein, das stimmt nicht; wir trauen einer Menge Leute«, sagte Brown. »Ich hoffe, Sie werden einer davon sein.«

Galt schwieg, während sich der Wagen in Bewegung setzte. Nach ein paar Minuten erreichten sie den alten Peachtree-Dekalb-Flughafen, der außer von ein paar Privatmaschinen nicht mehr benutzt wurde. Als sie auf einen der Hangars zurollten, wurde gerade ein schlanker Privatjet herausgeschleppt.

»Soll das heißen, daß wir fliegen werden?« fragte Galt.

»Ja, Sir«, antwortete Brown. »Wir mußten vor ein paar Monaten umziehen. Offenbar wußte die Regierung unsere Anwesenheit nicht zu schätzen.«

»Ich habe davon gehört«, erwiderte Galt. »Ein Freund in Washington erzählte mir, Sie hätten unsere Politiker ein wenig alt aussehen lassen.« Die Geschichte von der geplatzten Razzia in Atlanta hatte sich inzwischen in Washington herumgesprochen, wo sich nur wenige Geheimnisse bewahren ließen. Rutland hatte dafür gesorgt, daß über den zweiten Versuch nichts an die Öffentlichkeit gedrungen war.

Als das Düsenflugzeug in den Himmel emporschoß, fragte Galt: »Macht es Ihnen etwas aus, mir zu sagen, wohin wir fliegen?«

»Tut mir leid, Sir, das kann ich nicht tun. Wir werden sogar, wenn Sie nichts dagegen haben, die Vorhänge zuziehen. Es wäre besser, wenn Sie im Augenblick noch nicht wüßten, wo wir unser Hauptquartier haben. Nichts für ungut.«

»Schon gut«, erwiderte Galt.

Nach einer weiten Kurve in südlicher Richtung steuerte der Pilot die Maschine in Richtung Dentville, Mississippi, wo eine Landebahn für ihre Ankunft vorbereitet war. Selbst wenn Galt für die Regierung arbeitete und ihren Aufenthaltsort herausfinden wollte, würde er es schwer haben, sich zu orientieren. Zwanzig Minuten später verlangsamte die Maschine ihren Flug und begann mit dem Landeanflug auf Dentville.

Als sie aufsetzte, gab es kaum eine Erschütterung, und Galt sagte: »Sie haben einen guten Piloten.«

»Ja, Sir«, stimmte Brown zu. »Er ist ein General der Luftwaffe.«

Nachdem die Maschine zum Stillstand gekommen war, kam General Abbott nach hinten in die Passagierkabine. »Willkommen in ...«, dann unterbrach er sich, dachte einen Moment nach und sagte: »Willkommen im wahren Amerika, Mr. Galt. Mein Name ist Abbott.«

»Ich haben von Ihnen gehört, General. Soviel ich weiß, haben Sie dazu beigetragen, einen Militärputsch zu verhindern.«

»Manche Leute in der Regierung würden vielleicht eher sagen, daß ich an einem Militärputsch beteiligt war, Mr. Galt. Nur die Zeit wird das entscheiden.«

Als sie in den wartenden Kleinbus stiegen, stellte Thomas Galt fest, daß auch hier die Vorhänge zugezogen waren. »Wie ich sehe, sind Sie sehr vorsichtig«, sagte er zu General Abbott.

»Das wären Sie auch, Sir, wenn Sie schon so lange von der gesamten Macht der Regierung der Vereinigten Staaten verfolgt würden wie diese Leute.«

»Da haben Sie vermutlich recht«, stimmte Galt zu, »aber wie es scheint, haben sie ebenso ausgeteilt wie eingesteckt.«

»Keineswegs, Mr. Galt. Diese Leute sind um ihre Bürgerrechte gebracht worden, ihre Familien wurden verhaftet, ihr Eigentum beschlagnahmt und ihr Leben bedroht. Und Sie, Sir, haben zu ihrem Elend beigetragen.«

»Wir haben nur die Nachrichten wiedergegeben, wie wir sie gesehen haben«, sagte Galt ohne Überzeugung in der Stimme.

»Nein, Mr. Galt. Sie haben gehört, was Sie hören wollten. Dann haben Sie das berichtet, was Ihnen die größten Einschaltquoten eintrug, nicht die Wahrheit. Mir scheint, daß die Gründer unserer Nation wohl daran taten, die Rechte einer freien Presse zu schützen, aber sie haben wohl nie vorausgesehen, zu welchem Mißbrauch das führen konnte. Das einzige Verbrechen, dessen sich die Christen schuldig gemacht haben, besteht darin, daß sie den Mut besaßen, für ihre Überzeugungen geradezustehen. Das einzige Verbrechen, dessen die Juden schuldig sind, ist ihre Herkunft.«

»Es gab Hinweise darauf, daß die Christen Terrorkommandos organisierten«, entgegnete Galt. »Sie griffen die Polizei an, als sie der Öffentlichkeit ihre Auffassungen nicht aufzwingen konnten.«

»Das glauben Sie genauso wenig wie ich, Galt«, sagte der General wütend. »Sie werden Beweise dafür sehen, daß die Bruderschaft die ganze Sache inszeniert hat, und die Medien haben alles geschluckt – mit Haken, Schnur und Schwimmer, wie es in dem alten Spruch heißt.«

Während des restlichen Weges saß Galt schweigend da. General Abbott ahnte nicht, wie sehr seine Worte eingeschlagen hatten. Sie bestätigten Galts schlimmste Ängste: Er hatte sich benutzen lassen, um das Land zu unterminieren, das ihm so viel gegeben hatte. In seinen jüngeren Jahren war er hart, aber fair gewesen. Jetzt war er nur noch gierig, und wonach? Macht? Reichtum? Wonach? *Vielleicht einfach nur nach der Gier selbst*, dachte er.

Der Kleinbus hielt vor der Farm, die dem CRC als Hauptquartier diente. Mehrere Männer warteten, um den alten Medienzaren zu begrüßen.

Ein Mann mittleren Alters mit einem freundlichen Lächeln öffnete die Wagentür. »Danke, daß Sie gekommen sind«, sagte er.

»Sie sind John Elder, nicht wahr?« sagte Galt. »Ich erkenne Ihr Gesicht von den Bildern her.«

»Ja, Sir«, erwiderte Elder. »Mein Foto ist oft genug in Ihren Zeitungen gedruckt worden«, fügte er ohne Bitterkeit hinzu. »Ich möchte Ihnen meine Freunde vorstellen. Ich glaube, Donald Shepperd kennen Sie bereits.«

»Nur der Stimme nach, fürchte ich«, sagte Galt, als er kraftlos seine Hand ausstreckte.

»Und dies ist Jeff Wells ... und seine Verlobte Karen Eison.«

»Ich habe von Ihnen gehört, Jeff«, sagte Galt. »Sie scheinen ein wahrer Stachel im Fleisch der Regierung zu sein.«

»Wir tun, was wir können«, sagte Jeff mit einem verschlagenen Grinsen.

»Wir möchten Ihnen einiges zeigen, Mr. Galt«, sagte Shepperd. »Uns bleibt nicht viel Zeit.«

Die nächsten drei Stunden wurden damit verbracht, die Daten durchzugehen, die über die Bruderschaft gesammelt worden waren, und über die Rolle, die ihre Mitglieder bei den Anschlägen auf die drei Richter des Obersten Gerichtshofes, auf Präsident Hunt und eine ganze Schar weiterer hoher Regierungsbeamter gespielt hatten.

Die Beweise, daß es die untergeschobenen Agenten der Bruderschaft gewesen waren, die bei den Unruhen vor zwei Jahren die Gewalttätigkeiten gegen die Polizei ausgelöst hatten, waren unwiderlegbar. Aber der letzte Anstoß für Galt war das Material, das Wells in den eigenen Aufzeichnungen der Regierung aufgestöbert hatte und das bewies, daß die systematische Täuschung der Medien von Mitgliedern der Bruderschaft geplant, finanziert und durchgeführt worden war.

Als Shepperd mit seinem Bombardement von Informationen

fertig war, ließ die Wirkung auf Galt nichts zu wünschen übrig. Hier war ein Mann, der in seinen grundlegenden Überzeugungen erschüttert worden war. »Was wollen Sie, daß ich tue?« fragte Galt während er versuchte, seine zitternde Hand ruhig genug zu halten, um seine Pfeife damit zu entzünden.

»Wir müssen einen letzten Angriff gegen die Bruderschaft richten, und dazu brauchen wir Ihre Hilfe«, sagte Elder. »Wenn die Regierung diesen Unterschlupf fände und uns gefangennähme, wäre es nur eine Frage von Wochen, bis sie wieder die Oberhand gewönne. Im Augenblick haben die Amerikaner die Nase voll vom Data-Net und infolgedessen auch von der Alton-Regierung. Aber das liegt nur daran, daß Jeff in der Lage ist, Fehler im System zu erzeugen.«

»Und obwohl wir im Augenblick immer noch das Militär unter Kontrolle haben, wäre es möglich, daß die Regierung bei einer Konfrontation Rückhalt gewinnt. Schließlich«, sagte General Abbott, während er Galt Feuer für seine Pfeife reichte, »ist die Präsidentin immer noch die Oberste Befehlshaberin. Wie gut würde die Nation wohl schlafen, wenn sie wüßte, daß Hussein dreitausend Atomwaffen unter seiner Kontrolle hat?«

»Was wünschen Sie von mir?« fragte Galt zitternd.

Jeff setzte Galt den Plan auseinander. Als er fertig war, sagte Galt: »Wenn ich nicht wüßte, was Sie und Ihre Leute bereits erreicht haben, würde ich sagen, Sie sind übergeschnappt. Sind Sie sicher, daß Sie durchziehen können, was Sie da vorhaben?«

»Wir haben keine andere Wahl«, sagte Abbott wütend. »Hussein ist ganz bestimmt kein Narr. Er weiß, daß wir über jeden seiner Schritte informiert sind, dank Jeff. Er hat etwas in der Hinterhand, das keiner von uns riskieren will. Wir können es uns nicht leisten, abzuwarten, ob er verrückt genug ist, es zu tun.« Dann erklärte er, was sie über Husseins Pläne wußten, die Konzentrationslager mit Atombomben auszulöschen.

»Das können Sie nicht ernst meinen«, sagte Galt, als er sich jemanden vorzustellen versuchte, der böse genug wäre, zwei Millionen unschuldige Menschen zu vernichten.

»Todernst«, erwiderte der General. »Deshalb müssen wir schnell und wirksam handeln.«

»Ich werde Ihnen helfen«, sagte Thomas Galt mit einer Erregung, wie er sie seit Jahren nicht verspürt hatte. »Sorgen Sie nur dafür, daß alles andere klappt.«

»Und nun lassen Sie uns über eine andere wichtige Sache reden«, sagte John Elder mit einem Lächeln. »Mr. Galt, wissen Sie, wo Sie die Ewigkeit verbringen würden, wenn Sie heute sterben würden?«

Thomas Galt war sicher, daß er genau wußte, wo er die Ewigkeit verbringen würde, und der Gedanke ängstigte ihn so sehr, daß er nachts nicht schlafen konnte. Doch sein Stolz hielt ihn davon ab, ehrlich zu antworten. Statt dessen sagte er: »Ich bin mir nicht sicher.«

John Elder verbrachte die nächste Stunde damit, Galt auseinanderzusetzen, wie er Vergebung seiner Sünden und die Gewißheit erlangen konnte, daß er die Ewigkeit bei Jesus Christus verbringen würde. Erst als Shepperd sie zum zehnten Mal unterbrach und sagte, sie müßten Galt dringend zurück nach Atlanta bringen, um die Vorbereitungen zu treffen, brachen sie das Gespräch ab.

»Ich werde über das nachdenken, was Sie gesagt haben«, sagte Galt und schüttelte Elder herzlich die Hand. *Endlich einmal ein Mann, der weiß, was er glaubt, und bereit ist, dafür zu sterben,* dachte Galt auf dem Weg zurück zum Kleinbus. *Ich dagegen bin nur bereit, zu sterben, um den Dingen zu entfliehen, an die ich nicht glaube.*

Auf dem Rückweg bemerkte Galt, daß die Vorhänge nicht zugezogen waren. Auf die Frage nach dem Grund antwortete der Fahrer: »Pastor Elder sagte, es sei nicht notwendig.« Galt war stärker beeindruckt, als er erkennen ließ. Elder war unverkennbar ein Mann von Überzeugungen.

Im Oval Office des Weißen Hauses fand eine verzweifelte Besprechung statt, an der drei Personen teilnahmen: Amir Hussein, Kathy Alton und Cal Rutland. Der Raum war mit den hochentwickeltsten elektronischen Sensoren gesäubert worden, die es gab. Zwei winzige Mikrofone waren darin gefunden worden. Das eine war in der Deckenbeleuchtung verborgen gewesen. Das zweite war wirklich genial. Es war nicht größer als ein Pfennig und war tatsächlich in Kathy Altons Portemonnaie versteckt gewesen. Rutland wußte, daß die Reichweite des kleinen Geräts sehr begrenzt sein mußte, und deshalb ließ er die Suche ausdehnen, um die Empfangsstation zu entdecken. Zu seinem Entsetzen mußte er entdecken, daß seine eigene Sekretärin den Empfänger in ihrem Schreibtisch verborgen hatte. Sie hatte sich krank gemeldet, sonst hätte er sie vermutlich an Ort und Stelle erschossen. Was Rutland nicht wußte, war, daß alle Sympathisanten der Christen gewarnt worden waren, Washington zu verlassen.

»Der Raum ist sauber«, sagte Rutland zu Hussein. Der Wahnsinn in Hussein war jetzt auch für Rutland unverkennbar. Je weiter das System in den vergangenen Wochen zusammengebrochen war, desto mehr war Hussein in Wutanfälle und wildes Toben gefallen.

»Wir werden nicht wieder preisgeben, was wir erreicht haben!« fuhr Hussein die beiden an, die seinen innersten Kreis darstellten. Seit dem Tode Jason Franklins und dem Verschwinden von Marla West war dieser Kreis viel kleiner geworden. Präsidentin Alton war ihm immer noch wahrhaft ergeben. Rutland war nach wie vor der Bruderschaft gegenüber loyal, aber er hatte von Tag zu Tag weniger Vertrauen in Hussein. Rutland war ein Pragmatiker. Er wußte, daß sich die Schlinge zusammenzog. Kim Loo war bereits geflohen und hatte das Data-Net in einem heillosen Chaos zurückgelassen. Davon hatte Rutland noch nicht einmal Hussein etwas gesagt.

Wir werden sofort mit der Ausführung des Plans fortfahren«, sagte Hussein, der rastlos im Raum umherwanderte. »Wir haben zweitausend Agenten einsatzbereit.«

»Ja, Sir«, stimmte Mrs. Alton zu. »Da die Agenten nicht in der Lage sind, das Data-Net zu benutzen, um sich den Transport zu sichern, werden sie die benötigten Fahrzeuge stehlen.«

Bei der Erwähnung des Data-Net verdunkelte sich Husseins Gesicht. »Wir haben sie«, sagte er mit einem Zischen. »Wells ist clever, aber nicht unfehlbar. Dr. Loo wird das System undurchdringlich machen. Und wenn die Bomben in Stellung sind, wird das Militär gezwungen sein, mit uns zusammenzuarbeiten.«

»Ja, Sir«, echote Mrs. Alton wieder. »Die Bomben werden die Wende zu unseren Gunsten bringen.«

Rutland glaubte, sich übergeben zu müssen. Die Präsidentin sagte Ja und Amen zu allem, was Hussein sagte, ohne Fragen zu stellen. Er wußte, daß sie bestenfalls Transportmittel für zweihundert Leute finden konnte. Wie sie drei weitere Bomben in die Lager transportieren sollten, ohne daß das Militär sie abfing, wußte niemand. Solange Wells das System und Gorman die Spionagesatelliten unter Kontrolle hatte, würden sie Bescheid wissen, bevor der Konvoi auch nur hundert Meilen weit gekommen war. Seit Dr. Loo geflohen war, hatten sie praktisch keinen Zugriff auf das Data-Net mehr.

»Ich bin anderer Ansicht, Sir«, sagte Rutland fest. »Es wäre besser, zunächst eine kleine Gruppe von Agenten in das Gebiet zu schicken, um die Lager zu sichern.« Rutland war sich bereits darüber im klaren, was er tun mußte: in eine Gegend fliehen, in der nicht alles vom Data-Net beherrscht war – vielleicht nach Japan – aber er würde handeln müssen, bevor das ganze Land über sie herfiel.

»Sie hatten Ihre Chance«, sagte Präsidentin Alton und starrte Rutland verächtlich an, »und sie haben sie vermasselt. Wir werden die Verräter zermalmen, während sie schlafen. Wir werden nicht scheitern.«

Rutland spürte, wie ihm das Blut ins Gesicht stieg. Er wußte, daß der Plan zum Scheitern verurteilt war – und mit ihm seine einzige Hoffnung auf Entkommen. »Sie sind eine Idiotin!« schrie er Mrs. Alton an.

»Ruhe!« befahl Hussein mit einer Stimme, die irgendwie nicht seine eigene zu sein schien. In seinen Augen spiegelte sich seine gequälte Seele wieder. »Ich entscheide, was jetzt geschehen wird!« schrie er wild. »Die erste Bombe wird gezündet wie geplant. Außerdem werden wir eine Bombe ins Lager Zwei transportieren. Das wird dem Militär einiges zu denken geben.«

»Das Militär wird sich das nicht tatenlos ansehen«, sagte Rutland unverblümt. Er wußte, daß er sich bei Hussein auf dünnes Eis wagte, aber er wollte den Plan unbedingt verhindern. Es war schierer Selbstmord.

»Als nächstes werden wir den SAC-Stützpunkt in Hanover angreifen«, wütete Hussein, der jetzt die Kontrolle über sich verloren hatte. »Wir werden die dort stationierten Bomber an uns bringen und sie mit Cruise Missiles ausstatten. Wenn wir das erreicht haben, muß uns das Militär gehorchen. Tut es das nicht, vernichten wir seine Kommandozentren mit Wasserstoffbomben.«

»Aber Sir ...« fing Rutland an, doch er unterbrach sich, als er Husseins Augen sah. Das wahnsinnige Glühen in ihnen sagte ihm, daß der Führer vernünftigen Argumenten nicht mehr zugänglich war. Hussein lebte in einer Traumwelt, die sein eigener Wahn in ihm erzeugte.

Kapitel 31

DIE ENTLARVUNG DER BRUDERSCHAFT

Am 12. September 2003 um acht Uhr abends gab Jeff Wells dem Data-Net den Befehl ein, alle Satelliten-Demodulatoren auf Kanal sechs auf Westar Vier umzuprogrammieren, den Kanal, der von WNN betrieben wurde.

Thomas Galt, der Besitzer des Senders hatte den Sendeleiter angewiesen, die Bildeinspielung von einer laser-optischen Telefonleitung zu übernehmen, die ebenfalls von Wells kontrolliert wurde. Um genau zwanzig Uhr unterbrachen alle Sender und unabhängigen Stationen ihre normalen Programme für eine Botschaft von Thomas Galt, der seit mehr als zwei Jahrzehnten nicht mehr in der Öffentlichkeit aufgetreten war.

In der Botschaft, die in dem Unterschlupf in Mississippi vorbereitet worden war, wandte sich Galt an die Nation: »Liebe Mitamerikaner, wir haben den normalen Programmablauf unterbrochen, um Ihnen eine Nachricht von größter Wichtigkeit zu bringen. Wie Sie wissen, herrscht in der politischen Führung der Vereinigten Staaten Aufruhr. Doch was Sie vielleicht nicht wissen, ist, daß innerhalb unserer Regierung eine Geheimgesellschaft am Werk ist, die diesen Aufruhr ausgelöst und genährt hat, zu dem Zweck, unser Land in ihre Gewalt zu bringen.«

Im Weißen Haus klingelte Cal Rutlands Telefon. Es war Präsidentin Alton. Sie fragte ihn hektisch: »Haben Sie den Fernseher an?«

»Nein«, erwiderte Rutland. »Ich sehe selten fern.«

»Na, jetzt sollten Sie ihn lieber einschalten. Thomas Galt von WNN spricht über die Bruderschaft.«

»Was!!« rief Rutland und griff nach der Fernbedienung.

»Die Botschaft wird über alle Kanäle des Landes verbreitet. Irgend jemand muß das Hauptverteilungssystem angezapft und umprogrammiert haben.« Nüchtern fügte die Präsidentin hinzu: »Es scheint, als ob unsere Zeit um ist.«

»Dahinter muß wieder dieser Wells stecken!« platzte Rutland heraus. »Wir hätten ihn töten sollen, als ...«

»Passen Sie auf, was Sie sagen«, warnte Mrs. Alton. »Wir werden wahrscheinlich alle abgehört.«

Rutland wandte seine Aufmerksamkeit dem Fernseher zu. Galt sagte gerade: »Was Sie jetzt hören werden, stammt aus Tonbandaufzeichnungen tatsächlich stattgefundener Gespräche im Weißen Haus. Ich bin sicher, für Sie wird ebenso offensichtlich sein wie für mich, daß wir alle uns haben bereitwillig betrügen lassen von einer bösartigen Clique machthungriger Leute, die es darauf abgesehen haben, dieses Land in ihre Gewalt zu bekommen.«

Die ausgestrahlten Aufzeichnungen enthielten Gespräche zwischen Präsidentin Alton und Amir Hussein über die Eliminierung aller Christen und Juden. Die Nation hörte die Diskussionen und Planungen über die Ermordung des Verteidigungsministers, ebenso wie die ausdrückliche Anweisung Husseins an Rutland, Fred Lively, den früheren Justizminister, auszuschalten. Der Bildschirm zeigte dazu Fotos von Hussein, Mrs. Alton, Rutland und mehrerer anderer Mitglieder der Bruderschaft zusammen.

Dann verlagerten sich die Diskussionen plötzlich auf die Konzentrationslager und das Gespräch zwischen Hussein und Rutland über den Einsatz von Atombomben, um jede Spur ihrer Existenz auszulöschen. Auf dem Bildschirm erschienen dazu Satellitenfotos der Lager und Fotos aus dem Inneren der Lager, die offensichtlich mit einer versteckten Kamera aufgenommen worden waren. Dazwischen waren Tonaufnahmen aus den Lagern zu hören, von Wärtern, die die Insassen beschimpften, und die unverkennbaren Geräusche von Leuten, die geschlagen wurden. Im Hintergrund waren deutlich die Schreie von Frauen und Kindern zu hören.

Die Wirkung ist perfekt, dachte Rutland finster. *Nicht zu dramatisch, aber sehr überzeugend. Sie haben gute Arbeit geleistet.*

Den Abschluß bildeten Fernsehbilder von der Ermordung Präsident Hunts, zu denen das Original der Rede verlesen wurde, die er hatte vortragen wollen.

Noch belastender war die Wiedergabe des aufgezeichneten Gesprächs zwischen Cal Rutland und Jason Franklin, in dem sich Rutland über die Einzelheiten des Mordplans geäußert hatte. Seine letzten Worte waren, daß einer der dem CRC untergeschobenen Agenten den Anschlag durchführen würde, so daß keine Verbindung zur Bruderschaft hergestellt werden könnte.

Rutland saß wie hypnotisiert vor dem Fernseher, als er begriff, daß viele ihrer geheimsten Gespräche abgehört und aufgezeichnet worden waren. Die Gruppe, die sie beobachtete, hatte nicht einmal versucht, diejenigen zu warnen, die eliminiert werden sollten. Sie begnügten sich damit, ihren Zeitpunkt abzuwarten und ihre Beweise dann zu präsentieren, wenn die Nation dafür bereit war. Das Timing war perfekt. Das Land hatte genug vom bargeldlosen System und vom Chaos. Dieselben Methoden, die die Bruderschaft benutzt hatte, um die Wirtschaft zugrunde zu richten, verbündeten sich jetzt gegen sie.

Nur Donald Shepperd und einige wenige andere würden je erfahren, daß der größte Teil der Informationen aus Abhöraktionen des Mossad stammte. Seit Jahren hatte der israelische Geheimdienst die Telefone im Weißen Haus angezapft und eine Vielzahl von Abhörgeräten in den Büros der wichtigsten Amtsträger gepflanzt. Aus naheliegenden Gründen legte der Mossad keinen Wert darauf, daß diese Information veröffentlicht wurde.

Cal Rutland nahm den .357er Revolver, den er immer bei sich trug, und legte ihn auf den Schreibtisch. Dann holte er die Wodkaflasche hervor, die er selten anrührte, nahm einen großen Schluck daraus und setzte sich den Revolverlauf an die Schläfe. Sein letzter Gedanke war: *Ich frage mich, wie es wohl in der Ewigkeit sein wird.*

Der Widerhall der hochkalibrigen Waffe drang durch das fast menschenleere Weiße Haus. In ihrem Quartier fuhr Präsidentin Alton zusammen, als sie es hörte. Sie wußte sofort, daß es Rutland war. *Ich wünschte, ich hätte den Mut, mich umzubringen,* dachte Kathy Alton, während sie das weiße Pulver schnupfte, das aus ihrer täglichen Routine nicht mehr wegzudenken war. Zuerst hatte sie sich eingeredet, daß sie es nur brauchte, wenn ihre Nerven überreizt waren. Dann schien es, als ob ihre Nerven ständig immer überreizter wurden, so daß sie das weiße Pulver immer häufiger nahm.

»Was sie wohl mit mir machen werden?« fragte sie träge, als die Droge zu wirken begann. »Ich glaube nicht, daß sie eine Präsidentin hinrichten würden.« *Das bedeutet, daß Grant Präsident wird,* dachte sie teilnahmslos. Ihre Gedanken begannen durch die Wirkung der Droge zu schweben. »Ach, wen interessiert das schon«, sagte sie laut. »Eines Tages werden wir die Welt beherrschen. Wenn nicht jetzt, dann später.« *Ein schönes heißes Bad, das wäre jetzt das Richtige,* beschloß sie. Sie ließ die Wanne vollaufen und stieg hinein. Es war ein herrliches Gefühl. Sie brauchte nur etwas Entspannung. Als sie sich ins Wasser sinken ließ, verlor sie durch die kombinierte Wirkung der Droge und des warmen Wassers das Bewußtsein. Das Zimmermädchen würde sie finden, wenn es kam, um die Bettwäsche auf dem Bett der Präsidentin zu wechseln.

Amir Hussein saß in seinem Arbeitszimmer und ahnte nichts von dem, was um ihn her vorging. Er hatte gerade darüber nachgedacht, wie er seine Feinde bestrafen würde. Plötzlich erfaßte ihn eine Furcht, wie er sie noch nie verspürt hatte. Es war, als ob die Macht, die er so oft gegen andere eingesetzt hatte, sich plötzlich gegen ihn richtete. Es war so überwältigend, daß er glaubte, das Bewußtsein zu verlieren. Er fiel auf die Knie und betete: »Herr, verlaß mich jetzt nicht. Wir stehen so kurz vor dem Sieg. Dein Reich wird aufgerichtet werden.«

Im Geist hörte Hussein nur das Flüstern eines Bösen, dem er noch nie gegenübergestanden hatte.

»Du hast versagt, genau wie all die anderen«, zischte die Stimme. »Ich werde wieder ganz von vorn beginnen müssen. Du wirst Qualen erleiden bis zum Ende der Ewigkeit.«

»Aber Herr, ich habe dir mit meinem ganzen Leben gedient«, hörte Hussein sich sagen, während er sich in Qualen auf dem Boden wälzte.

»Mit deinem Leben!« sagte die Stimme mit einer Schärfe wie dem Biß einer Kobra. »Dein Leben bedeutet gar nichts. Hörst du? Du hättest Reichtum und Ehre unter meiner Herrschaft haben können, aber jetzt wirst du sehen, wie ich die belohne, die an mir versagen.«

Hussein spürte, wie sich sein Hals zusammenschnürte. Er konnte nicht mehr atmen. »Nein, nein!« schrie er mit seinem letzten Atemzug. »Ich will nicht sterben!« Im nächsten Moment spürte Amir Hussein, wie seine Seele in einen finsteren Abgrund hinabgezogen wurde. Er war außer sich vor Angst. Alles, was er tun konnte, war schreien, aber kein Laut kam, als er in die Schwärze hinabstürzte.

Am nächsten Tag verkündete Vizepräsident Grant, daß Präsidentin Alton beim Baden tödlich verunglückt und ertrunken sei. Der Vorsitzende des Obersten Gerichtshofes vereidigte sofort Grant als Präsidenten. Die offiziellen Zeremonien würden zu gegebener Zeit nach der Beerdigung der Präsidentin stattfinden.

Präsident Grants ordnete an, mit sofortiger Wirkung alle Bürger, die unter der Alton-Regierung verhaftet worden waren, auf freien Fuß zu setzen und ihnen den vollen Schutz der Verfassung zu garantieren. Außerdem berief er den Kongreß wieder ein und kündigte Präsidentschaftswahlen für den folgenden November an.

Des weiteren gab er bekannt, daß die Aktivitäten der sogenannten Bruderschaft und ihre Rolle bei der versuchten Übernahme der Regierung rückhaltlos aufgeklärt werden würde.

»Die führenden Amtsträger in Regierung und Militär, die sich an der unrechtmäßigen Inhaftierung amerikanischer Bürger beteiligt haben, werden die volle Härte des Gesetzes zu spüren bekommen«, versprach er. Es sprach sich herum, daß einige der niederen Chargen im Austausch gegen Informationen über die Bruderschaft Straffreiheit erlangen könnten. Der Präsident gab bekannt, daß die Entscheidung über einen Verzicht auf Strafverfolgung von der rückhaltlosen Mitarbeit bei den Nachforschungen abhängig sei.

Plötzlich meldete sich eine ganze Flut von Menschen, die gestanden, der Bruderschaft auf den Leim gegangen zu sein, und von der Grant-Regierung Straffreiheit erbaten. In seiner ersten Amtshandlung gab Präsident Grant einen Erlaß heraus, daß kein Mitglied der Bruderschaft für eine Straffreiheit in Frage komme, solange es nicht alle offiziellen oder militärischen Ämter niedergelegt habe. Fast dreitausend Männer und Frauen traten zurück und baten um Straffreiheit oder zumindest Anklage wegen eines geringeren Vergehens als Verrat.

Jeff Wells wurde von Präsident Grant beauftragt, die schnellstmögliche Demontierung des Data-Net-Systems zu beaufsichtigen. Ein unabhängiges Komitee von Nicht-Politikern wurde eingesetzt, um ein System zu entwerfen, durch die die amerikanische Währung und Wirtschaft wieder stabilisiert werden konnte.

Der größte Vorkämpfer einer Medienreform war Thomas Galt. Er legte die Aufsicht über sein gewaltiges Imperium in die Hände einer Stiftung und wurde zu einem unermüdlichen Fürsprecher für die Sache des Christentums. Nach eigenem Bekunden wußte er jetzt, daß die einzige Hoffnung für die Menschheit darin bestand, sich völlig Jesus Christus als ihrem Retter auszuliefern.

»Das Trachten des Menschenherzens ist böse«, verkündete Galt in seiner zur besten Sendezeit ausgestrahlten Fernsehsendung »Der Wahrheit in die Augen sehen«. »Nur durch die Macht des Sohnes Gottes können wir dieses Herz ändern.«

Sein öffentliches Zeugnis trug dazu bei, die größte christliche Erweckung auszulösen, die die Welt je gesehen hatte. Der WNN-Insta-Pol-Umfrage zufolge bekannten fast vierzig Millionen Amerikaner ihre Sünden und nahmen Christus als ihren Retter an.

Im Gespräch über dieses Phänomen sagte John Elder zu Galt: »Es mußte so kommen, Tom. Hunderttausend Christen haben jeden Tag gebetet – und mindestens die Hälfte davon allein für Sie.«

Als die Konzentrationslager geöffnet wurden, stellte sich heraus, daß fast zweihunderttausend Männer Frauen und Kinder an Hunger, Vernachlässigung oder Mißhandlungen gestorben waren, bevor Jeff in der Lage gewesen war, Nahrung und Kleidung zu ihnen umzuleiten. In Washington wurde zu Ehren dieser Menschen, die in Verteidigung ihres Glaubens gefallen waren, ein Denkmal errichtet. Als die NCLU gegen diesen Verstoß gegen die Trennung von Kirche und Staat protestierte, reagierten fast neunzig Prozent der Amerikaner laut Insta-Pol mit Zustimmung für den Standpunkt der Regierung. Thomas Galt brachte es auf den Punkt: »Eine Nation ohne Gott ist eine Nation ohne Gewissen.« Als die Spendeneingänge der

NCLU unter dem Ansturm der Erweckung ein Rekordtief erreichten, gab die Organisation ihren Widerstand rasch auf.

Nachdem die Lager geschlossen und die Überlebenden nach Hause zurückgekehrt waren, fuhr Donald Shepperd nach Chicago, um sich nach den Cofers zu erkundigen. Er fand Mary Cofer und die Kinder wieder in ihrem Haus, wo sie versuchten, ihr Leben wieder in geordnete Bahnen zu bringen. Ihr Mann Bob war getötet worden, als er aus einem der Lager zu fliehen versucht hatte. Shepperd sorgte dafür, daß Bob Cofer zu einem Symbol für das Gewissen der Nation wurde.

»Wir haben geglaubt, daß solche Dinge hier nicht passieren könnten«, sagte Shepperd zu Thomas Galt in der Sendung »Der Wahrheit in die Augen sehen«. »Statt dessen mußten die Amerikaner entdecken, daß uns von den Nazis oder den Kommunisten nichts unterscheidet als nur die Gelegenheit. Der Mensch ist in sich böse und braucht Erlösung. Jesus Christus ist gekommen, um uns diese Erlösung zu bringen.«

John Elder fand heraus, daß seine Frau Julia wohlbehalten und guter Dinge war. Sie war fast ein Jahr lang heimlich von einem CRC-Unterschlupf zum anderen gewechselt. Die anderen Christen hatten ihre Identität geheimgehalten, so daß sie nicht als Geisel benutzt werden konnte, um ihren Mann unter Druck zu setzen.

Jeff und Karen wurden in einer schlichten Zeremonie, falls es so etwas gibt, in den Gartenanlagen des Weißen Hauses getraut.

Was für weitere fünfzig Jahre niemand erfahren sollte, war, daß im Augenblick des Todes von Amir Hussein ein anderer auserwählt wurde, um die Welt für den letzten Konflikt vorzubereiten, in dem schließlich das Volk Gottes gegen die Horden Satans antreten würde.

»Das einzige, dessen wir sicher sein können«, sagte John Elder zu seiner Gemeinde, als er zum ersten Mal auf der Kanzel seines neuen Gemeindehauses predigte, »ist, daß die Leute ein kurzes Gedächtnis haben. Wir waren nicht die Generation, die den Aufstieg des Antichrist gesehen hat. Aber eines Tages wird er aufsteigen, und jene Generation wird der Verfolgung nicht entgehen. Vielleicht hat uns Gott in seiner unendlichen Weisheit eine zweite Chance gegeben. Lassen Sie uns beten, daß wir sie nicht vergeuden.«

Über den Autor

Larry Burkett ist Gründer und Präsident einer gemeinnützigen Organisation, die sich dem Lehren von Prinzipien für den Umgang mit Geld widmet. Larry hat akademische Grade in Marketing und Finanzwesen und war mehrere Jahre lang als Manager des Raumfahrtprogramms in Cape Canaveral, Florida, sowie als Vizepräsident einer Elektronikfirma tätig.

Er ist Gastgeber einer täglichen Radiosendung, die über mehr als tausend Sender ausgestrahlt wird, hat über fünfzehn Bücher geschrieben und lebt mit seiner Frau Judy zur Zeit in Gainesville, Georgia. Sie haben vier erwachsene Kinder und sechs Enkelkinder.